中國學術思想研究輯刊

八 編

林 慶 彰 主編

第 18 冊

聖學的追尋與傳播
——陽明學派游學活動研究

蔡 淑 閔 著

花木蘭文化出版社

國家圖書館出版品預行編目資料

聖學的追尋與傳播——陽明學派游學活動研究／蔡淑閔 著 —
初版 — 台北縣永和市：花木蘭文化出版社，2010〔民99〕
目 4+256 面；19×26 公分
（中國學術思想研究輯刊 八編：第18冊）
ISBN：978-986-254-202-6（精裝）
1. 陽明學
126.5   99002475

ISBN - 978-986-2542-02-6

9 789862 542026

中國學術思想研究輯刊
八 編 第十八冊   ISBN：978-986-254-202-6

聖學的追尋與傳播——陽明學派游學活動研究

作 者 蔡淑閔
主 編 林慶彰
總 編 輯 杜潔祥
出 版 花木蘭文化出版社
發 行 所 花木蘭文化出版社
發 行 人 高小娟
聯絡地址 台北縣永和市中正路五九五號七樓之三
　　　　 電話：02-2923-1455／傳真：02-2923-1452
網 址 http://www.huamulan.tw 信箱 sut81518@ms59.hinet.net
印 刷 普羅文化出版廣告事業
封面設計 劉開工作室
初 版 2010 年 3 月
定 價 八編 35 冊（精裝）新台幣 58,000 元

聖學的追尋與傳播
——陽明學派游學活動研究

蔡淑閔　著

作者簡介

蔡淑閔，台灣省彰化縣人。政治大學中國文學系學士、碩士、博士。曾擔任新店高中國文教師，中國技術學院、政治大學教師研習中心兼任講師以及中央研究院近代史研究所研究助理。現任銘傳大學應用中國文學系助理教授。學術專長為陽明學。

提　　要

　　對於陽明學派的游學活動，筆者主要從四個層面：人的流動、社會關係的流動、思想的流動、書寫的流動來思考。游學基本上是一種人的流動，社會關係、思想以及書寫的流動，都是因為人的流動而來的。游學是一種個人的選擇，人為什麼游學，而陽明學派的游學又是屬於集體性的活動，如何進行流動，凝結出特定的組織、特定的社會價值。因此這一層面包括流動的目的與價值、流動的方式、流動的型態等問題。游學是走出家門的活動，人在游學的理想下，勢必會影響家庭生活的經營，而人與人之間的互動，使得社會關係產生變化。這一層面的問題包括家庭生活的犧牲、友天下士的理想、友倫的強調，以及在利益的糾葛中，講學的意義與人際關係產生變質。思想的流動主要是在流動的過程，發展出跨地域的思想議題，如良知之辯、四句教之辯、三教之辯等。書寫的流動則是陽明學者記錄流動的書寫，主要有會語及遊記，而這些書寫又會隨著人的流動而流動。期待這樣的研究，能對陽明學派游學活動有整體的認識，以作為日後歷時性比較研究的基礎。

目次

第一章 導 言

第一節 研究動機與目的

　　每到寒、暑假，總發現許多學生計劃到國外進行短暫的游學之旅，一方面是學習當地的語言，一方面是遊覽當地的山水名勝，感受不一樣的文化、不一樣的風土民情。這樣的游學不但能使語言的學習更有效果，也能擴大視野，即所謂的「讀萬卷書，行萬里路」。熱衷游學的不只是學生，甚至一般的社會人士，亦會以游學來進行充電，使得游學不再限於語言的學習，而有更多的名目花樣。游學並非現代人的專利，亦非現代文明的產物。古代的知識分子，從春秋戰國時代開始，幾乎無不游學。現代人與古代人的游學，相同的是以學習爲最高目的，不同的是現代人的游學是域外的、跨越國界的，而古代人的游學則在域內，限於九州之境。

　　對於宋明理學家來說，學習不只是求得知識，而是要學做聖人，成聖是其終極目標。例如周敦頤（1017～1073）認爲：「聖希天，賢希聖，士希賢。」〔註1〕程頤（1033～1107）曾說：「聖人可學而至歟？……凡學之道，正其心，養其性而已，中正而誠，則聖矣。」〔註2〕朱子（1130～1200）也曾說：「學者大要立志，才學，便要做聖人是也。」又說：「爲學，須思所以超凡入聖。」〔註3〕陽明（1472～1528）一開始即以學聖人爲其人生目標。〔註4〕因此牟宗

〔註1〕 周敦頤，《通書·志學》，《周子全書》（臺北：財團法人臺北市廣學社印書館，1975年），卷八，頁146～150。

〔註2〕 程頤，〈顏子所好何學論〉，《河南程氏文集》，《二程集》（臺北：漢京出版事業公司，1983年），卷八，頁577～578。

〔註3〕 朱熹著，黎靖德編，《朱子語類》（臺北：正中書局，1962年），卷八，頁273

三認為宋明理學即是「內聖之學」即是「成德之教」。〔註5〕而如何追尋聖學，宋明理學家告訴我們的不外是讀書靜坐、親師取友。讀書靜坐可以離群索居，而親師取友則非走出家門不可，因此游學就成為追尋聖學的必經之路了。對陽明學者而言，他們的游學不只為了親師取友，追尋人生的終極目標——成聖，更為了要傳播聖學——陽明學。他們相當熱衷游學，並游走於各地的講會，不論出處進退，幾乎到了「無日不講學，無日不會友」的地步，可以說有一種聖徒似的宗教熱情。

筆者的碩士論文《王陽明四句教之開展與衍化》主要討論在三次講學聚會中，陽明學者對於四句教的辯論，〔註6〕當時即注意到陽明學者的講學組織相當特別，值得進一步深究探討。〔註7〕由於陽明學的研究成果相當豐碩，我不斷思考如何突破自己的格局、現有的研究，找到合適的議題。發現游學是前人未曾注意到的議題，而游學所具有的流動性及跨地域性特色，對於今日盛行的地域性研究，更有對話與互補的作用。因此本文即以「聖學的追尋與傳播——陽明學派游學活動研究」為題，主要討論陽明學者的游學流動所造成的人際互動如何重新凝結、創造出獨具特色的「游學文化」。也就是陽明學者的游學，在流動性及跨地域性的特色下，人的流動如何凝結出制度化的講學模式？人的流動造成社會關係的流動，如何衝激著傳統的家庭倫理，甚至改變五倫的位序？人的流動，如何凝結出特定的社會價值，甚至是社會認同？人的流動，造成思想的流動，形成跨地域的講學議題，形成如何的對話效應，激盪著學者的思想心靈？人的流動，學者如何記錄，如何書寫？而這些記錄、這些書寫如何隨著學者的流動而流動？這些都是本文所關注的焦點。期待在

〜274。

〔註4〕 根據陽明《年譜》的記載，早在他十一歲時，曾問塾師：「何為第一等事？」塾師曰：「惟讀書登第耳。」陽明則認為「登第恐未為第一等事」，讀書是要「學聖賢」。《年譜一》，《王陽明全集》（上海：上海古籍出版社，1995 年），卷三十三，頁 1221。

〔註5〕 牟宗三認為：「此『內聖之學』亦曰『成德之教』。『成德』之最高目標是聖、是仁者、是大人，而其真實意義則在于個人有限之生命中取得一無限而圓滿之意義。」《心體與性體》第一冊（臺北：正中書局，1996 年），頁 1〜11。

〔註6〕 蔡淑閔，《王陽明四句教之開展與衍化》，國立政治大學中國文學系碩士論文，1998 年。

〔註7〕 呂妙芬的博士論文即以「講會」為主題。Miaw-fen Lu, *Practice as Knowledge: Yang-ming Learning and Chiang-hui in Sixteenth-Century China.* (Ph. D., University of California, Los Angeles, 1997)。

這樣的研究之後，能對陽明學派游學活動有整體的認識，以作爲日後歷時性比較研究的基礎。

第二節　研究定義與範圍

關於「游學」的定義，在現代人的觀念中，游學，一般是指出國做短期的學習，時間以十天以上至一年不等，以觀光旅遊及學習爲目的，有時甚至觀光旅遊的成分多一些，通常無法獲得學位。而留學則是指較長期，通常是一年以上，而且是以獲得學位爲主要的目的。而在古代，游學是大部分士大夫必經的生命歷程，游學的地理空間主要還是局限於九州之內。雖然晉、唐時期有高僧法顯、玄奘涉足海外，但畢竟是少數的例子。

游學一詞，在《韓非子·五蠹》中即有，韓非子在批評了儒生與游俠之後說：「是故服事者簡其業，而游學者日眾，是世之所以亂也。」〔註 8〕陳啓天的解釋是：「戰國時游士之風甚熾，顯學如儒、墨固無論矣，即陰陽、道德、縱橫、以及一切游士，亦咸思以其所學，游說於諸侯，故曰游學。……。韓子以爲重游士，則不足以勸農屬兵，故極非之。儒俠在當時爲游士者特多，故更非之。」〔註 9〕陳啓天對游學的看法是「以其所學，游說於諸侯」，是指從事於游說的行爲，應該說是「游說之旅」，〔註 10〕並不是筆者所稱之「游學」。

「游學」的另一義是指「離開本鄉到外地求學」。〔註 11〕如《史記·春申君列傳》：「（春申君）游學博聞，事楚頃襄王。」〔註 12〕又《後漢書·逸民傳·嚴光》：「少有高名，與光武同遊學。」〔註 13〕在古籍中「游」與「遊」經常通用。王子今認爲所謂的「千里負笈」，不遠千里，跋山涉水，求師問道的「游學」是古代行旅生活的一部分。並舉司馬遷（145～86 B. C）、徐宏祖（1587～1641）、顧炎武（1613～1682）爲例來說明游學。〔註 14〕王淑良認爲從春秋末年到戰國末年，在社會上興起的「越陌度阡、投師問學、切磋學問」的旅行活動，稱之

〔註 8〕陳啓天著，《增訂韓非子校釋》（臺北：臺灣商務印書館，1994 年），頁 43～44。
〔註 9〕同註 8。
〔註 10〕王淑良，《中國旅游史》（北京：旅游教育出版社，1998 年），頁 74～79。
〔註 11〕《漢語大詞典》第五冊（上海：漢語大詞典出版社，1995 年），頁 1506。
〔註 12〕司馬遷，《史記》（臺北：鼎文書局，1979～1980，正史全文標校讀本），卷七十八，頁 2387。
〔註 13〕范曄，《後漢書》（臺北：鼎文書局，1979～1980，正史全文標校讀本），卷八十三，頁 2761。
〔註 14〕王子今，《中國古代行旅生活》（北京：商務印書館，1996 年），頁 140～146。

爲「游學之旅」，或「學旅」。〔註 15〕與「游說之旅」是不同的型態。春秋戰國的游學，一方面是「各階層學子，諸子百家的學者和思想家等游學之旅，紛紛邁開雙腳，趨赴列國諸邦、四方郡縣、邊塞城郊、山中林下的聚學之所，或授業，或拜訪名師，或切磋學問，或問學觀禮樂。」另一方面是「諸子百家聚於稷下學宮、禮儀之都等『百家爭鳴』的學術之旅，或著書講學，或爭鳴，或論證。」〔註 16〕因此我們可以說「游學」即是「旅遊與學術研究結合在一起」，〔註 17〕不外乎是游歷考察及求學問道兩種。〔註 18〕

另外與游學概念相關的是「講學」，講學一詞的出現很早，在《左傳·昭公七年》有：「孟僖子病不能相禮，乃講學之。」杜預注：「講，習也。」〔註 19〕講學是指研習、學習。講學一般又指「公開講述自己的學術理論」，〔註 20〕李弘祺認爲講學活動通常是指「集中於學術上的非正式的親近對話和討論」，孔子是第一個實踐這個方法的人。〔註 21〕如此看來，講學包括「教」與「學」，在儒家的觀念中「教」包含「學」，即所謂「教學相長」〔註 22〕的道理。

綜合學者的研究，筆者以爲游學包括游講與狹義的游學，游講是屬於老師或已成學的思想家的講學活動，而狹義的游學則是指負笈求學。同樣的，講學亦可分爲二義，一是講述學說，一是教學相長的學習。游學的意義、範圍應可涵攝講學，再加上陽明學者不只講學，他們也有一段負笈求學的經歷，而且即使是成學後的講學，也並不固定在一地、一書院，而是周游各地，來往於各地的學術聚會。因爲其講學深具「流動」的特性，所以筆者將題目訂爲「游學」，而不用講學。

〔註 15〕 王淑良，《中國旅游史》，頁 74～79。

〔註 16〕 同註 15。

〔註 17〕 陳寶良研究明代城居士大夫的旅遊生活，將其分爲三：宦游、游學及冶游。游學即是旅游與學術研究的結合，旅游是手段，學術研究才是目的。他並舉了鄭若曾、王士性、徐宏祖及顧炎武爲例。《飄搖的傳統──明代城市生活長卷》（長沙：湖南出版社，1996 年），頁 209。

〔註 18〕 錢杭、承載將出游行旅分爲三型：游歷考察型、求學問道型及謀生型，游學當指求學問道型，並舉方以智爲例。《十七世紀江南社會》（杭州：浙江人民出版社，1996 年），頁 326。

〔註 19〕 《春秋左傳正義》（臺北：藝文印書館，1997 年，《十三經注疏》本），頁 765。

〔註 20〕 《漢語大詞典》第十一冊，頁 366。

〔註 21〕 李弘祺，〈朱熹、書院與私人講學的傳統〉，《國立編譯館館刊》十九卷（1985），頁 1～13。

〔註 22〕 《禮記正義》（臺北：藝文印書館，1997 年，《十三經注疏》本），頁 648。

　　關於研究範圍，黃宗羲（1610～1695）的《明儒學案》是研究明代學術史的重要憑藉，他將陽明後學分爲浙中王門、江右王門、南中王門、楚中王門、北方王門、粤閩王門，以及泰州學派七個學案，加上陽明本人的姚江學案，共八個學案是屬於陽明學派。〔註23〕黃宗羲所列的學者雖然無法涵蓋所有的陽明學者，不過他所列的——不包括各學案序言所舉的以及附案的學者——八十五個學者，是很具有代表性的，因此筆者所論的陽明學派、陽明學者，是以《明儒學案》所列者爲主。不過黃宗羲在收錄人物的去取上也不是沒有問題，例如他沒有收錄李贄（1527～1602），應是出於個人的主觀，而李贄對晚明思潮有很大的影響，溝口雄三認爲晚明的泰州學派成爲學者批判的眾矢之的，是因爲李贄的關係。〔註24〕有鑑於李贄的重要性，筆者將李贄列入討論範圍。

　　在江右王門鄒守益（1491～1562）的學案中，有其子善（1521～1600），孫德涵（1538～1581）、德溥（1583 年進士）、德泳的附傳，對於鄒德涵，黃宗羲這樣說：「穎泉（指鄒善）論學，於文莊（指鄒守益）之教，無所走作，入妙通玄，都成幻障，而先生以悟爲入門，於家學又一轉手矣。」〔註25〕依筆者對鄒德涵文集的考察亦是如此，其學說思想反而接近其師耿定向（1524～1596）。另外在泰州學案的序言中，黃宗羲提到顏鈞（1504～1596）、梁汝元（後改名爲何心隱，1517～1579）、鄧豁渠（1498～1578）、方與時、程學顏、錢同文及管志道（1536～1608）等人，並未列爲專傳討論。顏鈞是王艮（1483～1540）的學生，羅汝芳（1515～1588）的老師，他一生孜孜於講學，對羅汝芳的成學歷程影響深遠。何心隱與李贄相同，在當時皆被視爲異端，最後更因此而死在獄中。管志道的三教合一思想頗具特色，其思想更成爲當時許多學者批判的重點，他曾與東林顧憲成（1550～1612）、高攀龍（1562～1626）論辯「無善無惡」與「三教合一」的問題。〔註26〕以上四人由於其思想形態或游學經歷特殊，筆者亦將其列入研究範圍中。因此除了《明儒學案》專傳的八十五個學者，再加上鄒德涵、顏鈞、何心隱、李贄與管志道，共九十人爲本論文的研究範圍。研究的時間範圍主要是上述陽明學者所處的明代

〔註23〕黃宗羲，《明儒學案》目錄（臺北：里仁書局，1987 年，《黃宗羲全集》），頁3～8。
〔註24〕溝口雄三著，林右崇譯，《中國前近代思想的演變》（臺北：國立編譯館，1994 年），頁125～165。
〔註25〕黃宗羲，〈江右王門學案一〉，《明儒學案》卷十六，頁335。
〔註26〕蔡淑閔，《王陽明四句教之開展與衍化》第四章，頁99～169。

中晚期，從十六世紀初延續到明末。

　　至於研究材料，當以陽明學者的文集為主。過去陽明學者的文集由於明、清兩代思想與學風的轉移，清代學者普遍不能欣賞陽明學者的學術風格，因此在整理明代文獻時，常常因為過濾而有所遺漏。以《四庫全書》為例，陽明學者的文集，僅有陽明、羅洪先（1504～1564）、鄒元標（1551～1624）及胡直（1517～1585）等人的文集收錄在《四庫全書》中，其他學者的文集大部分不是列入存目，就是遭到禁燬的命運。〔註27〕因此早年要研究陽明學者，由於材料的缺乏，大多仰賴《明儒學案》所節錄的學者文集文本。不過，這樣的情況已有改觀，《四庫全書存目叢書》、《續修四庫全書》與《四庫禁燬叢刊》的出版，再加上中研院傅斯年圖書館購有日本東洋文庫、內閣文庫與東京大學文學部所藏明代文集影印本，使得現今的研究更加省力。這些叢書，已將大部分陽明學者的文集收錄，不過仍有一部分的學者文集，尚待發掘。因此筆者的研究材料以目前所能收集到的陽明學者文集為主。〔註28〕

第三節　文獻探討與研究方法

　　關於文獻探討，筆者分兩部分來討論，一是游學研究，二是陽明學研究。首先在游學的研究部分，在一般的旅遊史或旅遊文化專著中，皆將游學列入旅遊活動之下，例如王子今的《中國古代行旅生活》談到行旅生活百味有「游學行跡」一項。〔註29〕又如王淑良的《中國旅游史》對古代知識分子的游學論述則限於春秋戰國時代。〔註30〕而張嘉昕的《明人的旅遊生活》，對於明代旅遊的模式、主題、交通方式以及旅遊的功能、類型等論述詳盡，但只提及晚明文人的「集會結社」，對於陽明學者的游學，以及其獨具特色的「集會」型態則隻字未提。〔註31〕至於專論游學的研究，以筆者目前所見僅有張鶴泉

〔註27〕　筆者曾經考察《四庫全書》子部儒家類圖書的著錄原則，被列入存目的理由約有十三類，其中三類：門戶之見、姚江末流以及流於禪學皆與陽明學者有關。例如在周汝登（1547～1629）的《王門宗旨》一書，提要云：「汝登此編，徒爭王學之門戶，實不足以發明王學也。」而尤時熙（1503～1580）的《擬學小記》，提要云：「猶是姚江末流，敢為高訥者也。」〈四庫全書子部儒家類圖書著錄原則析論〉，《孔孟月刊》四十二卷二期（2003），頁40～47。

〔註28〕　見附錄一。

〔註29〕　王子今，《中國古代行旅生活》，頁140～146。

〔註30〕　王淑良，《中國旅游史》，頁74～79。

〔註31〕　張嘉昕，《明人的旅遊生活》，中國文化大學史學研究所碩士論文，2000年。

的〈東漢時代的游學風氣及社會影響〉與劉太祥的〈漢代游學之風〉，兩者分別從游學的特點、職能及影響等方面來論述兩漢的游學。〔註32〕對於游學的研究可說有開創之功。由此看來，游學的研究相對於豐富的旅遊史、旅遊文化研究而言，是相當不足的。

在陽明學的研究部分，研究成果相當豐富，前人已做過不少回顧與整理。例如：張克偉曾整理 1897～1988 年中外有關陽明學的論著。〔註33〕錢明曾回顧 1989 年之前大陸地區的陽明學研究，〔註34〕近年的研究則可參考郭齊勇的整理。〔註35〕歐美學者對陽明學的研究可參考陳榮捷的〈歐美之陽明學〉，〔註36〕而日本學者對陽明學的研究可參考陽明學大系編輯部所編的《陽明學入門》。〔註37〕在此筆者不以巨細靡遺的方式來討論陽明學的研究成果，而是就本論文研究，尤其是與方法論相關的部分來探討。陽明學研究，大致可以分為五類，一是關於陽明心學的理論核心，二是陽明心學與朱、陸、湛、禪的比較研究，三是陽明心學與日本、西方哲學的比較研究，四是關於陽明思想的基本評價，五是關於陽明後學的研究和評價。〔註38〕不論是哪一類，基本上仍是以哲學的解析研究為主。由此可知，陽明學研究，仍以「哲學史的研究」為大宗。〔註39〕

不過，這樣的情況，在八十年代以後有所改觀。在美國，六、七十年代佔主導的注重思想、觀念的中國哲學研究或中國思想研究，在八十年代已受到衝擊，代之而起的是社會史取向的思想文化研究。歐洲的漢學、美國的中

〔註32〕張鶴泉，〈東漢時代的游學風氣及社會影響〉，《求是學刊》1995 年二期（1995），頁 104～109。劉太祥，〈漢代游學之風〉，《中國史研究》1998 年四期（1998），頁 43～54。

〔註33〕張克偉，〈陽明學研究論著目錄〉，《書目季刊》二十二卷三期（1988），頁 91～139。

〔註34〕錢明，〈十年來陽明學研究的狀況和進展〉，《孔子研究》1989 年二期（1989），頁 114～120。

〔註35〕郭齊勇，〈中國大陸地區近五年來（1993～1997）的儒學研究〉，劉述先主編，《儒家思想在現代東亞——中國大陸與臺灣篇》（臺北：中央研究院中國文哲研究所籌備處，2000 年），頁 59～122。

〔註36〕陳榮捷，《王陽明與禪》（臺北：臺灣學生書局，1984 年），頁 149～179。

〔註37〕陽明學大系編輯部，《陽明學入門》（東京：明德出版社，1991 年）。

〔註38〕錢明，〈十年來陽明學研究的狀況和進展〉，頁 114～120。

〔註39〕陳來，〈中國宋明儒學研究的方法、視點和趨向〉，《浙江學刊》2001 年三期（2001），頁 32～37。

國研究、日本東京與京都學派，在九十年代漸漸合流，形成一個有關中國思想研究的社會歷史化、文化化的非哲學化的潮流。〔註40〕這樣的研究可說是一種「思想史的研究」。〔註41〕思想與政治、社會、經濟、教育之間，本來就有一種「交互依存」的關係，〔註42〕尤其中國哲學並非象牙塔裡的學問，這樣的研究更有其意義。在陽明學的領域中，將學術思想與社會文化結合的研究，首推溝口雄三的《中國前近代思想の屈折と展開》。他分析明清儒學對公、私、理、欲等觀念如何與政治、社會、經濟環境配合，而產生系統性的改變，從理學「天理之公 vs.人欲之私」的架構中，導出近代均、平、公等共同體式的社會理想。〔註43〕這樣對於明清之際思想轉向的「前近代」論述，或許有許多可以討論的空間，〔註44〕但它結合思想史與社會經濟史跨領域的研究方法，是深具意義的。

當代學者的陽明學研究與本論文相關的有：福田殖從羅洪先〈冬遊記〉討論王門少人數的講學活動，〔註45〕陳來對於王門會講活動的綜合研究，〔註46〕以及李伏明專門針對江右講學的研究等。〔註47〕這三篇文章主要提到陽明學者的講學活動，以及講會組織。另外吳震的近作《陽明後學研究》，除了討論

〔註40〕 陳來，〈世紀末中國哲學研究的挑戰〉，《哲學雜誌》三十一期（2000），頁 8～23。

〔註41〕 陳來認為哲學史的研究是指「中國古哲對宇宙、人生、人心、知識的理論化思考和概念組織體系」的研究，思想史的研究是指「注重研究在哲學以外政治思想、社會思想、歷史思想等非一般哲學的內容以及社會思潮，這些思想與社會、經濟基礎的聯繫相對地更為直接，所以思想史的研究在研究思想的同時也應注意研究這些思想與一定的社會——文化（包括政治、經濟）結構、環境的複雜關聯與互動，以了解這個時代整個社會的有機關聯。」同註40。另外葛兆光在〈思想史的寫法〉中，亦有相似的看法。《中國思想史——導論》（上海：復旦大學出版社，2002年）。

〔註42〕 王汎森，〈中國近代思想文化史研究的若干思考〉，《新史學》十四卷三期（2003），頁 177～194。

〔註43〕 溝口雄三，《中國前近代思想の屈折と展開》（東京：東京大學，1980年）。

〔註44〕 楊芳燕，〈明清之際思想轉向的近代意涵——研究現狀與方法的省察〉，《漢學研究通訊》七十八期（2001），頁 44～53。

〔註45〕 福田殖，〈羅念菴の「冬遊記」について——王門における講學活動の一場面〉，《陽明學》六期（1994），頁 2～27。

〔註46〕 陳來，〈明嘉靖時期王學知識人的會講活動〉，《中國學術》（北京：商務印書館，2000年），頁 1～53。

〔註47〕 李伏明，〈論陽明心學的內在矛盾與王學講會活動——以江右王門學派為例〉，《井岡山師範學院學報（哲學社會科學）》二十三卷四期（2002），頁 5～10。

陽明後學錢德洪（1496～1574）等人的思想外，在第九章〈陽明後學與講學運動〉，則探討王門後學熱中於講學的思想根源。〔註48〕另一作品《明代知識界講學活動繫年》，則將嘉靖、隆慶、萬曆三朝（1522～1602）士人的講學活動作成年表，使我們清楚了解明代中後期講學活動的盛況。〔註49〕張藝曦的碩士論文《講學與政治：明代中晚期講學性質的轉變及其意義》，主要是論述講學與政治之間的關係，以陽明學派及東林學派爲討論重點。〔註50〕不過在陽明學者中，他選取的人物偏向泰州學派，使其論述無法得到整全的呈現。2003 年出版的呂妙芬《陽明學士人社群──歷史、思想與實踐》，是對於陽明學派講會活動較全面性的研究，是我們了解陽明學派地方性的講會活動很好的參考。〔註51〕本書對於講會的研究可說有開創之功，對於筆者在研究方法以及議題的闡述上皆有所啓發。呂妙芬關於講會的著作發表後，亦有學者以他的研究方法，補充了徽州地區的講會活動。〔註52〕

　　另外，有一些著作雖與本論文相關性不大，但亦啓發了我對游學議題的思考。龔鵬程的《游的精神文化史論》認爲「游」的精神體現在社會文化的各個層面：思想、文學、藝術等，來反駁費孝通「鄉土中國」的說法。另外，他也提出撰寫「游的文學史」的必要性。〔註53〕王鴻泰對於明清之際城市生活的研究，他認爲城市因人的流動與互動，而產生了公眾生活領域的交織，包括社會關係的創造、社會價值的建構、社會組織的構成，情色文化的創造、資訊的傳播、社會意識的形成、流行文化的發展，而構造出獨特的「城市文化」。〔註54〕對於筆者在思考游學的流動性上，有很大的啓發。

　　陽明學的研究成果是相當豐富的，在這樣的背景之下，如何尋找適切的議題來發揮，一方面能與現今的陽明學研究互相對話，一方面又能對陽明學

〔註48〕吳震，《陽明後學研究》（上海：上海人民出版社，2003 年），第九章，頁 421～459。
〔註49〕吳震，《明代知識界講學活動繫年》（上海：學林出版社，2003 年）。
〔註50〕張藝曦，《講學與政治：明代中晚期講學性質的轉變及其意義》，國立臺灣大學歷史學研究所碩士論文，1998 年。
〔註51〕呂妙芬，《陽明學士人社群──歷史、思想與實踐》（臺北：中央研究院近代史研究所，2003 年）。
〔註52〕陳時龍，〈十六、十七世紀徽州府的講會活動〉，《國立政治大學歷史學報》二十期（2003），頁 133～183。
〔註53〕龔鵬程，《游的精神文化史論》（石家庄：河北教育出版社，2001 年）。
〔註54〕王鴻泰，《流動與互動──由明清間城市生活的特性探測公眾場域的開展》，國立臺灣大學歷史學研究所博士論文，1998 年。

的研究有所貢獻，成為筆者最大的考驗。在仔細閱讀王畿（1498～1583）等人的文集時，發現他們的人生寫照，只能用一個字來形容，那就是「游」，而他們的「游」是流動性的，流動於各地講會，又是跨地域性的，並非限制在一地一鄉。陳來曾感慨明清思想研究也出現把某些思想或學術流派歸約到地方、宗族、階級等下層基礎的研究案例，地域研究已被奉為新的範式。〔註55〕歐美的中國研究重視地域研究，像包弼德（Peter K. Bol）關於唐宋變遷之際，士人階層在價值觀念上重大轉換的議題研究，就討論到地方士人及其家族的影響。〔註56〕又如艾爾曼（Benjamin A. Elman）研究十八世紀的今文學派，亦是就常州地區今文學派的產生與興盛作了深入的分析，他認為十八世紀的今文運動深深植根於區域性的社會生活之中。〔註57〕就陽明學的研究而言，陽明學的傳播在地方上如何進行，地方士人如何由信奉朱子學轉而信奉陽明學，以及陽明學在地方上的影響，這些議題，都必須經由地域性研究，才能得到完滿的答案。〔註58〕而且就陽明學本身而言，地域性的差別或許存在，但實際的差別是否如我們想像的，仍要做更精細的探討。

　　陽明學派是一個跨地域的學派，王陽明本人雖是浙江人，但其哲學思想的形成，是與他在北京、山東、南京、貴州等不同地方的政治、教育、仕宦活動的經歷相聯繫的，是與他在各地方交往的朋友的思想往來有關聯，也是在他和古人的思想對話中展開的。而他的弟子，來自全國各地，在江西、浙江受學於陽明，學成之後回鄉或到各地傳播陽明思想，使陽明學成為跨地域、全國性的學派。流傳了二、三代之後，正如呂妙芬所強調的，地域學風的影響或許較前幾代明顯，但也沒有完全抹煞學派所具有的跨地域性的特

〔註55〕陳來並以王陽明為例，說明地域研究的限制。〈明嘉靖時期王學知識人的會講活動〉，頁1～53。

〔註56〕包弼德著，劉寧譯，《斯文：唐宋思想的轉型》（南京：江蘇人民出版社，2001年）。另外他指導的博士論文亦是以地域性及家族的研究為主。如 Anne T. Gerritsen, *Gods and governors: Interpreting the religious realms in Ji'an (Jiangxi) during the Southern Song, Yuan, and Ming dynasties (China)*, (Ph. D., Harvard University, 2001). Peter B. Ditmanson, *Contesting authority: Intellectual lineages and the Chinese Imperial Court from the twelfth to the fifteenth centuries*, (Ph. D., Harvard University, 1999)。

〔註57〕艾爾曼著，趙剛譯，《經學、政治和宗族──中華帝國晚期常州今文學派研究》（南京：江蘇人民出版社，1998年）。

〔註58〕梁洪生曾研究陽明學者董燧透過陽明學講會的模式及其個人的影響力建設本鄉，〈江右王門學者的鄉族建設──以流坑村為例〉，《新史學》八卷一期（1997），頁43～85。

質。〔註 59〕在這樣的情況下，游學的流動性以及跨地域性的特徵，是筆者可以突顯的，也可以與地域性研究做一個互補與對話。因此我所關注的是陽明學者如何藉著游學活動，追尋聖學，傳播陽明思想，在人的頻繁流動下，如何發展獨具特色的「游學文化」，使陽明學成爲跨地域性的學術派別。

第四節　研究架構

　　對於陽明學派的游學活動，筆者主要從四個層面：人的流動、社會關係的流動、思想的流動、書寫的流動來思考。游學基本上是一種人的流動，社會關係、思想以及書寫的流動，都是因爲人的流動而來的。游學是一種個人的選擇，人爲什麼游學，而陽明學派的游學又是屬於集體性的活動，如何進行流動，凝結出特定的組織、特定的社會價值。因此這一層面包括流動的目的與價值、流動的方式、流動的型態等問題。游學是走出家門的活動，人在游學的理想下，勢必會影響家庭生活的經營，而人與人之間的互動，使得社會關係產生變化。這一層面的問題包括家庭生活的犧牲、友天下士的理想、友倫的強調，以及在利益的糾葛中，講學的意義與人際關係產生變質。思想的流動主要是在流動的過程，發展出跨地域的思想議題，如良知之辯、四句教之辯、三教之辯等。書寫的流動則是陽明學者記錄流動的書寫，主要有會語及遊記，而這些書寫又會隨著人的流動而流動。以下即根據本文的章節，略述處理這四個層面問題時的基本思路。

　　第一章爲導言，主要說明本文的研究動機、研究定義、研究範圍、研究方法、文獻探討以及研究架構。

　　第二章是游學之目的與價值，即上述第一層面關於流動的目的與價值的問題。討論在個人的選擇以及集體性的活動下，個人的流動目的，與在活動中所凝結的社會價值。陽明學者在游學的流動中，所創造的游學價值與目的，包括傳播師教、以友輔仁以及萬物一體之仁等。對陽明學者而言，游學是萬物一體之仁的實現，是經世致用理想的展現，亦是追尋聖學、傳播聖學的最佳途徑。

　　第三章是固定之活動，亦即第一層面的問題──人的流動如何凝結出特定的講學組織。本章主要是探討變動不居的游學活動中，仍有一些特定的活

〔註 59〕呂妙芬，《陽明學士人社群──歷史、思想與實踐》，頁 369～371。

動，以顯示其制度化與組織化。陽明學者游學的制度化活動有論學、祭祀、歌詩、靜坐、省過等，這些活動亦詳細記載於講會的會約中，以保證活動的順利進行。

第四章是跨地域之游學活動與人際關係，牽涉第一層面與第二層面的問題。陽明學者在傳播師教、以友輔仁、講學是實現萬物一體之仁的目的與價值下，普遍有「友天下士的理想」，他們選擇游學，勢必會犧牲家庭生活，勢必會忽視儒家所重視的家庭倫理。所以他們大部分有高舉朋友之倫的觀點，甚至將友倫放在五倫之首。人際關係從有血緣、地緣的家庭親族及鄉里關係，向沒有血緣、地緣的同志師友關係邁進，這是社會關係流動的最佳寫照。而這樣的互動不只是社交活動，更是一種學術活動，特別是陽明學者發展了一種制度化的講學模式，學者優游於各大講會，形成獨具特色的「游會」現象。然而，在講會活動頻繁舉行，陽明學廣為世人所知，再加上握有政治實權的陽明學者提倡講會，講學的目的以及單純的人際交往，就逐漸在功名利祿的利益之下變質了。

第五章是思想之對話。即第三層面因人的流動所造成的思想流動問題。陽明學者的游學是跨越地域的，因此產生許多跨越地域的思想議題，主要有良知之辯、四句教之辯以及三教之辯。這些都是陽明學者甚至非陽明學者關注的焦點。在良知之辯上，陽明學者對良知的看法相當分歧，引起廣泛討論與辯難的是聶豹的「歸寂說」，幾乎第一代的著名弟子皆參與在這次辯論之中，而幾個有名的講會，更是討論這個議題。在四句教之辯上，陽明學內部的看法其實相當統一，但在非陽明學者圈中則引發相當大的爭議。關於四句教的辯論主要發生在天泉證道、南都講會以及惠泉講會的學術聚會中。第二、三次辯論更是陽明學者與甘泉學派、東林學派的思想交鋒。在三教問題上，陽明學者對三教的態度不太相同，有的嚴守三教之分，有的則對三教持較寬鬆的態度，有的甚至主張三教合一。同樣的，主張三教合一的陽明學者，與嚴守三教之分的陽明學者及非陽明學者亦展開了一場精采的學術論辯。

第六章是游學書寫與個案研究。即第一層面與第四層面的問題。主要討論學者如何記錄游學的流動，而從這些記錄流動的書寫，又發現陽明學者獨特的游學型態。會語是陽明學者記錄游學的主要文體，其性質與語錄相近，又有所不同。而遊記在形式上雖然名為遊記，但內容上與文學家所撰寫的遊記不同，陽明學者的遊記可說是遊記與會語的綜合體。而以遊記來記錄游學

的，在陽明學者中只有羅洪先，以及有意模仿的張元忭（1538～1588）與鄧以讚（1542～1599）。另外，王畿與羅洪先分別是兩個陽明學者中非常不同的游學型態。王畿一生游學在外，轍跡天下，表現出一種以「游」為主的人生觀。而羅洪先則不是，一開始，他非常積極游學，但後來因為家庭變故、講學的變質，他開始簡出息游，對會友論學，乃至講會，多有失望。

第七章是結語，主要藉由系統性的整理與論述，總結整體的研究成果。

第二章　游學之目的與價值

　　陽明認爲：「天下首務，孰有急於講學耶？」〔註1〕他的一生以講學爲職志，〔註2〕並在游宦各地中接引後學，〔註3〕講論致良知之教。這樣的觀念亦爲弟子們承襲，如終身游學四方，以天地爲家的王畿就說：「吾人此生，不論出與處、閒與忙，只有講學一件事。」〔註4〕而對會友論學略有微詞的聶豹（1487～1563）也認爲：「講學是吾輩第一事。」〔註5〕至於第二代、第三代弟子持此看法者更是不勝枚舉。〔註6〕我們可以說，「講學爲人生首務」是陽明學者共同的看法，而這也不僅止於觀念層次，更是他們生活的寫照。

　　陽明學者的游學四方，形成普遍的游學風尙，除了學者個人的思想觀念

〔註1〕　《傳習錄拾遺》，《王陽明全集》卷三十二，頁1171。

〔註2〕　鄒守益曾記載：「當時有稱先師者曰：『古之名世，或以文章，或以政事，或以氣節，或以勳烈，而公克兼之。獨除卻講學一節，即全人矣。』先師笑曰：『某願從事講學一節，盡除卻四者，亦無愧全人。』」鄒守益，〈陽明先生文錄序〉，《王陽明全集》卷四十一，頁1568～1569。

〔註3〕　關於陽明在游宦中接引後學可參考拙著，〈王陽明與書院〉，《孔孟月刊》四十卷二期（2001），頁22～30。

〔註4〕　王畿，〈與趙麟陽〉，《王龍溪全集》（臺北：華文出版社，1970年），卷十一，頁729～731。

〔註5〕　聶豹，〈答何吉陽〉，《雙江聶先生文集》（臺南：莊嚴出版社，1997年，《四庫全書存目叢書》），卷九，頁431。

〔註6〕　例如曾從學於劉魁（1488～1552）的尤時熙（1503～1580）說：「人生世間，不分賢愚貴賤，只有講學一事。」〈上劉晴川師〉，《尤西川先生擬學小記》（臺南：莊嚴出版社，1997年，《四庫全書存目叢書》），卷四，頁824。又如受學於羅汝芳（1515～1588）的楊起元（1547～1599）認爲自己：「平生無他長，止有講學一事。」〈鄧心虞〉，《續刻楊復所先生家藏文集》（臺南：莊嚴出版社，1997年，《四庫全書存目叢書》），卷七，頁328。

──肯認講學的重要外，筆者以爲外在環境的配合與刺激更是不容忽視。在政治上，從中晚明後，宦官的擅權、皇帝的專制，導致群臣與宦官、群臣與皇帝之間的權力角力，如正統到正德年間的宦官：王振、汪直乃至劉瑾的專權導致朝政的混亂，〔註7〕如陽明因劉瑾而遭到貶謫。〔註8〕又如嘉靖年間的「大禮議」〔註9〕更形成皇帝與群臣間的緊張，而許多主張與嘉靖皇帝不同的官員，更遭到落職、貶謫的命運，如鄒守益亦因此而貶謫廣德。〔註10〕而官員間的意識型態與權力鬥爭，也導致陽明學處於弱勢的地位。〔註11〕再加上吏治的腐敗，〔註12〕進士出身並不能保障在仕途上的順遂，而且一般官員的薪水甚低。〔註13〕另一方面，由於人口的快速成長，而舉人和進士的名額卻未相應增加，考中功名的機會越來越小，因此讀書人必須在「作官」之外，另尋出路，游學成爲另一種可能。〔註14〕

〔註7〕 楊國楨、陳支平，《明史新編》（臺北：昭明出版社，1999年），第五章第一節，頁165～183。

〔註8〕 《年譜一》，《王陽明全集》卷三十三，頁1227。

〔註9〕 關於「大禮議」的研究，可參考朱鴻，《大禮議與明嘉靖初期的政治》，國立臺灣師範大學歷史研究所碩士論文，1978年。另外關於嘉靖皇帝的專制可參考懷效鋒，《嘉靖專制政治與法制》（長沙：湖南教育出版社，1989年）。

〔註10〕 張廷玉，《明史》（北京：中華書局，1997年），卷二八三，頁7268～7270。

〔註11〕 呂妙芬，《陽明學士人社群──歷史、思想與實踐》第一章，頁31～71。

〔註12〕 楊國楨、陳支平，《明史新編》第五章第一節，頁183～189。

〔註13〕 周志文，〈仕進與講學──以王畿、錢德洪的選擇爲例〉，《晚明學術與知識分子論叢》（臺北：大安出版社，1999年），頁53～67。根據《明史‧食貨志》記載，明初官俸以米爲標準，不久便爲折鈔，而折鈔則日賤。宣德八年（1433）戶部奏：折鈔由每石二十五貫減爲十五貫，以致「卑官日用不贍」。至成化（1464～1487）時更在折鈔之外加上折布，愈折愈少。所以《明史‧食貨志》說：「自古官俸之薄，未有若此者。」《明史》卷八十二，頁2003。

〔註14〕 關於明代生員人數及生員的生活狀況，可以參考 Ping-ti Ho（何炳棣），*The Ladder of Success in Imperial China.*（New York: Columbia University Press, 1962）與陳寶良，〈明代生員層的仕進之途〉，《安徽史學》2002年四期（2002），頁2～10、〈明代生員層社會生活之眞面相〉，《浙江學刊》2001年三期（2001），頁161～166等研究。余英時認爲仕進的困難，導致許多讀書人棄儒從商，「從商」成爲士人在「作官」外的另一出路，並導致了「以士爲首」的傳統四民觀念的鬆動。〈中國近世宗教倫理與商人精神〉，《中國思想傳統的現代詮釋》（臺北：聯經出版社，1987年），頁259～404。劉志琴亦有相同的看法。〈晚明城市風尚初探〉，《中國文化研究集刊》一期（上海：復旦大學出版社，1984年）。呂妙芬對於陽明學的興起與生員人口增加的關係有深入的探討，她認爲：「對個人而言，登第的困難延緩了出仕的時間，也增加了遊學求友的時間，可以更多參與詩社和文社活動。」《陽明學士人社群──歷史、思想與實踐》

　　政治上的混亂，仕途上的阻礙，科考上的不順遂，是反面的，或者說消極的刺激陽明學者游學四方的外在因素，而積極刺激的，莫過於商品經濟的發展，城鎮和各省水陸交通日益發達。交通網絡的發達不僅方便商賈的往來交易，亦促進旅遊活動的頻繁、旅遊風氣的轉變，也使得游學四方的理想得以實現。〔註15〕而結合旅遊、論學、交友的游學活動，則成為明代士人的普世生活型態之一。〔註16〕

　　科舉的不順遂，增加了游學求友的時間，而從另一方面來說，科舉赴考本身也使得游學成為可能。胡直（1517～1585）曾說過：「予登第，始得盡友海內諸學士。」〔註17〕張元忭亦說：「往歲春獲與大廷之對，一時同舉者四百人。私自喜曰天下如此，其大賢才如此其多，而此四百人者又其傑然者也，則吾之所賴以為助，而砭其愚、策其惰，以庶幾進于斯道者，舍此將安求焉。」〔註18〕皆是說明科舉赴考乃至登第，得以與天下之賢才交游。而程文德（1497～1559）在為丘竹巖遊北雍而歸所寫的序中認為：少遊庠校，「鄉之善士得而友之」，而自庠校應舉省城，「國之善士得而友之」，而自省城遊國子監，則「天下之善士得而友之」。〔註19〕這無疑是說明學校及科舉考試制度本身，從各省的鄉校到京城的國子監，從各省的鄉試到京城的會試，皆促使讀書人突破自己鄉黨的限制，而與來自全國各地的精英交流，而陽明學者也利用此全國精英匯聚的時刻，大興講會，聚友論學，使游學四方的理想展現在科舉赴考的過程中。

　　以上討論了政治、經濟、教育上促使陽明學者走出家門，游學在外的外

第一章，頁31～71。

〔註15〕 關於明代商品經濟的研究可參考全漢昇，《明清經濟史研究》（臺北：聯經出版社，1987年）。牛建強，《明代中後期社會變遷研究》（臺北：文津出版社，1997年）。關於交通網絡及商書的程國路引，可參考陳學文，《明清時期商業書及商人書之研究》（臺北：洪葉文化事業有限公司，1997年）。明代旅遊活動的興盛情況可參考張嘉昕《明人的旅遊生活》。

〔註16〕 吳智和舉出羅洪先的〈冬遊記〉正是結合旅遊、賞景、交友、論學於一的具體展現。〈明人山水休閒生活〉，《漢學研究》二十卷二期（2002），頁101～129。其實羅洪先不只〈冬遊記〉，類似的作品還有〈夏遊記〉、〈甲寅夏遊記〉，另外其他陽明學者同類型的著作還有張元忭、鄧以讚的〈秋遊記〉。

〔註17〕 胡直，〈困學記〉，《明儒學案》卷二十二，頁519～526。

〔註18〕 張元忭，〈寄鄒聚所〉，《張陽和先生不二齋文選》（臺南：莊嚴出版社，1997年，《四庫全書存目叢書》），卷二，頁350～351。

〔註19〕 程文德，〈贈竹嚴丘子遊北雍歸序〉，《程文恭遺稿》（臺南：莊嚴出版社，1997年，《四庫全書存目叢書》），卷五，頁158。

緣因素。而對陽明學者而言，追尋聖學是他們的人生目的，因此「講學」成為人生的首務。他們將觀念化為行動，在跨地域的流動中，優游於師友之間，與同志的交流互動，凝結成特定的講學組織，同時又塑造出相應的社會價值來維繫游學行為與游學組織的發展。這些社會價值又內化於陽明學者的觀念中，不斷促使他們往游學的領域推進。換言之，游學的目的與價值促使他們游學在外，而在與師友的生活中，不但強化了對游學的原有看法，更進一步創造了新的社會價值，兩者交互影響，而形成獨特的游學文化。

陽明學者對游學的看法與在游學歷程中產生的社會價值，無疑是促使他們行動更為重要的因素，也是支持他們以游學凌駕一切——包括作官——的理論依據，更是他們以游學作為安身立命，實現經世致用的理想抱負。對他們而言，游學的目的與價值，不外乎傳播陽明學說，這普遍存在於第一代弟子的理念中。而傳統儒家對朋友的重視——「以友輔仁」的觀念，也使得陽明學者走出家門，出外與友論學。更重要的是「萬物一體之仁」的形上理念，乃至由此延伸的「講學以經世」的理想，更使他們以講學作為教化社會的方式，而擔負起經世致用的儒家使命。因此以下即以傳播師教、以友輔仁、萬物一體之仁三方面來討論陽明學者在游學活動中所強化並創造的目的與價值。

第一節　傳播師教

陽明學者游學四方的目的，首推傳播師教，尤其對第一代弟子而言，傳播師教，無疑是他們一生的職志，因為他們的游學四方，使得陽明學得以廣為士人所知，甚至風行天下。然而也因為弟子們各以所悟所見，講論立教，使得陽明學在第一代弟子身上即出現分化的現象。以下從兩方面來討論陽明學者傳播師教的游學目的。

一、師教不彰

歐陽德（1496～1554）在寫給魏良弼（1492～1575）的一封信中說：「數歲不得一會，良以為念。青原、螺渚之間，幸數與東廓、念菴諸丈求切磋之益，望兄不至，未嘗不增慨也。吾輩開山法主，豈可使木魚絕響如此其久，先師如綫之脈，將誰續耶？」〔註20〕傳播師教是弟子們的責任，他參與青原

〔註20〕歐陽德，〈答魏水洲二〉，《歐陽南野先生文集》（臺南：莊嚴出版社，1997 年，《四庫全書存目叢書》），卷三，頁 406。

等講會，與江右學者鄒守益、羅洪先等人論學而獲切磋之益，他要魏良弼能參與講會，共傳老師之教。在此歐陽德以傳播師教之責責求魏良弼，並強調出而會友的重要。另一個陽明的大弟子，至八十歲仍周游不倦的王畿更將傳播師教的責任攬在身上，在他的文集中時時流露尋求後進，傳播師教的急切心情。在隆慶庚午年（1570），他 73 歲，因家中遭逢祝融之變，而寫了〈自訟長語示兒輩〉：

> 不肖年逾七十，百念已灰，潛伏既久，精神耗涸，無復有補於世。而耿耿苦心，惕然不容自已者有二：師門晚年宗說，非敢謂已有所得，幸有所聞，心之精微，口不能宣。常年出遊，雖以求益四方，亦思得二三法器，真能以性命相許者，相與證明領受，衍此一脈如綫之傳。孔氏重朋來之樂，程門興孤立之嗟，天壤悠悠，誰當負荷，非夫豪傑之士，無待而興者，吾誰與望乎！夫經以明道，傳以釋經，千聖傳心之典也，粵自哲人萎而微言絕，……我陽明先師首倡良知之旨，闡明道要，一洗支離之習，以會歸於一，千聖學脈，賴以復續。……不肖晨夕參侍，謬承受記，時舉六經疑義叩請印證，面相指授，忻然若有契於心。儀刑雖遠，謦欬尚存，稽諸遺編，所可徵者，十纔一二，衰年日力有限，若復秘而不傳，後將復晦，師門之罪人也。思得閉關卻掃，偕志友數輩，相與辨析折衷，間舉所聞大旨奧義，編摩纂輯，勒為成典，藏之名山，以俟後聖於無窮，豈惟道脈足徵，亦將以圖報師門於萬一也。所幸良知在人，千古一日，憫予惓惓苦心，將有油然而應，翕然而相成者，豈徒終於泯泯而已哉。知我者謂我心憂，不知我者謂我何求。……殆將終始尚友之志、同善之心而玉之成也。〔註 21〕

王畿常年出游的原因，除了取益四方外，最重要的有二，一是傳播「師門晚年宗說」。在陽明出征思田前夕，王畿與錢德洪針對陽明四句教討論，兩人相持不下，而後就正於陽明，這就是著名的「天泉證道」。〔註 22〕所謂「師門晚年宗說」當是指四句教。〔註 23〕王畿希望自己得自陽明的晚年宗說，有「二

〔註 21〕王畿，〈自訟長語示兒輩〉，《王龍溪全集》卷十五，頁 1062～1071。

〔註 22〕《傳習錄下》，《王陽明全集》卷三，頁 117～118。另外，關於天泉證道的記載亦見〈年譜三〉，《王陽明全集》卷三十五，頁 1306～1307。及王畿，〈天泉證道記〉，《王龍溪全集》卷一，頁 89～93。

〔註 23〕關於四句教在天泉證道以及後來在第二、三代弟子與其他學派學者間所引起

三法器」——豪傑之士，能以性命相許，眞實領受，共傳師門正脈。第二個原因是傳良知之教，他先談到陽明良知之教乃接續千聖學脈，而自己親受陽明的指導，若祕而不傳，則是「師門之罪人」，所以才要與友相聚辨析折衷。最後他說：「知我者謂我心憂，不知我者謂我何求」，其懇懇求友、傳師教之心溢於言表。有人針對王畿年近七十，仍出游不倦，戲稱：「孔氏轍環，亟於行教，子心亦良苦，吾人年近七十，獨不聞堯舜耄期，亦有倦勤之慮乎！」而王畿則回答：他的求友四方，志在取善求益，而非以行教爲事，比較重要的是「師門晚年微旨」恐致中絕，因此「思得一二法器」，轉相傳授，以衍一脈之傳。〔註 24〕在此他也表達了傳播師教的切切苦心，相同的看法，在文集中比比皆是。〔註 25〕而後學也肯定王畿的出游以及其傳播師教的苦心，王畿的學生蕭良幹（1534～1602）說：「彼其恐師門之秘，終於湮沒，皇皇焉若號人而求售。至遭疑謗而不改，斯良工苦心也。」〔註 26〕而王宗沐（1523～1591）說得更詳細，王畿的不辭周流，求友四方，是要闡發陽明未盡之旨。時人有疑其過者，王畿則舉智者大師的「四宏願」：「未悟者令悟，未解者令解，未安者令安，未涅槃者令涅槃」來說明：自己既得陽明印證，怎可使師門之緒不傳，這樣反而不如佛家了。因此王畿「無一日不講學、不會友」，江南地區的講會：水西、洪都、白鹿、懷玉、南都、滁陽、宛陵，幾乎都有他

的爭辯，將於第五章做深入的討論。

〔註 24〕王畿，〈中憲大夫都察院右僉都御史在菴王公墓表〉，《王龍溪全集》卷二十，頁 1505～1513。

〔註 25〕例如：〈約會同志疏〉曰：「爰念先師良知之教，人孰不聞，能實致其知者有幾。凡所應感，動靜食息，常變順逆，一以良知出之，不蔽于意欲者有幾。天之所以與我者何如，而自待乃若是，薄亦甚矣。不肖精神向衰，創悔頗切，亦覺有深省處，一脈精微，僅存如線，其所傳述，得于面授，自信頗眞。若不及時尋求法器，眞肯發心者數輩，相與究明斯旨，以圖遠業，一線之緒，將自此而絕。譬之日昃之離，無從繼明，倏爾長夜，此日夜拊膺疾首，不容自已之苦心也。況年逾七十，百念盡休，一切遠涉塵勞，不惟日力不逮，勢亦有所不能。惟是一念改過，不忍負于初志，所望同鄉諸友憐予苦心，修舉月會之期，以是月二十三爲始。不肖雖有少出，亦望互相主盟，弗令復廢。日征月邁，以熙光明而神變化，庶于師門爲無負耳。」〈答吳悟齋〉言：「不肖於師門晚年宗說，幸有所聞。數十年來，皇皇焉求友於四方，豈惟期以自輔，亦期得一二法器，相與共究斯義，以綿師門一脈如綫之傳。」〈與沈宗顏〉亦曰：「區區八十老翁，於世界更有恁放不下。惟師門一脈如綫之傳，未得一二法器出頭擔荷，未能忘情。切切求友於四方者，意實在此。」《王龍溪全集》卷二、十、十二，頁 218～220、671～686、846～848。

〔註 26〕蕭良幹，〈王龍溪先生全集序〉，《王龍溪全集》，頁 3～7。

的縱跡。〔註27〕

　　王畿傳播師教的急切苦心，化成了他游學四方的行動，他亦以此與同志相勉，期望同志能出來主會，共同爲傳播師教而奮鬥。他在寫給羅洪先的信，在在表明希望他出身承擔，共明此學的心願：

> 貴省自廓翁捐背後，青原、復古諸會所，荒落殆甚，諸友悵悵若無所歸，固知此輩未必盡發眞心，未能盡性命。然風聲鼓動，彼倡此和，主盟斯道者，不可無人。一人倡之，眾人從而和之，已而倡之者眾，和之者益眾。所謂道誼由師友有之，義重聚樂，求此道之不明，不可得也。若各各離居，火力不聚，漸至煙消，寖成灰息，求此道之大明，亦不可得也。〔註28〕

羅洪先早年游學四方，深深肯定游學會友之利，然而因目睹講會之弊，而閉關息游。〔註29〕王畿要羅洪先出來主盟，尤其是在鄒守益等同志相繼捐背，無人主會的情況下，更要羅洪先發揮「萬物同體」之心，「爲眾出關」、「擔當此事」，而羅洪先所詬病的講會之弊——發心不眞，只要與會者各各實行「相觀法」，而「不徒支解辨說」，必能去其弊，而得其利，並使青原、復古諸會能重振前風。〔註30〕至於他寫給劉文敏（1490～1572）的信亦持相同的觀點，江右同志：東廓、雙江、明水、念菴、瑤湖、魯江等人先後殞落，如果劉文敏只是好學清修，重在保自身，而不出赴大會，則未免有揀擇心在，他要劉文敏推擴「一體不容已之情」，出身承當老師學脈。〔註31〕從這兩段話，勸友出來主盟講會，也可看到王畿對於師教不彰，汲汲於傳播師教的焦急心情。

二、王學分化

　　陽明歿後，弟子即著手編纂陽明相關著作，包括《文錄》和《年譜》，主要編纂者錢德洪在編輯這些著作時，有更深層的動機——合異同歸，不論是編《年譜》以「徵師言」〔註32〕、編《傳習錄》使學者「趨專歸一」〔註33〕

〔註27〕王宗沐，〈龍溪先生文集序〉，《王龍溪全集》，頁9～14。
〔註28〕王畿，〈與羅念菴〉，《王龍溪全集》卷十，頁656～658。
〔註29〕關於羅洪先的游學生涯以及對游學看法的轉變，筆者將於第六章作深入的討論。
〔註30〕王畿，〈與羅念菴〉，頁656～658。
〔註31〕王畿，〈與三峰劉子問答〉，《王龍溪全集》卷四，頁281～283。
〔註32〕錢德洪曰：「師既沒，吾黨學未得止，各執所聞以立教。儀範隔而眞意薄，微言隱而口說騰。且喜爲新奇譎祕之說，凌獵超頓之見，而不知日遠於倫物。

或是「亟圖爲會」，〔註34〕皆希望爲已漸露分化之象的陽明良知學，求得「合異同歸」的效果。〔註35〕同樣的看法亦出現在江右學者歐陽德、鄒守益及陳九川（1494～1562）的文集中：

> 每念哲人云遠，微言日晦。朋舊四方星散，各以其質之所近，意之所見者爲學，無緣聚首以砭偏去蔽。〔註36〕

> 龍溪自水西而返，已約獅泉、三峰訂避暑之策。期以對越明命，歸一正學。不爲浮談虛見，負師門而疑來學，嗣當有以請正。〔註37〕

> 竊謂先師既沒，同門豪傑，大率各以所得者爲教，流傳日遠，恐亦失眞。精義歸一，此會似不可緩，不知仁者亦作此念否？〔註38〕

> 年踰五十，鬢髮白已過半，德業無成，曷勝憂懼。乃今往天眞、入會稽，求益良醫以尋結果。亦欲拉二公西集匡廬，南遊虔嶺，痛與同志究竟一番，庶使先師宗旨，不失其眞。〔註39〕

他們都談到陽明後學以質之所近，意之所見爲教，使得師教紛紛，而要使精義歸一，則要同志相聚，聯結講會，討論折衷，不使浮談虛見遮蔽師教。

陽明弟子游學四方，傳播陽明學說，使陽明學風行天下。而另一方面，因學者個人個性、行事風格、成學歷程不同，所得亦有差異，因此也開啓王學分

甚者認知見爲本體，樂疏簡爲超脫，隱幾智於權宜，蔑禮教於任性。未及一傳而淸言亂眾，甚爲吾黨憂。邇年以來，亟圖合併，以宣明師訓，漸有合異統同之端，謂非良知昭晰，師言之尚足徵乎？譜之作，所以徵師言耳。」〈陽明先生年譜序〉，《王陽明全集》卷三十七，頁 1356～1358。

〔註33〕 錢德洪曰：「師門之教，使學者趨專歸一，莫善於《傳習錄》」。〈續刻傳習錄序〉，《王陽明全集》卷四十一，頁 1583～1585。

〔註34〕 同註33，錢德洪曰：「吾師既沒，……同志散歸四方，各以所得引接來學，而四方學者漸覺頭緒太多。執規矩者，滯於形器，而無言外之得；語妙悟者，又超於規矩之外，而不切事理之實，願學者病焉。年來同志亟圖爲會，互相劘切，各極所詢，漸有合異同歸之機。」

〔註35〕 錢德洪編纂陽明著作，其目的與思想意圖亦貫穿於陽明著作之中。這方面的研究可參考鍾彩鈞，〈錢緒山及其整理陽明文獻的貢獻〉，《中國文哲研究通訊》八卷三期（1998），頁 69～89。

〔註36〕 歐陽德，〈答程松谿〉，《歐陽南野先生文集》卷三，頁 410。

〔註37〕 鄒守益，〈簡南野歐陽宗伯〉，《東廓鄒先生文集》（臺南：莊嚴出版社，1997年，《四庫全書存目叢書》），卷六，頁 70。

〔註38〕 陳九川，〈簡王龍溪先生〉，《明水陳先生文集》（臺南：莊嚴出版社，1997年，《四庫全書存目叢書》），卷一，頁 25。

〔註39〕 陳九川，〈簡薛中離〉，《明水陳先生文集》卷一，頁 25。

化的契機。黃宗羲說：「當時同門之言良知者，雖有淺深詳略之不同。」當時聶豹以「歸寂爲宗，功夫在於致中，而和即應之。」而上述四人：錢德洪、鄒守益、歐陽德、陳九川，再加上王畿、黃弘綱（1492～1561）等人則主「已發未發非有二候，致知即所以致中」，雙方環起難端，往復論辯。﹝註40﹞或許他們有感於良知學的紛紛異同，因此有立會、共同討論、商訂正學以合異同歸的主張。

　　不論是因爲師教不彰而傳播師教，或是因爲良知之學紛紛而傳播師教，總之，傳播師教是第一代弟子共同的職志。筆者發現，相關的言論只出現在第一代弟子的文集中，第二代乃至第三、四代弟子則無此等看法。筆者以爲原因有二：一是學術風潮的轉變，在第一代弟子時，由於陽明學派尚屬興起階段，並遭到朝廷禁學、謗議的命運，再加上陽明五十多歲殞歿，其致良知教雖已成熟，但未能完全而完整地傳授給弟子，未能風行天下，而這責任自然就落在第一代弟子身上，所以王畿等人才會以傳播師教爲職志。經過他們的努力，陽明學已廣泛流行於士人階層，而後陽明從祀孔廟，爲官方所承認，﹝註41﹞傳播師教的責任總算完成，所以這樣的看法不會出現在再傳及三傳弟子中。另一原因則是學術典範的轉移，以陽明爲中心緊密的同門意識及爲學派奮鬥的強烈使命逐漸轉化。在陽明生前，弟子們始終圍繞在陽明身邊，接受陽明的教化薰陶，而陽明歿後，對陽明的崇敬，對良知教的肯認，同志間相處的情誼，使他們紛紛擔負起傳播師教之責，而游走四方。一個學派在開枝散葉以後，成員對其原始宗主的崇敬相對降低，而轉向直屬的師承，這本是人之常情，所以在第二代、第三代弟子間，同門意識則屬於各別的支派，對陽明的崇敬，轉向個人的直屬師承，例如泰州學者對王艮（1483～1540）的崇敬，﹝註42﹞晚明學者如楊起元、管志道、焦竑（1540～1620）、李贄對羅汝芳的崇敬，而形成所謂的「羅汝芳典範」。﹝註43﹞更重要的是學術環境的改變，對講學的責難紛起，也使得他們擁立新的學術宗主，尋求比陽明更崇高、

﹝註40﹞ 黃宗羲，〈江右王門學案二〉，《明儒學案》卷十七，頁 359～361。

﹝註41﹞ 關於陽明從祀孔廟的經過，可參考朱鴻林，〈陽明從祀典禮的爭議和挫折〉，《中國文化研究所學報》五期（1996），頁 167～181。Chu, Hung-lam, "The Debate over Recognition of Wang Yang-ming", *Harvard Journal of Asiatic Studies* 48.1 (1988), pp. 47~70。

﹝註42﹞ 程玉瑛，〈王艮（1483～1541）與泰州學派：良知的普及化〉，《師大歷史學報》十七期（1989），頁 59～136。

﹝註43﹞ 張藝曦認爲晚明講學界有所謂的「羅汝芳典範」，《講學與政治：明代中晚期講學性質的轉變及其意義》，頁 91～95。

更權威的學術典範，以對抗來自各方的學術批判與壓力。〔註44〕學術典範的轉移使得在再傳及三傳弟子的言論中不見傳播師教的看法。

第二節　以友輔仁

傳統儒家在談到修身成德時，皆提到朋友對於修身成德的幫助，如《論語》：「君子以文會友，以友輔仁。」〔註45〕《孟子》：「友也者，友其德也。」〔註46〕《周易‧兌卦》象辭：「麗澤，兌，君子以朋友講習。」〔註47〕可見儒家把朋友視爲修身成德不可或缺的條件之一。對於陽明學者而言，更是如此。他們汲汲出游，無非是要尋求志同道合的朋友，講論聖學，互相切磋鼓勵，以求在道德修養上有所精進。因此，會友成爲聖學追尋歷程中必要的因素，游學求友成爲學者們共同的生活型態。以下即分會友的重要以及會友與爲仁由己兩方面來討論陽明學者以友輔仁的游學目的與價值。

一、會友之重要

陽明學者強調朋友對於修身成德的重要。陽明提到：「學問之益，莫大於朋友切磋，聚會不厭頻數也。」〔註48〕而感嘆自己早年「求師於天下，而莫予誨也；求友於天下，而與予者寡矣；又求同志之士，二三子之外，邈乎其寥寥也。」〔註49〕聶豹也提到「君子學以崇其德也，講學以會友，取善以輔

〔註44〕晚明泰州學者在討論以孝弟爲中心的思想時，皆抬出明太祖（1328～1398）這張神主牌，明太祖儼然成爲治統與道統合一的典範。如：羅汝芳曰：「然求如我太祖高皇帝，獨以孝弟望之人人，而謂天地命脈全在此者，則眞千載而一見者也。」又曰：「孔子曰：『仁者，人也。』孟子曰：『堯舜之道，孝弟而已。』我高皇聖諭數語，直接堯舜之統，而兼總孔孟之學者也。」《太史楊復所先生證學編》（臺南：莊嚴出版社，1995年，《四庫全書存目叢書》），卷首，頁257、256。另外在晚明關於無善無惡及三教問題的辯論上，學者則舉出孔子（551～479 B. C.）、周敦頤以及明太祖爲學術宗主，以爲自己的無善無惡論及三教合一尋求合理的論據。關於無善無惡及三教問題的論辯，見第五章。

〔註45〕《論語‧顏淵》，《論語注疏》（臺北：藝文印書館，1997年，《十三經注疏》本），頁111。

〔註46〕《孟子‧萬章下》，《孟子注疏》（臺北：藝文印書館，1997年，《十三經注疏》本），頁180。

〔註47〕《周易正義》（臺北：藝文印書館，1997年，《十三經注疏》本），頁130。

〔註48〕王陽明，〈與朱守忠〉，《王陽明全集》卷五，頁179～180。

〔註49〕王陽明，〈別三子序〉，《王陽明全集》卷七，頁226～227。

仁。」〔註50〕陳九川則說：「吾輩甘爲庸俗人則已矣，如欲卓然自樹於天地之間，求無愧怍，非親師取友，相與淬礪夾持，亦何所用力哉！」〔註51〕王畿更說：「學問之於朋友，如魚之於水，纔一相離，便生枯渴。」〔註52〕而他八十多歲仍周流天下，亦「求友一念，老而彌切。」〔註53〕王艮亦言：「學者之於師友，切磋琢磨，專在講明而已。」〔註54〕歐陽德則進一步認爲「道之不明，大率朋友離索之故。」〔註55〕薛侃（？～1545）則舉孔、孟、周、程未嘗不以師友爲學，而推論出「學不可無師友。」〔註56〕至於第二代、第三代弟子對朋友與成德的關係更是強調，如羅汝芳：「今世道之根本在此學，此學之根本在朋友。」更說：「只是講學，只是聚朋友便了。」〔註57〕並訓誡弟子「不見子家座上常有二、三十客，便是子學不長進矣。」〔註58〕周汝登（1547～1629）強調：「不可一日無學，則必不可一日不求友。」〔註59〕他的好友鄒元標（1551～1624）亦言：「學問無盡，友眞不可不會也。」〔註60〕王艮的兒子王襞（1511～1587）亦說：「君子之賢也，必由師友以長其德。」〔註61〕耿定向則說：「求友是性命」、「養心莫善於求友」。〔註62〕他的弟子劉元卿（1544～1609）亦說意志懈惰時，近朋友可以振起精神，而認爲「此滋補最速之劑。」〔註63〕另外，北方王門的張後覺（1503～1578）、孟化鯉（1545～1597）亦勸

〔註50〕聶豹，〈譽德書院記〉，《雙江聶先生文集》卷五，頁320～321。

〔註51〕陳九川，〈復董司憲〉，《明水陳先生文集》卷一，頁22。

〔註52〕王畿，〈與李見亭〉，《王龍溪全集》卷十一，頁769～773。

〔註53〕王畿，〈與吳安節〉，《王龍溪全集》卷十一，頁787～788。

〔註54〕王艮，〈與林子仁〉，《王心齋全集》（臺北：廣文書局，1987年），卷五，頁1a。

〔註55〕歐陽德，〈答聶雙江二〉，《歐陽南野先生文集》卷一，頁368。

〔註56〕薛侃，《研幾錄》（臺南：莊嚴出版社，1997年，《四庫全書存目叢書》），頁503。

〔註57〕羅汝芳，《盱壇直詮》（臺北：廣文書局，1996年），下卷，頁167～168。

〔註58〕羅汝芳，《盱壇直詮》下卷，頁180～182。

〔註59〕周汝登，〈證修會錄序〉，《東越證學錄》（臺北：文海書局，1970年），卷六，頁497～500。

〔註60〕鄒元標，〈東吳安節三〉，《願學集》（臺北：臺灣商務印書館，1983年，《景印文淵閣四庫全書》），卷三，頁36～37。

〔註61〕王襞，〈語錄遺略〉，《重雋東崖王先生遺集》（臺南：莊嚴出版社，1997年，《四庫全書存目叢書》），卷上，頁649～653。

〔註62〕耿定向，〈與周柳塘〉，《耿天臺先生文集》（臺北：文海出版社，1970年），卷三，頁316～318。

〔註63〕劉元卿，〈養生四劑〉，《劉聘君全集》（臺南：莊嚴出版社，1997年，《四庫全書存目叢書》），卷十二，頁304。

友人：「須朋友常相聚會，更見穩實」〔註64〕、「此學全要師友，自然不扶而挺，否則欲免東倒西歪，難矣！」〔註65〕

　　陽明學者幾乎人人強調朋友對於成德的重要性，鼓勵人多與朋友相聚，參與講會。因此「以友輔仁」成為陽明學者修身成德的重要工夫之一。如周汝登認為：「親師取友，或看書，或靜坐，無非所以長養此念耳。」〔註66〕孟化鯉則說：「今日始學，須要操心謝俗，或近師友，日日觀摩；或親經籍，時時體貼；或靜坐以凝慮；或遠游以洗心，方便多端。」〔註67〕胡直亦言：「善學者譬如種樹，仁，全樹也；志，根也；師友，哉培者也；詩書，灌溉者也。」〔註68〕他們不約而同的認為：修身成德的工夫在立志、靜坐、看書以及親師取友。另外，羅汝芳則強調立志與尋真師友的重要：「如汝實實要入此門，則先須辨個必為聖人之志。志意堅定，方好去尋真師友。遇著真師友，方纔有真口訣。」〔註69〕可見對他們而言，修身成德不是離群索居，靠個人的力量所能完成的，而必須出游以親師取友。

二、會友與為仁由己

　　會友是成德的必要條件之一，然而孔門有所謂的「為仁由己」，〔註70〕何者孰重？兩者是不是有所衝突？陽明學者除少數之外，一般皆認為「為仁由己」與會友講學並重，如陽明曾說：「為仁由己，固非他人所能與。而相觀砥礪之益，則友誠不可一日無者。」〔註71〕朋友對於「為仁」有相觀砥礪之助。鄒德涵認為：「為學不可無朋友講習夾持，所以說以友輔仁。雖是為仁由己，本是人替我做不得，恰像個替得我做得一般。」〔註72〕尤時熙則說：「雖曰為

〔註64〕張後覺，〈教言〉，《張弘山集》（臺南：莊嚴出版社，1997年，《四庫全書存目叢書》），卷一，頁146。

〔註65〕孟化鯉，〈答楊晉菴〉，《孟雲浦先生集》（臺南：莊嚴出版社，1997年，《四庫全書存目叢書》），卷二，頁520。

〔註66〕周汝登，〈剡中會語〉，《東越證學錄》卷四，頁355～356。

〔註67〕孟化鯉，〈已千錄〉，《孟雲浦先生集》卷七，頁600～605。

〔註68〕胡直，〈申說贈蕭希之太守北上〉，《衡廬精舍藏稿》（臺北：臺灣商務印書館，1983年，《景印文淵閣四庫全書》），卷十五，頁412～415。

〔註69〕羅汝芳，〈近溪語要〉卷上，《耿中丞楊太史批點近溪羅子全集》（臺南：莊嚴出版社，1997年，《四庫全書存目叢書》），頁5。

〔註70〕《論語・顏淵》曰：「顏淵問仁。子曰：『克己復禮為仁。一日克己復禮，天下歸仁焉。為仁由己，而由人乎哉！』」《論語注疏》，頁106。

〔註71〕王陽明，〈寄希淵二〉，《王陽明全集》卷四，頁158。

〔註72〕鄒德涵，〈鄒聚所語錄〉，《鄒聚所先生文集》（臺南：莊嚴出版社，1997年，《四

仁由己，而培植灌溉，必資師友。」〔註73〕楊東明（1548～1624）亦言：「本
體不從外來，而功夫則賴師友。故夫爲仁由己，語其機之決也；當仁不讓，
語其志之勇也；苟無師友相成，將有息焉，不修遜焉，不敢當者矣。嘗驗之
義重聚樂之時，又驗之索居離群之際，其志之勇怯，學之進退，自可考見，
故曰道德由師友有之。」〔註74〕這幾段話無非是強調即使爲仁由己，師友夾
持仍然是必要的。

　　陽明學者如此強調師友講論，然而後來有些參與講學者卻發心不眞，只
徒口耳講說，而產生廢棄實踐工夫、不重躬行的弊端，因此有學者反而強調實
踐躬行的重要，如羅洪先的晚年息游，便是目睹講學之弊而做的決定。而同樣
目睹講學之弊，而屢屢批判的王時槐〔註75〕（1522～1605）對親師取友，游學
講論的看法則與羅洪先有所不同。他弱冠師事劉文敏，入仕後求友四方，終無
所得。五十歲罷官歸田，屏除外務，息心靜養，反而有得。〔註76〕因爲目睹講
學之弊，而主張「悟性修命」說。〔註77〕他與羅洪先的求學歷程非常相像，然

　　　　庫全書存目叢書》），頁511。
〔註73〕尤時熙，〈答仁居李先生〉，《尤西川先生擬學小記》卷四，頁829～830。
〔註74〕楊東明，〈柬憲副陳雲麓公祖〉，《山居功課》，據東京高橋情報以日本內閣文
　　　　庫藏明萬曆四十年序范炳校刊本影印，漢學研究中心藏。卷七，頁16a～17a。
〔註75〕例如〈答族生永卿〉：「今學者之病在於猜疑憶度之日多，而因心衡慮之功少，
　　　　是以空騰詞說無禆實事耳。」又〈三益軒會語〉：「學者以任情爲率性，以媚
　　　　世爲與物同體，以破戒爲不好名，以不事檢束爲孔顏樂地，以虛見爲超悟，
　　　　以無用恥爲不動心，以放其心而不求爲未嘗致纖毫之力者多矣，可歎也。」
　　　　這些弊病的產生是因爲講學者談「現成良知」，〈贈別陳文臺〉：「今世談性本
　　　　現成，無俟修證者紛矣，此說良是。然惟上根徹悟眞得者可以契此。顧主
　　　　盟者不辨根器，漫然語之，以凡夫目視耳聽于手持足行，即與聖無異，不必
　　　　更言修治。遂以縱恣狂肆、不循矩法者爲有悟，一涉省躬滌慮，則云於性上
　　　　加添矣。是徒知穀之現成，而以種穫釜炊爲多事；徒知木之現成，而以釜斤
　　　　繩墨爲贅疣也，遂使後學承襲口吻，蕩焉無所檢束。高者陷於無忌憚之中庸；
　　　　陋者甘於決大防而不止。口稱性與聖同，而實行與道背。自誤誤人，將無底
　　　　極。憂世衛道之君子，得不重爲扼腕而思一救其流弊乎。予懷此慮久矣。」《塘
　　　　南王先生友慶堂合稿》（臺南：莊嚴出版社，1995年，《四庫全書存目叢書》），
　　　　卷一、四、六，頁161、257、315～316。同樣的看法在文集中比比皆是。
〔註76〕王時槐，〈塘南居士自撰墓誌銘〉，《塘南王先生友慶堂合稿》卷七，頁326～
　　　　327。黃宗羲，〈江右王門學案五〉，《明儒學案》卷二十，頁468～469。
〔註77〕〈答蕭勿菴〉曰：「若強而言之，只云悟性修命可也。蓋性不假修，只可云悟
　　　　而已。命則性之呈露，不無習氣隱伏其中，此則有可修矣。修命者，盡性之
　　　　功，似不當以性命對舉而並修之也。性者，先天也，知屬發竅，是先天之子，
　　　　後天之母也。惟知爲先天之子，後天之母，則此知正在體用之間。若知前求

而他卻不像羅洪先晚年閉關息游，反而流連於各地講會，積極參與。因此他對「爲仁由己」及會友的看法也不似羅洪先一般，而是採取持平的態度：

> 夫學奮志責躬，惇倫飭行，是必諸己者也；夾持引翼，救過長善，相觀而受益，是資諸友者也。能奮切己之志，則自不容已於求友；能受良友之益，則於切己之志愈有助而大成矣。故學者輔志明道，莫善於會。〔註78〕

> 此事須有希聖眞志，又須親炙明師良友，朝夕勿離。庶自己既有專功，又得明眼者印證，乃可漸入。〔註79〕

> 此事固在自己靜養，然必賴有道賢者爲之夾持，爲之開導。譬如遠涉遐方，得一慣識路程者與之同行，庶不誤入旁歧，大省力也。何如？何如？獨學無友，則勤苦難成。〔註80〕

爲學要眞行實修，而師友夾持的開導印證，亦有事半功倍的效果，所以「輔志明道，莫善於會」，強調參與講會的重要。

　　陽明學者強調會友對於修身成德的重要，即使在「爲仁由己」的古訓之下。朋友對於學者個人的修身成德，除了有互相激勵，使之不致懈怠懶散外，最重要的，也是對良知之學所必要的，即是李贄所說的「吾輩求友之勝己者，欲以證道」。〔註81〕即是前面所舉羅汝芳說的「眞師友乃有眞口訣」。陽明曾說：「今世無志於學者無足言，幸有一二篤志之士，又爲無師友之講明，認氣作理，冥悍自信，終身勤苦而卒無所得，斯誠可哀矣。」〔註82〕師友講學對成德的幫助在於講明致良知之教，而不致流於「認氣作理，冥悍自信」，終身無得的景況。王艮也認爲：「有志之士，何代無之？若非明師良友，鼓舞於前，誘掖獎勸，抑其過，引其不及以至於中。其不至於半塗而廢，行不著，習不

體則著空，知後求用則逐物；知前更無未發，知後更無已發，合下一齊俱了，更無二功。故曰獨獨者無對也，無對則一，故曰不貳也。意者知之默運，非與知對立而爲二也，致知者非以知照意之謂也。」《塘南王先生友慶堂合稿》卷一，頁187～188。關於王時槐的「悟性修命」說之研究，可參考牟宗三，《從陸象山到劉蕺山》（臺北：臺灣學生書局，1993 年），第五章第四節，頁 421～447。

〔註78〕王時槐，〈書西原惜陰會籍〉，《塘南王先生友慶堂合稿》卷六，頁 298～299。
〔註79〕王時槐，〈答李養端〉，《塘南王先生友慶堂合稿》卷一，頁 189。
〔註80〕王時槐，〈答王肯齋〉，《塘南王先生友慶堂合稿》卷一，頁 181～182。
〔註81〕李贄，〈與耿司寇告別〉，《李溫陵集》（臺北：文史哲出版社，1971 年），卷二，頁 138～143。
〔註82〕王陽明，〈寄希淵三〉，《王陽明全集》卷四，頁 158～159。

察，流於異端枝葉者鮮矣。」〔註83〕同樣認爲師友除了可以鼓勵、強化個人的修德之志，不致半途而廢外，更由於師友的講論，而可以確保不會誤入歧途，能正確地在成聖的道路上不斷前進，他也以此來訓示學生，要學生出來與朋友聚講，深坐山中，只會「喜靜厭動」，將會「行不著，習不察」，而有所偏差。〔註84〕所以歐陽德說：「今世通患，大患無志。有志矣，無師友講明，安於所習，自以爲得不傳之學於遺經，而不自知其違道遠矣。」〔註85〕也就是沒有師友講明，則會自以爲得不傳之學，而不知違道已遠。因此王時槐常常說求友之助，意見造作自會消除：「予既老無他營，惟以孔孟正學與郡邑諸同志時時聚於西原、青原、復眞、元陽之間。每自苦意見造作之爲障，而居安達順之未易能也，故汲汲求友冀交助而相成。」〔註86〕

陽明提倡致良知之說，強調道德主體的自信、自主，王畿等人甚至主張良知現成、自信本心：「先師提出良知二字，正指見在而言。見在良知與聖人未嘗不同，所不同者，能致與不能致耳。且如昭昭之天與廣大之天原無差別，但限于所見，有大小之殊。」〔註87〕又說：「若信得良知及時，時時從良知上照察，有如太陽一出，魍魅魍魎，自無所遁其形，尚何諸欲之爲患乎。」〔註88〕所謂良知現成，自信本心，即是良知完滿具足，充分推致擴充即能成聖成賢。但是致良知乃是深層的主觀自省，高度的道德主觀傾向，勢必會抹殺客觀性判斷的空間，即陽明所說的「冥悍自信」，這是良知學在理論上與延伸而來的工夫論上的一個必然隱憂，也引起許多學者，如上述王時槐的批判與修正。〔註89〕換句話說，在實際的修養過程中，如何證明一個人是否眞的致得良知，或是未能眞識良知而蔽於意見口耳呢？這時，就需要勝己之師友來證道了。羅汝芳說：「只是時時刻刻將自己心腸與經書遺言精神查對，用力

〔註83〕　王艮，〈安定書院記〉，《王心齋全集》卷四，頁3a～b。
〔註84〕　王艮，〈與俞純夫〉，《王心齋全集》卷五，頁3a。
〔註85〕　歐陽德，〈答人問學經〉，《歐陽南野先生文集》卷三，頁404。
〔註86〕　王時槐，〈塘南居士自撰墓誌銘〉，《塘南王先生友慶堂合稿》卷七，頁326～327。
〔註87〕　王畿，〈與獅泉劉子問答〉，《王龍溪全集》卷四，頁284～285。
〔註88〕　王畿，〈金波晤言〉，《王龍溪全集》卷三，頁243～245。
〔註89〕　王汎森認爲，由於現成良知與客觀性判斷之間的衝突，因此晚明以來，許多思想家包括陽明學者，紛紛尋求外在的規範，於是有朝向經典主義的發展，這也是明末清初從理學走向經學的重要原因。〈「心即理」說的動搖與明末清初學風之轉變〉，《中央研究院歷史語言研究所集刊》六十五本二分（1994），頁333～373。

堅久，則或見自己本心偶合古聖賢同然處，往往常多，然細微曲折必須印證過後乃更無弊。若初學下手則必須一一遵守，就是覺得古聖經書於自心未穩，且當虛懷質正師友，決不可率意斷判，以流於猖狂自恣之歸也。」〔註90〕羅汝芳之學亦如王畿，強調良知現成，不假修爲，〔註91〕而他在這段話中則強調質正師友的必要性。另外，在實際的講學場合中，同志之間的「證道」更是比比皆是，如羅洪先在嘉靖十八年（1539）冬天游學，與王畿等人論學，他問王畿「試論余如何？」王畿回答：「汝以學問湊泊知見，縱是十分眞切，脫不得湊泊耳。」幾天後，他又問王畿「兄觀弟識性否？」王畿回答：「全未。」〔註92〕這樣直指過錯，互證所學，是相當直接的了，但也只有這樣才能避免良知學過度自信的隱憂。

第三節　萬物一體之仁

在思想史上，萬物一體的觀念產生甚早，但有不同的類型。如《莊子·齊物論》提出「天地與我並生，而萬物與我爲一」，〔註93〕這種萬物一體是在相對主義哲學的基礎上抹殺事物差別性的結果。宋代以後大多數儒者的同體思想則來自程顥（1032～1085）和張載（1020～1077）。程顥曰：「仁者，以天地萬物爲一體，莫非己也，認得爲己，何所不至？若不有諸己，自不與己相干。如手足不仁，氣已不貫，皆不屬己，故『博施濟眾』，乃聖之功用。」〔註94〕仁者以萬物爲一體是作爲博施濟眾的基礎，它是要落實在社會關懷上的。另外〈識仁篇〉：「仁者，渾然與物同體。義、禮、智、信皆仁也。識得此理，以誠敬存之而已，不須防檢，不須窮索。……此道與物無對，大不足

〔註90〕 羅汝芳，《盱壇直詮》下卷，頁211～212。

〔註91〕 黃宗羲這樣說明羅汝芳之學：「先生之學，以赤子良心，不學不慮爲的，以天地萬物同體、徹形骸、忘物我爲大。此理生生不息，不須把持，不須接續，當下渾淪順適。工夫難得湊泊，即以不屑湊泊爲工夫，胸次茫無畔岸，便以不依畔岸爲胸次，解纜放船，順風張棹，無之非是。」〈泰州學案三〉，《明儒學案》卷三十四，頁760～763。

〔註92〕 羅洪先，〈冬遊記〉，《念菴文集》（臺北：臺灣商務印書館，1983年，《景印文淵閣四庫全書》），卷五，頁125～134。

〔註93〕 《莊子·齊物論》。郭慶藩編，王孝魚整理，《莊子集釋》（臺北：木鐸出版社，1982年），頁79。

〔註94〕 〈元豐己未呂與叔東見二先生語〉，《河南程氏遺書》卷二上，《二程集》，頁15。

以名之，天地之用皆我之用。」〔註95〕這裡的萬物一體則是一種精神境界，要落實到內心修養中來。至於張載〈西銘〉及〈大心篇〉則是要以我為軸心，以天地萬物為一體。〔註96〕陽明學者對萬物一體的看法基本上沿襲程、張二人，然而筆者發現到他們屢屢將萬物一體、經世與講學聯在一起說，即對他們而言，講學即是萬物一體之仁的實踐，甚至是經世事業的全部。「萬物一體說」不僅為他們的會友論學提供形上的根據，而且也使得講學成為學者施展抱負、理想的安身立命之所。以下即分兩方面論述之。

一、講學與萬物一體

陽明的大弟子錢德洪敘說陽明一生講學的苦心最為真切：「平生冒天下之非詆推陷，萬死一生，遑遑然不忘講學，惟恐吾人不聞斯道，流於功利機智，以日墮於夷狄禽獸而不覺；其一體同物之心，譊譊終身，至於斃而後已：此孔孟已來聖賢苦心，雖門人子弟未足以慰其情也。」〔註97〕他認為陽明一生講學出自一體同物之心，而這所謂一體同物之心與上述程顥、張載所言者並無甚差別。所差別者則在陽明以良知之教來涵攝一體之仁。在〈答聶文蔚〉一書中說得十分清楚：「天地萬物，本吾一體者也，生民之困苦荼毒，孰非疾痛之切於吾身者乎？不知吾身之疾痛，無是非之心者也。是非之心，不慮而知，不學而能，所謂良知也。良知之在人心，無間於聖愚，天下古今之所同也。世之君子惟務致其良知，則自能公是非，同好惡，視人猶己，視國猶家，而以天地萬物為一體，求天下無治，不可得矣。」〔註98〕很明顯的，將生民百姓的疾苦當作自身的疾苦，才是「是非之心」的實質所在。他說能致得良知，則能以天地萬物為一體，無非是說良知具有普遍性的意義，是與「仁者以天地萬物為一體」相關聯的。所以他在〈拔本塞源論〉中進一步說：「夫聖人之心，以天地萬物為一體，其視天下之人，無外內遠近，凡有血氣，皆其昆弟赤子之親，莫不欲安全而教養之，以遂其萬物一體之念。天下之人心，

〔註95〕同註94，頁16～17。
〔註96〕〈大心篇〉曰：「大其心則能體天下之物，物有未體，則心有外。世人之心，止於聞見之狹。聖人盡性，不以見聞梏其心，其視天下無一物非我，孟子謂盡心則知性知天以此。」〈西銘〉即〈乾稱篇〉的一部分，曰：「故天地之塞，吾其體；天地之帥，吾其性。民吾同胞，物吾與也。」《正蒙》，收於《張載集》（北京：中華書局，1985年），頁24～26、62～66。
〔註97〕錢德洪序語，〈語錄二〉，《王陽明全集》卷二，頁40。
〔註98〕王陽明，〈答聶文蔚〉，《王陽明全集》卷二，頁79～82。

其始亦非有異於聖人也，特其間於有我之私，隔於物欲之蔽，大者以小，通者以塞，人各有心，至有視其父子兄弟如仇讎者。聖人有憂之，是以推其天地萬物一體之仁以教天下，使之皆有以克其私，去其蔽，以復其心體之同然。」〔註99〕聖人推「萬物一體之心」而「教」天下，因此「講學」成為天下首務──轉變人心，使「間於有我之私，隔於物欲之蔽」的常人之心，轉變為「以天地萬物為一體」的「聖人之心」。〔註100〕

這樣萬物一體的概念被陽明的弟子所承襲，並進一步與講學相關的教與學相聯繫，亦即他們用「萬物一體」的概念來解釋孔子「學不厭，教不倦」。〔註101〕歐陽德認為「良知本與天地萬物為一體」，見善與不善在人，己身皆有感受，而學不厭是「立其天地萬物一體之體」，教不倦是「達其天地萬物一體之用」，因此體用一源，教學無二，所謂「教學相長」也。〔註102〕「萬物一體」即是「與人為善之心」，不只是「教」的層面，亦涉及「學」的部分。王畿更是屢屢發揮「學之不厭，誨人不倦，原是萬物一體之仁」的意涵：「君子之講學，非徒教人也，自求其益而已。故曰學之不講，是吾憂也。自求其益，則雖終日與朋友論議，孰非為己實事，相觀相正，自不容已。蓋學之不厭，誨人不倦，原是萬物一體之仁。」〔註103〕「吾人之學，原與物同體。誨人倦時，即學有厭處，成己即所以成物，只是一事，非但相長而已也。」〔註104〕「夫教學相長，成己成物，原非兩事。興教作人，無非達吾一體之實學，誨人倦時，即是學有厭處。世人視此為迂闊事，不知所以為學，故不知所以為教，故其學亦孤。」〔註105〕在王畿的觀念中，講學是為實現「萬物一體」，與「教學相長」與「成己成物」是相結合的，而他對洪垣（1532 年進士）能與朋友相聚講學，則稱讚他是「以性命為重，視萬物為一體者」。〔註106〕羅汝芳也認

〔註99〕王陽明，〈答顧東橋〉，《王陽明全集》卷二，頁 41～57。

〔註100〕關於陽明萬物一體思想的研究可參考陳來，《有無之境──王陽明哲學的精神》（北京：人民出版社，1991 年），第九章，頁 258～276。或是林惠勝，〈試論王陽明的萬物一體〉，《中國學術年刊》十六期（1995），頁 53～77。

〔註101〕《論語・述而》曰：「默而識之，學而不厭，誨人不倦，何有於我哉！」《論語注疏》，頁 60。

〔註102〕歐陽德，〈贈麥元實序〉，《歐陽南野先生文集》卷七，頁 476～477。

〔註103〕王畿，〈答退齋林子問〉，《王龍溪全集》卷四，頁 286～288。

〔註104〕王畿，〈三山麗澤錄〉，《王龍溪全集》卷一，頁 108～126。

〔註105〕王畿，〈別言贈沈思畏〉，《王龍溪全集》卷十六，頁 1131～1134。

〔註106〕王畿，〈答洪覺山〉，《王龍溪全集》卷十，頁 713～716。

為：「蓋仁者，渾然與物同體，此體既與物同，則教學又豈容一哉。故教不徒教，而必以學，直己陳德而不敢欺也；學不徒學，而必以教，與人為善而不敢私也。教學相長，人己夾持，以故有親有功，可久可大，而又何厭倦之有哉！」〔註107〕楊東明認為講學並非為號召生徒、立黨與，而是先覺者懷誨人不倦之意，後進者切於就正有道之心，而其根源則在「萬物一體之心」，因此君子「不昧救時行道之念，每惓切而不忘。故遇一有志之士，輒左提右攜，不忍釋手，必欲造就而成全之。所憂者深，所任者重，而所計者遠也，此今日孜孜講學之意乎！」講學又有「救世行道」的功能。〔註108〕劉元卿也認為大興講會是「吾人一體相關之性自不容已」，而今日之會「非為自己立命」，而是「為生民立命」、「為諸士立命」。〔註109〕由此看來，陽明學者視教與學為推擴萬物一體之心，不只是能教學相長，更是成己成物、救世行道的方法，而教與學則具體展現在聚友論學的場合中。所以與陽明相同的，後學們亦遑遑然游走四方，以聚友論學為人生首務。

二、講學與經世致用

講學是萬物一體之仁的具體展現，更是儒者的經世事業。王畿談到：「區區入山既深，無復世慮，而求友一念，若根於心，不容自已。春夏往赴水西、白山之會，秋杪赴江右之會，歲暮始返越。知我者謂我心憂，不知我者謂我何求。人生惟此一事，六陽從地起，師道立則善人多，挽回世教，敘正人倫，無急於此，惟可與知己道也。」〔註110〕求友赴會在使「師道立而善人多」，透過講學不只可以修養自身，更可以變化風俗，挽回世教，敘正人倫。早期的羅洪先亦表達這樣的觀念：「吾輩講學只是保守此念，除此更無工夫可用，更無功業可求。……所謂其君用之，安富尊榮；子弟從之，孝弟忠信。千古聖賢扶植世教，不外於此。欲用世顯功業，與吾人求太平，舍講學更無措手處，一切才智力量，舍講學更充拓不成。」〔註111〕王宗沐亦認為聖賢所以汲汲遑遑於講學，是因為看到「天下陷溺」、「若痛癢之切於身者」。〔註112〕

〔註107〕羅汝芳，《盱壇直詮》上卷，頁56。
〔註108〕楊東明，〈柬撫臺吳韜菴公祖二〉，《山居功課》卷七，頁9a～10a。
〔註109〕劉元卿，〈明新紀會〉，《劉聘君全集》卷九，頁250～254。
〔註110〕王畿，〈與蕭來鳳〉，《王龍溪全集》卷十二，頁840～841。
〔註111〕羅洪先，〈與劉仁山〉，《念菴文集》卷四，頁89～90。
〔註112〕王宗沐，〈啟鄒東廓先生〉，《敬所王先生文集》（臺南：莊嚴出版社，1997年，

楊東明則進一步將萬物一體之仁與世道之頹喪合起來講：「夫仁者己欲立而立
人，己欲達而達人，豈其樂於徇人哉！萬物一體之懷，自有不容已耳，以令
天下之人心不正好惡多舛。域中洶洶，日趨迷亂，凡此皆學問不明之過也。
彼不肖者固無望矣，而最賢者又徒自有餘如斯世斯人何，夫子曰吾非斯人之
徒與而誰與！天下有道，丘不與易也。吁！此所以爲聖人之心也，恐其欲杜
門而不能矣。」〔註113〕在「萬物一體之仁」的形上理念下，在儒家「己欲立
立人，己欲達達人」的仁者本懷下，在「吾非斯人之徒與而誰與」的孔門家
法下，講學成爲拯救人心陷溺的最好方式，所以王艮才會說：「經世之業，莫
先講學。」〔註114〕

　　對陽明學者而言，世道混亂，其因在於人心陷溺，而要拯救人心的方法，
則在明學術，要明學術則在講學。所以對王艮來說，經世的具體作爲不是政
治事功的建立，而是講學——「出必爲帝者師，處必爲天下萬世師」：

> 學不足以爲人師，皆苟道也，故必修身爲本，然後師道立而善人
> 多。如身在一家，必修身立本以爲一家之法，是爲一家之師矣；身
> 在一國，必修身立本以爲一國之法，是爲一國之師矣；身在天下，
> 必修身立本以爲天下之法，是爲天下之師矣。故出必爲帝者師，言
> 必尊信，吾修身立本之學，足以起人君之敬信，來王者之取法。夫
> 然後道可傳亦可行矣，庶幾乎已自配得天地萬物，而非牽以相從者
> 也，斯出不遺本矣。處必爲天下萬世師，言必與吾人講明修身立本
> 之學，使爲法於天下，可傳於後世。夫然後立必俱立，達必俱達，
> 庶幾乎修身見世，而非獨善其身者也，斯處不遺末矣。孔孟之學正
> 如此，故其出也，以道徇身，而不以身徇道；其處也，學不厭而教
> 不倦，本末一貫，合內外之道也。夫是謂明明德、親民、止至善
> 也。〔註115〕

以修身爲本，身在家、在國、在天下，則爲一家、一國、天下之法，不論出
與處皆爲師，所謂「師道立而善人多」。出，身在朝廷，故爲帝者之師，起人
君之敬信；處，身在野，則爲天下萬世師，與人講修身立本之學，而立人達

《四庫全書存目叢書》），卷十，頁225。
〔註113〕楊東明，〈東呂新吾先生書四〉，《山居功課》卷七，頁49a～50a。
〔註114〕王艮，〈語錄上〉，《王心齋全集》卷二，頁14b。
〔註115〕王艮，〈語錄下〉，《王心齋全集》卷三，頁11a～11b。

人，不獨善其身，所以不論出與處皆要講學。換言之，經世的方式不是直接參與政治，而是用「師」的身分，把這種道理傳播弘揚，以求達到移風易俗，改良社會的目的。〔註116〕王艮的學生顏鈞，以一介布衣，四處講學，其目的亦在「善世」：「大道無私，人品殊科，不有先覺，孰開其蔽？況天下之廣，億兆之眾，苟不沿流申道，遞分四方，誘以同學，則有志者阻于遐僻，昧于見聞，終將貿貿焉莫知所謂大道。是故在昔孔孟流環以木鐸天下，亦惟恐生獨樂之私，不得與眾同耳。吾輩學宗孔孟以善世，可自嫌于枉徇而私利乎！」〔註117〕而羅汝芳則以「如予一人能孚十友，十友各孚十友，百人矣。百友各孚十友，千人矣，由千而萬而億，達之四海運掌也。」〔註118〕而使講學達到經世的目的，楊起元則引佛家發大弘願之例說儒者講學，亦要以「度盡眾生爲願」。〔註119〕

　　對陽明學者而言，講學是經世事業，應以此爲大本所在，以此爲終極關懷，因此他們推崇孔子。陽明基於萬物一體之仁，積極接引後學，是以孔子爲榜樣。〔註120〕而在後學的心目中，孔子的地位甚至凌駕於堯舜、伊尹之上。王艮說：

　　　　伊傅得君可謂奇遇，設其不遇，則終身獨善而已。孔子則不然也。

　　　　不論有位無位，孔子學不厭而教不倦，便是位育之功。〔註121〕

伊尹是三代的賢相，輔佐商湯，而成經世大業，連孔孟都非常推崇他，而王艮卻認爲伊尹得君才能成就善世之功，倘若不遇明君，則將獨善其身，沒沒無聞。而孔子就不同了，無論得位與否，他皆學不厭教不倦，便是「致中和，

〔註116〕岑溢成，〈王心齋安身論今詮〉，《鵝湖學誌》十四期（1995），頁59～82。

〔註117〕顏鈞，〈告天下同志書〉，顏鈞著，黃宣民標點整理，《顏鈞集》（北京：中國社會科學出版社，1996年），卷一，頁3～6。

〔註118〕羅汝芳，《盱壇直詮》下卷，頁188。

〔註119〕楊起元，〈冬日記〉，《太史楊復所先生證學編（三）》，頁344。

〔註120〕陽明曰：「然而夫子汲汲遑遑，若求亡子於道路，而不暇於煖席者，寧以蘄人之知我信我而已哉？蓋其天地萬物一體之仁，疾痛迫切，雖欲已之而自有所不容已，故其言曰：『吾非斯人之徒與而誰與！欲潔其身而亂大倫，果哉，末之難矣！』……僕之不肖，何敢以夫子之道爲己任？顧其心亦已稍知疾痛之在身，是以徬徨四顧，將求其有助於我者，相與講去其病耳。今誠得豪傑同志之士扶持匡翼，共明良知之學於天下，使天下之人皆知自致其良知，以相安相養，去其自私自利之蔽，一洗讒妒勝忿之習，以濟於大同。」〈答聶文蔚〉，頁79～82。

〔註121〕王艮，〈語錄下〉，《王心齋全集》卷三，頁9a。

位天地，育萬物，便做了堯舜事業。」〔註122〕劉元卿亦有這樣的看法：「孔子求天下英才而教育之，教然後知困處，即其學然後知不足處，不厭不倦，不知老之將至。自其成己而言，眞有賢於堯舜之所以進修者。堯舜得天雖厚，然不能如孔子一生處朋友之中，起予助我發憤無已時。自成物而言，眞有賢于堯舜之所以資益者。堯舜雖得五人卻原是天生之以贊帝治者，何能如孔子一向陶冶群才，雖勇夫富賈率成上賢。自其功在萬世而言，又眞有賢於堯舜之所以存心天下者。堯舜得位則仁行，無位者絕望於聖賢之路。自孔子以匹夫提七十子，明道覺世，流仁無窮，萬世之下莫不知人之皆可以爲聖人，凡有志斯道者往往循而效之，率有所成，凡此皆孔子之所以賢於堯舜，而未必不從求友中得之。則求友一言，非有志之士，恐未可以概論也。」〔註123〕堯舜是三代聖王，自孔子以降的儒者多有褒崇，而劉元卿則以爲堯舜得位則仁行，不得位則不成聖賢，而孔子處在朋友之中，不只成己，亦能成物，陶冶群才，其功在萬世，所以賢於堯舜。〔註124〕他如此標榜孔子無非是要強調求友論學的重要，經此標榜，孔子成爲陽明學者講學經世的模範了。

　　陽明學者皆以講學爲善世之功、經世之業，講學的內容主要還是修身成德，而非政治民生事務，這可從王畿對經世的解釋看出：

　　　　儒者之學，務于經世。然經世之術，約有二端：有主于事者，有主于道者。主于事者，以有爲利，必有所待而後能寓諸庸。主于道者，以無爲用，無所待而無不足。〔註125〕

　　　　儒者之學，以經世爲用，而其實以無欲爲本。無欲者，無我也。天地萬物本吾一體，莫非我也。……我陽明先師居夷處困，超悟絕學，倡言於群喙之中，發明良知之旨以覺天下，而儒者之用益顯。良知

〔註122〕王艮，〈語錄上〉，《王心齋全集》卷二，頁8b～9a。
〔註123〕劉元卿，〈答甘以光〉，《劉聘君全集》卷三，頁61～62。
〔註124〕另外〈重樂編序〉：「師友者爲仁之器耳，仁人心也，人心無不與天下相關。堯舜得位則相關之心遂，伯夷不得位而望望然不屑就無術以就之也，柳下惠不得位而由由然不屑去無術以易之也，伊尹不得位而栖栖然就桀就湯，無術以自致其相關之仁也。夫伯夷直去之耳，下惠能就之而不能易之，伊尹能易之而不能自致其爲術未神也。孔子游目於三聖人之外，而獨得夫爲仁之方，其心蓋曰使爲仁而必藉君相則不得君相，仁終不流矣。今夫師友固亦吾之君相也，切之砥之，君相之事備矣；明之覺之，君相之道著矣；引之垂之，君相之則立矣。夫不得君相而其功反有賢於君相者，此其術不益神而其用不益巧耶！斯孔子之所以爲萬世帝王師乎！」《劉聘君全集》卷四，頁83。
〔註125〕王畿，〈贈梅宛溪握山東憲副序〉，《王龍溪全集》卷十四，頁947～951。

> 者，仁體也，以其愛無不周，而惻然不容已也，而謂之容。……吾惟實從事於致知，充其天地萬物一體之量，……固已與天地萬物相爲流通貫徹，包并無餘。〔註126〕

「主於事者」當指政治事功等實際作爲，即是陽明所謂的「破山中賊」；「主於道者」當指修身成德的講學，即是陽明所謂的「破心中賊」。〔註127〕而王畿所謂「以無爲用」、「以無欲爲本」的經世內涵是指使讀書人先悟得以無爲本、以天地萬物爲一體之良知，使胸中自然無固定之自我成見，而能在道德上做完美的發揮。雖然陽明學者對良知的理解有所不同，然對講學是以修身成德爲目的的看法則是毫無異議的，因此經世對陽明學者而言是指以修身成德爲目的的講學，這點是確定的。

進一步，或許有人會問：以修身成德爲目的的講學是否能稱之爲經世，在當時已引發其他學者的懷疑，如呂坤（1536～1618）曾致書給楊東明「戒講學虛談，求經濟實用」，即是在說：講學無濟於經濟實用。由楊東明的回答我們可以看到陽明學者一貫的主張：「昔人謂師道立而善人多，善人多則朝廷正而天下治。夫其群聚而講學也，亦以冀善人之多耳，力雖微而志則遠，此會事所以難寢也。」〔註128〕而周汝登也說：「當杏壇間，師友尋求，朝夕論證，惟此一事於此體驗究竟，有所證入。而後推之用世，精神貫，力量全，蓋不越身心性情之際，而自裕彌綸康濟之施，道本如是。」〔註129〕會友講學，是求善人多，而善人多則天下治，所以講會不可廢。學術與事功相較，學術是更爲根本的，聚友講學以明學術，而後推之用世，自然能有「彌綸康濟」之施。在陽明學者看來講學即是經世，但在呂坤看來講學只是虛談，更有甚者，明末清初的顧炎武（1613～1682）等人以「清談誤國」來評價陽明學派。而余英時在談到「經世致用」觀念時，則認爲王學中只有江右的馮應京（1555～1606）才眞有經世的傾向，因爲他編了一部《皇明經世實用編》。〔註130〕因此我們有必要對經世的概念做一釐清。

「經世致用」是儒家一個重要傳統，然而對經世之學的正確內容和研治

〔註126〕王畿，〈賀中丞新源江公武功告成序〉，《王龍溪全集》卷十三，頁931～936。
〔註127〕王陽明，〈與楊仕德薛尚謙〉，《王陽明全集》卷四，頁168。
〔註128〕楊東明，〈東呂新吾先生書二〉，《山居功課》卷七，頁46b～48a。
〔註129〕周汝登，〈郡守拙齋蕭侯崇祀記〉，《東越證學錄》卷十一，頁906～911。
〔註130〕余英時，〈清代學術思想史重要觀念通釋〉，《中國思想傳統的現代詮釋》，頁405～468。

重點，長期以來曾在不同學派或學者之間存在著岐見或爭辯。〔註131〕由於經世經常連著「致用」講，亦即致力於有用的、實用的，所以一般的意義是指：對世間亦即國家和社會實際事物的經略和治理。林樂昌認爲經世有三個層面：一是制度或政治層面，二是物質或經濟層面，三是精神文化層面。〔註132〕對上述呂坤等學者而言，經世只是政治和經濟層面，精神與文化層面似乎不屬於經世的範圍。另外就宋明理學家的經世事業來看，王安石（1021～1086）的變法，將政治經濟層面的經世事業推到了高潮，然而隨著王安石變法的失敗，南宋以後則日益轉向教化，尤以創建書院和社會講學爲最顯著的特色。〔註133〕創建書院和社會講學，即是精神文化層面的經世內涵。陽明學者講學並非只是力求個人修養，而是透過在士人階層的講學，〔註134〕整頓士風，在社會上進行整頓人心的教化運動。因此沒有理由將講學排斥在儒家的經世事業之外，以往對王學的評價也以無濟於「經世致用」來批判，這恰恰忽略了陽明學者以講學作爲經世事業的特徵。

　　對明末清初的學者來說，經世致用是「舉而措之天下，能潤澤斯民」，〔註135〕反對水間林下空談心性，無補於世道。〔註136〕清初學者甚至將明亡的

〔註131〕 眞德秀的《大學衍義》認爲經世之學只管做基礎的、內在的，其餘一切都可推致而得之。所以經世成了對正心誠意等理念的爭辯，多於對禮樂刑政、兵馬錢糧等實際知識的灌輸與掌握。而後丘濬作《大學衍義補》則認爲《衍義》並不是經世之學的全部，甚至連核心也不是。其後學者對二書的評價即是對經世之學的內容的爭辯。朱鴻林，〈理論型的經世之學──眞德秀大學衍義之用意及其著作背景〉，《食貨月刊》三、四期（1985），頁108～119。

〔註132〕 林樂昌，〈王陽明的講學生涯和社會教化使命──兼論明代儒教民間講學的現代意義〉，《哲學與文化》二十三卷一期（1996），頁1244～1257。

〔註133〕 余英時認爲宋明學者的創建書院及社會講學即是經世之業，並認爲王陽明仍要繼續新儒家未竟的「經世」大業。也就是新儒家的倫理也因陽明學的出現才走完了它的社會化的歷程。〈中國近世宗教倫理與商人精神〉，《中國思想傳統的現代詮釋》，頁331～340。這樣的看法與他在〈清代學術思想史重要觀念通釋〉一文中對「經世」的解釋有所不同。

〔註134〕 泰州學派則突破四民的樊籬，而講學於士農工商之間。相關的研究可參考島田虔次，《中國に於ける近代思惟の挫折》（東京：筑摩書房，1949年）。Wm. Theodore de Bary, "Individualism and Humanitarianism in Late Ming Thought", in W. T. de Bary ed., *Self and Society in Ming Thought* (New York: Columbia University Press, 1970), pp. 145~247。

〔註135〕 劉彝爲胡瑗高弟，宋神宗問劉「胡瑗與王安石孰優？」這兩句是劉彝的答言，〈安定學案〉，《宋元學案》（臺北：世界書局，1991年），卷一，頁17。

〔註136〕 顧憲成（1550～1612）說：「官輦轂，念頭不在君父上；官封疆，念頭不在百姓上；至於水間林下，三三兩兩，相與講求性命，切磨德義，念頭不在世道

責任歸罪於陽明學，例如顧炎武言：「五胡亂華本於清談之流禍，人人知之。孰知今日之清談有甚於前代者！昔之清談談老莊，今之清談談孔孟。」〔註137〕「以一人而易天下，其流風至於百有餘年之久者，古有之矣，王夷甫之清談，王介甫之新說，其在於今，則王伯安之良知是也。」〔註138〕陽明學派在他們眼中真成了萬惡不赦的歷史罪人了。路新生認為清初學者會有這樣的看法，是站在「資治」而非「致用」的立場來看待陽明學派的講學。所以他分別從「經世致用」和「經世資治」的差異及從政治家的層面來看陽明學者的立身處世等方面來反駁這樣的說法。〔註139〕當然清初學者這樣的看法是有其時代意義的，但從另一個意義上來說，「通經致用」無法在實際的政治上有所實踐，亦是無濟於民生日用。對陽明學者而言，講學是以道德修養為主，身正則天下治的理想不是虛無飄渺的，只是陽明學風行之後，萬物一體的崇高理想，經世致用的初衷，漸被遺忘，講學的意義於是變質了。

　　值得注意的是陽明及其弟子為何以講學為經世的內涵，亦即他們在尋求解決社會弊端的方法時，為何不從政治或經濟的角度去思考？反而將焦點放在改造人心，教化心靈的講學上。這可能是因為他們認為思想和心靈的整頓是比政治及經濟等問題的解決更為根本，更為迫切的，我們從以上的引述，可以很清楚的看到陽明學者這樣的看法。再者，余英時認為陽明學者放棄了「得君行道」的上行路線，轉而採取了「移風易俗」的下行路線，唯有如此，他們才能繞過專制的鋒芒，從民間社會方面去開闢新天地。也就是「君主專制」是逼使陽明學者逐步轉移其注意力於民間社會方面的一個根本原因。〔註140〕另外，政治經

上，即有他美，君子不齒也。」〈東林學案一〉，《明儒學案》卷五十八，頁1376～1379。

〔註137〕顧炎武，〈夫子之言性與天道〉，《原抄本日知錄》（臺北：文史哲出版社，1979年），卷九，頁194～196。

〔註138〕顧炎武，〈朱子晚年定論〉，《原抄本日知錄》卷九，頁535～539。

〔註139〕路新生認為經世致用是注重人多方面的需求，它的範圍比資治廣，即是林樂昌所認為的包括精神文化層面三種意義的經世，而經世資治則專指政治等實際事物。〈對王學學風的再認識〉，《孔孟學報》六十五期（1993），頁157～177。另外明末清初學者對於陽明學派「束書不觀，游談無根」的評價，包遵信認為早在明代以八股文取士，陽明之前學風就已如此了，將帳算到王學身上是有點冤枉，不過王學有助長此學風的趨勢。〈王學的崛起和晚明社會思潮〉，《中國文化研究集刊》二期（上海：復旦大學出版社，1984年），頁18～44。

〔註140〕余英時，〈現代儒學的回顧與展望——從明清思想基調的轉換看儒學的現代發展〉，《現代儒學論》（River Edge，NJ：八方文化企業公司，1996年），頁30

濟方面問題的解決需要外在條件的配合，即是要「得位」，亦是王畿所說的「有所待」，而得位與否並不是個人所能控制的，因此他們選擇講學，選擇做爲思想家，而不是政治家，所以有些陽明學者終身不仕，以講學作爲安身立命之所，也可了解上述陽明學者爲何如此大力推崇孔子勝於堯、舜、伊尹等古代聖賢的原因了。

由以上論述可知，陽明學者游學四方，交友論學，其目的在第一代弟子身上是師教傳播的重責大任，要將陽明致良知教傳播出去，因此他們必須走出家門，與陽明一樣汲汲的接引後學，以希冀陽明學大明於世。另外使陽明學者游學四方則是朋友對成德的必要性，雖然說「爲仁由己」，然而也須要朋友的支持與鼓勵，才能持續在修身成德的道路上不斷精進，須要朋友肯認良知的獲得與否，才能避免流於過度主觀，過度自信的弊端。而講學的形上基礎是萬物一體之仁，則提昇了講學的崇高性，並使講學具備經世致用的功能。這些目的，使他們化理念爲行動，積極入世，優游於師友切磋問學的生活型態之中。而在這樣的生活型態中，更強化了他們的這些價值觀念，凝結出適於游學生活的社會價值。無論是傳播師教、以友輔仁或是萬物一體之說，更使得學者游學四方，聚友論學更具正當性，亦更崇高化了。

〜34。

第三章　游學之固定活動

　　陽明學者的游學活動深具流動性與跨地域性，它不是固定一地，而是四處流轉的，而在這樣變動不居的游學活動中，他們發展了一種制度化的講學活動——講會。在講會中，他們將講學活動制度化，甚至明文化——記錄成會約、會籍，從這些會約、會籍中，我們可以知道他們如何組織、如何進行講學活動、有一些固定的活動內容，而這些活動顯然是傳承於宋、元的書院教育。

　　早在三十年代，盛朗西就提出書院以藏書、供祀、講學三者為主要的功能，〔註1〕楊布生、彭定國則將其擴充為：藏書、教育、學術、宗教、出版五大功能。〔註2〕陽明學派游學活動的場所不限於書院，再加上其「游」的特性：流動性與跨地域性，游學活動的內容與宋代書院教育相較，有相同亦有相異的部分。

　　書院最重要的講學活動，即是游學最重要的「學」的部分，直接展現在學者間的講學與論辯活動上，而書院的祭祀活動，在陽明學派的游學活動中亦可見到。另外，陽明學派的游學活動中亦可看到歌詩、靜坐及省過等活動，

〔註1〕盛朗西，《中國書院制度》（臺北：華世出版社，1977年），頁47。
〔註2〕楊布生、彭定國主要將書院文化分為八大功能，除了上述五項外，其他三項：傳播功能，探討書院文化在域內、外傳播的情況。檔案功能，主要探討書院的建築遺址及碑刻、志書等檔案。當代功能，探討當代書院的研究以及書院的復興等。這三項是屬於書院文化的延伸功能，真正屬於書院本身的活動應是上述所列的五項。《中國書院文化》目錄（臺北：雲龍出版社，1997年）。吳萬居也認為宋代書院有讀書、藏書、刻書、祭祀、講學五大功能。《宋代書院與宋代學術之關係》（臺北：文史哲出版社，1991年），第二章第二節，頁70～98。

這些亦是宋代書院教育中所有的。不過,更重要的是,宋代的書院教育並未將這些活動明文化,而陽明學者的游學,則將這些活動明文化、制度化,在相關的會約、會籍上明文規定,而形成定制。

另外,陽明學派游學活動,還有一種與科舉相關的「作課」活動。陽明學者在游宦時,如主學政工作等,皆會在相關公文中強調並實際進行練習舉業文字的活動,而一般以求學問道為主的游學聚會則未看到類似的活動。再者,陽明學者的游學,由於「游」的特性,學者們常一邊游學,一邊旅遊,也就是前章所說的將山水攬勝結合在游學之中。

上述七項活動:論學、祭祀、歌詩、靜坐、省過、練習舉業文字以及山水攬勝,不一定會完全展現在每次的游學聚會中。一般而言,論學、祭祀、歌詩、靜坐、省過是陽明學者游學的主要活動。以下即以論學、祭祀、歌詩、靜坐、省過等主要活動內容深入討論,至於練習舉業文字以及山水攬勝,則在最後論述。

第一節　論　學

陽明學派游學活動中最重要的即是義理的講論,這是陽明學說得以發揚的重要關鍵。學者講論的紀錄即是「會語」,會語中記載了主講人與聽者之間的問答與講述,除了是我們了解陽明學者個人的思想材料外,也讓我們了解當時論學的進行方式,以及討論的內容。因此,本節主要討論陽明學者游學聚會中的論學活動,以及他們對論學原則的規定等。另外,論學活動本身與陽明學者的聖學追尋,亦即與躬行實踐的關係為何,亦是陽明學者關心、批判的重點,所以本節將一併討論論學與躬行的問題。

一、論學活動

義理的講論是游學中的重要活動,其內容大部分是五經、四書或是先儒的語錄。討論的重點是與修身成德相關的議題,例如在蓬萊會的會規中規定:「或證所得,或質所疑,或徵六經四子之言,以為折衷,或舉古人嘉言懿行,以為資楷」。〔註3〕而在興學會條約中所重的則是「講經書」、「讀語錄」。〔註4〕至於進行的方式,則不大相同。例如鄒守益聚廣德同志於廣信,

〔註3〕 王畿,〈蓬萊會籍申約〉,《王龍溪全集》卷五,頁339～354。
〔註4〕 楊東明,〈興學會條約〉,《山居功課》卷四,頁1a～22b。

吳學愚請鄒守益講「雞鳴而起」一章，這是由聽者請主講人闡發經書某章之義或陽明學說要旨的例子。〔註 5〕而在聞講書院的講會中：「每會輪一人講四書一篇，以爲參互體究之資」，講完諸生再發問。〔註 6〕而羅汝芳在永昌的講會則是先聽諸生講「天命之性」一章、「舜其大知」一章以及「知之者不如好之者」一章，然後再給予評論指導，這是由學生先講，主講者聽，然後再給予評論的例子。〔註 7〕這些都是屬於正式會講的例子，也有許多的論學是在會講之後進行的，例如羅洪先記錄青原會後「諸君……退則各就寢所商確，俱夜分乃罷」。〔註 8〕不過，大部分來說論學主要還是採取問答的形式，重點在「因病發藥」，例如王畿與友人在白雲山房論學即談到：「君子五教，答問居一焉。譬如醫之治病，必須病者先述病原，知其標本所在，藥始中病，不爲徒發，望氣切脈，終不若自言之眞也」，使學者能「憤而後啓，悱而後發」，〔註 9〕而有所收穫。

　　陽明學者屢屢談到在論學活動中應「吐露眞心，與朋友商之」。〔註 10〕陽明學派最早的講會——越中中天閣講會中，陽明勉勵參加的會友：

> 相會之時，尤須虛心遜志，相親相敬。大抵朋友之交以相下爲益。
> 或議論未合，要在從容涵育，相感以誠，不得動氣求勝，長傲遂非。
> 務在默而成之，不言而信。其或矜己之長，攻人之短，粗心浮氣，
> 矯以沽名，訐以爲直，挾勝心而行憤嫉，以坦族敗群爲志，則雖日
> 講時習於此，亦無益矣。〔註 11〕

所以虛心謙遜是論學的重要法則，陽明亦以此告誡陳九川：「與朋友論學，須委曲謙下，寬以居之。」〔註 12〕鄒德涵在講學時也告誡學生，朋友相會講學要「以誠相與，以謙相下」。〔註 13〕另外，在論學中，朋友之間的意見、看法如有不一致時，陽明告訴學生要「從容涵育，相感以誠」，而不能「動氣求勝」。

〔註 5〕 鄒守益，〈廣信講語〉，《東廓鄒先生文集》卷七，頁 98～99。

〔註 6〕 王畿，〈聞講書院會語〉，《王龍溪全集》卷一，頁 100～103。

〔註 7〕 羅汝芳，《旴江羅近溪先生全集》（臺北：國立中央圖書館據萬曆四十六年浙江劉一焜刊本攝製），卷一，頁 13a～15a。

〔註 8〕 羅洪先，〈夏遊記〉，《念菴文集》卷五，頁 134～144。

〔註 9〕 王畿，〈白雲山房問答〉，《王龍溪全集》卷七，頁 503～511。

〔註 10〕 歐陽德，〈寄吳伯升〉，《歐陽南野先生文集》卷三，頁 396。

〔註 11〕 王陽明，〈書中天閣勉諸生〉，《王陽明全集》卷八，頁 278～279。

〔註 12〕 《傳習錄下》，《王陽明全集》卷三，頁 94。

〔註 13〕 鄒德涵，《鄒聚所語錄》卷下，《鄒聚所先生文集》，頁 510。

〔註14〕王畿在水西會後，告訴諸生：「論議未合，更須遜志虛心，互相取益，毋得動氣求勝」，而有不同意見時，則要自反，「默默虛懷相證」，才是朋友取益之道，如果執見求勝，即使「見得是」，亦「失爲學之本」。〔註15〕另外在他寫給吳時來（1553 年進士）的信中，也說講學要戒「勝心」及「執己見」，議論未合時「不妨暫舍」、「以虛相受」。〔註16〕由此，我們可以看到陽明學者的論學，在追求眞理、道德修養的主要目的下，眞誠、虛心，仍是被高舉的美德，也是會友們應遵守的原則。而意見的交換，相持不下時，亦不許學者一味爭勝，而是各自靜默反省，以待深入了解之後，再進行辨析討論。

上述義理講論的方式以及原則，亦列入講會的會規中，會友必須嚴格遵守，例如上述興學會即規定：「會中議論務要平心和氣，虛己受人。即言有不近理處，亦宜婉轉開導，務得樂從。若是己非人，便非學問。」〔註17〕越中的蓬萊會也規定：「議論稍有不合，不妨虛心相與，徐以俟之。毋致動氣求勝，精神歸一，氣象沖和，斂而不傷於滯，泰而不失於縱。」〔註18〕王畿與楊東明皆談到在講會中，議論未合時的情況，會友的態度與處理方式。另外，王時槐在西原會中也規定會友：

> 會時宜肅容斂氣，毋欹側、毋褻侮、毋戲謔、毋諠譁、毋忿詞遽色、毋談鄉邑是非及一切浮泛之事、毋身在席間而心馳宮牆之外、毋以赴會爲姑應故事，而雖聞理義，竟無悦心之味。大抵此會只以靜肅受益爲主。
>
> 學貴潛心，勿恃言說，……果有所見，或疑而未明，欲質問者，從容呈吐，以請裁正。若問答之際，彼此意見不同，姑默而再思，以俟功深之後，自將融釋，不必競相執辨，徒恣口耳且長勝心。〔註19〕

呂妙芬認爲從這樣的會規中，可以看到一種力圖抗拒言說、抗拒人與人之間互動的用心，以及一種更著重在自我內心處省察與修持、被靜肅氣氛所籠罩的講會風格。〔註20〕這樣的看法放在晚明王學流弊的大環境下，以及王時槐個人對講學所產生的弊端的看法下，或許有幾分道理。然而筆者以爲明辨言

〔註14〕王陽明，〈書中天閣勉諸生〉，頁 278～279。

〔註15〕王畿，〈水西別言〉，《王龍溪全集》卷十六，頁 1119～1123。

〔註16〕王畿，〈答吳悟齋〉，《王龍溪全集》卷十，頁 686～702。

〔註17〕楊東明，〈興學會條約〉，頁 1a～22b。

〔註18〕王畿，〈蓬萊會籍申約〉，頁 339～354。

〔註19〕王時槐，〈西原會規十七條〉，《塘南王先生友慶堂合稿》卷六，頁 305～308。

〔註20〕呂妙芬，《陽明學士人社群——歷史、思想與實踐》第九章，頁 410～411。

說的限制是陽明學者普遍的看法，而對於問答之間的意見差異，亦強調要先默而思之，而不再爭議求勝，更是王畿等學者的主張，亦是其他地區講會論學的重要原則，因此以〈西原會規〉這樣一個孤證來證明江右與其他地區講學氛圍的差異，似有不妥，倒不如說是王時槐個人在面對講學流弊紛陳的情況下，再次強調過去學者所主張的論學原則吧。

二、言說與工夫

　　論學本身就是一種言說，一種名言的講論，對言說與道（或心）之間的關係，一般思想家有兩種看法，一是老子的「道可道，非常道；名可名，非常名。」〔註21〕說明了言說的限制。而王弼曰：「言者所以明象，得象而忘言；象者所以存意，得意而忘象。」〔註22〕則說明名言的工具性。另外《易傳》：「聖人立象以盡意，設卦以盡情偽，繫辭焉以盡其言。」〔註23〕即肯定名言可以涵蓋天地之道。陽明學者汲汲於從事游學，紛紛從事言說活動，他們對於言說的看法，卻是走老子、王弼的路，從陽明以下的學者皆認為言說有其限制，言說只具有工具性的價值。

　　首先，心體或道體是超越於言說的，陽明言：「心之精微，口莫能述。」〔註24〕王艮亦言：「是道也，非徒言語也，體之身心，然後驗矣。」〔註25〕心體與道體不是言說所能敘明的，而且，要使心體呈顯，必須在心體上做工夫，而不是在知識層面上的理解。陽明於是將講學分為兩種：一是「講之以身心」，一是「講之以口耳」，講之以口耳是「揣摸測度」，是在知識層面上描繪心體，講之以身心是「行著習察」、「實有諸己」，即是在心體上體認。〔註26〕對於口耳之學，陽明有如下的評論：

　　　　今為吾所謂格物之學者，尚多流於口耳。況為口耳之學者，能反於此乎？天理人欲，其精微必時時用力省察克治，方日漸有見。如今

〔註21〕《老子》第一章（臺北：臺灣中華書局，1992年，《四部備要》本），頁1a。

〔註22〕王弼，〈明象〉，《周易略例》，《周易王韓注》（臺北：臺灣中華書局，1985年，《四部備要》本），頁8b～10a。

〔註23〕〈繫辭上〉，《周易正義》，頁158。

〔註24〕王陽明，〈答王天宇二〉，《王陽明全集》卷四，頁163～165。

〔註25〕王艮，〈答侍御張蘆岡先生〉，《王心齋全集》卷五，頁17a～18a。

〔註26〕王陽明，〈答羅整庵少宰書〉，《王陽明全集》卷二，頁75。同樣的看法亦見王畿〈思學說〉：「講學者，非講之以口耳，講之以身心，完復此明德而已。聞義而徙，不善而改，正講學之實事，日可見之行，無非所以修德也。」《王龍溪全集》卷十七，頁1233～1234。

> 一說話之間，雖只講天理，不知心中倏忽之間已有多少私欲。蓋有
> 竊發而不知者，雖用力察之，尚不易見，況徒口講而可得盡知乎？
> 今只管講天理來頓放不循；講人欲來頓放著不去；豈格物致知之學？
> 後世之學，其極至，只做得個義襲而取的工夫。〔註27〕

在言說的過程中，說與聽都涉及語意的辨析，其目的在於達到知識層面的理解，外在的言說儘管能達到關於對象（天理、人欲）的知，但卻不能保證內在道德的完善（存天理、去人欲），口講與躬行（省察克治）是有距離的。因此陽明常常以啞子吃苦瓜爲喻，說明名言的限制，而強調躬行的重要：「啞子喫苦瓜，與你說不得。你要知此苦，還須你自喫。」〔註28〕其他學者對於言說的限制，躬行重於名言，則反覆強調，如北方王門的張後覺言：「學問不在講說，只在實踐。實踐得，則講說亦是眞功；實踐不得，縱所言悉當空談而已。」〔註29〕

因此，在陽明學者的思想中，言說基本上是悟道、行道的筌蹄，不是行道和悟道的關鍵，而最究竟的悟道是不由語言文字的，例如王畿將悟分爲三種層次：

> 入悟有三，有從言而入者，有從靜坐而入者，有從人情事變鍊習而
> 入者。得於言者，謂之解悟，觸發印正，未離言詮，譬之門外之寶，
> 非己家珍；得於靜坐者，謂之證悟，收攝保聚，猶有待於境，譬之
> 濁水初澄，濁根尚在，纔遇風波，易於淆動；得於鍊習者，謂之徹
> 悟，磨礱鍛鍊，左右逢源，譬之湛體冷然，本來晶瑩，愈震蕩愈凝
> 寂，不可得而澄淆也。〔註30〕

所謂徹悟是不待於語言文字的，亦不假於外在環境，是心體的呈顯，是究竟的悟，在此他也批評了羅洪先的「收攝保聚」是證悟，得之於靜坐，有待於外在的環境，非上乘之悟。鄒元標亦將悟分爲三種：省悟、奮悟、透悟，透

〔註27〕《傳習錄上》，《王陽明全集》卷一，頁24～25。

〔註28〕同註27，頁37。

〔註29〕張後覺，〈教言〉，《張弘山集》卷一，頁152。其他相似的看法還有徐階（1503～1583）〈示游生文信〉：「今人親師友、觀書冊等是講學事，然非於心上切實體會，而泛然從事口耳，必不能有得。」《世經堂集》（臺南：莊嚴出版社，1997年，《四庫全書存目叢書》），卷二十，頁62。另外，鄒德涵則說：「若在師友口吻上，接得些話頭，書冊上看得些說話，終是外聞外見，無自得處。縱是應事接物，亦是硬把持；縱是卻思慮，亦是硬把持，只做得伍伯的學問，只是挨傍格式。」《鄒聚所語錄》卷中，《鄒聚所先生文集》，頁498～499。

〔註30〕王畿，〈悟說〉，《王龍溪全集》卷十七，頁1224～1225。

悟是「神而明之，實有諸己」，不由「言語觸發」、不由「練磨薰習」，而是「渾然周流，無復滯礙」，是「斯道之正宗」。〔註31〕而與王畿論學有所出入的羅洪先，對於悟道不假言說思維則看法一致：「悟之一字似亦當辨，有因言而悟者，有不因言而悟者。不因言而悟，眞悟也，上也。」〔註32〕

　　道體是超越言說的，而求道悟道的工夫亦是不假言說的，那麼我們如何解釋陽明學者孜孜於從事游學，從事於言說的活動。尤其是在學者紛紛攻擊講學的弊端時，他們如何回護講學的正當性，以及言說在游學活動中的必要性。在談論這個問題前，我們先來看看陽明學派內部對於講學流弊的看法。講學在風行之後所引發的流弊，主要是將「行」對比於「言」，也就是言說活動所帶來的負面效果，即是一般所說的「空言」。陽明學者亦就此來立論，無論是「億想談說，而未嘗實用其力」〔註33〕、「滕口說而遺實踐」〔註34〕、「崇意見而乖實際，競口耳而寡心得」，〔註35〕或是「溺於口耳，而又不免揣摩承襲之誤」，〔註36〕皆是將講學的空言之虛，與躬行之實相對比。另外，對於講學之弊多有批判而修正的張元忭，〔註37〕在他的文集中，常常可見這方面的論述，他批評的重點亦是在「空言」上。如「近世學者之弊在議論多而實踐少」〔註38〕、「講學者唯務于空言而忽躬行之實」〔註39〕、「崇妙悟而略躬行」〔註40〕、「徒言良知而不言致，徒言悟而不言修」。〔註41〕他並批判陽明學內部良知學的紛歧，尤其是只言良知本體，而不言「致」之工夫的問題：

　　　　今夫良知無是無非，良知知是知非，此文成宗旨也。良知人人所有，

　　　　而致之爲難，致之云者，豈徒餙空言，騁虛見，恍惚想像，而遂可

〔註31〕鄒元標，〈仁文會約語〉，《願學集》卷八，頁293～294。

〔註32〕羅洪先，〈答李中溪〉，《念菴文集》卷四，頁85～86。

〔註33〕歐陽德，〈答胡仰齋〉，《歐陽南野先生文集》卷一，頁366～367。

〔註34〕蔣信（1483～1559），〈簡羅念菴内翰三首〉，《蔣道林先生文粹》（臺南：莊嚴出版社，1997年，《四庫全書存目叢書》），卷八，頁332～334。

〔註35〕唐順之（1507～1560），〈答廖東雩提學〉，《唐荊川先生集》（臺北：藝文印書館，1971年，《叢書集成三編》，卷六，頁4b～6a。

〔註36〕徐階，〈與王南江大參〉，《世經堂集》卷二十二，頁70。

〔註37〕關於張元忭對講學的批判及修正，可參考侯外廬，《宋明理學史》（北京：人民出版社，1987年），第十五章，頁403～415。

〔註38〕張元忭，〈又答田文學〉，《張陽和先生不二齋文選》卷二，頁355～357。

〔註39〕張元忭，〈寄馮緯川〉，《張陽和先生不二齋文選》卷二，頁357～363。

〔註40〕張元忭，〈復鄒南皐〉，《張陽和先生不二齋文選》卷三，頁378。

〔註41〕張元忭，〈寄周海門〉，《張陽和先生不二齋文選》卷三，頁394～395。

謂頓悟哉！知其是未必爲，知其非未必不爲，良知於我何有矣？余
懼夫學者徒言知而不求其良也，徒言良知而不求其致也，世有忠信
廉潔以砥礪者乎？無論其學，余誠願爲之執鞭。〔註42〕

近世談學者或不然，但知良知之本來具足，本來圓通，窺見影響，
便以爲欛柄在手，而不復知有戒慎恐懼之功。以嗜慾爲天機，以情
識爲智慧，自以爲寂然不動而妄動愈多，自以爲廓然無我而有我愈
固，甚至於名檢蕩然而良心盡喪，孔門之所謂仁，陽明之所謂良
知，果若是乎？遂使世人率以講學爲僞，而謗訕交集，其咎蓋不在
彼矣。〔註43〕

所以他的講學不在強調良知本體的現成圓通，這只是空言，而是強調「致」
之工夫的重要，要人能著實做「致良知」的工夫。

　　陽明學者對於言說基本上是持保留態度，強調言說在體道上的限制，楊
國榮認爲陽明在肯定主體自悟的同時，對主體間的討論和對話不免有所弱
化。這會造成二種結果，一是就認識論的維度而言，拒絕不同意見的討論，
總是難以避免獨斷論的歸宿；一是從道德領域看，懸置討論和對話，則易於
導致過分強化自我的內省和體驗，並使道德意識趨於神祕化。〔註44〕陽明思
想是否有獨斷論的傾向，應再詳細探究，而在道德實踐上，懸置討論對話，
自我內省和體驗，以及道德意識的神祕化三者，似乎不必然存在著邏輯的關
係，況且陽明並未懸置對話討論，他一生汲汲於接引後學，與弟子、學者對
話討論即是最好的證明。即使對言說的限制，講學空言的弊端多有自覺，陽
明學者對對話討論，仍持肯定的態度，其所抱持的理由即是上一章我們討論
學者的游學目的，學者認爲講學的必要性──「學」必待「講」而後明，而
要傳播師說更要靠「言說」，再者與朋友的對話討論有「輔仁」之效，亦是「萬
物一體之仁」、「與人爲善」的實踐。而言說在此的作用則是陽明所說的：「示
人以所向往」，〔註45〕指點求道的方向，即是周汝登所說言說的作用在「躬行
處識旨歸」，使行著習察更切實正確。〔註46〕另外，王畿則認爲講學說話太多，

〔註42〕張元忭，〈贈王學博序〉，《張陽和先生不二齋文選》卷四，頁403。
〔註43〕張元忭，〈寄查毅齋〉，《張陽和先生不二齋文選》卷三，頁375～377。
〔註44〕楊國榮，《心學之思──王陽明哲學的闡釋》（北京：三聯書店，1997年），頁
　　　　230～231。
〔註45〕《傳習錄拾遺》，《王陽明全集》卷三十二，頁1176。
〔註46〕周汝登，〈南都會語〉，《東越證學錄》卷一，頁131～135。

是不得已，言語的作用在「剖析分疏」，使「習聞舊見」得以解脫，並一再反覆強調不能以言語承擔，或是騰口說，而要「默而成信」、「須識病痛」，才能「斬除得淨」。〔註47〕

由此可知，陽明學者對言說的保留態度，對講學空言之弊的多所批評，並未導向反對對話討論的立場，而是提醒自己及其他學者在對話討論中要對言說抱持高度的警惕心理。在實際的論學活動中，他們經常要求學者要將言說的道理在身心上體察，例如周汝登在越中講學時，強調「學問不可懸空立論，須於言下就體入自身」，今說良知，就要體察問答之間是不是良知，說不覩不聞，就要體察問答中是不是不覩不聞，要「密密自察」、「方有下落」。〔註48〕另外，羅汝芳與大理諸生講「顏淵問仁」一章後，即問：「諸生各以方纔口中說的道理與今身子上的行事打個對同，果渾然相合耶？抑尚不免有所間隔也？」他指點學生若不能在自身上求個實落受用，皆「只是一段虛見、一場閒話、而一套空理矣。」〔註49〕都可見陽明學者在論學場合中對言說的警惕心理，亦告誡學者將言說的道理體之於身心。不過從另一方面來看，陽明學者對言說的警惕心理，並未扼止學者創立新說，反而因為強調自身的體驗，而使得學者在游學的聚會中，將自己的體驗所得提出討論，使陽明學說，如良知學、四句教以及三教之辨等，在陽明學者的討論對話中有更進一步的發揮。

第二節　祭　祀

在本章開頭，我們提到祭祀是書院的重要功能，而書院的祭祀，其淵源有二：一是《禮記‧祭法》所說的：「夫聖王之制祭祀也，法施於民則祀之，以勞定國則祀之，能御大菑則祀之，能捍大患則祀之。……此皆有功烈於民者也。」〔註50〕將有功於民者置於祀典之列，這種祭祀多少帶有紀念性的意味，並非純粹宗教性的祭祀祈福。而在書院中，我們也看到祭祀對於書院所在地或書院本身有功之人，《元史‧選舉志》即言：「先儒過化之地，名賢經

〔註47〕王畿，〈沖元會紀〉，《王龍溪全集》卷一，頁93～97。

〔註48〕周汝登，〈越中會語〉，《東越證學錄》卷四，頁321～322。

〔註49〕羅汝芳，《盱壇直詮》上卷，頁139～140。

〔註50〕《禮記正義》（臺北：藝文印書館，1997年，《十三經注疏》本），頁802～803。

行之所，與好事之家出錢粟贍學者，並立爲書院。」〔註51〕並在書院中祭祀
先儒名賢。而另一最重要的淵源應當是官學的祀孔典禮與孔廟的從祀制
度，〔註52〕朱鴻林認爲祀孔典禮所寓的目的，除了報功之外，還有所謂「崇
德」。崇德報功的原則，同時也應用到孔廟中配享和從祀於孔子的先賢先
儒。〔註53〕這種在官學中釋奠孔子及後儒的傳統，自然會影響到民間書院的
祭祀行爲。所以書院祭祀的對象不僅有在事功上有功於人民的，也有在思想
文化上有德於人民的。陽明學派游學中的祭祀活動，基本上是承襲宋代以來
書院祭祀的傳統，以下即分兩部分：祭祀活動及祭祀的意義來論述。

一、祭祀活動

一般談到明代書院的復興，皆會歸功於陽明與湛若水（1466～1560）的
講學，〔註54〕黃宗羲曾這樣描述湛若水的講學：「平生足跡所至，必建書院以
祀白沙。從遊者殆徧天下。」〔註55〕這無非是說書院的建立是爲祭祀先儒，
這樣的看法亦可套用在陽明學者建書院、立祠堂、聯講會的行爲上。陽明的
重要友人及弟子黃綰（1477～1551）曾說：

> 今多書院，興必由人，或仕於斯，或遊於斯，或生於斯，或功德被
> 於斯；必其人實有足重者，表表在人，思之不見，而後立書院以祀
> 之，聚四方有志，樹之風聲，講其道以崇其化。浙江之上龍山之麓，
> 有曰天眞書院，立祀陽明先生者也。蓋先生嘗遊於斯，既沒，故於
> 斯創精舍，講先生之學，以明先生之道。……則今日書院之創，非
> 徒講學，又以明先生之功也。〔註56〕

他先提到書院的祭祀對象，必是有功或有德於民者，與我們在本節開頭所說
者相同。天眞書院之建立，其動機和功用是祭祀陽明，然而書院的建立也並
非只有祭祀的功能，還有講學的功能，所以祭祀和講學通常是結合在一起

〔註51〕 宋濂，《元史》（臺北：鼎文書局，1979～1980，正史全文標校讀本），卷八十
一，頁2032。

〔註52〕 關於歷代的祀孔典禮及孔廟的從祀制度，可以參考黃進興，〈權力與信仰：孔
廟祭祀制度的形成〉、〈學術與信仰：論孔廟從祀與儒家道統意識〉，《優入聖
域：權力、信仰與正當性》（臺北：允晨出版社，2003年），頁164～312。

〔註53〕 朱鴻林，〈國家與禮儀：元明二代祀孔典禮的儀節變化〉，《中山大學學報（社
會科學版）》三十九卷五期（1999）。

〔註54〕 樊克政，《中國書院史》（臺北：文津出版社，1995年），頁161。

〔註55〕 黃宗羲，〈甘泉學案一〉，《明儒學案》卷三十七，頁876～877。

〔註56〕 黃綰，〈天眞精舍碑記〉，《王陽明全集》卷三十六，頁1332～1333。

的。

　　一般而言，陽明學派游學中的祭祀活動，如果地點在書院或祠堂，因其有固定的建築，所以就會在建築中立陽明像或設陽明位，在春秋二季祭祀，而沒有固定會所的講會，通常也會以拜先師像爲講會的開始。例如：浙江的天眞精舍，就以春秋二仲月仲丁日爲祭期，四方同志如期而來，「陳禮儀，懸鐘磬，歌詩，侑食。」〔註57〕鄒守益在安福舉行講會時，也設陽明像於中庭，焚香而拜後，才開始講會。〔註58〕而尤時熙的講所「中堂左龕設文成位」，來學者亦要焚香禮拜。〔註59〕

　　根據《王陽明年譜》的記載，陽明學者於嘉靖年間在各地設立書院、講會及祠堂的情況來看，一開始主要是祭祀王陽明。〔註60〕但隨著學派漸漸擴大，陽明書院或講會祭祀的對象則不限於陽明，而及於第二代、第三代弟子。例如兩淮地區對王艮的崇敬，不但在家立木主牌位以示尊敬，而且立祠祭祀，並講王艮之學。〔註61〕黃宗羲記載楊起元師事羅汝芳「出入必以其像供養」，〔註62〕並在其師的講所「置師像，春秋奉祀。」〔註63〕又如江右的復古書院是鄒守益的講所，一開始只祀陽明，後來在學禁時，改名三賢祠，並祀王陽明、鄒守益、程文德，而躲過張居正的禁毀書院。〔註64〕江右的青原大會，後來在鄒元標及郭子章（1542～1618）的努力下，建立會館，並設五賢祠，祭祀王陽明、鄒守益、羅洪先、聶豹、歐陽德。〔註65〕寧國府的水西會一開始祭祀陽明，後來修建爲水西書院，設文成公祠，正祀王陽明，配祀王艮、鄒守益、歐陽德、錢德洪、王畿。〔註66〕浙江的天眞書院一開始祭祀陽明，後來則配祀徐愛、冀元亨、薛侃、鄒守益、歐陽德、王艮、王臣、劉

〔註57〕《年譜附錄一》，《王陽明全集》卷三十六，頁1328。

〔註58〕鄒守益，〈惜陰申約〉，《東廓鄒先生文集》卷七，頁103～104。

〔註59〕孟化鯉，〈河南西川尤先生行狀〉，《孟雲浦先生集》卷五，頁562～564。

〔註60〕見附錄二。

〔註61〕程玉瑛，〈王艮（1483～1541）與泰州學派：良知的普及化〉，頁129～131。

〔註62〕黃宗羲，〈泰州學案三〉，《明儒學案》卷三十四，頁806。

〔註63〕楊起元，〈國學生浚池黃先生墓誌銘〉，《續刻楊復所先生家藏文集》卷五，頁284～285。

〔註64〕樊克政，《中國書院史》，頁167。

〔註65〕〈傳心堂約述〉，釋笑峰等撰、施閏章補輯，《青原志略》（臺南：莊嚴出版社，1996年，《四庫全書存目叢書》），卷三，頁558～567。

〔註66〕李德淦修，洪亮吉著，《涇縣志》，清嘉慶十一年刊本（臺北：成文出版社，1983年），卷八，頁752～753。

魁、錢德洪、王畿等人。〔註67〕

二、祭祀之意義

　　祭祀活動從宋以來一直是書院的重要一環，初時只祭祀孔子及其弟子及對本地有功的人，祭祀的意義主要是在崇德報功，即尊崇先賢的德業事功，以作爲學者的人格典範。對於書院的祭祀意義，高明士說得很清楚，他認爲書院或學校的祭祀活動，不能純粹當做宗教活動來看待，而是學禮的教育活動，同時把理想人格具象化，便於人格教育與文化傳承。〔註68〕後來朱熹（1130～1200）建立竹林精舍，除祭祀先聖、先師外，還從祀周敦頤、二程、邵雍（1011～1077）、司馬光（1019～1086）、羅從彥（1072～1135）、李侗（1093～1163）等七先生，從而開啓了祭祀理學學統，以及本學派先師的先河。〔註69〕書院中的祭祀活動從此又有樹立學術風格並推廣理學思想的意義。明代書院也承襲此風，祭祀的對象與書院講學內容與學派傳承有緊密的關係，換言之，即以祭祀對象來表明書院的宗旨以及學術方向。例如前述湛若水在書院內奉祀其師陳獻章（1428～1500），而主程朱學的講會和書院則祭祀朱熹等宋代理學家。〔註70〕在陽明歿後，弟子的聯講會、建書院、立祠堂以祭祀陽明則明顯有樹立學統，建立學風，以區別於當時的程朱官學以及程朱學者所主導的書院。而這些地方也成爲傳播陽明思想，是陽明學者聚會交游的主要據點。

　　陽明學盛行之後，陽明學派講會及書院祭祀的對象擴及門人弟子。我們發現到不同地區的配祀學者有明顯的差異，江右地區書院的配祀始終以江右學者爲主，而浙江、南直隸地區書院的配祀則是江右、浙中甚至泰州的學者皆有。我們如何解釋這樣的現象。首先，祭祀對象以有功當地或書院的學者爲主，因此我們從配祀對象，也可以了解學者對此書院的貢獻，例如水西書院，錢德洪與王畿雖不是當地人，但兩人對水西講會的提倡功不可沒，因此創建書院時從祀二人。其次，有些書院講會明顯是跨地域性的組織，因此會有許多不同地區的學者來到當地講學，做出貢獻。例如做爲陽明學精神中心

〔註67〕陳善等修，《杭州府志》，萬曆七年刊本（臺北：成文出版社，1983年），卷四十六，頁3002～3010。

〔註68〕高明士，〈書院祭祀空間的教育作用〉，《國際儒學研究》第三輯（北京：中國社會科學出版社，1997年）。

〔註69〕朱漢民，《中國的書院》（臺北：臺灣商務印書館，1993年），頁110～111。

〔註70〕楊布生、彭定國，《中國書院文化》，頁182。

的天眞書院其從祀就具有跨地域的特性。不過青原會亦是跨地域的講會，未從祀其他地區的學者，主要原因應該是創立與維持者是江右學者。再者，書院的祭祀對象，與書院、講會的創立人的學術傳承以及思想傾向密切相關，因此陽明後學建書院主祀陽明外，自然會配祀自己的直屬師承。另外在附錄二的表中，我們也看到有些書院並祀湛若水與陽明或是並祀陽明與陳獻章，除了與創建者的學術傳承有關外，亦顯示當地的學術傳統，例如廣東韶州府的明經書院並祀陳獻章與陽明，因爲廣東本有陳獻章的江門心學傳統。南京大同樓並祀湛若水和陽明，則因爲湛若水曾在南京與陽明共同講學，亦曾任職南京國子監，是其「過化之地」的緣故。

第三節　歌　詩

　　一般理學家對文學的看法，並不完全採取貶抑的態度，而是在一切都以道德修養爲成聖依歸的目的下，文學常常附屬於道，其內容就必須符合道的標準，也就是要有益於世道人心、修身養性，這就是文學批評傳統中的「載道說」。〔註71〕理學家做不做詩？答案當然是肯定的，不論朱熹或是陽明，做詩是他們生命中極重要的部分，他們的詩作常常呈現一種哲理式的風格，所描寫的是成德道路上的困頓、艱難，以及悟後所達到的崇高境界與喜悅，因此也有學者捨棄一般思想性的文本，而從詩作來研究理學家的生命情懷，這樣反而更能貼近他們的內心世界。〔註72〕陽明學者對道德修養是極度重視的，在這樣的前提下，他們對文學的看法，自然較接近於載道說，也就是以道德修養爲依歸，反對沒有落實於道德生命，無益於人心的文學創作。〔註73〕而在陽明學者的游學經歷中，歌詩是一個重要的活動，歌詩的目的與他們的文學觀是相合的，是爲修身養性。以下即討論陽明學派游學歷程中的歌詩活動以及他們對歌詩目的的看法。

〔註71〕關於文與道的關係的研究，可參考郭紹虞，《中國文學批評史》（臺北：五南圖書出版有限公司，1994 年），頁 124～133、155～234。

〔註72〕如林佳蓉，《承擔與自在之間——從朱熹的詩歌論其生命態度的依違》，臺灣師範大學國文研究所博士論文，2000 年。

〔註73〕關於理學家的文學觀，可參考馬積高，《宋明理學與文學》（長沙：湖南師範大學出版社，1989 年），頁 69～83、155～214。以及安贊淳，《明代理學家文學理論研究》，臺灣大學中國文學研究所碩士論文，1999 年。

一、歌詩活動

　　陽明學派中，無論何種形式的游學聚會皆有歌詩活動，士大夫交游講學的一般性講會有歌詩，以教化大眾、勸善糾惡爲主要目的的鄉約活動有歌詩，甚至以養蒙爲主的社學教育亦有歌詩，所以我們可以說無會不歌詩。因此，從講學的紀錄中，我們可以看到許多歌詩的例子，例如華陽明倫堂講會的主會者命諸生歌詩。〔註74〕衢州府衢麓講舍的孔氏聚會有「孔氏童子四十餘人歌〈鹿鳴〉、〈伐木〉之章」，〔註75〕羅汝芳守寧國府，在宛陵舉會，亦命「歌童舉樂合歌」，〔註76〕而他在大理與諸生討論《論語》後，將別，「因命之歌」，歌「〈南山〉五章」，再歌「勝日尋芳」一首。〔註77〕楊起元赴龍興寺講會，諸生亦歌「〈鹿鳴〉三章」以及「良知之詩」。〔註78〕周汝登在新安的講會，座中則歌「耳目聰明男子身」詩。〔註79〕以上是講會的例子。羅汝芳在寧國府舉鄉約，在鄉約中即規定進講後要以「敔磬」配合，歌「〈南山〉之詩」，〔註80〕這是在鄉約中歌詩的例子。周汝登在家鄉的社學亦規定要歌詩「每日申、酉時，輪一班歌詩一二首。或取諸三百篇，或間以名賢理學之句。」〔註81〕這是社學中歌詩的例子。由以上我們也可看到他們所歌詠的多是「《詩經》之關於倫理而易曉者，及晉靖節，宋周、程、張、朱及我朝文清、康齋、白沙、一峰、甘泉、陽明諸君子之詩，切於身心而易曉者。」〔註82〕而從羅汝芳的講學紀錄中，我們可以看到講會中歌詠的是那些理學名家之詩，如歌程顥的「男兒到此是豪雄」、朱子「萬紫千紅總是春」〔註83〕、王艮的「入室先須升此堂」〔註84〕、「人心若道無通塞，明暗如何有去來」〔註85〕等等。

　　歌詩的內容一般是有益身心之作，而其歌詩的形式，在一般的講會中，

〔註74〕王畿，〈華陽明倫堂會語〉，《王龍溪全集》卷七，頁475～486。

〔註75〕鄒守益，〈衢州府孔氏家塾記〉，《東廓鄒先生文集》卷四，頁42～43。

〔註76〕王畿，〈宛陵會語〉，《王龍溪全集》卷二，頁194～198。

〔註77〕羅汝芳，《盱壇直詮》上卷，頁139～146。

〔註78〕楊起元，〈龍興寺會記〉，《太史楊復所先生證學編（一）》，頁287～289。

〔註79〕周汝登，〈新安會語〉，《東越證學錄》卷二，頁157～159。

〔註80〕羅汝芳，〈寧國府鄉約訓語〉，《耿中丞楊太史批點近溪羅子全集》，頁312～318。

〔註81〕周汝登，〈社學教規〉，《東越證學錄》卷十三，頁1017～1027。

〔註82〕鄒守益，〈訓蒙詩要序〉，《東廓鄒先生文集》卷一，頁571～572。

〔註83〕羅汝芳，〈白鹿洞上論〉，《耿中丞楊太史批點近溪羅子全集》，頁620。

〔註84〕羅汝芳，《盱江羅近溪先生全集》卷七，頁46b。

〔註85〕羅汝芳，《語要》，《盱江羅近溪先生全集》，頁40b。

較不拘，也不見得有鐘鼓樂器的伴奏，幾乎是隨機的歌詠，不過如果將歌詩活動列入會約中，就會比較清楚記錄歌詩的進行方式，如興學會會規有：「坐久，贊者稍起，贊曰鳴歌鍾，司鐘者鳴鍾五聲，贊曰歌詩，乃齊聲歌詩一首，節以鍾磬。少間，贊曰再歌聲，節如前。」而它的順序是安排在拜先師、宣聖訓、斂容默坐之後，講經書、讀語錄之前。〔註86〕而在鄉約及社學的聚會中，歌詩的形式亦會明文記載。陽明在南贛廣設社學，在〈教約〉中明文規定：「每學量童生多寡，分為四班，每日輪一班歌《詩》；其餘皆就席，斂容肅聽。每五日則總四班遞歌於本學。每朔望，集各學會歌詩於書院。」其順序則是「先考德，次背書誦書，次習禮，或作課仿，次復誦書講書，次歌《詩》。」〔註87〕而王宗沐在督廣西學政時，亦修舉社學，並參照陽明〈教約〉的方式，對童生進行歌詩訓練。〔註88〕另外，上述羅汝芳寧國府鄉約以及周汝登的〈社學教規〉對歌詩的形式及順序亦有詳細的規定。歌詩活動一般皆放在講完經書之後，這樣的安排是有意義的，即王畿所說的「久坐神懨，間起緩步，或命題賦詩，或雅歌投壺，各以意適，不至溺而忘返，張弛迭用。」〔註89〕在冗長靜態的講讀之後，歌詩即有休息舒活精神、筋骨的意義，使下面的活動能繼續進行。

二、歌詩之目的

　　歌詩的目的在於修身養性，即王畿所說的「興志」。〔註90〕這不僅讓我們想到孔子的《詩》教：「《詩》，可以興，可以觀，可以群，可以怨」〔註91〕、「興於《詩》，立於禮，成於樂」。〔註92〕而朱熹對「興於《詩》」的解釋，最能看出歌詩與修身養性的關係，他認為因為詩感人易入，在吟詠之間可興起人的好善惡惡之心。〔註93〕陽明在南贛修舉社學後，頒示〈訓蒙大意示教讀劉伯頌等〉，另外又立了〈教約〉，這兩篇文章，完整體現了陽明的社學教育觀及社學措施，成為研究兒童教育的經典名作。在〈訓蒙大意示教讀劉伯頌

〔註86〕楊東明，〈興學會條約〉，頁 1a～22b。
〔註87〕王陽明，〈教約〉，《王陽明全集》卷二，頁 88～89。
〔註88〕王宗沐，〈江西學政〉，《敬所王先生文集》卷二十八，頁 621～636。
〔註89〕王畿，〈蓬萊會籍申約〉，頁 339～354。
〔註90〕王畿，〈華陽明倫堂會語〉，頁 475～486。
〔註91〕《論語‧陽貨》，《論語注疏》，頁 156。
〔註92〕《論語‧泰伯》，《論語注疏》，頁 71。
〔註93〕朱熹，《論語集注》卷四，《四書集注》，頁 13b～14a。

等〉中，他首先強調兒童教育的目的：「古之教者，教以人倫。……今教童子，惟當以孝弟忠信禮義廉恥爲專務。其栽培涵養之方，則宜誘之歌詩以發其志意，導之習禮以肅其威儀，諷之讀書以開其知覺。」〔註94〕他提出了三種課程：歌詩、習禮、讀書，而這三種課程的設計又是符合兒童的心理發展的，他認爲：

> 大抵童子之情，樂嬉遊而憚拘檢，如草木之始萌芽，舒之則條達，摧撓之則衰痿。今教童子，必使其趨向鼓舞，中心喜悅，則其進自不能已。譬之時雨春風，霑被卉木，莫不萌動發越，自然日長月化；若冰霜剝落，則生意蕭索，日就枯槁矣。故凡誘之歌詩者，非但發其志意而已，亦以洩其跳號呼嘯於詠歌，宣其幽抑結滯於音節也。〔註95〕

歌詩的目的不但是「發其志意」亦是引導人把內心的情緒感受藉著詩歌表達出來，而不致於鬱悶壅塞。鄒守益在廣德也教童子歌詩，他認爲詩的作用是「理性情」，〔註96〕尤時熙亦言：「歌詩貴和平，主於養心。」〔註97〕

王畿在回答「古人歌詩之義」時，認爲：

> 古人養心之具，無所不備，琴瑟簡編，歌咏舞蹈，皆所以養心。然琴瑟簡編舞蹈，皆從外入，惟歌咏是元氣元神，訢合和暢，自內而出，乃養心第一義。舜命夔典樂，教胄子，只是詩言志、歌永言，四德中和，皆於歌聲體究，蕩滌消融，所以養其中和之德，而基位育之本也。〔註98〕

歌詩與音樂舞蹈相比，舞蹈音樂是由外而來，而歌詩是由內而出，配合元氣元神，使氣神和暢，是養心第一義。歌詩藉著旋律和詩意來陶冶性情，興發意志。楊東明也談到歌詠的目的是「養其性情」，而舞蹈是「養其血脈」，都是進修的方法，而舞蹈之儀不行於世，歌詩之調尚傳，所以在課業之餘，須歌詩一二。歌詩時則能使「心平氣和」、「志舒意展」，不僅能養德，又能助「樂學之心」。他也談到自己與同志歌詩，頓覺「躁心平而鬱心釋」。〔註99〕

至於歌詩的方法，陽明認爲要「整容定氣」、「清朗聲音」、「均審節調」，

〔註94〕王陽明，〈訓蒙大意示教讀劉伯頌等〉，《王陽明全集》卷二，頁87～88。
〔註95〕同註94。
〔註96〕鄒守益，〈訓蒙詩要序〉，頁571～572。
〔註97〕尤時熙，〈擬作會約〉，《尤西川先生擬學小記》卷五，頁849。
〔註98〕王畿，〈華陽明倫堂會語〉，頁475～486。
〔註99〕楊東明，〈義塾條約〉，《山居功課》卷三，頁4b～10a。

不能躁急蕩囂。〔註100〕而王畿則引申陽明的說法：「後世不知所養，故歌法不傳，至陽明先師始發其秘。以春夏秋冬，生長收藏四義，開發收閉，爲按歌之節」，〔註101〕搭配他說歌詠是元氣元神，自內而出來看，他無非是說歌詩要以內在之氣配合自然的春夏秋冬、生長收藏之義而開發收閉來唱歌，這才是正確的歌詩方式，即他所說的「古歌法」。另外，由於詩歌的目的在道德修養，因此王畿也認爲歌詩還要做自我反省的工夫。《論語》：「子與人歌而善，必使反之，而後和之」，〔註102〕朱熹對「反」的解釋是「再歌」，王畿則認爲應是「反之性情以自考」，〔註103〕也就是作自我反省的工夫。羅汝芳也贊成這種看法：「此反字不專謂使之復歌」，而以爲「反之云者，欲反求而身有之云也」。〔註104〕因此，歌詩除了要配合元氣、自然的規律來唱之外，還要反之身心，才能達到修身養性的目的。

　　王畿、羅汝芳談到詩歌的「自反」，也被應用在講學的聚會中，我們可以看見他們把論學、詩歌結合，在講會中操練這種「反之性情以自考」的工夫。例如羅汝芳的《盱壇直詮》記載一次講會，有人問朱子「由良知而充之，以至無所不知；由良能而充之，以至無所不能，方是大人不失赤子之心」，羅汝芳回答：「若有不知，豈得謂之良知；若有不能，豈得謂之良能，故自赤子即已無所不知，無所不能也。」坐中諸生競求赤子良知，而莫得其實，於是羅汝芳停止名言的辨析，思維的運作，命諸生「靜坐謳詩」，歌「萬紫千紅總是春」之句，接著再以此比喻赤子良心，而使諸生了解赤子之心的意境，並反之身心。〔註105〕另外一次講會記錄：「吾儕適歌萬紫千紅總是春，便嘆曰果然滿座皆春也。適又歌男兒到此是豪雄，亦復嘆曰果然是豪雄也，即此嘆處便可見當時反之之氣象，而感發善心，懲創逸志，固有勃然以興，而莫可自已者矣。」〔註106〕羅汝芳強調內心正確體驗詩歌意境，進而因詩興志，不至於流於有口無心的聒噪，落入名言的陷阱中。尤時熙也記載一次他與朋友論學，不理解義理，覺不舒暢，於是友人歌「少陵、白沙七言律各一章，爲陽明先

〔註100〕王陽明，〈教約〉，頁88～89。
〔註101〕王畿，〈華陽明倫堂會語〉，頁475～486。
〔註102〕《論語・述而》，《論語注疏》，頁65。
〔註103〕王畿，〈華陽明倫堂會語〉，頁475～486。
〔註104〕羅汝芳，〈白鹿洞上論〉，頁620。
〔註105〕羅汝芳，《盱壇直詮》下卷，頁202～204。
〔註106〕羅汝芳，〈白鹿洞上論〉，頁620。

生調」，忽覺「身心洞然，眞有萬物一體之意」，而適才的言說論辯則「豁然無影響」，而嘆「歌詩於學，更是直截。」〔註107〕這幾個例子，一方面說明名言解析有時不如詩歌入人之深，詩歌反而能使人更加理解思想義理。另一方面也強調要體會詩及詩歌所描寫的境界，並反之身心，才能有助於道德修養。

第四節　靜　坐

靜坐是儒、佛、道三家皆有的工夫修養，禪定是佛家的修養方式，道家也有所謂的「心齋」、「坐忘」的修養工夫，儒家也以靜坐爲收放心的工夫。因此陳來認爲「靜坐」本身並沒有什麼「佛」或「道」的屬性，任何精神傳統中都可以容納靜坐爲一種修養方法。〔註108〕

宋代理學家的修養方法中，靜坐是一個重要的工夫。〔註109〕周敦頤曾提出「定之以中正仁義而主靜」，〔註110〕但他說的主靜沒有明確涉及靜坐。二程則不然，程顥曾教謝良佐靜坐，程頤見人靜坐，便歎其善學。〔註111〕到了南宋陸九淵（1139～1192）亦教弟子靜坐，其弟子多做「安坐瞑目」的工夫。〔註112〕就是朱子也不廢靜坐，他曾寫信給潘叔昌說：「熹以目昏，不敢著力讀書，閒中靜坐，收斂身心，頗覺得力。」〔註113〕又曾語門人：「閑時若靜坐些小，也不妨。」〔註114〕又曾主張「用半日靜坐，半日讀書，如

〔註107〕尤時熙，〈紀聞〉，《尤西川先生擬學小記》卷六，頁852。

〔註108〕陳來，《有無之境──王陽明哲學的精神》，頁295。

〔註109〕鄭宗義認爲宋明儒雖大多不反對靜坐，但對靜坐的工夫義卻有兩種迥然不同的看法。一是把靜坐當作「退聽閉關」的「常行工夫」。二是視靜坐爲「體證本心」的「入門工夫」。〈明儒陳白沙學思探微──兼釋心學言覺悟與自然之義〉，《中國文哲研究集刊》十五期（1999），頁337～388。陽明學者在游學活動中所安排的靜坐，即是他所說的「常行工夫」，而學者以靜坐悟道，則屬於「入門工夫」。

〔註110〕周敦頤，〈太極圖說〉，《周子全書》卷二，頁23。

〔註111〕〈傳聞雜記〉，《河南程氏外書》卷十二，《二程集》，頁432。

〔註112〕陸九淵曾說：「學者能常閉目亦佳。」其學生詹阜民無事則安坐瞑目，用力操存，夜以繼日。如此者半月，一日下樓，忽覺此心已復澄瑩。〈語錄下〉，《陸九淵集》（臺北：里仁書局，1981年），卷三十五，頁471。

〔註113〕朱熹，〈答潘叔昌十書之第五書〉，《朱熹集》（成都：四川教育出版社，1996年），卷四十六，頁2239。

〔註114〕朱熹著，黎靖德編，《朱子語類》（臺北：正中書局，1962年），卷二十六，頁1054。

此一二年，何患不進！」〔註115〕不過朱子只是由日常生活的紛亂來肯定靜坐的功效，所以當有學生欲專務靜坐，朱子則訓誡：「又恐墮落那一邊去。只是虛著此心，隨動隨靜，無時無處不致其戒慎恐懼之力，則自然主宰分明，義理昭著矣。」〔註116〕可見對朱子來說靜坐並非必要的工夫。到了明代，不只理學家習靜，一般文人、士人亦習靜，吳智和認爲習靜成爲明人休閒文化中一種特殊性的休閒形式。〔註117〕陽明學者也教人靜坐，亦幾乎人人皆有靜坐的經驗，而在他們的游學活動中，靜坐亦是重要的一環，在會約中常明文規定靜坐的工夫。因此以下即分靜坐活動及靜坐的意義論述之。

一、靜坐活動

在蓬萊講會的會約中規定：「主人別治靜室，焚香默對，外息塵緣，內澄神慮。」〔註118〕即是給會友一段靜坐的時間，整理思緒，澄靜心情，以便接下來的聽講與論道。在興學會會規中，會眾入座後，「斂容默坐，定氣澄心，反照此時，心遊何處，務約之，使入身來。」〔註119〕也就是要收束身心於會講之中。靜坐通常安排在論學之前，會友來自各地，每人皆有營生事業、家庭瑣事的各種雜務煩惱縈繞心頭，因此會講之前，有必要給會友一段「隔離」的時間，將心從外收攝於內，一方面可以專心於會講論學，而不會身在講堂，心在外務，另一方面亦可達到修養身心的功效。因此靜坐在會講中的功能是「息思慮」。〔註120〕

一般而言，講學的聚會仍以論學爲重頭戲，靜坐只是輔助論學的順利進行，不過有些聚會則有強調靜坐的傾向，蔣信告訴友人在朋友相聚時，要默坐收拾此心，「精神斂處，光輝自見」，而不在人人各出所見，這反而是無益的。〔註121〕他似乎有強調靜坐甚於論學的傾向。王時槐的〈西原會規〉中說：「學貴潛心，勿恃言說」，同志相聚，務在「凝神習靜，切己體認」，並以「靜肅受益」爲主。〔註122〕另外他在白鷺洲書院正學會的會規一開頭就說：「學者

〔註115〕《朱子語類》卷一一六，頁4474。

〔註116〕朱熹，〈答潘子善七書之第五書〉，《朱熹集》卷六十，頁3127。

〔註117〕吳智和，〈明人習靜休閒生活〉，《華岡文科學報》二十五期（2002），頁145～193。

〔註118〕王畿，〈蓬萊會籍申約〉，頁339～354。

〔註119〕楊東明，〈興學會條約〉，頁1a～22b。

〔註120〕尤時熙，〈擬作會約〉，頁849。

〔註121〕蔣信，〈答陶子省菴助教〉，《蔣道林先生文粹》卷八，頁346～347。

〔註122〕王時槐，〈西原會規十七條〉，頁305～308。

所以學爲聖賢，必貴躬行，非徒口耳也」，會規的第一條是「省過」，第二條則是「靜坐」，關於靜坐，他說：

> 會日以靜坐澄心，操存涵養爲主。勿身在會堂，心馳會外；勿閒談
> 俗事，虛費光陰；必漫爾隨群，視爲故事，不加體認。〔註123〕

靜坐與言說比較起來是較實際的，言說是口耳，而靜坐則是躬行，在「貴躬行」的原則下，不切於身心的無益論辯在講會中是被禁止的，而靜坐是體之身心的實際操練，反而成爲講會的基調。王時槐抗拒無益身心的言說，主張講會應以靜坐涵養爲主，是與他對晚明學術的觀察息息相關的，即上一章我們提到的，晚明有徒恃空言，不務躬行的學風，因此不論他的思想，或是他訂立的講會學規，以及講學的內容等，皆以強調實踐躬行爲主。

除了在會講前給予會友靜坐的時間，我們亦可看到講會中主講人如何引導會友以靜坐操練，自省其心的例子：

> 諸友靜坐寂然無譁，良久，有將欲爲問難者，羅子乃止令復坐，徐
> 徐語之曰：諸子當此靜默之境，能澄慮反求，如平時燥動，今覺凝
> 定；平時昏昧，今覺虛朗；平時怠散，今覺整肅，使此心良知炯炯
> 光徹。則人人坐間，各各抱一明鏡在懷中，卻請諸子將自己頭面
> 對鏡觀照，若心事端莊，則如冠裳濟楚，意態自然精明；若念頭不
> 免塵俗，則蓬頭垢面，不待傍觀者恥笑而自心惶恐，又何能頃刻安
> 耶？〔註124〕

羅汝芳教學生靜坐不只是塊然端坐，而是要如對鏡觀照，反求諸己，而使良知心體得以朗現。

至於靜坐的方法，或許由於它是眾所皆知的法門，所以在會約中只說要「默坐澄心」、「凝神習靜」，並未確實指示如何靜坐。不過在少數學者的文集中，對靜坐的方法有所闡述，或許可以讓我們一窺究竟。王畿對於靜坐，有所謂的「調息法」：

> 息有四種相：一風，二喘，三氣，四息。前三爲不調相，後一爲調
> 相。坐時鼻息出入覺有聲，是風相也；息雖無聲，而出入結滯不通，
> 是喘相也；息雖無聲，亦無結滯，而出入不細，是氣相也；坐時無

〔註123〕王時槐，〈續白鷺洲書院正學會條三條〉，《塘南王先生友慶堂合稿》卷六，頁
　　　　319。
〔註124〕羅汝芳，《盱江羅近溪先生全集》卷七，頁 42b～43a。

> 聲，不結不粗，出入綿綿，若存若忘，神資翀融，情抱悅豫，是息
> 相也。守風則散，守喘則戾，守氣則勞，守息則密，前爲假息，後
> 爲眞息。欲習靜坐，以調息爲入門，使心有所寄，神氣相守，亦權
> 法也。〔註125〕

王畿將息分爲四種，調息比數息好，靜坐，必從調息入門，使心有所寄，神
氣相守。〔註126〕另外，一般我們常聽到的「閉關靜坐」，其法究竟如何？顏鈞
有「七日閉關法」，〔註127〕並詳述此法門的運用。首先，先擇掃樓居一所，攤
鋪聯榻，而後就坐榻上，收拾身子，目不開，以棉塞耳使不聽，口閉不言，
手指不動，肩背挺直，這是身體動作的配合，接下來就是呼吸，他說：「將鼻
中吸收滿口陽氣，津液漱嘆，咽吞直送，下灌丹田，自運旋滾幾轉，即又吸
嘆津液，如樣吞灌，百千輪轉不停，二日三日，不自已已。」〔註128〕類似氣
功的修鍊。如此二三日，而後解此纏縛，倒頭酣睡，任意自醒，醒後不許言
笑，任意長臥至七日，聽老師到耳邊密語「開示」。不外是說經此類似氣功的
靜坐後，必定氣順神爽，即是道體黜聰，脫胎換骨。七日後起身梳洗，禮拜
天地、皇上、父母、聖賢、師尊，之後再以三月的時間口傳默受《大學》、《中
庸》，使得靜坐操練與道德義理結合，而能盡《大學》「修齊身家」之道，以
及《中庸》「中和位育」之功。〔註129〕由王畿與顏鈞對靜坐法的描述，無非是
藉著身體動作的靜定，而逐漸放鬆，使呼吸均勻調和，進一步使身心達到寧
靜專一的狀態。

二、靜坐之意義

在陽明學派的游學聚會中，皆以靜坐澄心息慮爲會講的預備活動。而對
陽明學者來說，靜坐在他們的工夫修持中有何意義？靜坐與致良知教的關係
如何？靜坐是否是他們的究竟工夫？是本節討論的重點。一般談到陽明思想

〔註125〕王畿，〈調息法〉，《王龍溪全集》卷十五，頁1060～1062。

〔註126〕王畿的「調息法」來自佛教，方祖猷發現〈調息法〉一文，基本上是抄襲智顗的《童蒙止觀》。《王畿評傳》（南京：南京大學出版社，2001年），頁345～348。另外關於「調息法」與三教的關係，可參考林惠勝，〈試論王龍谿「三教合一」說——以〈調息說〉爲例〉，《中國學術年刊》十四期（1993），頁161～179。

〔註127〕顏鈞，〈引發九條之旨——七日閉關開心孔昭〉，《顏鈞集》卷五，頁37～38。

〔註128〕同註127。

〔註129〕同註127。

的轉變，有所謂的「前三變」、「後三變」，其中在學後三變中，靜坐爲陽明思想之一變。〔註130〕陽明確實曾教學生靜坐，《年譜》曾記載，陽明在貴陽時主知行合一，學生罔知所入，紛紛異同，於是教學生靜坐，自悟性體。而他所提倡的靜坐並非佛家的「坐禪入定」，而是以此「補小學收放心一段功夫」。〔註131〕對於初學者，因爲「心猿意馬，拴縛不定」，所以教靜坐息思慮，然而靜坐並非究竟工夫，陽明恐怕學者「懸空靜守，如槁木死灰」，所以又教「省察克治」。〔註132〕另外當學生問他靜時意思好，遇事便不同時，他則要學生在事上磨鍊，不要只知靜養而不知克己工夫。〔註133〕克己工夫即「省察克治」。陽明曾這樣總結他教導學生的工夫：

> 吾昔居滁時，見諸生多務知解，口耳異同，無益於得，姑教之靜坐。一時窺見光景，頗收近效。久之，漸有喜靜厭動，流入枯槁之病。或務高玄解妙覺，動人聽聞。故邇來只說致良知。良知明白，隨你去靜處體悟也好，隨你去事上磨鍊也好，良知本體原是無動無靜的。此便是學問頭腦。我這個話頭自滁州到今亦較過幾番，只是致良知三字無病。〔註134〕

靜坐容易使人喜靜厭動，只養成一個枯槁之體，無論事上磨鍊或是靜處體悟，都是爲了致得良知，良知本體無分於動靜，因此致良知工夫亦無間於動靜，是究竟的工夫。

〔註130〕王畿曰：「先師之學，凡三變。……嘗泛濫於詞章，馳騁於孫吳，……及爲晦翁格物窮理之學，幾至於殞。時苦其煩且難，自歎以爲若於聖學無緣，乃始究心於老佛之學，……及至居夷處困，動忍之餘，恍然神悟，……始歎聖人之學，坦如大路。……自此之後，盡去枝葉，一意本原，以默坐澄心爲學的。……自江右以後，則專提致良知三字，默不假坐，心不待澄，不習不慮，盎然出之，自有天則，乃是孔門易簡直截根原。……逮居越以後，所操益熟，所得益化，信而從者益眾，時時知是知非，時時無是無非，開口即得本心，更無假借湊泊，如赤日麗空，而萬象自照。」〈滁陽會語〉，《王龍溪全集》卷二，頁168～175。錢德洪的看法略有不同，他說：「馳騁於辭章，已而出入二氏，繼乃居夷處困，豁然有得於聖賢之旨，是三變而至道也。……居貴陽時，首與學者爲『知行合一』之說；自滁陽後，多教學者靜坐；江右以來，始單提『致良知』三字，直指本體，令學者言下有悟：是教亦三變也。」〈刻文錄敘說〉，《王陽明全集》卷四十一，頁1573～1579。
〔註131〕《年譜一》，《王陽明全集》卷三十三，頁1230～1231。
〔註132〕《傳習錄上》，《王陽明全集》卷一，頁16。
〔註133〕同註132，頁12。
〔註134〕《傳習錄下》，《王陽明全集》卷三，頁104～105。

　　王畿基本上是承襲陽明對靜坐的看法，而主張在人倫日用處做工夫。唐順之認爲人因終日擾攘，嗜慾相混，因此要閉關靜坐一、二年，養成無欲之體，才能成就聖學。王畿則站在「聖人之學，主於經世」的立場上，說明雖不廢靜坐，但亦不以其爲上乘工夫、究竟法。因爲靜坐不免「喜靜厭動」，與世間了無交涉，如何能「經世」，而且人之欲根潛藏，非對境則不易發，靜坐只是暫時養成無欲之體，一對境則原形畢露。所以認爲要在「見在感應」上做工夫，要在「塵勞煩惱中作道場」。〔註135〕而所謂「見在感應」上做工夫，即是陽明所說的「事上磨鍊」。另外在竹堂講會中，學生問他靜坐，他則從人倫日用的角度來回答。首先他認爲明道教人靜坐只是權法，古代小學教之收心養性，不求靜而靜在其中。後世學絕道喪，自幼失所養，馳騖在外，故不得已教之靜坐。靜坐就如同繫馬於樁上，而非禪學的習於枯靜，外於人倫感應。之後他再解釋周敦頤的「無欲故靜」，他以爲無欲則靜虛動直，動靜皆在其中，而明道主靜的靜，實兼動靜，而陽明的居夷三載，不能以靜坐來看待，因爲其間有多少動忍增益、出萬死於一生的事上工夫，才能透悟良知指訣。〔註136〕可見陽明與王畿皆認爲靜坐須與事上磨鍊配合，而不能憑空守靜，養成個虛寂之體。

　　與王畿強調見在工夫不同的是江右學者對靜坐的重視，不論是聶豹的「歸寂」思想或是羅洪先的「收攝保聚」學說，基本上都是一種靜坐以求未發之中的工夫。兩人的學說皆是針對王畿的「現成良知」而來的，而上述王畿對閉關靜坐的批評，亦是針對江右的靜坐觀點而發。關於雙方的爭議將在第五章深入論述，在此，我們先來看看其他江右學者對靜坐的看法。魏良弼認爲靜坐是入門下手工夫，靜坐的體認精察能分辨天理、人欲，分辨良知、習心，而體察之後，則不消靜坐，自能隨分體認天理而良知自不昧，〔註137〕他亦肯定靜坐的重要性。而在講會中屢屢強調靜坐養心的王時槐則認爲：「夫學當無間於動靜，然始焉立基，終焉入微，必由靜得。雖有志爲學，不久靜，恐以意氣承當，以影響爲究竟，於眞體親切處未能徹底，故貴靜也。」〔註138〕雖不堅持靜坐是唯一的工夫，卻極力強調靜坐的重要，他相信在靜坐中才能默

〔註135〕王畿，〈三山麗澤錄〉，《王龍溪全集》卷一，頁108～126。
〔註136〕王畿，〈竹堂會語〉，《王龍溪全集》卷五，頁354～359。
〔註137〕魏良弼，〈松陽縣社學條規〉，《太常少卿魏水洲先生文集》（臺南：莊嚴出版
　　　　社，1997年，《四庫全書存目叢書》），卷三，頁56～58。
〔註138〕王時槐，〈仰慈膚見〉，《塘南王先生友慶堂合稿》卷五，頁278。

識體察自心。因此他也提倡重視閉關靜修的「研幾」之學。〔註139〕靜坐很容易被視爲喜靜厭動、頑空守寂、近於佛家的禪定，甚至被斥爲異端，如同上述陽明、王畿的看法。王時槐也知道這樣的批評與靜坐的缺點：「今人不知學，但見向裏尋求，稍稍習靜者，便詆以爲禪。」〔註140〕然而在議論紛紛的晚明學界中，他寧願以較貼近自心本性的靜坐爲依歸。

不論陽明學者各人對靜坐的看法如何不同，我們可以發現，幾乎大部分的陽明學者皆有靜坐的經驗。首先陽明有龍場靜坐而悟道的經驗，〔註141〕他也曾闢靜室讓王畿在其中靜坐，王畿因而開悟。〔註142〕上一章我們提到了王時槐五十歲罷官歸田，屛除外務，息心靜養，反而有得。另外，王艮常默坐靜思，夜以繼日，期以自得，之後頓覺「心體洞澈，而萬物一體、宇宙在我之念益切。」〔註143〕羅洪先闢石蓮洞後，多居洞靜修，「默坐半榻間，不出戶三年」。〔註144〕顏鈞提出「七日閉關法」，亦以此來靜坐苦修。〔註145〕張元忭亦曾與友人在興浦山房共修靜業。〔註146〕另外，我們從《明儒學案》中可以找到許多學者靜坐的材料，例如聶豹在獄中長期靜坐，忽見「此心眞體，光明瑩徹，萬物皆備」，而奠定歸寂說的基礎。〔註147〕劉文敏年八十，猶涉三峰之巔，靜坐百餘日。〔註148〕胡直奠定自學的重要基礎亦在長期的靜坐工夫。〔註149〕羅汝芳亦曾多次閉關默坐，以求心悟。〔註150〕

上述這些靜坐以求道的經驗是陽明學者共同的工夫語言，並非專屬某一學派。呂妙芬認爲針對江左重悟輕脩、過度相信自己感官情緒的弊端，江右

〔註139〕王時槐曰：「夫一陽潛萌於至靜之中，吾心眞幾本來如是，不分時刻皆至也。學者識此而敬養之，篤恭不顯而大本立矣。故閉關非墮空也，惟深故能通天下之志，惟幾故能成天下之務，閉關之義大矣哉！」〈瑞華剩語〉，《塘南王先生友慶堂合稿》卷四，頁263。

〔註140〕王時槐，〈答周守甫〉，《塘南王先生友慶堂合稿》卷一，頁163。

〔註141〕《年譜一》，《王陽明全集》卷三十三，頁1228～1229。

〔註142〕徐階，〈王龍溪先生傳〉，收於《王龍溪全集》，頁19～28。

〔註143〕〈年譜〉二十七、二十九歲條下，《王心齋全集》卷一，頁2b～3a。

〔註144〕胡直，〈念菴先生行狀〉，《衡廬精舍藏稿》卷二十三，頁525～539。

〔註145〕顏鈞，〈履歷〉，《顏鈞集》卷四，頁33。

〔註146〕王畿，〈興浦庵會語〉，《王龍溪全集》卷七，頁514～516。

〔註147〕黃宗羲，〈江右王門學案二〉，《明儒學案》卷十七，頁371～374。

〔註148〕黃宗羲，〈江右王門學案四〉，《明儒學案》卷十九，頁431～432。

〔註149〕胡直，〈困學記〉，《明儒學案》卷二十二，頁519～526。

〔註150〕黃宗羲，〈泰州學案三〉，《明儒學案》卷三十四，頁760～763。

的陽明學者致力於長期靜脩明性的工夫。〔註 151〕筆者則以爲靜坐求道是陽明學者的共同體驗，並非專屬江右，由以上的舉例即可證明此點。陳來認爲陽明學者對這種悟道後神祕經驗的追求比以前的理學家更熱衷，許多學者都有長期閉戶靜坐、追求悟道的經歷，對於自己求道和悟道的經驗也多有描述。〔註 152〕不過，晚明王學有重悟輕修、騰口說而略躬行的傾向，則是不爭的事實，所以不論是王時槐，張元忭、鄒元標，甚至東林的顧憲成、高攀龍皆強調「悟修並重」，〔註 153〕這可視爲對王學重悟輕修的批判與修正，是儒學內部的自我整肅。

第五節　省　過

　　遷善改過是儒家極重視的修養工夫。孔子說：「過而不改，是爲過矣。」〔註 154〕子貢說：「君子之過也，如日月之食焉；過也，人皆見之；更也，人皆仰之。」〔註 155〕孔子和子貢都認爲人有過錯在所不免，重點是改過。陽明學者的游學活動常常有自訟式的省過，〔註 156〕或是朋友間相互規過勸善的活動，設立功過簿，記錄會友的善惡事例，甚至有相關的賞罰措施。因此本節所討論的省過包括自訟式的省過，以及會友間的規過勸善。以下即以省過活動與省過的意義二部分論述之。

一、省過活動

　　在蓬萊會的會約中有「敦德業，原議士夫居鄉，難於聞過，此會之立，正欲虛心受益，相規相勸，以善補過。……凡我同盟，亦望以一體爲念，與

〔註 151〕呂妙芬，《陽明學士人社群——歷史、思想與實踐》，頁 398～402。

〔註 152〕陳來，〈心學傳統中的神祕主義問題〉，《有無之境——王陽明哲學的精神》，頁 390～415。

〔註 153〕王時槐的看法見第二章，張元忭的看法則見本章第一節。鄒元標在〈仁文會約語〉中說：「悟者，即悟其所謂修者，以悟而證修，則不泪於他歧之惑。修者，修其所謂悟者也，以修而證悟，則不涉於玄虛之弊，而實合內外之道。」《願學集》卷八，頁 293～294。至於東林學者的看法，可參考張藝曦，《講學與政治——明代中晚期講學性質的轉變及其意義》，頁 123～128。

〔註 154〕《論語・衛靈公》，《論語注疏》，頁 140。

〔註 155〕《論語・子張》，《論語注疏》，頁 173。

〔註 156〕自訟式的省過活動起源相當早，而且不限於儒家。見 Pei-yi Wu, "Self-examination and Confession of Sins in Traditional China", *Harvard Journal of Asiatic Studies*, 39:1 (1979), pp. 5~38。

人同過，誠意有餘，而言若不足，務盡忠告之益，期於改過而後已。」〔註157〕講會主要的目的在「敦德業」，會友要盡忠告之道，規勸朋友之過，而對於朋友之規勸，亦要虛心接受，改過自新。在興學會中亦有規過勸善的活動，強調會友在會中勸正過錯，但重點還是在「病者自醫」。〔註158〕楊東明另一個以做善事爲主的同善會，雖然是屬於士人自發組成的慈善組織，但亦在會約中明訂會友間要規過勸善，對於不爲善、敗壞會約者則罰銀五兩。〔註159〕由於講會的會約強調規過勸善，所以在講會中直指會友的過錯是被鼓勵的。在一次游學聚會中，唐順之問王畿：「公看我與老師之學有相契否？」王畿則直言其尚未致得良知，唐順之憤憤不服，強調他滿口所說，滿紙所寫皆是良知，最後經過王畿反覆再三的解釋，才承認：「吾過矣，友道以直諒爲益，非虛言也。」〔註160〕上一章我們也提到王畿曾直指羅洪先之過，由此可知，在陽明學者的游學活動中，年輕或尚未悟道的學者常會與年長或對學問較有心得的學者驗證所學，一方通常會坦誠的直指對方的缺點，另一方即使不服，在再三辨析後，也能虛心接受，這正符合了上一章所說的「以友輔仁」之道。

　　不過這種會友之間的「直指過錯」、「直諒爲益」的作風，在上述王時槐的兩個講會中，不再過度強調，西原會規定：「會中同志或有過失，不必對眾面斥，在我既失忠厚，在彼亦或難堪。君子忠告善道，相愛相成，不當如是也。惟婉詞勸諷，或於僻處密相規戒，庶爲得之。其聞人規勸者，則當虛心聽受，不宜色拒，子路聞過則喜，吾儕所當師也。」〔註161〕朋友有過，不再當眾面斥，而是微婉勸告，或是在私下規勸，在白鷺洲的正學會亦強調微婉勸善的原則，直指過錯，則「傷於訐露」，而阻其自新之機。另外，它反而強調自省的重要：「凡赴會正坐，宜自思平日此心放逸，何以收攝？此心昏昧，何以開明？素行有缺，何以修飭？事親事長，宜家處鄉，何以盡分？忿怒情

〔註157〕王畿，〈蓬萊會籍申約〉，頁339～354。
〔註158〕楊東明，〈興學會條約〉，頁1a～22b。
〔註159〕楊東明，〈同善會條約〉，《山居功課》卷一，頁 8b～9b。關於同善會的研究可參考夫馬進，〈同善會小史〉，《史林》六十五卷四期（1982），頁37～76。Joanna F. Handlin Smith, "Benevolent Societies: The Reshaping of Charity During the Late Ming and Early Ch'ing", *Journal of Asian Studies* 46.2 (1987), pp. 309~337. 梁其姿，《施善與教化：明清的慈善組織》（臺北：聯經出版社，1997年），第二章〈明末清初民間慈善組織的興起〉，頁37～70。
〔註160〕王畿，〈維揚晤語〉，《王龍溪全集》卷一，頁103～106。
〔註161〕王時槐，〈西原會規十七條〉，頁305～308。

慾，何以懲窒？氣質乖僻，何以變化？境有順逆，何以平懷？默默內省，即圖自勉，務期俯仰無怍，勿負此生，是謂有志之士，眞實之學也。」〔註162〕另外，在路溪劉氏小會，劉元卿亦認爲：「會之日，其施規勸者，揚善之詞宜顯而長，舉過之詞宜婉而簡。其受規勸者，聞揚善之言，則退焉惕焉思其溢於言之中；規失之言，則愀乎悠乎繹其旨於言之外，則兩盡矣。」〔註163〕他們都不約而同強調微婉規過的重要，而不再鼓勵直指過錯，與上述的講會形成強烈的對比。

　　將規過勸善制度化、程序化是鄉約的特點，我們可以從陽明的〈南贛鄉約〉看到這樣的特色。〔註164〕鄉約中設有工作人員，主要負責鄉約的進行，並設三簿，一記錄與會人員姓名，另外兩簿分別是「彰善簿」與「糾過簿」。陽明在〈南贛鄉約〉中先說明彰善糾惡的原則，主要是說明糾過的處理：

> 彰善者，其辭顯而決；糾過者，其辭隱而婉；亦忠厚之道也。如有人不弟，毋直曰不弟，但云聞某於事兄敬長之禮，頗有未盡；某未敢以爲信，姑案之以俟，凡糾過惡皆例此。若有難改之惡，且勿糾，使無所容，或激而遂肆其惡矣。糾長副等，須先期陰與之言，使當自首，眾共誘掖獎勸之，以興其善念，姑使書之，使其可改；若不能改，然後糾而書之；又不能改，然後白之官；又不能改，同約之人執送之官，明正其罪；勢不能執，戮力協謀官府請兵滅之。〔註165〕

接著說明鄉約舉行的細節，其中重要的部分一是「舉善」，通達明察的約史舉某人有某善或改某過，於約中經大眾確認後，正式記錄在彰善簿。另一則是「糾過」，程序如同舉善，只是過者要跪而酌酒自罰。不過不一定會記錄在糾惡簿，視情節輕重以及是否有悔改之心而定。〔註166〕鄉約中設立彰善糾過簿，進行規過勸善的活動，被學者應用於各種形式的聚會中。魏良弼在社學設立功過簿，由「司日者」專察學生善惡，詳報於師，登載在功過簿上，並「按

<hr>

〔註162〕王時槐，〈續白鷺洲書院正學會條三條〉，頁319。

〔註163〕劉元卿，〈書路溪劉氏小會籍〉，《劉聘君全集》卷十二，頁279。

〔註164〕溝口雄三認爲陽明「是鄉約的熱心推進者。……其實這裡亦沿襲了明太祖頒布的《教民榜文》『鄉村規約』之《六論》中的一條。……再往前追溯，更有朱子對鄉村父老層的勸誡之語。……這訓戒原來或許是鄉村中自然形成的共同體的規範。」溝口雄三著，趙士林譯，《中國的思想》（北京：中國社會科學出版社，1995年），頁90～91。

〔註165〕王陽明，〈南贛鄉約〉，《王陽明全集》卷十七，頁599～604。

〔註166〕同註165。

臨懲勸」。〔註167〕鄒守益在惜陰會對於規過勸善的規定如下：

> 人立一簿，用以自考，家立一會，與家考之，鄉立一會，與鄉考
> 之。……居處果能恭否？執事果能敬否？與人果能忠否？盡此者爲
> 德業，悖此者爲過失。德業則直書於冊，慶以酒，過失則婉書於冊，
> 罰以酒，顯過則罰以財，大過則倍罰，以爲會費。凡與會諸友，各
> 親書姓名及字及生辰，下注「願如約」三字，其不願者勿強其續願，
> 入者勿限。〔註168〕

每人立一簿，每日自我反省，將德與過誠實記下，而家族鄉黨間則立會，透
過彼此對會約的遵守，虛心省過，以期能在公開的場合中自訟其過而改過遷
善。王宗沐在官學中亦設立省過會，方式類似鄉約，將善惡記錄於冊，而提
交學政官，按情節施以賞罰。〔註169〕孟化鯉也鼓勵學生設置記過簿：「吾有過，
吾紀之，庶幾睹斯簿，怵目惕心，赧顏汗背，將有言，將有爲也，監於覆轍，
不致復犯乎！」〔註170〕另外，他亦在〈初學每日用功法〉具體規定學生每夜
省過的方式。〔註171〕這類以簿記的方式記錄功過，自省善惡的聚會在晚明相
當流行，酒井忠夫與王汎森的研究皆指出許多陽明學者透過講學的聚會致力
於省過的工夫，也受到當時流行的功過格以及鄉約的影響。〔註172〕

二、省過之意義

陽明學者在游學的聚會中，進行朋友間規過勸善的活動，可見他們對於
改過的重視，我們再來看看在一些思想性的論述中，他們對改過的看法。陽
明首先強調「人胸中各有個聖人，只自信不及，都自埋倒了。」〔註173〕聖人
與凡人並無不同，差別只在「分兩」，不在「成色」。〔註174〕他認爲一般人「只

〔註167〕魏良弼，〈松陽縣社學條規〉，頁56～58。
〔註168〕鄒守益，〈惜陰申約〉，頁103～104。
〔註169〕王宗沐，〈江西學政〉，頁621～636。
〔註170〕孟化鯉，〈三子記過簿序〉，《孟雲浦先生集》卷四，頁547～548。
〔註171〕孟化鯉，〈初學每日用功法〉，《孟雲浦先生集》卷六，頁586～587。
〔註172〕酒井忠夫，《中國善書の研究》（東京：弘文堂，2000年）。王汎森，〈明末清
　　　　初的人譜與省過會〉，《中央研究院歷史語言研究所集刊》六十三本三分
　　　　（1993），頁679～712。
〔註173〕《傳習錄下》，《王陽明全集》卷三，頁93。
〔註174〕陽明言：「聖人之所以爲聖，只是其心純乎天理，而無人欲之雜。猶精金之所
　　　　以爲精，但以其成色足而無銅鉛之雜也。……故雖凡人而肯爲學，使此心純
　　　　乎天理，則亦可爲聖人；猶一兩之金比之萬鎰，分兩雖懸絕，而到足色處可

是物欲遮蔽，良心在內，自不會失；如雲自蔽日，日何嘗失了！」〔註175〕所以他強調：「本心之明，皎如白日，無有有過而不自知者，但患不能改耳。一念改過，當時即得本心。人孰無過？改之爲貴。」〔註176〕人的本心是純善的，人不可能沒有過錯，改之即得本心，重點是要能改。另外他在龍場教導學生，改過亦是重要的一環，他也強調「不貴於無過，而貴於能改過」，接下來則要學生自省平日的行爲，是否有不合道義的，如有則要痛下悔咎，改過從善。〔註177〕因此對陽明而言，任何道德修養工夫只是去蔽去過，使之返回本心的最初狀態，而不是在心上添加什麼。換言之，在陽明的思想中，道德修養是傾向於「改過去蔽」一路的。

　　至於陽明後學對改過的看法如何？王畿認爲：「改過遷善」即是講學之事。〔註178〕因此他要人從一念入微處，見有過可改，有善可遷，才是所謂的講之身心，而非口耳傳述。〔註179〕王畿強調的是改過遷善的實踐意義，並要人在一念入微處遷善改過。陳九川亦說他與朋友只論「遷善改過」、「懲忿窒慾」，這樣使人持守有依據，而不會落入虛空不實，藉著這兩項工夫，能悟道是上乘，不能悟道，亦可達到寡過的效果。〔註180〕他們皆強調遷善改過是較具行動性的，亦相當重視改過對道德修養的必要性，無怪乎鄒守益會說：「懲忿、窒慾、遷善、改過，皆致良知之條目也」。〔註181〕

　　朋友有輔仁之功，因此遷善改過除了是自身省察的工夫外，陽明學者亦強調朋友間有責善的義務。前面所引的〈教條示龍場諸生〉在改過之後，第三條即是責善。陽明認爲責善是朋友之道，但必須「忠告而善道之」，也就是微婉的勸告，使朋友能接受，而改過從善，他也談到暴白其惡，痛毀極詆，將使他無所容身，反而無法達到效果，「訐人之短，攻發人之陰私」，非責善之道。最後他反駁「師無可諫」，而以身作則，告訴學生「諸生責善，當自吾

以無愧。故曰『人皆可以爲堯、舜』者以此。學者學聖人，不過是去人欲而存天理耳，猶鍊金而求其足色。」《傳習錄上》，《王陽明全集》卷一，頁 27～28。
〔註175〕《傳習錄下》，頁 93。
〔註176〕王陽明，〈寄諸弟〉，《王陽明全集》卷四，頁 172。
〔註177〕王陽明，〈教條示龍場諸生〉，《王陽明全集》卷二十六，頁 974～976。
〔註178〕王畿，〈答吳悟齋〉，《王龍溪全集》卷十，頁 671～686。
〔註179〕王畿，〈與張陽和〉，《王龍溪全集》卷十一，頁 759～760。
〔註180〕陳九川，〈簡儲柴墟先生〉，《明水陳先生文集》卷一，頁 23。
〔註181〕〈江右王門學案一〉，《明儒學案》卷十六，頁 336～337。

始」。〔註 182〕鄒守益也將規過勸善責之師友。〔註 183〕而他的孫子鄒德涵也認
為朋友聚會要「過失相規，德業相勸」，才是「以友輔仁」之道。〔註 184〕至於
曾教學生立改過簿，每日定時省過的孟化鯉，亦做了二篇〈責善說〉，可見他
對改過以及責善的重視。首先在他〈責善說上〉說：

> 學問之道在為善，切磋之益在朋友，朋友而不以善相責，則相率日
> 趨于非而莫覺矣，何以學為？孟子曰：「責善，朋友之道也。」是義
> 也，始非不諄諄，吾黨乃比來非漫譚溢譽，辛忘其所謂責善者。夫
> 士無教友則失聽，諸君之不吾責是無教也，予將安聽者，意予于學
> 浮慕、寡遷善之實，聞言之聽受之誠乎，何終日群居不相關也。今
> 夫善也者，天之命人之性，吾心之本體，固不以友朋責否為存亡，
> 然芝蘭從化，蒼黃由染，則夫非法語巽言提撕之使不怠，謂非朋友
> 可乎！〔註 185〕

他強調責善是朋友之道，雖然天性本善，不以友朋責善與否而存亡，然而有
「法語巽言提撕」，才不會沉淪為惡，這就是朋友對道德修養的必要性。而在
〈責善說下〉他則說明在游學的聚會中有「漫譚而溢譽」的現象，也就是朋
友之間「不以規而以譽」，在這樣的風氣下，要求善，如同「寢冰求煖，設兔
置以捕鱉」，是不可能的。而接下來他歷數己過，雖然「不須人言昭灼我心，
而吾未嘗憤然悔、截然改，而猶傲然自負為知學，則又何必曰責善責善云乎
哉！」然而他亦一方面自許「從吾真心自訟自艾」，亦須有朋友「忠告而善道
之」。〔註 186〕

　　陽明學者對改過的重視，並將規過勸善責之友朋，化為實際的行動，則
在游學的聚會中，施行規過勸善的活動、施行立簿自省的功課，所以我們才
在許多陽明學者的游學聚會中，看到省過的活動。張灝認為雖然陽明學派對
成德是充滿樂觀自信的，但卻時時流露「幽暗意識」。「幽暗意識」是發自對
人性中或宇宙中與始俱來的種種黑暗勢力的正視和省悟，是以強烈道德感為
出發點的。〔註 187〕陽明學者普遍認為「人胸中各有個聖人」，甚至「滿街都是

〔註 182〕王陽明，〈教條示龍場諸生〉，頁 974～976。
〔註 183〕鄒守益，〈簡郭平川〉，《東廓鄒先生文集》卷六，頁 72～73。
〔註 184〕鄒德涵，《鄒聚所語錄》卷下，《鄒聚所先生文集》，頁 509～510。
〔註 185〕孟化鯉，〈責善說上〉，《孟雲浦先生集》卷四，頁 552～553。
〔註 186〕孟化鯉，〈責善說下〉，《孟雲浦先生集》卷四，頁 553～554。
〔註 187〕張灝，〈幽暗意識與民主傳統〉，《幽暗意識與民主傳統》（臺北：聯經出版社，
　　　　1989 年），頁 3～32。

聖人」，〔註188〕對人成德的可能性相當樂觀，但這不代表他們就意識不到人性黑暗的一面，換言之，只看到「天理」一方，而不見「人欲」。例如對人的成德最樂觀，提出「現成良知」的王畿，對人性所潛藏的罪惡和陷溺亦有深刻的體認，所以晚年兩篇深切反省己過的自訟文章，顯得特別沈重。〔註189〕王汎森指出在對人之成聖的樂觀自信下，也可能導出極為嚴格的道德要求，以及對自身罪惡感的強烈感受。因此他認為改過就成了陽明學者重要的課題之一。〔註190〕這也就是陽明學者在游學聚會中，屢屢強調自省己過，以及在師友相處時，坦白過錯，共同糾察，藉著朋友幫助自己省察過錯，以成就道德的重要原因吧！

陽明學派的游學聚會，除了上述五項活動之外，另外還有一種與科舉相關的活動，我們可稱之為「作課」。明代是以科舉考試為取士的主要方式，這自然會影響到學校的教育，因此官學是以科舉考試為教育目的，包括官方的書院，甚至有些民間書院亦將科舉時義列入教學活動中。而一般士人也會三五好友成群結會，以科舉考試為目的，共同學習科舉時義。例如聶豹在早年即與朋友相約為會，以「月之三六九日為期」，「每期約作時義五篇」，共同觀摩討論，之後再「各述其身心所得」。〔註191〕這樣的會在明代士人群體中，是相當流行的。〔註192〕

陽明學者在游宦或罷官、致仕歸鄉後所設社學、義塾或是督理學政，會在相關的會規、教條中看到關於作課的規定。例如宋儀望（1514～1578）在督八閩學政時，要諸生一、二十人以地理相近，意氣相同者，擇相應寬闊書院、寺觀，依據條規，立為一會。以「年齒稍長，文學行誼為眾推服者，或三、四人

〔註188〕《傳習錄下》，《王陽明全集》卷三，頁116～117。

〔註189〕〈自訟長語示兒輩〉：「自今思之，果能徹骨徹髓，表裏昭明，如咸池之洛日，無復世情陰翳，間雜障翳否乎？廣庭大眾之中，輯柔寡怨似矣，果能嚴於屋漏，無愧於鬼神否乎？愛人若周，或涉於泛，憂世若亞；或病於迂，或恣情徇欲，認以為同好惡；或黨同伐異，謬以為公是非。有德於人而不能忘，是為施勞；受人之德而不知報，是為悖義。務計算為經綸，則純自不守；任逆億為覺照，則圓明受傷。甚至包藏禍心，欺天妄人之念，潛萌而間作，但畏惜名義，偶未之發耳。凡此皆行業所招，鬼神之由鑒也。」另外還有〈自訟問答〉，《王龍溪全集》卷十五，頁1062～1071、1071～1086。

〔註190〕王汎森，〈明末清初的人譜與省過會〉，頁679～712。

〔註191〕聶豹，〈江夏令蚪山蕭君夫婦合葬墓誌銘〉，《雙江聶先生文集》卷六，頁342～343。

〔註192〕謝國楨，《明清之際黨社運動考》（臺北：臺灣商印務印書館，1978年）。

立爲會長、會副」，以每月三、六、九爲會期，會期之日，先「共相講論日用工
夫、課程、身心體驗有何疑難」，然後就「掣題作文」，夏日五篇，冬日四篇，
每九日作論或策或表共二篇，付會長批點，下次會日再共同商榷。〔註193〕宋儀
望要諸生結會作文，無非是爲他們的科舉考試以及日後登第做官做準備。另外，
周汝登所立的社學亦有「授書、寫字、作課」的活動。〔註194〕楊東明所立的義
塾，在條約中亦明訂要作舉業文字，並且「每月兩校」。〔註195〕在這些聚會中，
不但要作舉業文字，而且要考核優劣，不過他們的考核與書院正式、制度化，
類似科舉考試的考課制度，應當是不太相同的。〔註196〕

　　然而筆者必須說明的是在一般陽明學者以求學問道爲目的的游學聚會
中，我們很少看到有類似的活動。是因爲他們反對科舉嗎？我們知道陽明的
很多思想論述是針對當時的科舉之弊而發的，〔註197〕而他對科舉與聖人之學
的看法如何？他引程子的兩段話來說明：

> 然謂舉業與聖人之學相戾者，非也。程子云：「心苟不忘，則雖應接
> 俗事，莫非實學，無非道也。」而況於舉業乎？謂舉業與聖人之學
> 不相戾者，亦非也。程子云：「心苟忘之，則雖終身由之，只是俗事。」
> 而況於舉業乎？忘與不忘之間不能以髮，要在深思默識所指謂不忘
> 者果何事耶？知此則知學矣。〔註198〕

心不忘聖學，舉業就無妨於聖學。徐階的話則很清楚的表明：「今不若就舉業

〔註193〕宋儀望，〈爲申飭學政事〉，《華陽館文集》（臺南：莊嚴出版社，1997年，《四
　　　　庫全書存目叢書》），卷二，頁478～494。
〔註194〕周汝登，〈社學教規〉，頁1017～1027。
〔註195〕楊東明，〈義塾條約〉，頁4b～10a。
〔註196〕關於書院的考課制度，一般研究書院的學者對於其起源，看法並不一致，楊
　　　　布生、彭定國認爲：「書院考課制度始於北宋後期的官學化書院，並大力推行
　　　　而成爲定制則在明清兩代，尤以清代爲最盛。」《中國書院文化》，頁93～94。
　　　　柳光敏認爲：「考課制度能在書院推行與王陽明、湛若水對追求聖學與舉業兩
　　　　不衝突的觀點有關。一些在各地主持書院的山長，都極力把講學與舉業統一
　　　　到書院之中。」〈試論明代書院官學化的歷程〉，《齊魯學刊》1994年四期
　　　　（1994），頁90～93。
〔註197〕例如〈萬松書院記〉曰：「夫三代之學，皆所以明人倫；今之學宮皆以『明倫』
　　　　名堂，則其所以立學者，固未嘗非三代意也。然自科舉之業盛，士皆馳騖於
　　　　記誦辭章，而功利得喪分惑其心，於是師之所教，弟子之所學者，遂不復知
　　　　有明倫之意矣。懷世道之憂者思挽而復之，則亦未知所措其力。」《王陽明全
　　　　集》卷七，頁253。
〔註198〕王陽明，〈寄聞人邦英邦正二〉，《王陽明全集》卷四，頁169。

中提掇出身心工夫，如作居處敬文字便眞要居處敬，作忠孝仁義等文字便眞要忠孝仁義之類如此」。〔註199〕另外，當時人對陽明學的疑問有：學者群居講聖學，是會妨害舉業的。陽明以爲「聖學無妨於舉業」。〔註200〕王畿亦認爲「夫舉業德業原非兩事，故曰不患妨功，惟患奪志。志於道，則心明氣清，而藝亦進；志於藝，則心濁氣昏，而道亡，藝亦不進。」〔註201〕也就是德業有助於舉業的效果。無論他們如何強調舉業與聖學兩者不相衝突，不過對他們來說，聖學仍然是第一義，甚至有些學者在仕進與聖學有衝突時，是選擇後者的。所以在以道德修養爲目的游學的聚會中我們看不到與舉業相關的活動。

陽明學者的游學聚會，也常常伴隨著山水攬勝，有的是「講習之暇，相從游覽」，〔註202〕或是學者相約遊覽，共赴講會。游學聚會的場所往往不是書院就是寺觀，而這兩個場所，通常都在山水靈秀之境，因此赴會本身就是一次最佳的旅遊體驗。所以對陽明學者來說，講學和山水、旅遊實不可分。例如羅洪先的三篇遊記以及張元忭、鄧以讚的〈秋遊記〉就是結合游學與旅遊的最佳寫照。另外，周怡（1506～1569）與王畿曾相偕西遊，「歷觀東南諸勝」，遇同志之地，則「隨緣結會，以盡切劇之益」。〔註203〕而鄒守益也曾「升衡山，尋石鼓、嶽麓」，與江右學者聶豹、陳九川、羅洪先等人共游講學。〔註204〕值得注意的是，除了遊覽一般的山水名勝，較特殊的是陽明學者會特地遊覽有歷史意義的書院，或是前代理學家的相關古蹟。〔註205〕例如王畿曾遊覽白鹿洞書院，並講學其中。〔註206〕羅洪先在嘉靖三十年（1554）曾「謁濂溪先生祠」及「展先生墓」。〔註207〕由此可見理學家的特質，及與一般文人旅遊主題的差異。

陽明常與弟子同游山水，《年譜》記載陽明四十二歲時，曾與學生同游浙

〔註199〕徐階，〈復姜廷善提學〉，《世經堂集》卷二十四，頁131～132。

〔註200〕《年譜三》，《王陽明全集》卷三十五，頁1289～1292。

〔註201〕王畿，〈漫語贈韓天敍分教安成〉，《王龍溪全集》卷十六，頁1162～1164。

〔註202〕薛應旂，〈觀易臺記〉，《方山先生文錄》（臺南：莊嚴出版社，1997年，《四庫全書存目叢書》），卷八，頁305。

〔註203〕王畿，〈道山亭會語〉，《王龍溪全集》卷二，頁162～168。

〔註204〕鄒守益，〈簡復久菴黃宗伯〉，《東廓鄒先生文集》卷六，頁87～88。

〔註205〕張嘉昕研究明人旅遊生活，歸納出明人旅遊活動的主題爲：尋泉品茗、巖洞探幽、千山飛瀑、賞花觀竹等。陽明學者也不例外，不過在旅遊主題的選擇上還是有些許差異。張嘉昕，《明人的旅遊生活》，第四章，頁59～82。

〔註206〕王畿，〈白鹿洞續講義〉，《王龍溪全集》卷二，頁201～205。

〔註207〕羅洪先，〈甲寅夏遊記〉，《石蓮洞羅先生文集》卷十二（臺北：國立中央圖書館，據明萬曆丙辰陳于廷文江刊本攝製），頁28b～46a。

江的山水名勝，《年譜》說：「先生茲遊雖爲山水，實注念愛、緒二子。蓋先生點化同志，多得之登遊山水間也」。〔註208〕可見山水對講學的幫助。周汝登說「賞玩光景之外，別有所爲道情在耶！」〔註209〕而尤時熙更直接在講會的會約中將「游山」列爲主要的活動之一，而說游山有「洗心」的功效。〔註210〕而焦竑認爲山水不但能「瀝胸臆」，更能「資筆舌」。〔註211〕

不論山水對身心或對講學有多大的幫助，對大部分的陽明學者而言，重點還是在「學」，山水旅遊應當是游學的附帶活動，並非主要目的。轍跡幾遍天下的王畿，在游學中遍游各地山水，他曾這樣描寫自己的旅遊：

> 素性好遊，轍迹幾半天下，凡名山洞府，幽恠奇勝之區，世之人有終身羨慕，思一至而不可得者，予皆得遍探熟遊。童冠追從，笑歌偃仰，悠然舞雩之興，樂而忘返，是雖志於得朋，不在山水之間，不可不謂之清福。〔註212〕

另外，他在寫給周怡的贈言中也說「非徒區區山水間而已」，〔註213〕可見他的目的仍在講學，不在山水。因此即使陽明學者對山水遊覽非常嚮往，〔註214〕然而講學會友仍是游學的主要目的，山水遊覽只是附帶的活動。

〔註208〕《年譜一》，《王陽明全集》卷三十三，頁1235～1238。

〔註209〕周汝登，〈越中會語〉，《東越證學錄》卷四，頁262～264。

〔註210〕尤時熙，〈擬作會約〉，頁849。

〔註211〕焦竑，〈書吳寧野自紀〉，《澹園集》（北京：中華書局，1999年），附編一，頁1190～1191。

〔註212〕王畿，〈自訟長語示兒輩〉，頁1062～1071。

〔註213〕王畿，〈別言贈周順之〉，《王龍溪全集》卷十六，頁1127～1131。

〔註214〕陶望齡曾這樣表達他對山水的嚮往：「予多病，性遠人事，出入稀簡，至游山水或遠行數百里，蹈危險無所憚。身力羸劣，不任奔趨，及其躋層磴蹻，絕頂攀援，蒙密升降，巖竇矯捷，勝人而已，亦不測其力之所從來。此予之二反也，予之嗜山水至矣。」〈贈章泰宇丈游吳序〉，《陶文簡公集》（北京：北京出版社，2000年，《四庫禁燬叢刊》），卷四，頁284。

第四章 跨地域之游學活動與人際關係

　　游學之所以稱之爲「游」，主要因爲它有「流動性」與「跨地域性」的特點，所謂「流動性」是不固守在一個地方，而是頻繁的來往於各地，所謂的「跨地域性」是指走出鄉里，跨出本縣、本府甚至是本省，突破地域與鄉黨的限制。對陽明學者的游學而言，這兩個特點更是顯著。他們抱持著對聖學的信仰以及傳播的使命，走出家庭，到一個陌生的區域去求學問道、傳播聖學，展開大規模而且頻繁的游學之旅。正如第二章所言，除了是個人思想觀念、意願目標以及生涯的選擇之外，當然要有外在環境——交通及旅行設施的配合，才能成爲可能。陽明學所以能席捲天下，成爲全國性的思想學派，而非一局限於學者個人家鄉或游宦地區的區域性學派，也與這種流動的、跨地域的游學活動有關。

　　流動的、跨地域性的游學活動，在聖學的追求及傳播的目的下，人與人之間的頻繁交流及互動，勢必會影響社會文化的發展。首先，人的流動讓人與人的交流與互動跨越了家庭親族或鄉里的範圍，人際關係的開展突破了區域性的界線，向沒有血緣關係的同志師友領域挺進，與同志師友的社交活動成了陽明學者生活的重心所在。再者，這樣的學術社交活動在求學問道的目的下，形成各種型態的游學活動，在陽明學者身上，與其他時代的游學不同的是，他們發展了一種制度化的講學模式，學者優游於各大講會，形成獨具特色的「游會」現象。〔註1〕

　　本章主要探討的是跨地域的游學活動與人際關係的交互影響，觀察在游學的活動中，人與人的交流互動，凝結成特定的講學組織——講會，並不斷

〔註 1〕陳來稱爲「會游活動」，〈明嘉靖時期王學知識人的會講活動〉，頁 1～53。

進行社會關係的創造，同時又塑造出相應的社會價值——如第二章所述——來維繫這種凝結與創造的發展。換言之，陽明學者的游學四方，在家庭與游學之間，在各種形態的游學活動之下，如何發展出獨特的游學文化、獨特的社交文化，以及在這些學術社交生活中，人與家庭的關係以及同志間的關係，產生什麼樣的變化，甚至會對傳統五倫的位序及內涵產生思想觀念上的改變，這些都是本章欲討論的重點。

第一節　家庭與游學之抉擇

在第二章我們談到陽明學者對於自我的游學四方賦與崇高的價值與目的，也因為有這些價值與目的，使他們的游學更合理化，也更崇高化。他們普遍有「友天下士」的理想，而游學四方，則是這樣理想的實現。不過，在實際的生活中，當他們選擇游學，甚至成為安身立命之所時，勢必會與現實的生活相衝突，首先衝突的是家庭。儒家特別重視家庭倫常，游學在外，則無法善盡家庭責任，於是這樣的責任大多數落在妻子的身上。另外，以追求聖學為目的的游學與科舉仕進的關係似乎不大，而科舉是古代士人的必經之路，甚至是唯一的，游學在外，講論聖學、修養身心，不但剝奪了準備科舉的時間精力，而且講論的內容也與科舉不相關，因此，許多學者的父親、妻子是以此為理由，來反對兒子、丈夫的出游。〔註2〕本節即討論陽明學者在友天下士的理想之下，家庭與游學之間如何抉擇，以下分為友天下士之理想與家庭生活之犧牲二部分來論述。

一、友天下士之理想

友天下之善士的理想是由孟子所提出的：「一鄉之善士，斯友一鄉之善士；一國之善士，斯友一國之善士；天下之善士，斯友天下之善士。以友天下之善士為未足，又尚論古之人，頌其詩，讀其書，不知其人可乎！」〔註3〕「友天下之善士」、「取友四方」亦成為陽明學者的共同理想。耿定向曾對他的弟子劉元卿說：「友一鄉、友一國，推之友天下，極之尚友千古，此不容已

〔註2〕 例如錢德洪師事陽明時，他的父親以科舉為由告誡他：「爾固得所師矣，恐妨試事，奈何？」錢德洪則回答：「男聞教以來，心漸開朗，科第逼子則有之，入試胡應哉！」次年果中式。王畿，〈刑部陝西司員外郎特詔進階朝列大夫致仕緒山錢君行狀〉，《王龍溪全集》卷二十，頁1373～1397。

〔註3〕 《孟子·萬章下》，《孟子注疏》，頁188。

之實踐逕也。」〔註4〕這明顯是沿襲孟子的說法。鄒守益也談到自己從事良知之學三十多年，「立朝居鄉」，不敢廢背，然而仍「不免包讇於世情」、「摹擬於見聞」、「倚靠於思索」，使「慌慌暰暰」的良知眞體，「判然未之能凝」，因此亟圖「取善四方」，以求助益，以不虛此生。〔註5〕另外，至七、八十歲仍「轍環天下」的王畿，在學者問到他出游四方雖是隨方引掖後學，然往來交際，不免費卻許多精神，勸他「靜養寡出」，「以待四方之來學」，這樣對人己皆有益。王畿則以「男子以天地四方爲志」來回答，並生動的描述聚友講學的情況：

> 精神自然專一，意思自然沖和，教學相長，欲究極自己性命，不得
> 不與同志相切劇相觀法。同志中因此有所興起，欲與共了性命，則
> 是衆中自能取益，非吾有法可以授之也。男子以天地四方爲志，非
> 堆堆在家，可了此生，吾非斯人之徒而誰與，原是孔門家法，吾人
> 不論出處潛見，取友求益，原是己分內事。若夫人之信否，與此學
> 之明與不明，則存乎所遇，非人所能強也。至于閉關獨善，養成神
> 龍虛譽，與世界若不相涉，似非同善之初心，予非不能，蓋不忍
> 也。〔註6〕

他認爲出游與朋友論學並非爲教人，主要目的爲究極自己性命，因此男子應以天地四方爲志，而非堆堆在家，他也引孔子「吾非斯人之徒而誰與」作爲應時時與朋友聚會以取友求益的論據。以天地四方取友求益爲志，基本上就是孟子「友天下之善士」的理想。羅洪先有一段話更能描述這種理想：「以爲斯道之不明由師友之不立，師友不立由守己大堅，而取善不廣，欲舍己而取善，非必待人之我告也，有當就而問者矣，故曰友一國之善士，友天下之善士。夫既謂之天下之善士，要必觀諸四方而後可決也。……故嘗以爲苟遇其人，吾雖崎嶇而奔馳所不恤也，苟不得其人，則吾之崎嶇奔馳者，亦將可以爲動忍之助，而懲宴安之習。固所不悔也，蓋視其身之不足，乃學而求益者也。」〔註7〕他除了表露親師取友的熱切心情外，更強調要游學四方，而友天下之善士，他也體認到游學過程所必須付出的崎嶇奔馳之苦，這是得遇良師

〔註4〕耿定向，〈別劉調父〉，《耿天臺先生文集》卷十九，頁1868～1873。
〔註5〕鄒守益，〈簡翠厓黃柱史〉，《東廓鄒先生文集》卷六，頁76。
〔註6〕王畿，〈天柱山房會語〉，《王龍溪全集》卷五，頁370～382。
〔註7〕羅洪先，〈謝整菴先生〉，《念菴羅先生集》（臺南：莊嚴出版社，1997年，《四庫全書存目叢書》），卷二，頁525～526。

益友之助所必須付出的代價，即使不遇良師益友，這樣的旅途之苦，亦有動忍之助，而能懲平日宴安之習，對於自身的道德提昇亦有幫助。他完全肯定這樣奔波游學的價值。張元忭自言因浙江在東南一方，不足以盡天下之士，因此「自束髮以來，嘗孳孳求友于四方」，藉著科舉考試，他認識了來自天下之精英，然而眞正能「莫逆于吾之心者」卻不多。後來他遇到鄒德涵、耿定向及鄧以讚等人，情形則有所改觀：「吾之躁心日以平，慾心日以釋」，這是與友論學的助益，他更說自己能得此數人共學，是上天的厚意：「天必有以厚我，而將使之不終于無成」。〔註 8〕不論是「取善四方」、「以天地四方爲志」或「求友四方」，皆是孟子「友天下之善士」的最好註腳。

陽明學者在談到「友天下之善士」、「求友四方」的理想時，亦會以孔子以下歷代聖賢轍環天下爲榜樣。例如羅洪先在寫給聶豹勸他出游會友的一封信中舉孔子、孟子周遊列國、「濂溪太極圖得之种穆」、「伊川之易取證成都康節」、「橫渠遇二程始撤皋比」、「朱、陸、呂、張之往復議論」，來說明游學四方以親師取友的重要。〔註 9〕蔣信也談到孔子說：「丘也東西南北之人」，足跡遍天下，不論賢與不賢皆師之，如果只「取乎一鄉一邑，謂不必求之四方者」，則「不足與於大道」，因此他要人「學爲孔子，而能從其爲東西南北之人者」。〔註 10〕人要突破自我鄉黨的限制，而求師友於四方，才能與於大道。在這種周遊四方、求友天下的理想下，有人也以孔子「東西南北人」自況，如王艮言：「予也，東西南北之人也。」〔註 11〕羅汝芳亦曰：「余亦思賦遠遊而爲東西南北之人矣。」〔註 12〕

陽明學者以「友天下之善士」、「取友四方」爲理想，並反覆論述與師友相聚論學時如沐春風的愉悅之情，應不只是理論上意識到朋友對修身成德的重要，而是反映了他們長期優游涵泳於師友間教學相長的實際生活經驗，以及在失去這種學習環境之後的惶惑不安。我們可以這樣說長期漫游以友天下之善士是陽明學者獨特的生活型態。例如鄒守益「升衡嶽，歷匡廬，徘徊石

〔註 8〕 張元忭，〈寄鄒聚所〉，《張陽和先生不二齋文選》卷二，頁 350～351。

〔註 9〕 羅洪先，〈答雙江公〉，《念菴羅先生集》卷一，頁 508～510。

〔註 10〕 蔣信，〈別少林章子序〉，《蔣道林先生文粹》卷三，頁 263。

〔註 11〕 王艮，〈安定書院記〉，《王心齋全集》卷四，頁 3a～b。

〔註 12〕 羅汝芳，〈書取益四方卷〉，《羅明德公文集》，據東京高橋情報以日本內閣文庫藏明崇禎五年序刊本影印，漢學研究中心藏，卷五，頁 47b～48a。另外杜蒙（1502～1591）也自稱：「吾東西南北人也！」楊起元，〈明逸儒黃峰杜先生墓誌銘〉，《太史楊復所先生證學編（三）》，頁 361～362。

屋，取善青原、雲津、海陂、龍化之間，賴二三君子著實箴砭於發憤竭才，任重道遠，始覺有進步處。」〔註13〕王畿和錢德洪至七、八十歲仍周游各地與士友論學，即是「友天下之善士」最好的例子。而唐順之（1507～1560）每每感嘆「獨學無友」，「生平交遊，一時雨散」，遂罷去詩文記誦，而專事聖賢之學，致力求友四方。〔註14〕而喜愛游學會友的周汝登，對於朋友之助，尤其對於共同致力於學道的同志之友有更細緻的描述：

> 余一生全得友樂，全得友力。少時習舉，八九為群，肝膽相對，形骸盡忘，寧可終歲不問田園，而必欲常時相聚書舍；寧可半載不近房室，而不可一日不見友朋。中年慕道，則有道友孚合談證，趣味尤為不淺，花時、月時、風雨時，必得道友談道，斯慰愁時、苦時、病時、寂寞時、昏憒時、過悞時、沈溺時，一得道友談道乃開。後遇宗門之友，更自奇特，或以微言相挑，或以峻語相逼，一日問予如何是心，予以訓語相答，喝之曰奴才話。數日又問，予不敢答，止曰尚未明白，又喝之曰為人不識自心，狗亦不直。時大眾中面為發赤，而心實清涼無可奈何，而意實懽喜。歸來終夜不寐，參求不得，心苦徬徨，而次日下床又惟恐其會之不早集，語之不加屬也，余得友之樂如此。早年文業獲就科第，竊叨友之力也；情性舒暢，他好不移，雖以弱稟屢軀，而得少病延年，友之力也；中年知有此事，既知而不退轉，不厭苦，友之力也；大病垂死有藥力不能到，而友之一言直療膏肓，卒以不死，友之力也；晚年於斯事頗能信入，不至終為奴才、為狗，友之力也。余得友之力如此，故余謂師之恩如天地，而友之恩如日月，非日月天地亦不成覆載；師之恩如菽粟，而友之恩如水火，非水火，菽粟亦不能濟人。……嗟乎！惟余知友之樂，感友之力，同余者幾人！〔註15〕

周汝登可以半載不進房室，卻不可一日不見朋友、不與朋友相會講學，他也歷數了朋友對他的幫助，在朋友相處中所得到的愉悅之情，因此他對於會友講學是積極參與的，從他的文集中，我們可以看到許多會友講學的紀錄。楊起元也這樣描述他會友的心情：「蓋不孝之從事此學有年矣，恒自驗之，每當

〔註13〕鄒守益，〈寄題祁門全交館〉，《東廓鄒先生文集》卷八，頁129。
〔註14〕唐順之，〈與田巨山提學〉，《唐荊川先生集》，卷五，頁16b～17b。
〔註15〕周汝登，〈題友人書札〉，《東越證學錄》卷九，頁697～701。

離群索居之際，亦有一種道義可以安頓身心者，自以爲無限穩妥也。至欲自盟終身持守不易，及其一見高賢大良，則向之所執若長風大波爲之洗蕩，無復影響。又嘗驗之每順應一事，應之時自信無所失也，及其靜居之中或夜寐省多不自安，甚至愧汗夾背，不勝追悔。已少焉接良朋舒志意，又覺夫初應之爲是，而後悔之爲非也，然後知道無定在，友可輔仁，過必不能免也，惟友是箴，善必不能據也，惟友是長，古之人未嘗一日而離友，此其學之所以易成也。」〔註16〕離群索居之時，自以爲道義在心，然而在應事時、靜居時、夜寐時，卻不自安，愧汗夾背，無法終身持行，於是需要良師益友的指導，才能學有所成。因此他也汲汲求友於四方，積極推動並參與講會活動。

二、家庭生活之犧牲

陽明學者以求友四方爲理想，明顯可看到他們強調會友時精神意志自是與離群索居或家居時有所不同，所以他們在強調會友之助時，皆會提到離群索居之弊，如周衝（1485～1532）寫給陽明的書信中，有一段描寫他對朋友相聚講習的依賴：「若三五日不得朋友相講，便覺微弱，遇事便會困，亦時會忘。」無朋友相講之時，則看書、靜坐或游衍經行，然而「終不如朋友講聚，精神流動，生意更多。」〔註17〕鄒守益在參加寶城之會後，寫給朋友的信中，談到在會中「陶然自適，脫去世味，直求天真」，所以古人「樂朋聚而患索居」，而回家後則「憂虞惚冗，便覺不同。」雖然強作工夫，而無「凝聚渾成之趣」。〔註18〕歐陽德也談到「平日凡心習氣消磨未盡」，不免「潛滋暗長」，不論是居官或居家皆是「行乎毀譽利害得喪之途」，將會對良知本體「日戕賊而不自覺」，所以強調「非師友夾持，恐不能以離索之力消磨。」〔註19〕王畿也認爲：

> 時常處家與親朋相燕昵，與妻奴佃僕相比狎，以習心對習事，因循隱約，固有密制其命，而不自覺者。繞離家出遊，精神意思，便覺不同，與士夫交承，非此學不究，與朋儕酬答，非此學不談，晨夕聚處，專幹辦此一事，非惟閑思妄念無從而生，雖世情俗態，亦無

〔註16〕楊起元，〈沈介庵書〉，《太史楊復所先生證學編（二）》，頁312～314。
〔註17〕王陽明，〈啓周道通書〉，《王陽明全集》卷二，頁57～61。
〔註18〕鄒守益，〈簡歐汝重〉，《東廓鄒先生文集》卷五，頁57。
〔註19〕歐陽德，〈答戚補之二〉、〈答陳履賢〉，《歐陽南野先生文集》卷三，頁406～407、399。

從而入。〔註20〕

在家所面對的是日常瑣碎之事，面對的是妻奴佃僕，習心對習事，閑思妄念雜然而生，但一離家出游，所面對的是同志朋友，所談論的是道德良知，自然精神專一沖和，世情俗態，無從而入。另外他更說親師取友是「致知實學」、「養生正脈路」，因為與朋友相聚時，「宴安怠惰之氣，自無所容」，精神自然「充實光輝」，如果離群索居，必會「積閑成懶，積懶成衰」，因而墮落。〔註21〕楊東明也認為會友時「精神奮發」，閒居時則「精神懶散」。〔註22〕羅汝芳則對師友相聚時與閒居時的對比有很細膩的譬喻與描寫：「若吾人閒居放肆，一切利欲愁苦，即是心迷，譬之水之遇寒而凝結成冰，固滯蒙昧，勢所必至；有時共師友談論，胸次瀟灑，則是心開朗，譬之冰遇暖氣消融成水，清瑩活動，亦勢所必至也。」〔註23〕閒居時，利欲放肆，心迷愁苦，而會友時則心胸開朗瀟灑，說明師友間如春風般的感染力，可以開釋一個人的襟懷，洗滌一個人的思慮。因此有學生問焦竑：「吾輩在會時，妄念不起，離卻此會，不免復生。」他回答：朋友，即第二個我，以友輔仁，就如同輔車相依，離之則寸步難行，所以「誰教汝離卻」，〔註24〕朋友是離不得的。

　　陽明學者以「友天下之善士」、「取友四方」的理想，反覆論述與師友相聚論學時的愉悅之情，而且是與離群索居，即家居做為對比。龔鵬程認為在晚明小品文中，家所代表的是世俗社會；出游，則開啟了自然世界（山水），及人文的意義世界（師友）。〔註25〕這可由袁中道（1570～1623）的一段話為代表：

> 其勢有不能久居者，家累逼迫，外緣倥傯，俗客洄擾，了無閒時，
> 以此欲離家遠遊。一者，吳越山水，可以滌浣俗腸；二者，良朋勝
> 友，上之以學問相印證，次之以晤言消永日。〔註26〕

這段話與上面引述的陽明學者對閒居與游學的看法有異曲同工之妙。同樣

〔註20〕王畿，〈天柱山房會語〉，頁370～382。

〔註21〕王畿，〈留都會紀〉，《王龍溪全集》卷四，頁302～329。

〔註22〕楊東明，〈論學篇〉，《山居功課》卷六，頁25b～26a。

〔註23〕羅汝芳，《盱壇直詮》上卷，頁126～127。

〔註24〕焦竑，〈古城答問〉，《澹園集》（北京：中華書局，1999年），卷四十八，頁727～738。

〔註25〕龔鵬程，《游的精神文化史論》，頁244。

〔註26〕袁中道，〈東遊記一〉，《珂雪齋前集》（北京：北京出版社，2000年，《四庫禁燬叢刊》），卷十二，頁414～415。

的，我們可以這樣說，對陽明學者而言，家所代表的是世俗世界，而游學則
開啟了一個至高無上的聖學世界。另外，明末清初的學者傅山（1607～1684）
對「好學無常家」的解釋，亦可為離家游學做最好的註解。傅山認為「好學
無常家」，家並非指專家之家，而是指家室之家，也就是好學的人不能「死坐
屋底」，胸懷會因「懷居卑劣」，見聞亦不廣闊，所以讀書人要出游，除了「尋
山問水」，可以「堅筋骨」、「暢心眼」外，也可以得遇師友，親之取之，更勝
於家居。〔註27〕

　　對陽明學者而言，在道德修養的目的下，游學是勝過家居生活的，而經
年的離家游學與在家庭生活中扮演盡責的丈夫、父親與兒子之間是有衝突
的。周汝登在為祝世祿（1540～1611）的〈一室游卷〉題辭時提到游學與順親
的衝突。如果家人，尤其是父親不容兒子遠游，則應當選擇順親，在家做個
孝順兒子。如果家人不僅能容又能鼓勵出游，則出外游學，所以游與不游的
取捨皆在於順親上。他的理由是學問即在於「順親」，不論是「切切游從」，
或是「孜孜師友」，皆為求得順親之旨。〔註28〕順親與否，成為抉擇游學或家
庭的最大關鍵所在。陽明居越時，潮州的黃夢星來游，居數月則告歸省父，
二三月之後又來，如是者屢屢。陽明認為黃夢星「稟氣差弱」，是「不任於勞
者」，而告訴他：「生既聞吾說，可以家居養親而從事矣。奚必往來跋涉若是
乎？」夢星則回答：

> 吾父生長海濱，知慕聖賢之道，而無所從求入。既乃獲見吾鄉之薛、
> 楊諸子者，得夫子之學，與聞其說而樂之。乃以責夢星曰：「吾衰矣，
> 吾不希汝業舉以干祿。汝但能若數子者，一聞夫子之道焉，吾雖啜
> 粥飲水，死填溝壑，無不足也矣。」夢星是以不遠數千里而來從。
> 每歸省，求為三月之留以奉菽水，不許；求為踰月之留，亦不許。
> 居未旬日，即已具資糧，戒童僕，促之啟行。夢星涕泣以請，則責
> 之曰：「唉！兒女子欲以是為孝我乎？不能黃鵠千里，而思為翼下之
> 雛，徒使吾心益自苦。」〔註29〕

黃夢星的游學是父命，其父黃保不希冀兒子舉業仕進，而是追求聖學，因此
督促其子不遠千里求學於陽明。黃夢星的游學，與其說「游夫子之門」是「夢

〔註27〕傅山，〈十六字格言〉，《霜紅龕集》（臺北：文史哲出版社，1986年），卷二十
　　　　五，頁706。
〔註28〕周汝登，〈題一室游卷〉，《東越證學錄》卷九，頁730～732。
〔註29〕王陽明，〈書黃夢星卷〉，《王陽明全集》卷八，頁282～284。

星之本心」，不如說是「吾父之命，不敢違也」。〔註 30〕同樣的薛玉也以「遠覽者無局見，近栖者靡遐觀」來督促其子游學歐陽德之門。〔註 31〕另外，王畿所撰寫的〈丁母慈節傳〉記載丁母訓二子「爾長無望富貴易門閥，得與聞王門學，成一儒者足矣。」〔註 32〕於是遣二子執贄於王門入室高弟，而且遍交四方同志。除了父親扮演兒子是否游學，從事聖學追求的重要推手外，而在父親早逝的家庭中，寡母更扮演了引導兒子致力聖賢志業的角色。

相較於黃夢星的游學，龍履祥的游學則曲折多了。陽明督軍虔南，日與士人論學，龍履祥將往，他的父親不准，怒罵道：「是皆飾虛名誑人者，汝何得爾！」履祥於是「廢食僵臥不起」、甚至「涕泣請不輟」，經過一番的抗爭努力，父親不得已才同意。接下來，履祥游陽明門下數月，原本「侈汰驕逸難近」的個性，變得「馴馴如處子」，看到兒子這樣的轉變，其父大喜，於是在履祥的引見下，亦執贄於陽明。〔註 33〕另外王子應聞鄉邑長者為陽明之言，於是聚糧入越，當時鄉人見他「棄家千里，為人所莫之行者」，相視駭異，於是父母阻止，並將兒子對游學的熱誠與行為比之為「中狂疾」，於是王子應只好捨遠求近，求學於同鄉的劉文敏和鄒守益門下。〔註 34〕無論是父母對聖學的肯定而遣子游學，或是經過一番奮鬥才得以遂行游學之志，或是因家庭因素而對游學的歷程稍做調整，從這些地方士人的身上，我們可以看到游學與家庭的衝突，而其間的抉擇是因人而異的。對大部分的陽明學者包括以順親為重的周汝登而言，在家庭與出外游學之間，他們選擇的是出外游學，選擇暫時離開家庭，優游於師友之間。

陽明學者經年的離家游學，勢必對於家庭有所忽略，而家庭倫常的維持則有賴家人尤其是妻子的相助。學者的研究指出妻子在許多方面成為丈夫的倚賴，尤其在家庭經濟的生產和管理上，而對子女們的教養和督導，女人也經常比男人擔負更重的責任，這個現象相當普遍存在受儒學影響的家庭中。〔註 35〕對於游學在外的陽明學者而言更是如此。以天地為家，至七、八

〔註 30〕同註 29。
〔註 31〕歐陽德，〈封君薛公墓誌銘〉，《歐陽南野先生文集》卷二十四，頁 736～737。
〔註 32〕王畿，〈丁母慈節傳〉，《王龍溪全集》卷二十，頁 1527～1531。
〔註 33〕羅洪先，〈明故直隸滁州判官北山龍翁墓志銘〉，《念菴羅先生集》卷八，頁 672～673。
〔註 34〕劉元卿，〈王箕峰公墓銘〉，《劉聘君全集》卷八，頁 202～203。
〔註 35〕Susan Mann, *Precious Records* (Stanford: Stanford University Press, 1997), pp. 143~177。以及呂妙芬，〈婦女與明代理學的性命追求〉，羅久蓉編，《無聲之

十歲仍周流在外的王畿，其家庭是由妻子掌管治生之事，使他無後顧之憂，而能游學四方。他說：

> 予性疎慵，不善理家，安人纖於治生，拮据綢繆，終歲勤動，料理
> 盈縮，身任其勞，而貽予以逸。節費佐急，豐約有等，家政漸裕，
> 不致蠹敗渙散，安人成之也。……予自聞陽明夫子良知之教，無日
> 不講學，無日不與四方同志相往來聚處。安人既貽予以逸，得以專
> 志於學，贈遺聯屬，觀省慰勞，不致獨學寡聞，以負師訓，識者謂
> 有雞鳴雜佩之風。……予性資夷曠，平居少憂滯，出則朋交樂聚，
> 俛仰訢合，有舞雩童冠之興，入則妻孥洽比，熙熙愉愉，有琴瑟靜
> 好之懽，一切外境忻戚，若無足以當情者，然非安人爲之周旋縱臾
> 其間，或未免內顧之慮，與水火暌革之嫌，求其廓然坦蕩，相忘相
> 信，終始相成，其可得乎！〔註36〕

王畿承認自己不善理家，而妻子則纖於治生，使得家計日漸豐裕，而他無日不講學，無日不會友，則是妻子擔待家庭責任，才能使他免於後顧之憂，而能游學在外，追求聖學志業。又如從學於羅洪先的王訒，胡直描寫王訒的生活：「有訒從先師學，取友四方，遠越數千里，近或百里，多至踰年，少或踰月浹旬，蓋不知其幾。而孺人爲緝衣崎糧，脫簪卸珥，亦不知其幾，咸未嘗有怨色懟言。故有訒得內譬孝友，外獲友天下士。」〔註37〕學者得以專心一志的游學在外，親師取友，參與講學，妻子都是他們在物質及精神上甚至是家庭責任上的最大支持者與代替者。

　　不過，從另一個角度來看，做丈夫的不必過問家事，能飄然若出世間，這樣的「自由」，〔註38〕似乎只是男人的專利，妻子處在這樣的情況下，也只

聲Ⅲ：近代中國的婦女與文化，1600～1950》（臺北：中央研究院近代史研究所，2003年），頁133～172。
〔註36〕王畿，〈亡室純懿張氏安人哀辭〉，《王龍溪全集》卷二十，頁1531～1541。
〔註37〕胡直，〈王氏冠山墓記〉，《衡廬精舍藏稿》卷十二，頁378～379。另外從學於顏鈞的蔣士致，羅汝芳記載：「士致初事舉子業，聞山農顏師講陽明先生良知之學，遂棄去遊四方，門戶事惟孺人一身任之，士致或數月或踰歲乃始一歸相見，熙熙晏如也。丁未，余道永新，庭謁士致，同行者數十輩，孺人出爲禮畢，隨具客茗，俄傾俱遍。余訝曰：誰謂士致貧耶，及窺其果核，竟人人殊，其約己而善蓄事，固多類此也。」羅汝芳，〈永新蔣母李孺人墓誌銘〉，《羅明德公文集》卷四，頁75b。
〔註38〕趙園認爲：「『游』一向被士人在不同意義上作爲『自由』的象徵，作爲對『自由』的嚮往的表達。」〈游走與播遷——關於明清之際一種文化現象的分析〉，

有默默守候家庭，無言地奉獻與犧牲。而學者對於自己在家庭倫常上的缺失以及妻子的犧牲奉獻，難道毫無感覺？羅洪先的妻子曾氏臨終時，他在楚山與王畿習靜，返家時，其妻已卒一旬。〔註39〕羅洪先在〈奠亡室曾孺人〉中表達了對妻子極深的歉意：

> 嗚呼！嗚呼！自子于歸以來，三十有五年，吾以學且仕，憂且病，與子居室者不過數年耳。雖遠在數千里外，未嘗以饋祀賓祭之事，一日戚吾之心者，以子能知吾之心，敬承不違，雖勤瘁澹泊，能久安之，誠足恃也。自吾歸田以來，十有五年。吾以講學聚友外出者，歲不知其幾矣，雖遠在數百里外，未嘗以取與酬應之事，一日戚吾之心者，以子能知吾之心，敬承不違。……今為千古之別，乃病不知其時，藥不辨其宜，沒不聞其語，殮不執其手，子其有遺恨於吾否耶？可悲也。……即子委命能不吾憾，吾出而反顧，莫為之主，入而獨處，莫為之語，吾縱有四方之志，其終能恝然耶？可悲也。〔註40〕

在此我們看到的是羅洪先對自己終日游學在外，無法善盡家庭責任，對妻子抱持著深切的哀痛與虧欠。從另一個角度來看，女人成為丈夫追求聖學，游學事業下的犧牲者，不過在理學家的書寫中，妻子的犧牲奉獻，可以被轉化為有見識、能匹配丈夫偉志的美德，一種隱約和男人聖學連上關係的成就。〔註41〕

　　陽明學者追求的是與志同道合的朋友相聚，可以暫時拋開家庭俗務的煩擾而專心論學，這種朋友相交的精神境界是超然高妙的，談論的內容是精微深奧的，相聚的時光是與俗務隔絕的，因此能完全專注，而不受外界干擾。雖然，家庭與游學之間是衝突的，但對於熱衷講學的人來說，他們或許可以找到兩者之間的平衡，也或許可以從儒家聖學的絕對崇高性上找到支持自己的論據，而凌駕於家庭倫理之上。他們無法像佛家一般完全離開俗務，捨離世間，出家求道，但是他們的確渴望暫時拋開世間的雜念與牽累，在一群志同道合的朋友中，尋求純粹高超的精神境界，尋求精神生命的寄託與歸依。

《東南學術》2003 年二期（2003），頁 4～18。
〔註39〕胡直，〈念菴先生行狀〉，《衡廬精舍藏稿》卷二十三，頁 525～539。
〔註40〕羅洪先〈奠亡室曾孺人〉，《念菴文集》卷十七，頁 398～399。
〔註41〕呂妙芬，〈婦女與明代理學的性命追求〉，頁 150。

第二節　跨地域之游學活動

　　在家庭與游學之間，陽明學者選擇走出家庭，走出鄉里，進入另一個領域，進行頻繁的游學活動，形成各種模式的游學活動。大概可以分為四種：仕宦游學、科舉游學、訪友論學以及負笈求學。這四者一般而言皆是屬於跨地域的流動，科舉游學不用說，科舉制度從各省的鄉試到京城的會試本身，就是一次次跨地域的旅行。而仕宦游學，由於官吏的任用普遍都有「地區迴避」的制度，而「迴避之例，至明始嚴」，〔註42〕所謂的「地區迴避」即是籍貫回避。〔註43〕因此做官勢必要離開本鄉，進行跨地域的流動，不過這種因仕宦的流動是非自願性的，是被動的，不過作為流動的主體，有權利選擇如何渡過仕宦生涯，陽明學者在仕宦中仍主動參與講學，興辦文教設施，這樣的選擇與作為則是主動性的。訪友論學與負笈求學，當然有可能只是在本地的流動，然而較具意義的是跨地域的流動，因為跨地域所代表的意義可能是不同型態的思想文化的交流，因此這兩種型態的游學，我們著眼的也是跨地域流動的部分。

　　這四種游學模式，是古代知識分子游學的共同之處，而陽明學者的游學與前代不同的是，在四者之中有一個共通的活動模式──講會。講會是一種制度化的游學活動，是明代特有的講學組織。〔註44〕因此以下即先討論游學活動的一般模式，再討論制度化的講會，以見陽明學者如何進行跨地域的游學活動。

一、游學之模式

　　陽明學者的游學活動，約有四種模式，仕宦與科舉游學，顧名思義，即是做官及參加科舉的過程中進行學術的討論與交流，訪友論學是學者私下的互訪，討論學問，這是相當頻繁而且形式較自由的游學型態，而負笈求學，則是知識分子不遠千里，跋山涉水，從師問道。以下分別論述：

（一）仕宦游學

　　陽明學者在仕宦的過程中，不論處在何等官職，仍不忘興學，以化民成

〔註42〕趙翼，〈仕宦避本籍〉，《陔餘叢考》（臺北：世界書局，1970年），卷二十七，頁8a～13b。

〔註43〕關文發、顏廣文，《明代政治制度研究》（北京：中國社會科學出版社，1996年），頁213。

〔註44〕錢穆，《國史大綱》（臺北：臺灣商務印書館，1995年），頁805～806。

俗為己任，亦不忘求友，追求道德性命的超脫。而他們在為學者撰寫傳記或墓誌銘時，也對能在仕宦中興學以及與友相聚論學的行為表示贊賞，例如王畿為戚賢（1492～1553）寫墓誌銘，即稱贊他「以興學為務」，聚集邑中才俊文學數十輩於安定書院講學。〔註45〕而陽明寫給黃綰的信也強調仕宦中求友的重要：

> 人在仕途，比之退處山林時，其工夫之難十倍，非得良友時時警發砥礪，則其平日之所志向，鮮有不潛移默奪，弛然日就於頹廢者。
> 〔註46〕

而張元忭也說在宦游中，即使不能「遂行其志」，也能「與四方賢者相切劘」。〔註47〕而耿定向更直接說他跋涉宦途，無非在「求友」。〔註48〕因此興學、求友成為陽明學者在宦游中的主要工作與目的。

聶豹宦游福建，在當地建養正書院，射圃亭於會城，群八閩秀士教之，又刻《傳習錄》、《道一編》、《二業合一論》及古本《大學》。〔註49〕而他在華亭任知縣時，與諸生講學，當時徐階還是生員，更影響了他的學術傾向，以及日後對講學熱誠。〔註50〕魏良弼在甲申夏拜松陽令，「修文廟，餙門廡，葺齋舍，創書樓，濬泮池，闢湫隘，鑄祭器，置制書」，又增修社學，令童子講習冠婚鄉射之禮。又與諸生講論得失，「諄諄誨迪，本之於身心而貴力行，先之以德行而後文藝，其要歸卒本于良知，而善能提挈宗旨，切中事情，令人人自得反復於性命之致，雖隸卒多感發興起，或至泣下」。〔註51〕而督察學政的學者更是以興學為務，如王宗沐視學廣西及江右，並與諸生論格致之旨。〔註52〕宋儀望視學福

〔註45〕王畿，〈刑科都給事中南玄戚君墓誌銘〉，《王龍溪全集》卷二十，頁1439～1459。

〔註46〕王陽明，〈與黃宗賢〉，《王陽明全集》卷六，頁219～220。

〔註47〕張元忭，〈答孟我疆〉，《張陽和先生不二齋文選》卷三，頁390。

〔註48〕耿定向，〈書牘一〉序，《耿天臺先生文集》卷三，頁245～246。

〔註49〕聶豹，〈重修養正書院記〉，《雙江聶先生文集》卷五，頁326～327。宋儀望，〈明榮祿大夫太子太保兵部尚書贈少保諡貞襄雙江聶公行狀〉，《華陽館文集》卷十一，頁400～408。《道一編》是明代程敏政（1445～1499）所著，內容為考辨朱陸異同。《二業合一論》湛若水所著，內容論舉業與德業不相妨。聶豹，〈重刻道一編序〉、〈重刻二業合一論序〉，《雙江聶先生文集》卷三，頁277～278。

〔註50〕徐階，〈明故太子太保兵部尚書贈少保諡貞襄聶公墓誌銘〉，《世經堂集》卷十八，頁758～760。

〔註51〕熊祐，〈魏水洲先生行略〉，收於《太常少卿魏水洲先生文集》卷六，頁93～98。

〔註52〕鄧以讚，〈通議大夫刑部左侍郎致仕敬所王先生行狀〉，《鄧定宇先生文集》（臺

建講良知之學，﹝註53﹞爲陽明學在福建開展做出貢獻。

　　陽明學者在宦游中興學主要表現在興建書院、創辦社學、組織鄉約、建立講會上，講會部分留待下節深入討論。在興建書院上，例如江西安福地區的講會惜陰會，苦無固定的會所，一直要到程文德知安福時，才在地方官員與士民的努力下，興建了復古書院，成爲安福地區講學的中心。﹝註54﹞而鄒守益謫判廣德時，建復初書院，迎王艮主講。﹝註55﹞而他在當地也吸引了一批學生，在日後跟隨著他到南京、江西參與講學。﹝註56﹞以地方官員的身分來提倡陽明學是相當有效果的，我們發現到每次地方官員舉辦講會，參與人數多達百人，甚至千人，除了主講者的個人號召魅力外，應當與地方官號召當地諸生參加有關。﹝註57﹞而他們所興辦的書院也成爲當地講論陽明學的中心。地方官員在書院建構中也扮演著重要的角色，尤其是由陽明學講會促成的書院建構，必然要在一些陽明門人或心儀陽明學的地方官主事下才比較容易順利完成。﹝註58﹞

　　鄉約與社學都是屬於社會教育的一環，其對象不限於士紳，而及於一般民眾。從陽明開始，陽明學者任地方官時就努力創辦社學，組織鄉約，如陽明於正德十五年（1520）在南贛舉行鄉約，﹝註59﹞成爲後來地方官員設立鄉約的典範。﹝註60﹞羅汝芳在寧國府等地任地方官時，亦積極組織鄉約教

　　　　南：莊嚴出版社，1997年，《四庫全書存目叢書》），卷四，頁394～400。

﹝註53﹞ 胡直，〈大理卿宋華陽先生行狀〉，《衡廬精舍藏稿》卷六，頁724～730。

﹝註54﹞ 程文德，〈復古書院記〉，《程文恭遺稿》卷十，頁199～201。鄒守益，〈復古書院記〉，《東廓鄒先生文集》卷四，頁31～32。

﹝註55﹞ 鄒守益，〈廣德州新修復初書院記〉，《東廓鄒先生文集》卷四，頁2。王艮〈年譜〉，《王心齋全集》卷一，頁7a～7b。

﹝註56﹞ 詳下文。

﹝註57﹞ 例如鄒守益謫判廣德州時，曾建復初書院，創立講會，後隨著他的離開而興廢不常。萬曆五年（1577）王畿過桐川，在州守吳同春的邀約下，有百餘人會於復初書院，「既畢會，使君懼其久復廢，因圖爲月會之期。」王畿，〈桐川會約〉，《王龍溪全集》卷二，頁215～218。

﹝註58﹞ 呂妙芬，《陽明學士人社群——歷史、思想與實踐》第二章，頁73～110。

﹝註59﹞ 〈年譜一〉，《王陽明全集》卷三十三，頁1255～1256。王陽明，〈南贛鄉約〉，《王陽明全集》卷十七，頁599～604。

﹝註60﹞ 余英時提到明儒對民間社會的重視更體現在鄉約制度上，宋代關中呂氏的鄉約經過朱熹的修訂之後，在明代得到進一步的發展。而且陽明學者運用鄉約制度爲社會講學的媒介，影響深遠。張居正禁毀書院一部分即由此而起。〈現代儒學的回顧與展望——從明清思想基調的轉換看儒學的現代發展〉，《現代儒學論》，頁13。關於陽明南贛鄉約的研究可參考曹國慶，〈王守仁的心學思

育大眾。〔註 61〕在創辦社學方面，陽明於正德十三年（1518）在南贛設立社學，頒示〈訓蒙大意示教讀劉伯頌等〉成為社學教育的典範。〔註 62〕另外在嘉靖七年（1528）征思田後，設立五社學，而後成為書院。〔註 63〕而魏良弼在松陽、王宗沐視學廣西，亦以陽明在南贛的社學為典範，來推行社學教育。〔註 64〕

（二）科舉游學

在第二章我們曾舉張元忭及丘竹巖的例子，說明科舉赴考及至登第，得以與天下賢才交游。不論是各省的鄉試或京師的會試，都是天下精英聚集的時刻，能在此時大興講會，對於思想的傳播，勢必有加乘的效果。王畿在癸未年（嘉靖二年，1523）下第，丙戌年（嘉靖五年，1526）的會試本不欲參加，而陽明告訴他：「吾非以一第為子榮也，顧吾之學，疑信者半，子之京師，可以發明耳。」〔註 65〕陽明要王畿利用會試，天下精英聚集的時刻，宣傳陽明思想。王畿於是與錢德洪相偕赴京考試而中第。他們在京師聚友會講，「每會輿馬塞，至不能行」，於是分為四會，而且江右同志居多。〔註 66〕王畿在講會中亦被同志視為是折衷師說的角色：「每期會余未嘗不與，眾謬信謂余得師門晚年宗說，凡有疑義，必歸重於余，若為折衷者」。〔註 67〕過去的講會多以「翰林科道部屬官資為序」，也就是以官位為序，王畿則認為「會以明學，官資非所行於同志，盍齒敘為宜」，〔註 68〕於是以年齡為序成為陽明講會通例。顏鈞也利用鄉試人才雲集的時候，

想與他的鄉約模式〉，《社會科學戰線》六期（1994），頁 76～84。陽明的南贛鄉約成為後來鄉約的典範，相關研究可參考朱鴻林，〈明代中期地方社區治安重建理想之展現——山西河南地區所行鄉約之例〉，《中國學報》三十一期（1991），頁 87～100。
〔註 61〕 羅汝芳，〈寧國府鄉約訓語〉，《耿中丞楊太史批點近溪羅子全集》，頁 312～318。《盱壇直詮》下卷，頁 157～161。
〔註 62〕 〈年譜一〉，《王陽明全集》卷三十三，頁 1252～1255。
〔註 63〕 〈年譜三〉、〈年譜附錄一〉，《王陽明全集》卷三十四、三十五，頁 1315～1317、1342～1345。
〔註 64〕 魏良弼，〈松陽縣社學條規〉，《太常少卿魏水洲先生文集》卷二十，頁 56～58。王宗沐，〈修舉社學檄〉，《敬所王先生文集》卷二十七，頁 589～593。
〔註 65〕 徐階，〈王龍溪先生傳〉，《王龍溪全集》，頁 19～28。
〔註 66〕 王畿，〈中憲大夫都察院右僉都御史在菴王公墓表〉，《王龍溪全集》卷二十，頁 1505～1513。
〔註 67〕 同註 66。
〔註 68〕 同註 66。

在省城貼〈急救心火榜文〉，號召考生聚於同仁祠中，據說當時有一千五百人參與，可見是一次規模盛大的講會。〔註69〕羅汝芳也在聽講之列，並大受感動，於是拜顏鈞爲師。〔註70〕

（三）訪友論學

訪友論學是學者之間的互訪，討論學問，其形式是相當自由的。陽明學者之間的互訪論學，使不同的思想觀念得以交流論辯，激發出許多思想的火花。例如在壬戌年（1562）王畿因羅洪先「不出戶者三年予茲矣」，擔心他「偏于枯靜」，因此到松原訪羅洪先。〔註71〕兩人「縱論二氏之學及參同契」，而有羅洪先的「世間那有現成良知」一命題的提出。他說：

> 世間那有現成良知，良知非萬死工夫斷不能生也，不是現成可得。
> 今人誤將良知作現成看，不知下致良知工夫，奔放馳逐，無有止息，
> 茫蕩一生有何成就。……若無收斂靜定之功，卻說自有良知善應，
> 即恐孔孟復生，亦不敢承當也。〔註72〕

王畿主張「現成良知」，早年羅洪先亦深信不疑，但中年以後，開始懷疑。在幾次的出游中，並與王畿交相論辯「現成良知」的正當性，而在這次的會晤中，而有此一著名命題的提出。

另一個例子則是王時槐與羅汝芳，在第二章，我們說過，王時槐對於王門後學「縱恣狂肆」、「不循矩法」多有批評，尤其對於羅汝芳的後學批評更是嚴厲，但他對於羅汝芳則是推崇備至。他在爲羅汝芳所寫的〈傳〉中說：「予竊謂後學眞知先生者蓋寡。彼徒見先生之標末，而未窺先生之底裏，故或妄意以爲慕先生之學，而未免失其矩步，以蹈于縱蕩之歸也。……昧者以有慾之心，藉口於先生之脫略谿徑，遂蕩然潰防敗節，以僭附於狂簡者，不亦遠哉！」〔註73〕兩人多次互訪論學，乙丑年（嘉靖四十年，1565）兩人在京師相見，於羅汝芳的府邸論學。羅問王：「近日何如？」王回答：「吾惟直透本心耳！」羅詰問本心，王則請示，羅回答：「難言也！譬如蒸飯必去蓋，乃知甑中有飯，去甑乃知釜中有水，去釜乃知竈中有火，信未易言哉！」王接著

〔註69〕顏鈞，〈急救心火榜文〉，《顏鈞集》卷一，頁1～3。
〔註70〕王時槐，〈近溪羅先生傳〉，《塘南王先生友慶堂合稿》卷三，頁243～245。
〔註71〕王畿，〈松原晤語〉，《王龍溪全集》卷二，頁190～194。
〔註72〕羅洪先，〈松原志晤〉，《念菴文集》卷八，頁181～182。
〔註73〕王時槐，〈近溪羅先生傳〉，頁243～245。

問：「豈無方便指似處？」羅回答：「莫如樂，第從樂而入可也！」〔註74〕而在萬曆六年（1578）王時槐自安福訪羅汝芳，〈傳〉中並未記載兩人對於思想問題有所辯難，而是王時槐自述在逾旬的相處中，見羅汝芳與弟子家人的日常相處，感慨道：「予見先生博大渾涵，普愛同人，略無揀擇，境隨靜鬧，不生取捨。乃自愧予之淺衷局量，躭僻厭煩，誓當頓捨宿障，庶可通於大方也。」〔註75〕羅汝芳則在萬曆十二年（1584）到吉安訪王時槐，王問玄門之學，羅則「亟口贊中庸二字曰平常是道，何事旁求！」〔註76〕從這些記載中，我們看不到兩人對於思想問題的爭鋒相對，而是羅汝芳站在長者的角度，對於王時槐有所指導，有所提點。我們看到的是兩人深厚的情誼，以及對於聖學互相扶持，互相鼓勵的同志之情。

（四）負笈求學

負笈求學是古代知識分子必經的歷程，陽明學者亦不例外。在陽明主政江右及居越時，吸引了一大批學者來學，許多重要的第一代弟子皆在此時入門。鄒守益，正德十四年（1519）在虔臺與陽明論格致之學，兩人反覆辨論，守益悟「道在是矣」，於是執弟子禮，之後辰濠反，陽明起兵吉安，守益亦星馳軍門，陽明喜曰：「君臣師生之誼在此一舉」。後來陽明歸越，守益又謁陽明於越中，參訂月餘而別，而使陽明悵望不已。〔註77〕而有「江有何黃」之稱的何廷仁（1486～1551）、黃弘綱（1492～1561）亦在此時親炙陽明。何廷仁即《傳習錄》中的何秦，陽明在贛州聚四方君子論學，廷仁曰：「吾恨不及白沙之門，先生今之白沙也，又可失耶」，於是裹糧從學陽明於南康，陽明授萬物一體之學與致良知之說，終夜思之，達旦不寐，而有省悟。而他也跟隨陽明「在贛趨贛，在南浦趨南浦，在越趨越」，而不以舉業為念。〔註78〕黃弘綱亦從陽明學於虔臺，列高弟之列，而後陽明歸越，亦趨越，四、五年而歸。〔註79〕何、黃兩人密切的與其他地區學者聯絡，而且遠赴浙江跟隨陽明講學，

〔註74〕 同註73。

〔註75〕 同註73。

〔註76〕 同註73。

〔註77〕 宋儀望，〈明故中順大夫南京國子監祭酒前太常少卿兼翰林院侍讀學士追贈禮部侍郎諡文莊鄒東廓先生行狀〉，《華陽館文集》卷十一，頁408～414。

〔註78〕 羅洪先，〈明故承德郎南京工部屯田清吏司主事善山何君墓志銘〉，《念菴羅先生集》卷八，頁652～653。

〔註79〕 黃宗羲，〈江右王門學案四〉，《明儒學案》卷十九，頁449～450。

何廷仁也參與建造浙江陽明書院的工作。〔註 80〕王陽明去世，黃弘綱親自護送靈柩回浙江，並與其他門徒守喪，經理其家。〔註 81〕至於第二代弟子，鄭景明初見鄒守益於廣德，後來鄒守益官南京，他又至南京，守益歸里後，他又跟隨至江西受學。〔註 82〕王孔橋先在江西拜鄒守益爲師，後又隨著鄒守益的游宦，至廣德、南京。〔註 83〕貢安國在南京從學於王畿，而後亦隨著王畿赴青原、白鹿、沖玄、復古之會。〔註 84〕無論第一代或第二代弟子，他們的負笈求學有一特色，也就是不固定在一個地方接受老師的教誨，而是跟隨老師四處流動，老師輩的學者游會，學生輩的陽明學者亦游會，而形成頗具特色的游學樣態。

學者在談到負笈求學時，皆會特別強調游學的艱辛與困難，也強調游學者跋山涉水，不遠千里，而有「千里裹糧」之稱。如陳子爲「不遠數千里」受學於羅洪先，〔註 85〕周怡「裹糧千里」受學於王畿。〔註 86〕而程生不但離家千餘里，而且「歲暮積雪，載道徒步艱苦」而問學於周汝登。〔註 87〕王文軫也「冒雨雪，渡番湖千餘里」拜訪鄒元標。〔註 88〕王艮從泰州到南昌問學於陽明，也遭遇風阻及盜賊的危險。〔註 89〕胡孺道自蕪湖到南京從學鄒守益，也遇到北風方怒，長江風浪大，舟行困難的境地。〔註 90〕這些描寫無非說明求師問道的艱辛，無論其描寫是否有跨張之處，是否真有跋涉千里之遙，其目的無非是以千里之遙、艱辛的路程來襯托學者立志向學的堅定，是這些外在艱困的環境所無法動搖的，正如王艮送給胡尚賓的詩：「之子家衡陽，遠來路六千。專心求我學，一住即三年。立志苟不勇，爲能耐歲寒，無犯而無隱，孜孜學問焉。」〔註 91〕這也是樹立榜樣，成爲其他學者的模範。

〔註 80〕《年譜三》，《王陽明全集》卷三十五，頁 1297。

〔註 81〕黃宗羲，〈江右王門學案四〉，頁 449～450。

〔註 82〕鄒守益，〈贈鄭景明歸徽〉，《東廓鄒先生文集》卷一，頁 599。

〔註 83〕鄒守益，〈贈王孔橋〉，《東廓鄒先生文集》卷一，頁 582～583。

〔註 84〕王畿，〈祭貢玄略文〉，《王龍溪全集》卷十九，頁 1363～1366。

〔註 85〕羅洪先，〈別陳子爲〉，《念菴文集》卷六，頁 148～149。

〔註 86〕王畿，〈別言贈周順之〉，《王龍溪全集》卷十六，頁 1127～1131。

〔註 87〕周汝登，〈題程生小像〉，《東越證學錄》卷十三，頁 973～975。

〔註 88〕鄒元標，〈仁文會紀〉，《鄒南皋語義合編》（臺南：莊嚴出版社，1995 年，《四庫全書存目叢書》），頁 170。

〔註 89〕〈年譜〉，《王心齋全集》卷一，頁 5b～6a。

〔註 90〕鄒守益，〈贈胡孺道〉，《東廓鄒先生文集》卷一，頁 595。

〔註 91〕王艮，〈送胡尚賓歸省〉，《王心齋全集》卷四，頁 15b。

陽明學者的負笈求學除了會隨著老師的游宦而流動外，還有一個現象，尤其是第二、三代的弟子，他們大多從學於多位老師。這與講會的制度及游會現象有關，講會的主講者通常不只一人，再加上游會，在這樣的情況下，學者就可能同時或先後受業於多位老師。例如戚衮，鄒守益判廣德時，受業東廓之門，而後選貢入南京國子監，歐陽德以「良知之學開講南雍」，又師事之。〔註92〕鄧元錫（1528～1593）也說自己「蒙東廓先生指擘，師泉先生鍛煉，已受三五先生深知於大方」。〔註93〕朱松嵒也師事鄒守益與劉師泉。〔註94〕蕭良幹也因錢德洪、王畿「狎主道盟」，而師事兩先生。〔註95〕焦玄鑑、黃金色至浙江天眞書院，亦從「緒山、龍溪二公遊」。〔註96〕而陳一泉則先師事顏鈞，而後游學吉安，折服於劉邦采（1528 年舉人）的思想而執贄爲弟子，還引起了顏鈞的不悅與謾罵。〔註97〕這些例子都說明學者不專主一師，因此他們的思想多元，較難以劃分歸屬。

二、制度化之游學活動

陽明學者在上述的四種游學活動中，發展出一種制度化的游學活動，第三章所論述的固定活動：論學、祭祀、歌詩、靜坐、省過等亦是游學活動制度化的表現，而在本節則要探討制度化的講學組織——講會。一般明代書院的研究皆會提到明代的書院發展了講會制度，使書院成了學術團體集會的場所。〔註98〕因此有人將明代書院分爲「講會式書院」、「宣講式書院」及「聚徒式書院」。〔註99〕講會雖然與書院關係密切，不過，講會常在書院外舉行，而且聽講者不以書院生徒爲限，〔註100〕因此我們應當將講會從書院中獨立出來。

〔註92〕 王畿，〈文林郎項城縣知縣補之戚君墓誌銘〉，《王龍溪全集》卷二十，頁 1467～1474。

〔註93〕 鄧元錫，〈答劉瀘瀟調父書〉，《潛學編》（臺南：莊嚴出版社，1997 年，《四庫全書存目叢書》），卷十二，頁 692～693。

〔註94〕 劉元卿，〈朱松嵒先生傳〉，《劉聘君全集》卷七，頁 168～169。

〔註95〕 焦竑，〈通奉大夫陝西布政使司左布政使拙齋蕭公墓志銘〉，《澹園集》卷三十一，頁 481～485。

〔註96〕 焦竑，〈兵部職方清吏司主事洪潭焦公墓誌銘〉、〈參議黃公傳〉，《澹園集》卷三十一、續集卷十，頁 475～477、926～930。

〔註97〕 鄧元錫，〈陳一泉先生墓誌銘〉，《潛學編》卷八，頁 546～549。

〔註98〕 楊布生、彭定國，《中國書院文化》，頁 56。

〔註99〕 李材棟，《江西古代書院研究》（南昌：江西教育出版社，1993 年），頁 323。

〔註100〕 樊克政，《中國書院史》，頁 194。

　　講會是否是陽明學興起後才有的學術組織，其起源於何時？有學者認為南宋時朱熹主講白鹿洞書院，即設有講會。〔註101〕而著名的朱陸鵝湖之會，只是臨時的一次會講，並不是固定的講會組織。〔註102〕朱漢民則認為會講論辯的教學法早在戰國的稷下學宮就開始了，沿襲至漢代經師的會講、魏晉清談以及宋明書院的會講制度，而明代的講會組織則是會講的制度化。〔註103〕總之，獨立於書院，制度嚴整的講會是明代中後期的產物，應是可以確定的。因此筆者採取朱漢民的看法將會講與講會區分，會講是指不同學術觀點的學者「聚會講學，以辨析異同，爭辯是非」，而講會則是「會講發展成一種學術組織，即由學者們定期聚會講學的組織」。〔註104〕

　　陽明學的第一個講會是嘉靖四年（1525）九月的中天閣講會。陽明在平宸濠之亂後於正德十六年（1521）歸餘姚省墓，吸引了錢德洪等七十多人前往執贄。〔註105〕而後嘉靖四年（1525）陽明又歸餘姚省墓，餘姚是陽明的故籍，其家已遷至紹興，此次回鄉省墓，只是短暫停留，為了讓學生有持續講學的機會，於是定會於龍泉寺的中天閣，每月以朔、望、初八、二十三為會期。〔註106〕陽明寫了〈書中天閣勉諸生〉，詳述立會的目的以及聚會的原則，可以說是陽明學講會最早的會約。他認為：

> 承諸君之不鄙，每予來歸，咸集於此，以問學為事，甚盛意也。然不能旬日之留，而旬日之間，又不過三四會。一別之後，輒復離群索居，不相見者動經年歲。然則豈惟十日之寒而已乎？若是而求萌蘗之暢茂條達，不可得矣。故予切望諸君勿以予之去留為聚散。或五六日、八九日，雖有俗事相妨，亦須破冗一會於此。務在誘掖獎勵，砥礪切磋，使道德仁義之習日親日近，則世利紛華之染亦日遠日疏，所謂「相觀而善，百工居肆以成其事」者也。〔註107〕

〔註101〕李才棟，《江西古代書院研究》，頁 319～320。張建仁，《明代教育管理制度研究》（臺北：文津出版社，1993 年），頁 170～171。

〔註102〕李材棟，〈關於鵝湖之會與鵝湖書院〉，《南昌航空工業學院學報（社會科學版）》二卷二期（2000 年 12 月），頁 54～57。

〔註103〕朱漢民，〈古代學校的會講論辯〉，《教育評論》1997 年二期（1997），頁 54～55。

〔註104〕朱漢民，《中國的書院》（臺北：臺灣商務印書館，1993 年），頁 127。

〔註105〕〈年譜二〉，《王陽明全集》卷三十四，頁 1282。

〔註106〕〈年譜三〉，《王陽明全集》卷三十五，頁 1293～1294。

〔註107〕王陽明，〈書中天閣勉諸生〉，《王陽明全集》卷八，頁 278～279。

也就是不讓學生因爲自己之去留而聚散不定，因此組成講會，使學生每月固定參與會講，與朋友互相砥礪切磋，道德學問能夠日親日近。而這種因爲不願離群索居、獨學無友，而在自己的鄉里中創造與友相聚論學的作法，成爲後來所有陽明學講會組成的目的和模式。這個講會是由地方士人組成的，是屬於地方性的講會。

以上討論了講會的意義、淵源以及陽明學的第一個講會，而我們反覆強調陽明學者的游學與前代學者不同的，即在於講會的制度化上，而這展現在：定期化、組織化、跨地域化以及網絡化，這也是陽明學者講學的重要特色。以下分別論述：

（一）定期化

所謂定期化，即是講會舉行的時間和頻率是固定的。不過，各個講會則依各自的需要，而訂定時間的長短及聚會的頻率，沒有統一的標準。或月有會，或兩月一會，或季會，或年會，例如桐川講會、蓬萊會、吳中的講會等是每月一會；[註108] 鄒守益的東山會則每月二會；[註109] 上述中天閣講會則每月四會，以朔、望、初八、二十三爲期；馮緯川的慈湖精舍講會，甚至高達每月六會之多；[註110] 惜陰會則「間月爲會五日」；[註111] 洪都的同心會則每季一會；[註112] 青原會則「春秋二季，合五郡，出青原山，爲大會」。[註113] 而每會時間長短也不一定，多者數十日，少者數日或僅一日爲會。例如蓬萊會爲一日之會，惜陰會爲五日之會，洪都同心會則爲十日之會。

至於講會時間及頻率的訂定標準，主要在於會友居住地的地理遠近，也就是王畿所說的「量諸友地理遠近，月訂小會」。[註114] 例如洪都的同心會，居住相近的同志有每月兩會的，但「路途相隔遠者」就只能每年四會。[註115] 因爲講會是定期性的聚會，必須衡量參加者居住的地理遠近以訂定會期，通常小會

〔註108〕王畿，〈桐川會約〉、〈蓬萊會籍申約〉、〈道山亭會語〉，《王龍溪全集》卷二、五，頁215～218、339～354、162～168。
〔註109〕鄒守益的東山會，據劉元卿的說法，歷經鄒守益祖孫三代，六十餘年都有講會的舉行。劉元卿，〈題東山會志〉，《劉聘君全集》卷十二，頁291～292。
〔註110〕王畿，〈慈湖精舍會語〉，《王龍溪全集》卷五，頁362～367。
〔註111〕王陽明，〈惜陰說〉，《王陽明全集》卷七，頁267～268。
〔註112〕王畿，〈洪都同心會約〉，《王龍溪全集》卷二，頁199～201。
〔註113〕〈年譜附錄一〉，《王陽明全集》卷三十六，頁1330。
〔註114〕王畿，〈水西會約題詞〉，《王龍溪全集》卷二，頁159～162。
〔註115〕王畿，〈洪都同心會約〉，頁199～201。

〔註116〕聚會頻率較密，應是屬於地方為單位的講會，參加人數較少。至於大會，涵蓋的地域較廣，無法常常舉會，許多聯合九邑的大會，多數是春秋二會，而參與人數也較多，因此我們由會期也可看出講會的規模以及其性質。

（二）組織化

所謂組織化是說陽明學講會有會籍（約）、名簿、固定的會所以及財務來源等。首先在會籍、會約方面，每次講會，都留有詳加記載講會經過的「會籍」，猶如會議紀錄。「會籍」中除了記載有問答式的討論內容——「會語」外，還有與會者共同協商的「會約」，以闡明講會的宗旨及共同遵守的規範，〔註117〕講會完畢，往往還會請主盟者贈言，用以警策。以保留最完整紀錄的興學會會籍為例，首先是孟化鯉及楊東明的序，皆強調立會經過以及會友講學的重要。接著是〈學問要義〉，申明興學會的宗旨，擇術、取友等原則，而後是〈興學會條約〉，即詳細規定每次會講的進行方式，以及應遵守的規範，先記錄會期「每月三舉，逢九為期」、「午時赴會，酉時散會」，接著是論學、祭祀、歌詩、靜坐、省過等活動的進行方式，最後有〈興學會同志姓氏〉，即參與人名冊，以及跋語。〔註118〕這是份完整的講會會籍，其他的講會，我們所看到的大多是片段紀錄，只有會語或是會約，不然就是學者的贈言。

就會約的內容而言，陽明學講會的會約，尤其是講會進行方式的規定，即是第三章所討論的固定的活動，是大同小異的，而講會的宗旨，主要是「敦德業」，因此會約多離不開道德性命的範圍。不過從講會的會約中，也顯現出社會意義，許多講會都將「崇儉約」、「戒奢靡」列入會約之中。例如季本（1485～1563）的舟中講會，第一條即是勿奢，聚會時「以四果四盤四格，勿殺牲鵝及用牛肉，酒多不過七行，末麵多不過二品，取於充飢」。〔註119〕蓬萊會會約的第二條規定「崇儉約」：「越俗素稱雅直，近習侈靡，每事尚奢。今日之

〔註116〕周汝登以人數參與多寡來分會之大小，人數多者，達百人以上者為「大會」，人數少者，七八乃至十多人者，為「小會」，而兩者聚會的頻率「小會視大會為期更密」。〈小會題詞〉，《東越證學錄》卷九，頁746～750。

〔註117〕研究書院的著作皆會談到書院的學規管理與規章制度，例如楊布生、彭定國談到：「朱熹的〈白鹿洞書院學規〉是第一個系統完整的學規，也是南宋以後，歷代書院共同依據和遵循的總學規。」《中國書院文化》，頁75～82。陽明學講會中的會約應是承襲朱熹的學規，並因應新的講學形式，而加入新的成分。

〔註118〕楊起元，《山居功課》卷四，頁1a～22b。

〔註119〕季本，〈舟居條約〉，《季彭山先生文集》（北京：書目文獻出版社，1988年，《北京圖書館古籍珍本叢刊》），卷四，頁921～922。

會，正復古還淳之時。」因此會講時的吃食「時果四色，魚肉六器，麵食二品，不得過豐。」另外「僕從止一人，舟輿夫役，盡遣歸食」。〔註120〕尤時熙在家鄉所成立的講會，其會約第一條爲「每會一日兩飯，不用酒肉，蔬盤菜羹，隨意任便，但取足用，深戒奢靡。」〔註121〕上述楊東明的興學會以及以作善事爲目的的同善會亦在會約中強調「力禁奢靡」。〔註122〕另外，陽明學講會有些會約中亦強調「脩禮節」，蓬萊會的第四條會約即是「脩禮節」，主要規範士大夫交際之禮，如「親友鄉黨遇有吉凶當行之禮，亦宜同事人出分儀一錢，物薄情厚，免於失禮而已。」〔註123〕而王時槐〈西原會規〉亦規定「出處進退辭受取予，視聽言動必以禮」。〔註124〕由這些會約的內容，也反映當時奢靡，不重禮法的社會風氣，〔註125〕陽明學者力圖藉著講會的運作，達到淳化風俗的目的。

　　陽明學講會設有名簿，如興學會「置會簿二扇」，一是記錄「言有可採足垂久遠者」，一是「會眾絑，各置便桌，至則書名，以便稽查勤惰」，〔註126〕其名簿即是〈興學會同志姓氏〉。王時槐的西原惜陰會亦「列姓名齒序，以重心盟」，並且詳記出缺席狀況，「以稽勤篤」。〔註127〕雖然大部分講會的紀錄並不完整，不過由這兩個例子得知，講會必設有一簿，書同志姓名，以考察會友參與講會的狀況。

〔註120〕 王畿，〈蓬萊會籍申約〉，《王龍溪全集》卷五，頁339～354。

〔註121〕 尤時熙，〈擬作會約〉，《尤西川先生擬學小記》卷五，頁849。

〔註122〕 楊東明，〈興學會條約〉、〈同善會條約〉，《山居功課》卷四、一，頁1a～22b、8b～9b。

〔註123〕 王畿，〈蓬萊會籍申約〉，頁339～354。

〔註124〕 王時槐，〈西原會規十七條〉，《塘南王先生友慶堂合稿》卷六，頁305～308。

〔註125〕 關於晚明崇奢的風氣，可參考劉志琴，〈晚明城市風尚初探〉。徐泓，〈明代社會風氣的變遷：以江浙地區爲例〉，中央研究院第二屆國際漢學會議論文集編輯委員會編，《中央研究院第二屆國際漢學會議論文集》（臺北：中央研究院，1989年），頁137～159。林麗月，〈晚明「崇奢」思想隅論〉，《國立臺灣師範大學歷史學報》十九期（1991），頁215～234，以及〈衣裳與風教——晚明的服飾風尚與「服妖」議論〉，《新史學》十卷三期（1999），頁111～157。巫仁恕，〈明代平民服飾的流行風尚與士大夫的反應〉，《新史學》十卷三期（1999），頁55～100。何淑宜，〈以禮化俗——晚明士紳的喪俗改革思想及其實踐〉，《新史學》十一卷三期（2000），頁49～100，則研究晚明士紳以禮化俗，在喪俗方面的努力。

〔註126〕 楊東明，〈興學會條約〉，頁1a～22b。

〔註127〕 王時槐，〈書西原惜陰會籍〉，《塘南王先生友慶堂合稿》卷六，頁298～299。

　　陽明講會舉行的地點，一般而言，主要是以書院、會館以及寺廟道觀爲主，而以寺廟道觀爲大宗。例如何遷（1501～1574）曾請王畿會講於聞講書院；〔註128〕洪都同心會在南昌雙林寺、豐城至德觀舉行；〔註129〕孟化鯉在洛陽的講會在寶雲寺、城南精舍以及陳仁甫書屋舉行；〔註130〕周汝登在剡中的講會，會於惠安僧寺；〔註131〕羅汝芳也曾經在城隍廟及王氏家祠舉辦講會。〔註132〕大致來說，書院的講會則在本書院舉行，有會館的講會自然會以會館作爲講會的地點。不過，許多講會並不是先有書院、會館，而是先有講會，而在士民的催生之下才興建書院、會館，如惜陰會之於復古書院。水西會本來在水西上、中、下三寺舉會，而後建立水西書院。〔註133〕西原惜陰會原本在金牛禪院舉行，而後建惜陰會館爲會所。〔註134〕因此我們可以說在未建書院、會館之前，許多講會大多是以寺廟道觀爲會所。

　　講會舉行的地點，一般以寺廟道觀爲主，少數會在書院、個人書屋甚至家族祠堂舉行。相對於書院等場所，寺廟道觀是屬於開放性的公共空間，開放給社會大眾使用，而書院等場所雖然亦可開放給儒者作爲講學的處所，然而如果沒有地方官及所有人的邀約，一般學者要在書院講學，應是不太可能的。〔註135〕王鴻泰認爲寺廟道觀的功能大致有五：休閒遊覽、入廟燒香的宗教功能、市集活動、旅舍、娛樂活動（如說書、算卦等）。〔註136〕許多佛寺道觀，由於依山林建設，林壑優美，素爲文人墨客尋訪古跡，發思古之幽情的名勝故地，進而成爲文人讀書，甚至文藝社交的場所，〔註137〕所以陽明講會以寺廟道觀爲會所是相當自然的現象。我們也發現，許多學者的游學多以寺廟做爲住宿的地點，如羅洪先的三次游學，幾乎全部夜宿寺觀，而留宿期間，不但寺僧設齋款待，

〔註128〕王畿，〈聞講書院會語〉，《王龍溪全集》卷一，頁100～103。

〔註129〕王畿，〈洪都同心會約〉，頁199～201。

〔註130〕孟化鯉，〈樂吾劉先生墓表〉，《孟雲浦先生集》卷五，頁567～568。

〔註131〕周汝登，〈剡中會語〉，《東越證學錄》卷五，頁333～335。

〔註132〕羅汝芳，《盱壇直詮》下卷，頁150～151、152～154。

〔註133〕〈年譜附錄一〉，《王陽明全集》卷三十六，頁1346。

〔註134〕王時槐，〈惜陰會館記〉，《塘南王先生友慶堂合稿》卷三，頁235～236。

〔註135〕書院除了講學的功能外，對一般儒者而言亦是遊覽的好處所。書院是開放遊覽的，不過是否開放講學，則需進一步探討。

〔註136〕王鴻泰，《流動與互動──由明清間城市生活的特性探測公眾場域的開展》，第一章第三節，頁116～131。

〔註137〕楊布生、彭定國，《中國書院文化》，頁173～174。

儒士還往往自攜酒餚飲宴於寺中。〔註138〕因此不止文人，寺觀亦成爲學者社交論學的場所。書院、寺廟道觀往往位於山水靈秀之地，〔註139〕因此，陽明學者在參與講會的同時，除了獲得道德生命的提昇外，亦進行了一場山水名勝的自然饗宴。

至於在固定收入方面，有些講會設有會田，可以供給講會所需開銷，例如鄒守益的東山會，後來即設有會田。〔註140〕另外，如講會後來興建書院爲會所，通常亦設有院田，如復古書院之惜陰會即置有院田。〔註141〕其他則靠與會者固定的會費或捐贈，如季本的舟居講會：「有力者，人備米三升，銀三分，其次者減一倍，再其次減二倍，無力者但空身而來亦可。」〔註142〕興學會則會友每人「捐銀三分」，〔註143〕而有些講會則以罰款做爲會費，如鄒守益的惜陰會仿照鄉會的模式進行規過勸善，「顯過則罰以財，大過則倍罰」，〔註144〕作爲會費。講會亦設有工作人員，如興學會設有「贊禮二人、宣聖訓一人、司講一人、司讀一人、供書案二人、司鍾司皷司磬各一人」、「每會定司會二人，會日先至，照管本日事務」，〔註145〕當然是由與會人員擔任。又如羅汝芳知寧國府，立宛陵精舍，「歲以諸生二人，司其出納，登籍備稽覈焉。主會講事者，參政梅守德、參議沈寵，生員郭忠貞、吳箕、胡希瑗、王點等爲會長，司出納」。〔註146〕

（三）跨地域化

陽明講會除了地方性的講會外，我們常可在學者的文集中看到大會九邑之士於某處的紀錄，這即是跨地域的講會。如廣信講會「會徽、寧、蘇、湖、

〔註138〕見第六章。

〔註139〕楊布生、彭定國認爲「佛道兩教興起以後，他們的『精舍』或『道觀』都棲息在『洞天福地』，也就是人們經常所說的名山勝水。後來儒家所創辦的書院也是如此。」又說：「自南宋書院勃興之後，更是打破了天下名山爲僧道所盤踞的格局，許多書院的院址也擠入名山勝地建築起來，有的還襲用佛教的精舍和道觀興辦書院。」《中國書院文化》，頁171～172。

〔註140〕王時槐，〈東山會田記〉，《塘南王先生友慶堂合稿》卷三，頁239～240。

〔註141〕劉元卿，〈復古書院續置田記〉，《劉聘君全集》卷七，頁150～152。

〔註142〕季本，〈舟居條約〉，頁921～922。

〔註143〕楊東明，〈興學會條約〉，頁1a～22b。

〔註144〕鄒守益，〈惜陰申約〉，《東廓鄒先生文集》卷七，頁103～104。

〔註145〕楊東明，〈興學會條約〉，頁1a～22b。

〔註146〕魯銓等修、洪亮吉等纂，《寧國府志》，清嘉慶二十年刊本（臺北：成文出版社，1970年），卷十九，頁609。

廣德同志，以聚於廣信」，〔註147〕春臺之會是四邑之會，〔註148〕白鷺之會則
是九邑士紳聯聚五日，〔註149〕而西原體仁堂之會則是「季秋之月，必集九邑
及門者，爲會五日」。〔註150〕陽明學跨地域的講會爲數不少，以下則以天眞精
舍講會、冲玄會以及水西會爲例說明。

　　天眞書院的興建，與陽明有密切的關係。陽明晚年於紹興講學時，嘗欲
擇天眞山卜築以居，以便終老，不過此願未遂，便又躑命出征思田，道經西
安時曾寄詩表達鍾愛之情。〔註151〕因此陽明歿後，薛侃於嘉靖九年（1530）
在天眞山建天眞精舍，並在精舍中祭祀陽明，大興講會：「每年祭期，以春秋
二仲月仲丁日，四方同志如期陳禮儀，懸鐘磬，歌詩，侑食。祭畢，講會終
月。」〔註152〕而後屢經門人改建，規模方爲完備。陽明歿後，門人雖然散聚
各地，而天眞精舍一直是門人關注的焦點，天眞精舍不只是浙中的講學中心，
更是聚集四方同志的聚會中心。每年春秋祭期，東南同志皆會於天眞精舍，
懷念先師，相與論學，共證交脩。〔註153〕不過由於王畿、錢德洪等越中學者
周游各地，對此書院並未專注經營，因此作爲講學中心，其效果是不顯著的。
王畿就曾感嘆：「先師祠中，舊有初八、二十三會期。頻年以來，不肖時常出
赴東南之會，動經旬月，根本之地，反致荒疎，心殊惻然。……而吾鄉首善
之區，反若鬱晦而未暢，寂寥而無聞。揆厥所由，其端有二，一者不肖在家
之日少，精神未孚，雖間一起會，及予外出，旋復廢馳；二者不肖抱尙友之
志，修行無力，凡心未忘，雖有聖解，無以取信于人，是皆不肖不能自靖有
以致之，于人何尤也！」〔註154〕不過，天眞精舍是聚集四方同志，緬懷陽明

〔註147〕鄒守益，〈廣信講語〉，《東廓鄒先生文集》卷七，頁98～99。

〔註148〕鄒守益，〈題春臺會錄〉，《東廓鄒先生文集》卷八，頁132。

〔註149〕王時槐，〈與吳安節公二首〉，《塘南王先生友慶堂合稿》卷二，頁211。

〔註150〕王時槐，〈西原敬止堂記〉，《塘南王先生友慶堂合稿》卷三，頁241～242。

〔註151〕王陽明〈西安雨中諸生出候因寄德洪汝中并示書院諸生〉詩曰：「幾度西安道，
　　　　江聲暮雨時。機關鷗鳥破，蹤跡水雲疑。仗鉞非吾事，傳經愧爾師。天眞石
　　　　泉秀，新有鹿門期。」而當陽明得知錢德洪、王畿於此卜築書院時，又寄〈德
　　　　洪汝中方卜書院盛稱天眞之奇并寄之〉詩云：「不踏天眞路，依稀二十年。
　　　　石門深竹徑，蒼峽瀉雲泉。泮壁環骨海，龜疇見宋田。文明原有象，卜築豈
　　　　無緣？」《王陽明全集》卷二十，頁795。

〔註152〕〈年譜附錄一〉，《王陽明全集》卷三十六，頁1328。

〔註153〕王畿，〈刑部陝西司員外郎特詔進階朝列大夫致仕緒山錢君行狀〉，《王龍溪全
　　　　集》卷二十，頁1373～1397。

〔註154〕王畿，〈約會同志疏〉，《王龍溪全集》卷二，頁218～220。

的聖地，也是凝聚陽明學派不致於潰散的中心，實具有獨特的地位與象徵性的意義。

冲玄會舉行於嘉靖二十八年（1549），地點在江西玄潭龍虎山的冲玄觀，羅洪先說：「初青原議江、浙會地，以龍虎為勝，至是厭其喧劇。十二日，聞冲玄幽阻，同諸君往。雨下如注，入門深林複澗，水聲虩虩。登愛山樓，蒼青四塞，迥異人世，心頗悅之。」〔註155〕而此次講會聚集了浙江、安徽、江西的陽明學者共聚一堂，是跨地域的講會。〔註156〕參與者百餘人，陽明學的重要學者如王畿、錢德洪、鄒守益、劉邦采、陳九川、聶豹等人，都共襄盛舉，參與此會。此次講會討論了許多關於成德的議題，而陽明學內部最重要的現成良知之辯，在重要學者齊聚一堂的情況下，有精采而深入的論辯。而此次會講留下了完整的會語紀錄，〔註157〕對於我們了解陽明學內部思想的紛歧，提供了詳細的資料。

水西會成立於嘉靖二十七年（1548），當時貢安國等人隨王畿和錢德洪赴江右參加青原講會，並與鄒守益商議借水西上中下三寺，正式成立寧國府六邑的跨地域講會。〔註158〕水西會成立之後，王畿和錢德洪則輪年主持講席。〔註159〕己酉年（1549）值王畿主會，他在〈水西會約題詞〉中說明水西會建立經過以及此次會講的情形：

> 嘉靖己酉夏，予既赴水西之會，浹旬相告歸，復量諸友地理遠近，月訂小會，圖有終也。先是戊申春仲，余因江右諸君子期之青原，道經於涇，諸友聞余至，相與扳聚，信宿而別，颯颯若有所興起。

〔註155〕羅洪先，〈夏遊記〉，《念菴文集》卷五，頁134～144。

〔註156〕王畿〈冲元會紀〉曰：「先生偕緒山錢子，攜浙、徽諸友，赴會冲元，合凡百餘人，相繼紬繹參互。」《王龍溪全集》卷一，頁93～97。

〔註157〕會後王畿有〈冲元會紀〉，鄒守益有〈冲玄錄〉，聶豹在會後也曾致書鄒守益，再次討論講會中論點的同異（即〈答東廓鄒司成三〉），連因故缺席的羅洪先，也在隔年看過鄒守益的會語以後，提出自己的看法，其〈夏遊記〉有詳細的論辯，並為鄒守益〈冲玄錄〉作序，而有〈刻冲玄錄序〉。王畿著作稱「冲元會」，當是刻書避諱的結果。

〔註158〕上寺曰寶勝，中寺曰崇慶，下院曰西方，在涇水之西。鄒守益，〈書水西同志聚講會約〉，《東廓鄒先生文集》卷七，頁105～106。

〔註159〕林月惠認為「水西書院有固定的講會活動，卻延聘各地陽明親炙高弟，定期輪流為講會盟主，以號召各地同志與會。換言之，水西書院最能顯現早期王門動態講學的盛況。」《良知學的轉折——聶雙江與羅念菴思想之研究》，頁70。水西會是水西書院的前身，水西書院則晚至嘉靖三十三年（1554）才興建。見〈年譜附錄一〉，《王陽明全集》卷三十六，頁1346。

> 諸君懼其久而成變，復相與圖會於水西。歲以春秋爲期，蘄余與緒
> 山錢子疊至，以求相觀之益。余時心許之。今年春，六邑之士，如
> 期議會，先期遣使戒途，勸爲之駕。余既心許之，不克違。孟夏之
> 望，發自錢塘，由齊雲，歷紫陽，以達於水西。則多士彬彬，候余
> 已逾旬月。……是會合宛及旁郡聞風而至者，幾二百三十人有奇。
> 少長以次，晨夕會於法堂。究訂舊學，共證新功，渢渢益有所興
> 起。〔註160〕

王畿至水西講學次數甚多，每次他的主講，皆可吸引百餘人參加。〔註161〕鄒
守益對於水西會的建置亦有功，並曾參加。〔註162〕

（四）網絡化

研究東林書院的學者指出，東林書院與武進、宜興等地鄰近的書院相呼
應，而形成「黨社關係網絡」，〔註163〕而所謂「東林書院網絡」，是指「東
林、關中、江右、徽州四地之書院群」，〔註164〕這樣的網絡化現象，在比東
林稍早的陽明學講會亦可發現。陽明學講會雖然沒有像東林書院這樣的全國
性網絡，然而卻有跨府、跨縣的網絡化現象。以下即以青原會和新安會爲例
說明。

談及青原會，要先說地方性的講會——惜陰會。嘉靖五年（1526），劉邦
采等人在江西安福成立了惜陰會，〔註165〕亦是採取中天閣講會的模式，陽明
曾書〈惜陰說〉以及〈寄安福諸同志〉，〔註166〕其主旨與〈書中天閣勉諸生〉
相同，皆是強調離群索居之弊，與聚友論學的重要。這個講會也是由地方士

〔註160〕 王畿，〈水西會約題詞〉。收於彭國翔，〈明刊《龍溪會語》及王龍溪文集佚文
　　　　 ——王龍溪文集明刊本略考〉，《良知學的展開——王龍溪與中晚明的陽明學》
　　　　 （臺北：臺灣學生書局，2003年），頁644。
〔註161〕 〈別言贈梅純甫〉曰：「每予過水西，遠近同志趨會無慮數百人。」《王龍溪
　　　　 全集》卷十六，頁1123～1127。
〔註162〕 鄒守益，〈書水西同志聚講會約〉，頁105～106。
〔註163〕 艾爾曼著，趙剛譯，《經學、政治和宗族——中華帝國晚期常州今文學派研
　　　　 究》，頁20～21。另外關於東林書院及復社的網絡化，亦可參考謝國楨，《明
　　　　 清之際黨社運動考》，頁60。小野和子，《明季黨社考——東林與復社》（京
　　　　 都：同朋舍，1996年），頁250～270。
〔註164〕 陳時龍，〈晚明書院結群現象研究——東林書院網絡的構成、宗旨與形成〉，《安
　　　　 徽史學》2003年五期（2003），頁5～11。
〔註165〕 〈年譜三〉，《王陽明全集》卷三十五，頁1302～1304。
〔註166〕 王陽明，〈惜陰說〉、〈寄安福諸同志〉，《王陽明全集》卷七、六，頁267～268、
　　　　 222～223。

人組成的，屬於地方性的講會。不過，惜陰會的影響很大，江西地區成立不少以鄉爲單位的惜陰會，甚至有的家族亦採取惜陰會的模式舉行家會、族會，例如油田彭氏亦舉惜陰之會于廣法寺，〔註167〕後來產生了聯合這些地方講會而舉行跨地域、網絡化的青原大會。而這種先在各地舉行地方小會，而後聯合舉行跨地域性大會的作法，也成爲陽明學講會的重要特色。〔註168〕

青原會的由來，鄒守益曾說：「茲會也，先師嘗命之矣，洒今十有四年始克成之，茲惟艱哉！」〔註169〕可見青原講會的構想來自陽明。第一次的青原會於嘉靖十二年（1533）七月舉行，是屬於跨地域、網絡化的講會，因爲它聯合吉安府各地的惜陰會：「敝邑惜陰之會，舉于各鄉，而春秋勝日復合九邑及贛撫之士會于青原」。〔註170〕九邑是指吉安府的九個縣，〔註171〕不過實際上，青原會還吸引了吉安府以外的江西省，甚至外省的學者參與，如聶豹、羅洪先、黃弘綱、王畿、錢德洪及其門人都參與過。〔註172〕每次參與人數達百人之多。〔註173〕

新安，即徽州的古稱。〔註174〕新安講會的成立，則有賴於王畿、鄒守益等人的提倡。新安在己酉（1549）之前即有講會：婺源的福山之會、歙西的斗山之會、祁門的全交館之會。而鄒守益於冲玄會之後，亦曾經到徽州講學。〔註175〕在最後一站斗山書院，鄒守益等人要前往寧國府參加水西會，新安「六邑同志咸集，依依不能別」，於是訂定輪年之約：「首祁門、次歙、

〔註167〕見鄒守益，〈書廣法文會題名〉，《東廓鄒先生文集》卷八，頁133～134。

〔註168〕例如鄒守益說永新「乃倣惜陰之例，間月各會于鄉，而春秋合會于邑。」〈書永新文會約〉，《東廓鄒先生文集》卷八，頁124～125。

〔註169〕鄒守益，〈青原嘉會語〉，《東廓鄒先生文集》卷三，頁676。

〔註170〕鄒守益，〈簡方時勉〉，《東廓鄒先生文集》卷五，頁50。

〔註171〕吉安府的九個縣爲：安福、廬陵、吉水、永豐、泰和、萬安、龍泉、永寧、永新。

〔註172〕黃弘綱是江西雩都人，他曾參與過青原會，鄒守益曰：「洛村約以孟夏五日會于青原，已轉告中山、雙江諸君赴之。」〈與董生〉，《東廓鄒先生文集》卷五，頁67～68。王畿、錢德洪亦曾參加過青原會，鄒守益曰：「邇者緒山、龍溪二兄自浙中臨復古，大聚青原，考德問業，將稽先師傳習之緒。」〈惜陰申約〉，《東廓鄒先生文集》卷七，頁103～104。

〔註173〕鄒守益曰：「嘉靖甲午閏月已卯，同志再會于青原，二百餘人。」〈錄青原再會語〉，《東廓鄒先生文集》卷三，頁677～678。

〔註174〕關於徽州地區的講會，可參考陳時龍，〈十六、十七世紀徽州府的講會活動〉，頁133～183。

〔註175〕鄒守益，〈書祁門同志會約〉，《東廓鄒先生文集》卷七，頁104～105。

次婺源、次休寧，週而復始。」〔註176〕輪年由各地舉辦，而形成徽州一地
網絡化的講會。關於王畿最早到新安講學的記載是〈斗山會語〉：「慨惟離索
之久，思求助于四方。乃者千里遠涉，歷釣臺、登齊雲、涉紫陽，止于斗山
精廬，得與新安諸同志爲數日之會。」〔註177〕王畿與錢德洪更輪年主持新
安講會。〔註178〕王畿與錢德洪輪年主會的安排，顯然爲了與二人輪年主持
水西會的安排相一致，因爲王畿常言赴水西過徽參與講會。〔註179〕另外，
在〈新安斗山書院會語〉中，亦記載：「新安舊有六邑大會，每歲春秋，以
一邑爲主，五邑同志士友，從而就之。乙亥秋，先生由華陽達新安，……乃
灑掃斗山書院，聚同志大會於法堂，凡十日而解。」〔註180〕乙亥是萬曆三
年（1575），這可能是王畿最後一次到新安講學的紀錄。

第三節　人際關係之創造與轉變

　　陽明學者爲了追尋與傳播聖學，走出家庭，進行跨地域的游學，形成獨
特的游學文化，形成制度化的講會組織。講會既是一種士人學術交流與傳承
的組織，又是士人社交生活的場所。所以我們也可以說講會是陽明學者制度
化的社交組織。

　　陽明學者大規模、頻繁的游學活動，他們離開家庭，長期優游於師友同
志的社交圈中，勢必無法善盡家庭責任，這在第一節已有說明。在儒學以家
庭倫常爲首的傳統觀念下，他們如何說服自己與他人，爲自己的游學合理化，
甚至尋求思想哲學上的依據。除了說明自己的游學是爲了傳播師教，爲了施
展經世致用的抱負外，他們也強調了在聖學追求的過程中，必須有朋友的輔
助。這些在游學活動中所產生的社會價值，即是第二章所討論的。另一方面，
陽明學者脫離家庭的束縛，進入沒有血緣關係的師友同志圈中，勢必對傳統
儒家倫常產生影響，傳統五倫的位序產生變化，高舉友倫成爲陽明學者共同
的價值。

〔註176〕鄒守益，〈斗山書院題六邑會簿〉，《東廓鄒先生文集》卷七，頁105。
〔註177〕王畿，〈斗山會語〉，《王龍溪全集》卷二，頁157～159。
〔註178〕王畿曰：「新安舊有六邑同志之會，予與緒山錢子，更年蒞會，以致交修之
　　　　益。」〈建初山房會籍申約〉，《王龍溪全集》卷二，頁208～211。
〔註179〕如嘉靖丁巳（1557），王畿赴水西會，這一年他也到徽州講學。王畿，〈書婺
　　　　源同志會約〉，《王龍溪全集》卷二，頁181～187。
〔註180〕王畿，〈新安斗山書院會語〉，《王龍溪全集》卷七，頁486～497。

　　然而講會做爲一個社交組織，士人參加的目的亦是個個不同，不可能所有人皆抱持著崇高的目的參與講學，尤其在陽明學普遍受到士人認同，陽明學者進入朝廷中樞，以官員的身分提倡講學時，講學的崇高價值逐漸淡化，社交的意味濃厚，朝著純粹的社交活動發展。本節主要討論在上節組織化、制度化的游學活動中，陽明學者因應會友論學這一新的生活型態，而衍生出的對於朋友之倫的強調，以及在純粹社交的氛圍下，師友關係如何轉變，來探討陽明學講會中人際關係的創造與轉變。

一、友倫之強調

　　陽明學者重視朋友對修身成德的重要，而走出家庭，與朋友相聚講學。對陽明學者而言，修身成德是凌駕於一切事物之上，因此與成就道德相關的同志關係，就有可能超越於家庭中的血緣關係，以及政治上的君臣關係，這樣的看法也確實出現在一些熱衷游學的學者當中。如羅汝芳說：「朋友講學一節，眞是人生救性命大事，非尋常等倫也。」〔註181〕耿定向也說：「第默識得友朋資助功效殊不可言，以此益信此倫干係甚大，自分一生精神總寄于此矣。」〔註182〕不論是「非尋常等倫」或是「此倫干係甚大」，他們皆強調朋友之倫的重要，然而並未與其他四倫相比較，而在聶豹寫給戴伯常的信中，他則有將友倫涵蓋其他四倫的意思：「聖學不明而友道廢，友道廢而明倫之教寂焉，無聞是豈世道之小故哉。故欲君臣義、父子親、長幼序、夫婦別者，非復友道不可也。」〔註183〕友道是比君臣、父子、長幼、夫婦優先的人倫關係。另外劉元卿也有相同的看法：「夫道義由師友有之，無師友是無道義，無道義是無君臣、父子、夫婦、兄弟。」〔註184〕在修身成德優先的情況下，道義由師友有之，復友道，其他君臣、父子、夫婦、長幼四倫，即能隨之而明。這些看法，無疑是以友倫涵攝其他四倫。

　　更進一步，被李贄稱爲「人倫有五，公舍其四，而獨置身于師友聖賢之間」〔註185〕的何心隱，更是高舉友倫，他在〈論友〉一文中說道：

　　　　天地交曰泰，交盡於友也。友秉交也，道而學盡於友之交也。昆弟

〔註181〕羅汝芳，《盱壇直詮》下卷，頁 161～166。

〔註182〕耿定向，〈與羅近溪〉，《耿天臺先生文集》卷三，頁 280～282。

〔註183〕聶豹，〈答戴伯常〉，《雙江聶先生文集》卷十，頁 438～473。

〔註184〕劉元卿，〈題賀氏族譜〉，《劉聘君全集》卷十二，頁 294～295。

〔註185〕李贄，〈何心隱論〉，何心隱著，容肇祖整理，《何心隱集》（北京：中華書局，1960 年），頁 10～12。

非不交也，交而比也，未可以擬天地之交也。能不驕而泰乎？夫婦
也，父子也，君臣也，非不交也，或交而匹，或交而昵，或交而陵、
而援。八口之天地也，百姓之天地也，非不交也，小乎其交者也。
能不驕而泰乎？……不落比也，自可以交昆弟；不落匹也，自可以
交夫婦；不落昵也，自可以交父子；不落陵也，不落援也，自可以
交君臣。天地此法象也，交也，交盡於友也。友秉交也。夫子賢於
堯舜，堯舜一天地也，夫子一天地也，一天一地，一交也，友其幾
乎？〔註186〕

何心隱在此不僅高舉友倫於其他四倫之上，而且認爲友倫最能盡成聖學道之
助，並把朋友相交的特性推至形而上的意義，視爲最能代表天地之法象，也
視朋友爲聯繫其他四倫的重要環節。因此陶望齡（1562～1609）直言：「世間
惟道德朋友是眞，餘悉假僞。」〔註187〕

　　陽明學者這樣高舉友倫，並不是特例，而是時代的趨勢。在明代中晚期
五倫關係的變動，是當時的趨勢，已有學者注意到這個現象，並做深入的研
究。Joseph P. McDermott 的研究注意到泰州和東林的學者，不僅在言論行動上
展現以友爲重，患難與共的精神，甚至推重友倫於家庭血緣關係之上，或以
批評時政。〔註188〕張璉在研究王艮的新人倫觀後，認爲泰州學派擺脫三綱五
常中以君父爲尊的傳統價值觀，他們強調的不再是尊卑主從式的倫理關係，
而是強調個體主動與人際關係平等的新人倫觀，這展現在對孝弟及師友的重
視上。〔註189〕另外陳寶良認爲明末在五倫的位序及內涵上均有所變動，在位
序上夫婦與朋友成爲五倫之首，內涵上則改變三綱間的附屬關係。他並提出
產生這些變動的原因：「文人社團的普及，事實上正好是對儒家『君子不黨』
的反動，而社團內部之同志、同學或社友式的關係，勢必使『朋友』一倫升
之五倫之首。」〔註190〕因此我們可以說陽明學者在觀念上強調「以友輔仁」，

〔註186〕何心隱，〈論友〉，《何心隱集》卷二，頁 28。

〔註187〕陶望齡，〈辛丑入都寄君奭弟書〉，《陶文簡公集》卷十三，頁 571～572。

〔註188〕Joseph P. McDermott, "Friendship and its Friends in the Late Ming"，收於中央研
　　　　究院近代史研究所編，《近世家族與政治比較歷史論文集（一）》（臺北：中央
　　　　研究院近代史研究所，1992 年），頁 67～96。

〔註189〕張璉，〈從《心齋王先生全集》論王艮的新人倫觀〉，中國明代研究學會主編，
　　　　《明人文集與明代研究》（臺北：中國明代研究學會，2001 年），頁 217～232。

〔註190〕陳寶良，〈明末儒家倫理的困境及其新動向〉，《史學月刊》2000 年五期
　　　　（2000），頁 43～49。

高舉朋友之倫，在行爲上四處游學，成立講會，與朋友論學，更助長了這樣
的趨勢，而成爲影響晚明文化中不可忽視的重要環節。

二、人際關係之轉變

　　講會是陽明學者獨特的講學組織，亦是學者社交圈的進一步組織化、形
式化。〔註191〕在講會中，學者之間的交往取得了一種確定的形式，讓他們的
來往互動有一個穩定的制度作爲憑藉，以此保證講學活動的進行，甚至保證
他們彼此的關係，形成特定的師生、同志關係，產生緊密的同門意識，而這
種人際關係的開展，是隨著陽明學的傳播同步進行的。陽明學者周游四方，
傳播良知學，再加上許多學者游宦各地，不論在地方或在朝廷任官，以官員
的身分提倡講學，吸引更多士人進入這個學術社群，陽明學的影響範圍更形
擴大，甚至成爲時代風潮。

　　上一節仕宦游學的部分，我們提到陽明學者到各地擔任地方官、學政官，
以官員身分提倡講學，吸引了許多地方士人及生員。除了地方官外，陽明學
者中不乏進入朝廷中央，甚至擔任首輔者，以位高權重的身分登高一呼，必
能產生更大的風潮。例如歐陽德與鄒守益，他們兩人長期在南京任職，甚至
擔任國子監司業、祭酒的教育官員，對當地士人以及來自全國各地的國子監
生及官員講學，影響甚鉅。聶豹曾這樣說歐陽德：「擢國子司業，日進諸生於
館下，誨以心身之要，聞風至者，至不能容。」〔註192〕張元忭也說：「當是時
湛文簡、歐陽文莊兩公爲國師，方講學，風動一時。」〔註193〕無論是「聞風
至者，至不能容」或是「風動一時」皆可看到他們所帶出的講學風潮。而以
官員身分倡學而形成的講學盛況，首推京師靈濟宮講會。

　　關於靈濟宮講會，黃宗羲的記載是：
> （徐階）及在政府，爲講會於靈濟宮，使南野、雙江、松溪程文德分
> 主之，學徒雲集，至千人。其時癸丑甲寅，爲自來未有之盛。〔註194〕

〔註191〕李伏明認爲「王學講會與其它學校和書院講學最顯著的不同在於，它不僅由
　　　　名師宿儒向人們講授陽明心學，更主要的是作爲一種王學知識分子之間學術
　　　　和思想交往的形式。」〈論陽明心學的内在矛盾與王學講會活動——以江右王
　　　　門學派爲例〉，頁 5～10。
〔註192〕聶豹，〈資善大夫禮部尚書兼翰林院學士贈太子少保謚文莊南野歐陽公墓誌
　　　　銘〉，《雙江聶先生文集》卷六，頁 340～342。
〔註193〕張元忭，〈沈文池傳〉，《張陽和先生不二齋文選》卷五，頁 442～443。
〔註194〕黃宗羲，〈南中王門學案三〉，《明儒學案》卷二十七，頁 617～618。相同的

嘉靖癸丑至甲寅（1553～1554），陽明學者在京師任官者：大學士徐階、禮部尚書歐陽德、兵部尚書聶豹、吏部左侍郎程文德等人在靈濟宮講學，參與者有千人之多，可謂盛況空前。靈濟宮講學的意義首先在舉行的地點上，是首善之區──京城。終嘉靖一朝，官方對陽明學的態度始終維持在嘉靖八年（1529）的禁學命令，〔註195〕一直要到隆慶元年（1567）爲陽明平反及從祀孔廟的建議，乃至萬曆十二年（1584）的獲准從祀才完全解除。不過朝廷的學禁並未嚴格執行，雖然在京師有一定的作用，〔註196〕不過在嘉靖十一年（1532），方獻夫、歐陽德、程文德等人在京師慶壽山房聚講，〔註197〕京師如此，其他離京師較遠的地區就更不用說了。由靈濟宮講會我們更可發現禁學命令並未嚴格執行，以及官方睜一隻眼閉一隻眼，甚至默許的態度。不過靈濟宮講會之所以造成這麼大的風潮，應與提倡者有關。這些陽明學者，不是內閣就是各部院官員，以官員身分登高一呼，底下的官員，自然附合響應。再加上，嘉靖四十一年（1562）徐階接任首輔一職，登上士人在政治上的最高位，而他向來熱心講學，此時又以首輔的身分提倡講學，士人、官員焉有不配合之理。〔註198〕姑且不說參與者的動機是否一致向學，這樣的京師講會，在陽明學的傳播上是獨具意義的，這也印證了陽明在嘉靖二年（1523）會試後的感嘆：「吾學惡得遍語天下士？今會試錄，雖窮鄉深谷無不到矣。吾學既非，天下必有起而求眞是者。」〔註199〕陽明學因成爲主考官過濾的焦點而被天下人所注意，同樣的首善之區的靈濟宮講會，勢必亦引起士人間的注意。

記載亦見〈江右王門學案二〉，《明儒學案》卷十七，頁359～361。

〔註195〕吏部尚書桂萼上疏指責陽明擅離職守，學問行爲均不足法，吏部廷議的結果：「守仁事不師古，言不稱師，欲立異以爲名，則非朱熹格物致知之論，知衆論之不與，則著朱熹晚年定論之書，號召門徒，互相唱和。才美者樂其任意，或流於清談；庸鄙者借其虛聲，遂敢於放肆。傳習轉訛，悖謬日甚。其門人爲之辯謗，至謂杖之不死，投之江不死，以上瀆天聽，幾於無忌憚矣。……今宜免奪封爵以彰國家之大信，申禁邪說以正天下之人心。」《明世宗實錄》（臺北：中央研究院歷史語言研究所，1966年），卷九十八，頁2299。

〔註196〕《王陽明年譜》曰：「自師沒，桂萼在朝，學禁方嚴。薛侃等既遭罪譴，京師諱言學。」《王陽明全集》卷三十六，頁1329。

〔註197〕同註196。

〔註198〕陳時龍的研究指出在隆慶朝的內閣中，確實存在著以徐階、李春芳、趙貞吉三大學者組成的以尊陸王心學爲理念的同志，並且在當政期間，大力利用擁有的職權威望以擴大其講學活動。〈從首善書院之禁毀看晚明政治與講學的衝突〉，《史學月刊》2003年八期（2003），頁40～45。

〔註199〕《年譜三》，《王陽明全集》卷三十五，頁1287。

所以《明史》說：

> 成弘以上，學術醇而士習正，其時講學未盛也。正、嘉之際，王守
> 仁聚徒於軍旅之中，徐階講學於端揆之日，流風所被，傾動朝野。
> 於是搢紳之士，遺佚之老，聯講會，立書院，相望於遠近。〔註200〕

陽明學更是風行天下了。

不過被陽明學者視爲具有崇高意義的講會，理應是很單純的學術組織，
卻也在高官提倡講學，陽明學流行後，產生變質。歐陽德曾很感慨地說：「此
中諸生雖日進講，終是勢利場中，眞實切磋者寡。」〔註201〕年輕的生員參與
講會，並不全是爲了追求聖學理想，而摻雜了科舉利益的考量。所以在嘉靖
四十三年（1564），刑科右給事中張岳上書批評當政者提倡講學，是以功名利
祿來鼓動士大夫：

> 一辨誠僞以端士習。今講學家以富貴功名，爲鼓舞人心之術，而聞
> 風爭附者，則先以富貴功名橫於胸中，銓衡一缺，則翹首而垂涎；
> 館局一開，則熱中而濡足。司錢穀，則慕秩署之清華；典刑名，則
> 思兵曹之喧嚇；居臺諫，則羨卿貳之崇高。以爲不通其說，不究其
> 術，則無以滿其欲而濟其私。然後勦竊浮詞，談虛論寂，相飾以智，
> 相軋以勢，相尚以藝能，相邀以聲譽。初學之士，靡然從之，一入
> 蒲團，皆宛然有聖人面貌，且洋洋獨喜自負，曰：「吾得爲會中人物
> 耳。」臣不暇論其立心，制行何如，試即與會之時，言語色笑變態
> 多端，或覘喜怒於上官，定進退之秘訣；或騰毀譽於多口，發愛憎
> 之神機；或間爲堅白異同之談，各質己私，嘵嘵不相下。二有爵位
> 稍尊，巧言雄辯者，參言其間，眾皆唯唯而莫敢發。豈天爵之論，
> 以人爵而後定乎？今群工百執事，各有司存，既非奠贄於師弟，又
> 非結契於朋儕，豈宜群萃州處，什五成群，以惑眾聽，善乎宗儒之
> 言曰：「願士大夫有此工夫，不願士大夫有此門戶。」臣以爲欲塞其
> 門、拒其戶，在國家於用舍之間慎之而已。〔註202〕

當時正是徐階在位之時，他說講學者以功名富貴來鼓動士大夫，就講學領袖
而言，當然不是事實，他們是抱持著崇高的理想與價值來講學，來傳播聖
學，只不過講學領袖亦無法保證人人動機純正，因此也就有人是聞風爭附，

〔註200〕張廷玉，《明史》卷二三一，頁 6053。
〔註201〕歐陽德，〈答鄒東廓〉，《歐陽南野先生文集》卷二，頁 375。
〔註202〕《明世宗實錄》卷五四一，頁 8748～8749。

希冀在官員講學的場合中，獲得一些政治利益。所以這樣的上書，也讓我們看到講學的變質。管志道也對官員倡學多有批評，他認爲陽明「闡良知於顯貴之後」，並未「捐俸以饍諸徒」，如果「積餼廩以招徒」，會使「書院暖於學校」，而官員又「藉名位以育士」，會使講學「假借浮於切磋，即以眞始，亦以僞終」，更何況是那些未必眞心講學者。因此他認爲「裹糧問學，方見求道之眞」。〔註203〕《萬曆野獲編》也記載：

> 徐文貞素稱姚江弟子，極喜良知之學。一時附麗之者，競依壇坫，旁暢其說，因借以把持群邑，需索金錢，海內爲之側目。〔註204〕

> 嘉靖末年，徐華亭以首揆爲主盟，一時趨騖者人人自託吾道；凡撫臺泣鎮，必立書院，以鳩集生徒，冀當路見知。其後間有他故，駐節其中，於是三吳之間，竟呼書院爲中丞行臺矣。〔註205〕

沈德符認爲徐階以首輔身分提倡講學，不只朝中官員爭先附麗，地方官亦立書院、聯講會，鳩集生徒聚講，使得人稱書院爲「中丞行臺」。晚明的葉向高甚至說：「往徐文貞在政也，好講學，朝紳或借以爲市。」〔註206〕講學成爲謀官晉身的工具。所以就在徐階致仕後二年，隆慶四年（1570），中央正式下令禁止提學憲臣聚徒講學。〔註207〕到了張居正當國，更是壓抑講學，〔註208〕

〔註203〕管志道，〈答吳處士熙宇書〉，《續問辨牘》（臺南：莊嚴出版社，1995年，《四庫全書存目叢書》）卷四，頁175～181。

〔註204〕沈德符，〈內閣〉，《萬曆野獲編》（北京：中華書局，1997年），卷八，頁215。

〔註205〕沈德符，〈畿輔〉，《萬曆野獲編》卷二十四，頁608。

〔註206〕葉向高，〈新建首善書院記〉，收於馮從吾，《馮恭定全書》（臺北：新文豐出版公司，1996年，《叢書集成三編》），頁777。

〔註207〕由於禮科給事中胡價上疏：「督學憲臣聚徒講學，本爲儒者之事。乃其徒遂緣是而詭辭飾貌，以獵進取。至有一語相合，以爲曾唯，而優之廩餼；一見如愚，以爲顏子，而貢之大廷者。徒以長競進之風，而其中實無所得也。夫孔孟聚徒，彼其時固未有賞罰予奪之柄也。操賞罰予奪之柄而立爲門戶，破其藩籬，豈持憲執法之體哉！」於是「部覆請如價言，戒諭督學憲臣，務敦崇實行，毋倡爲浮說，以茲奸僞從之。」《明穆宗實錄》（臺北：中央研究院歷史語言研究所，1966年），卷四十三，頁1075。

〔註208〕左東嶺認爲無論就張居正的交游看，還就其所掌握的心學理論以及所具備的人生境界看，都具有濃厚的心學色彩。然而卻因心學精神與現實專制政治之間的衝突，所以禁書院講學、正學術、禁邪說，同時也著手對王門弟子進行改造，例如耿定向及羅汝芳。〈論張居正的心學淵源及其與萬曆士人心態之關係〉，《首都師範大學學報（社會科學版）》2001年二期（2001），頁66～78。

正如鄒元標所說：「蓋嘗論譚學華亭時易，譚學江陵時難。華亭時右名理，即以理學爲窟宅，朝登講堂，夕踞華要。江陵時禁錮斥逐殆盡，世且爲波流，且爲茅靡。」〔註209〕

　　在上文，我們一再強調講會除了是士人學術交流的場所，亦是士人間來往的社交圈，在崇高的講學目的下，陽明學者彼此在精神上的互相依賴，相互支持，以傳播聖學爲己任，形成緊密的同門意識。當然人與人的交往，不純粹是精神性的，亦有物質性的，尤其牽涉政治、社會的問題時，當然會在人事和政治支援上相互幫助，互相提攜。這本是人之常情，不過在官員倡學下，再加上士人以做官出仕爲唯一的人生目標，講會成爲功利競逐的場合也就不稀奇了。〔註210〕例如曾從學於鄒守益、歐陽德及王艮的董燧，曾經兩次落第，而他在嘉靖二十九年（1550）「謁選授湖廣枝江縣知縣」，他的出仕，很可能與有權勢的陽明學者舉荐有關。〔註211〕

　　講學雖然標榜學習聖學，但是在當時的確摻雜許多政治利益的考量，許多年輕的生員、官員的踴躍投入，絕不都是爲了學做聖人，尤其是以官員的身分提倡講學更是如此，這一點講學領袖是心知肚明的。王畿在〈水西會約題詞〉中說：

> 且今日之會，非有法制可以防閑，惟藉區區道義，以爲之聯屬。二三百人之內，豈能人人盡發眞志，盡有信心，亦藉中間十數諸友，舊有所聞者，虛心樂取，招挾夤聚，以爲之倡耳。一人倡之，十人從而和之，已而和之者益眾，雖欲此會之不興，不可得也。苟爲性命之心不切，不能包荒隱惡，涵育成就，以全吾同體之愛。徒欲以勝心相高，甚至忿爭訐戾，動氣奮顏，而猶傲然以爲知學，玷族敗群，莫此爲甚。雖欲此會之不廢，不可得也。〔註212〕

講會基本上是以主觀的「道義」來維繫，儘管它有組織、具制度，但總不如

〔註209〕鄒元標，〈張陽和先生文選序〉，《願學集》卷四，頁131～132。

〔註210〕李伏明認爲「參加講會更多的是地方諸生，在特定的歷史文化傳統中，他們當然也追求成仁成聖，要『致良知』，但更多地要追求實際的政治社會利益。這就使王學講會這一學術和道德交流形式難以避免地會淪爲追逐名利的場所。」〈論陽明心學的內在矛盾與王學講會活動——以江右王門學派爲例〉，頁5～10。

〔註211〕關於董燧的生平以及他透過陽明學講會的模式建設本鄉，可參考梁洪生，〈江右王門學者的鄉族建設——以流坑村爲例〉，頁43～85。

〔註212〕王畿，〈水西會約題詞〉，頁159～162。

「法制」之具有強制性和客觀化，因此，講會之興起與持續發展，則有賴於與會者對性命之學（聖學）的承諾與實踐來決定。一旦講學與修德分離爲二，講會便會異化而變質。而王畿面對這樣的可能發展與現況，也只能再三強調發眞志，切實爲性命之心，不過他並未因此而懷疑講會的功能。發心不眞，是講學者對與會者的一般批評，羅洪先也曾說：「此輩發心不眞，遂生厭離。」〔註213〕於是息游不參與講會。不喜講學的萬表（？～1556）也認爲參與講學的人「未曾發心爲道」，不過是「以意氣形迹，往來比挽，牽扯門面」，他認爲講學的領袖與這些人終日講學，只是「徒費精神，彼此何益」，倒不如「待彼此機緣到時，偶一成就，未爲晚也」。〔註214〕孟化鯉的學生譚子陳曾因講會的參與者太多太雜，動機多端，而欲加以擇取，孟化鯉則認爲會講是「兼善之學」，不是「獨善之學」，「招招舟子，且弗容已，而奚以擇爲」，再加上立會非徒爲人，全在反求諸己，不論人之善與不善皆爲我師，亦有益於己，所以「欲加擇取，殆於不可。」〔註215〕對於參與講會之人不純爲聖學而來，講學領袖亦只能不斷提醒立必爲聖人之志，〔註216〕或是「以身作則」感化他人，〔註217〕或是強調「教學相長」來說服自己了。

在官員倡學的情況下，的確有許多士子是以功名利祿的動機來參加，參與講會或許會得到位高權重的講學領袖的賞識，獲得晉身的機會。除了實質的政治利益外，參與講學是否能博得名聲，而能因名聲而帶來利益？我們可以推測：參與講會不只可能帶來實質的政治利益，亦能博取講學之名，雖然我們無法確切指出，但由講學領袖及時人的批評，可發現確實有這樣的現象。上述張岳的上書即有講學之士以「吾得爲會中人物耳」，而洋洋獨喜自負，即是明證。另外，靈濟宮的講學領袖程文德說：

> 吾獨怪夫世有慕講學之名，而不勝其實者，遂使人詆爲欺世盜名，

〔註213〕王畿，〈與羅念菴〉，《王龍溪全集》卷十，頁656～658。

〔註214〕王畿，〈驃騎將軍南京中軍都督府都督僉事前奉勅提督漕運鎮守淮安地方總兵官鹿園萬公行狀〉，《王龍溪全集》卷二十，頁1398～1433。

〔註215〕孟化鯉，〈答譚子陳〉，《孟雲浦先生文集》卷三，頁534～535。

〔註216〕陽明學者在講會中，不斷強調「立志」的重要，例如王畿在水西會中說：「予惟君子之學，莫先於辨志，莫要於求端志。」〈水西同志會籍〉，《王龍溪全集》卷二，頁175～179。甚至將「立志」列入講會的會約中，例如興學會。楊東明，〈興學會條約〉，頁1a～22b。

〔註217〕孟化鯉亦告訴譚子陳：「在我當躬行以率之；至誠以感之；盡心委曲以攜持之；優游涵泳薰磨以漸化之，不宜徒事曉曉，或粧點門面，致戾會講本義。」〈答譚子陳〉，頁534～535。

藉口以自解。夫慕其名，豈不以爲美也，名之美孰與實之美乎。吾
務其實而使人無可議，久而亦將信之，不亦成己而成物乎！〔註218〕

依程文德的說法，講學者中亦有慕講學之名而來參與講會者，他認爲這些人只是欺世盜名，名實不相符。對講學多有批評的李贄曾對地方官必在仕宦之地立講會的現象提出批評，他說在地方上立會是「另標門戶」、「合縣分黨」──與會者爲賢，不與會者爲不肖，而地方官立會，自然人人會入會，入會者必多不肖，既多不肖，賢者必不肯來，講會則專門會不肖者。〔註219〕他的批評不免有些過於激烈，然而也反映了一個事實，地方官好立會以謀求好聲名及政治利益是事實，與上述沈德符的批評不謀而合，而參與講會者的動機除了與地方官打好關係，亦能博取賢者之名。李贄甚至批評與他交惡，積極參與建立講會的耿定向是「名心太重、回護太多」。〔註220〕

中晚明時期有所謂的名士、山人的文化現象，山人是假借隱士之名而實際上游走於囂囂塵世以求名或求利爲目的的人。〔註221〕陽明學講會盛行之後，我們也看到許多爲名爲利參加講會的現象，有些人游走於講會之間，以博取好聲名或是政治利益。李贄曾對於當時德名高不可攀的聖人和清名高不可攀的山人作了重新的定義：

今之所謂聖人者，其與今之所謂山人者一也。特有幸不幸之異耳。幸而能詩，則自稱曰山人，不幸而不能詩，則辭卻山人，而以聖人名。幸而能講良知，則自稱曰聖人，不幸而不能講良知，則謝卻聖人，而以山人稱。展轉反覆，皆欺世盜名者，名爲山人，而心同商賈，口談道德，而志在穿窬。〔註222〕

在他眼中，聖人等同於山人，都是欺世盜名、口談道德，而心同商賈者。另

〔註218〕程文德，〈南雍寓書嶺南多士六章〉，《程文恭遺稿》卷二十二，頁296～298。
〔註219〕李贄，〈答耿司寇〉，《李溫陵集》卷三，頁145～179。
〔註220〕同註219。耿定向與李贄的不合在當時是相當有名的，焦竑曾試圖化解好友（李贄）與業師（耿定向）兩人之間的紛爭。關於耿李之爭，可參考左東嶺，〈耿、李之爭與李贄晚年的人格心態巨變〉，《北方論叢》1994年五期（1994），頁76～82。
〔註221〕關於晚明名士與山人的文化現象，可參考陳萬益，〈晚明小品與明季文人生活〉，《晚明小品與明季文人生活》（臺北：大安出版社，1997年），頁37～84。周明初，《晚明士人心態及文學個案》（北京：東方出版社，1997年），第三章，頁136～205。徐林，〈明代中後期隱士與山人之文化透析〉，《西南師範大學學報（人文社會科學版）》三十卷四期，（2004），頁137～141。
〔註222〕李贄，〈又與焦秋陵〉，《李溫陵集》卷四，頁217～222。

外管志道對於布衣講學的批評不遺餘力，他稱這些人為「霸儒」。所謂「霸儒」是「不士農，不緇黃，而以講道遨遊天下」，「張學幟而煽遊風」，王艮為始作俑者。〔註223〕他看到從事講學的理學家與從事詩文的山人兩者合流產生了種種弊端，理學家「到處「以師道自居」，「其交已遠，其聲已隆」，再加上「山人復影之以鼓聲價」，所以有人甚至「以徒黨之多寡，定道價之低昂」。他亦將理學家與山人等同：「迹濫山人，行同商賈」，而稱之為「道中之蠹民」。〔註224〕因此，從李贄與管志道的看法，〔註225〕我們可以說這些「拾良知之唾餘，掇禪玄之影響，借書院為郵亭、為淵藪，遨遊傳食於江湖、朝市之間，以左右望而罔市利」〔註226〕的現象可說是講學界的名士化、山人化，這些「千百成群，龍蛇混雜，面則相詡相獎，背則相譏相嘲；聚則談虛談玄，散則奔名奔利」〔註227〕的人可稱之為講學界的名士、山人吧！

講會作為陽明學者社交生活的場所，必然會牽涉到名和利的社會效應，不論學者本人的意願如何。透過同輩朋友的相互支持以及年輕士子的擁戴，單純的從學術文化的角度來看，講學領袖因此能在這一講學領域中樹立權威，成為人人景仰的聖學代言人，如王畿、鄒守益等人。而當師友中不乏在政壇中位高權重之人，功名利祿、仕進前途等因素的涉入，使得講會成為謀官晉昇的跳板，也是可以預期的現象。

陽明學者以追求聖學為人生目的，他們認識到獨學無友、離群索居的困境，親師取友是必經的歷程，因此普遍有「友天下之善士」的理想。而要實現「友天下之善士」，則必須走出家庭、鄉里，必須暫時拋棄家庭責任，才得以到外地去，優游於師友同志的社交圈中。在家庭與游學的衝突抉擇中，陽明學者創造了相應於游學生活的社會價值，他們肯認游學的價值與重要性，因此對大多數的陽明學者而言，家庭與游學的衝突，似乎不成問題，游學在外，似乎是更理所當然的。

游學是古代士人的必經歷程，主要有四種模式：仕宦游學、科舉游學、

〔註223〕管志道，〈答吳處士熙宇書〉，頁 175～181。

〔註224〕同註 223。

〔註225〕管志道與他的老師耿定向一樣，對於李贄的行徑、思想，多有批評。不過在講學的「山人化」上，兩人的看法與批評倒是相當一致。

〔註226〕管志道，〈追求國學鄉學社學家塾本來正額以訂書院旁額議〉，《從先維俗議》（臺南：莊嚴出版社，1995 年，《四庫全書存目叢書》），卷二，頁 292～298。

〔註227〕同註 226。

訪友論學、負笈求學，陽明學者的游學亦不脫離此四種模式，不過比較特殊的是，他們發展出一種制度化的游學活動——講會。做為學術傳承及士人社交的組織，陽明學講會有著定期化、組織化、跨地域化及網絡化的特色，這也與前代學者的講學有所不同，不過我們仍可從中發現到宋元書院講學的影響。

　　講會是游學活動的制度化，亦是士人社交活動制度化的表現，同志師友的關係，亦憑藉這個組織而得以確定、強化。陽明學者普遍對朋友有高度的依賴，不僅在觀念層次，甚至在實際生活中，所以他們肯認朋友在五倫中的重要性，甚至凌駕於其他四倫之上。陽明學者的人際關係亦因游學、講會而更形擴大，向沒有血緣關係的同志領域延伸。而沒有血緣的同志關係，相對於有血緣的親屬關係，是較具流動性，較變動不居的。不過，講會則保證了這種關係，產生了緊密的同門意識。

　　不過，當陽明學盛行，講會活動蓬勃發展之時，社交的意義如果被放大，講學於是不只或不再為了追求聖學，而是為了政治或科舉利益。這很明顯的發生在陽明學者以官員的身分提倡講學的狀況。參與講會，成為博取名聲、謀官加爵的跳板，同志關係也不再是單純為追尋聖學而結合，而有更複雜的名利糾結在其中。陽明學也在這樣的情況下，逐漸變質了。

第五章　游學活動與思想對話

　　游學最重要的活動是論學，在制度化的講會中，學者們可以在此發表自己的看法，互相討論，而形成對話，甚至論辯。這種對話與討論的方式，由來已久，宋明理學家們充分利用了這個形式，[註1] 使得思想得到傳播、發展。這種對話並非單向式的宣講，而是雙向、互動式的教學，藉著這樣的方式，個別的思想可以得到深化、傳播的效果，而不同的思想更可以進行澄清或整合的工作，使得真理愈辯愈明。陽明學的講會，它的制度化與組織化，更保證了這種對話的進行。

　　游學的重要特色：跨地域與流動性，亦充分展現在思想的對話上。人的流動，自然帶來思想的流動。一方面學者游走於各地講會，另一方面，講會吸引來自不同地區的學者，他們在此交流對話，討論彼此關心的議題，而這些議題，甚至在學術圈中發酵，而形成更廣泛的討論。思想的對話，除了藉著講會，面對面的討論外，也延伸到會後，學者們藉著書信往返，進一步討論。而未參與講會的學者，則藉著講會的記錄或學者的書信等「文獻閱讀」[註2] 之後，亦可參加這些論辯，而使對話的場域更形擴大。因此，我們可以說講會是可見的、實際的對話場域，而由學者的書信、著作的流動所交織的

〔註 1〕李弘祺認為學術上非正式的親近對話和討論，孔子是第一個實踐這個方法的人，《論語》即是這種形式的體現。不過在晚唐和北宋時期的儒學教育卻很少用它，因為這個時期找不到這種記錄老師言論的作品。經由禪宗的提示，才再次出現在宋人的書院講學中。〈朱熹、書院與私人講學的傳統〉，頁1～13。

〔註 2〕學者的書信以及著作，亦會隨著學者的游學各地而四處流動、傳播。詳見第六章。

網絡，是不可見的，更大的對話場域。

在學者跨地域的流動中，產生了許多跨越地域、甚至學派的思想議題，例如良知、四句教、三教問題等。關於這些議題的研究成果非常豐碩，本章著眼的不在於這些思想本身的發展，或是論辯雙方思想的深入解析，亦不在提出衡定的標準，爲雙方的論點，進行判教的工作，〔註3〕而在於突顯雙方爭論的焦點及思想流動的情形。以下即以講會的紀錄及學者的書信等文獻，來討論良知、四句教、三教等問題的辯論。

第一節　良知之辯

陽明的中心思想是致良知，不過致良知是他在晚年提出的，〔註4〕而早在三十七歲時，就有學生從學執贄。〔註5〕因此他的教法是隨著思想的發展而變化的。〔註6〕教法的變化，以及學者個人資質、理解經驗的不同，乃至學思歷程、實踐所得的差異是導致良知教呈現許多異義及討論的空間。

季本曾提出「龍惕說」，這是爲了對治同門「以自然爲宗，至有以生言性，流於欲而不知者矣」。〔註7〕所謂「龍惕」是指：「夫心之爲龍也，言乎其惕也。龍起則驚，驚則惕，惕則天理初萌，未雜於欲之象。蓋即中庸戒愼不覩，恐懼不聞之幾也，是謂良知。」〔註8〕後來陽明學者環起攻難，紛紛致書，往復辯論，主要有歐陽德、王畿以及鄒守益等人。〔註9〕他們的觀點不外是「自然

〔註3〕 一般學者的研究，皆以陽明思想爲衡定的標準，而進行判教工作。例如牟宗三認爲：「龍溪一本于師門而頭頭是道，雙江則記聞雜博，其引語發義皆不本于陽明，縱有所當，亦非陽明之學。」《從陸象山到劉蕺山》，頁305。林月惠亦是以陽明思想來判定聶豹的歸寂說，〈聶雙江「歸寂說」之衡定——以王陽明思想爲理論判準的說明〉，《嘉義師院學報》六期（1992），頁275～316。筆者的碩士論文《王陽明四句教之開展與衍化》第六章，亦以陽明思想爲判準，來衡定諸家對四句教的看法。

〔註4〕 錢德洪認爲陽明於正德十六年（1521）正式提出「致良知」。《年譜二》，《王陽明全集》卷三十四，頁1278～1279。

〔註5〕 《年譜一》，《王陽明全集》卷三十三，頁1226。

〔註6〕 錢德洪說：「居貴陽時，首與學者爲『知行合一』之說；自滁陽後，多教學者靜坐；江右以來，始單提『致良知』三字，直指本體，令學者言下有悟；是教亦三變也。」〈刻文錄敘說〉，《王陽明全集》卷四十一，頁1573～1579。王畿的看法則有所不同，見〈滁陽會語〉，《王龍溪全集》卷二，頁168～175。

〔註7〕 季本，〈贈月山楊君擢清浪□□□□〉，《季彭山先生文集》卷一，頁849。

〔註8〕 同註7。

〔註9〕 歐陽德有〈答季彭山〉一書，《歐陽南野先生文集》卷三，頁394。王畿有〈答

而不警惕，其失也蕩；警惕而不自然，其失也滯」〔註10〕、「學當以自然爲宗，警惕者自然之用。戒謹恐懼，未嘗致纖毫力；有所恐懼，則便不得其正，此正入門下手工夫」。〔註11〕也就是自然與警惕兩者不可偏廢。

另外，引起更多陽明學者觀注的則是聶豹的「歸寂說」，歸寂說的提出亦是爲了對治後學不爲工夫的弊病。而引發的討論則更廣泛：「同郡東廓鄒公守益、南野歐陽公德、念菴羅公洪先、兩峰、獅泉兩劉君文敏、邦采、臨川明水陳君九川，虔州洛村黃君宏綱、餘姚緒山錢君德洪、龍溪王君畿皆嘗與之往反辯究」，〔註12〕重要的陽明弟子皆參與其中。幾乎所有的王門弟子持反對意見，只有羅洪先與劉文敏贊成聶豹的看法。〔註13〕

聶豹歸寂說所引發的討論，亦出現在陽明學大大小小的講會上，不論是跨地域的講會，如上一章所論的冲玄會、青原會，〔註14〕地方性的講會，如廬陵懷德祠講會，〔註15〕甚至學者之間的私下訪問，如劉邦采與王畿在廬陵相見論學。〔註16〕會後，許多學者亦針對對方的論點提出辯駁，或深入論述自己的觀點，而有許多書信的往復討論。就涉入學者的人數、討論的深度、廣度，以及資料的完整性來看，有關歸寂說的辯論要比龍惕說來得重要。因此本節良知之辯，以討論歸寂說相關的論辯爲主。

一、見在良知

聶豹歸寂說的提出，主要是要對治王畿的「見在良知」說，對他而言，見在良知就是知覺，是混雜許多私欲的，因而不能說良知「現成」。見在良知，

季彭山龍鏡書〉，《王龍溪全集》卷九，頁 600～611。鄒守益有〈心龍説贈彭山季侯〉、〈再簡季彭山〉以及〈復季彭山使君〉，《東廓鄒先生文集》卷三、五，頁 685～686、60。

〔註10〕鄒守益，〈心龍説贈彭山季侯〉，同註10。

〔註11〕王畿，〈答季彭山龍鏡書〉，頁 600～611。

〔註12〕宋儀望，〈明榮祿大夫太子太保兵部尚書贈少保證貞襄雙江聶公行狀〉，《華陽館文集》卷十一，頁 400～408。《明儒學案》也有記載。黃宗義，〈江右王門學案二〉，《明儒學案》卷十七，頁 359～361。

〔註13〕羅洪先與劉文敏並不是一開始就與聶豹站在同一邊。關於羅洪先與聶豹思想的分合，見第六章。至於劉文敏，與聶豹持論「不相入者二十年」（聶豹，〈記壽十首〉之十，《雙江聶先生文集》卷十三，頁 546～547），到晚年始信「雙江之言是也」（黃宗義，〈江右王門學案二〉，頁 359～361）。

〔註14〕鄒守益，〈再答雙江〉，《東廓鄒先生文集》卷六，頁 76～77。

〔註15〕聶豹，〈括言〉，《雙江聶先生文集》卷十三，頁 548～550。

〔註16〕王畿，〈與獅泉劉子問答〉，《王龍溪全集》卷四，頁 284～286。

又作「現在」、「見在」或「現成」，在王畿的著作中，他用得較多的是「見在良知」，而「現成良知」則是聶豹、羅洪先在與王畿辯論當中所使用的，在晚明思想界，「現成良知」比「見在良知」流行得更廣。無論是「見在」或「現成」都是明人的一種口語化用法，與現代漢語中的「現在」、「現成」語義相近。不過「現在」、「現成」兩者稍有不同。「現成」一詞具有「已完成」的意思，這是「見在」一詞所欠缺的。王畿的「見在良知」強調的是良知在本體意義上的先驗、完滿，而「現成良知」卻更容易使人聯想到良知本體在現實經驗中的完成或完滿狀態。〔註17〕兩者差別極大，這也就是學者對「現成良知」的批評都著眼於混知覺為良知以及脫略工夫的原因。不過，王畿在與聶豹等人辯論時，並未對他們使用「現成」二字表示任何反對意見，而是順著他們的用辭、認知給予批駁。因此重點還是在於他們對良知以及雙方觀點的理解。

王畿的「見在良知」，其義為何？他在〈書同心冊卷〉中說：

> 良知在人不學不慮，爽然由於固有，神感神應，盎然出於天成，本
> 來真頭面，固不待修證而後全。〔註18〕

無論是「不學不慮」、「爽然固有」還是「盎然天成」，指的不外是良知的先驗性，而且是完滿整全的，故是「不待修證」。也就是因為「良知不待修證」這句話引發聶豹等人的批判。王畿說良知「不待修證而後全」，那麼愚夫愚婦與聖人的良知都相同嗎？照王畿的看法，是相同的，可是現實中，聖人畢竟是少數，所以劉邦采反駁：「見在良知似與聖人良知不可得而同」，愚夫愚婦必「兼修而後可為學」。〔註19〕王畿則認為「見在良知與聖人未嘗不同」，所不同的只是「能致不能致」而已，因此他一再強調陽明提出良知二字，正指見在而言。〔註20〕其實不只王畿認為良知「見在」，眾所週知，泰州學者亦如此主張，〔註21〕甚至江右學者亦是，在此只舉歐陽德為例：

〔註17〕彭國翔，《良知學的展開——王龍溪與中晚明的陽明學》，頁411。

〔註18〕王畿，〈書同心冊卷〉，《王龍溪全集》卷五，頁382～388。

〔註19〕王畿，〈與獅泉劉子問答〉，頁284～286。

〔註20〕同註19。

〔註21〕如王艮說：「良知天性，往古來今，人人俱足。人倫日用之間，舉而措之耳。
　　　　所謂大行不加，窮居不損，分定故也。」〈答朱思齋明府〉，《王心齋全集》卷
　　　　五，頁3a～3b。又如羅汝芳說：「蓋論德性之良知良能，原是通古今一聖
　　　　愚，人人具足，而個個圓成者也。然雖聖人亦必待感觸覺悟，方纔受用得。」
　　　　〈白鹿洞中庸〉，《近溪先生一貫編》，收於《耿中丞楊太史批點近溪羅子全

良知即是非之心，性之端也。惟無不善，故良知無不中正。故學者
能依著見成良知即無過中失正，苟過中失正即是不曾依著見成良
知。若謂依著見成良知而未免過中失正，是人性本不中正矣，有是
理乎！〔註22〕

這樣的看法與王畿是一致的，都是指良知的「先驗性」以及「完整性」。

　　聶豹不滿王畿的「見在良知」，因爲他認爲「見在良知」即是「知覺」。
講良知的學者都會提到孟子的「孩提愛敬」，〔註23〕王畿等人認爲孩提之童，
知愛知敬，不學不慮，即是見在良知的最好證明。而聶豹則認爲孟子講知愛
知敬是「即其所發以驗其中之所有」，並非指「愛敬爲良知」，如同惻隱、羞
惡等是仁、義之端，而不能說惻隱、羞惡即是仁、義。以愛敬爲良知，則會
以知覺爲本體，不學不慮爲工夫，造成「淺陋者恣情玩意、拘迫者病已而稿
苗入、高虛者遺棄簡曠，以耘爲無益而舍之」。〔註24〕也就是他認爲知覺是已
發，不是未發，「感於物而後有覺」，如果只在知覺上致良知，便是「假仁義
的伯學」。〔註25〕所以他認爲良知與知覺是不同的：「良知是未發之中，知覺
乃其發用」，〔註26〕知覺乃良知之影響，良知自然知覺，以知覺爲良知，更與
「逐塊之犬」何異！〔註27〕羅洪先的看法亦是如此，他將良知一分爲二，一
是良，即「所以爲良者」，這是未發，是至善的，而知是知覺，是感，是已發，
王畿等人所說的良知是知覺，是「終日精神隨物流轉，無復有凝聚純一之時」。
〔註28〕

　　聶豹、羅洪先二人將見在良知視爲知覺，應是當時人普遍的看法，例如
羅欽順（1465～1547）。歐陽德曾針對羅欽順「良知即知覺」的質疑，回覆他
知覺與良知「名同而實異」，知視、聽、言、動皆知覺，未必皆善；知惻隱、
羞惡、恭敬、是非是良知，是本然之善。而「本然之善以知爲體，不能離知

〔註22〕歐陽德，〈答董兆時問〉，《歐陽南野先生文集》卷九，頁506～507。

〔註23〕孟子曰：「人之所不學而能者，其良能也；所不慮而知者；其良知也。孩提之
童，無不知愛其親者；及其長也，無不知敬其兄也。親親，仁也；敬長，義
也。」〈盡心上〉，《孟子注疏》，頁232。

〔註24〕聶豹，〈送王惟中歸泉州序〉，《雙江聶先生文集》卷四，頁296～297。

〔註25〕聶豹，〈答王龍溪〉，《雙江聶先生文集》卷十一，頁487～502。

〔註26〕聶豹，〈答董明建〉，《雙江聶先生文集》卷十一，頁502～506。

〔註27〕聶豹，〈答胡青厓〉，《雙江聶先生文集》卷九，頁424～425。

〔註28〕羅洪先，〈答陳明水〉，《念菴羅先生集》卷二，頁540～542。

而別有體」。所謂「致知」當然是就本然之善擴充而極其至，而非「增廣其見聞覺識」。〔註29〕良知與知覺的關係即是如此。王畿也認為「良知非知覺之謂，然舍知覺無良知」。〔註30〕

「見在良知」說另一個引發爭議則是「良知見成，不待修證而後全」。聶豹在寫給王畿的信中舉出陽明的話：「良知是未發之中，寂然大公的本體」，是指天賦之初，還是見在者？如果是見在者，則已經是「氣拘物蔽」，「吾非故吾」。就像「昏蝕之鏡」，「虛明之體」仍在，但要有「磨盪之功」，才能使「虛明之體」顯現。〔註31〕也就是良知並不是知覺，良知的展現也要有「磨盪之功」。王畿則回答：

> 良知在人，本無污壞，雖昏蔽之極，苟能一念自反，即得本心。譬之日月之明，偶為雲霧之翳，謂之晦耳。雲霧一開，明體即見，原未嘗有所傷也。此原是人人見在具足，不犯做手本領工夫。人之可以為堯舜，小人之可使為君子，舍此更無從入之路。〔註32〕

他一方面肯定良知見在，一方面又不忘提醒「致」之工夫。而羅洪先有名的「世間那有現成良知」命題，與聶豹相同，認為「良知非萬死工夫斷不能生」、「不是現成可得」，而提出「收攝保聚」之工夫。〔註33〕王畿當然能夠體會聶豹、羅洪先二人說良知非見在，而要歸寂、收攝保聚的動機：

> 世之談學者，其言曰無事襲取之勞，而爽然以為固有；不假纖毫之力，而充然以為天成。念庵子懼其傷於易也，倏忽變化，將至於蕩無所歸，故為收攝保聚之說以捄之。〔註34〕

也就是世人「看得良知太淺」，又「說得致良知功夫太易」。〔註35〕不過如果因為如此，就以為「現在良知與堯舜不同」，「必待功夫修整而後可得」，亦是「矯枉之過」。〔註36〕他還是強調「堯舜之生知安行」，要有「困勉之功」，而愚夫愚婦，亦是「生知安行」的本體，但「困勉之功」要更多，兩者的成功

〔註29〕歐陽德，〈答羅整菴先生寄困知記〉，《歐陽南野先生文集》卷一，頁 357～359。

〔註30〕王畿，〈答羅念庵〉，《王龍溪全集》卷十，頁 651～653。

〔註31〕聶豹，〈寄王龍溪二首〉之二，《雙江聶先生文集》卷八，頁 408～409。

〔註32〕王畿，〈致知議辨〉，《王龍溪全集》卷六，頁 411～436。

〔註33〕羅洪先，〈松原志晤〉，《念菴文集》卷八，頁 181～182。

〔註34〕王畿，〈致知難易解〉，《王龍溪全集》卷八，頁 555～557。

〔註35〕王畿，〈別曾見臺謾語摘略〉，《王龍溪全集》卷十六，頁 1150～1156。

〔註36〕王畿，〈松原晤語〉，《王龍溪全集》卷二，頁 190～194。

是一樣的。〔註37〕也就是他在松原與羅洪先會晤所說的：從頓入者，「即本體為功夫」，雖有欲念，一覺便化，而一般人，要從漸入，「用功夫以復本體」，必須「終日掃蕩欲根」、「袪除雜念」。〔註38〕由此看來，王畿主張良知不學不慮，本來具足，仍然有「致之之方」，〔註39〕並不是坐享其成的。

二、未發已發與寂感

　　未發、已發概念，出自《中庸》，《中庸》曰：「喜怒哀樂之未發，謂之中；發而皆中節，謂之和。」〔註40〕寂、感的概念出自《周易》，〈繫辭上〉曰：「易无思也，无為也。寂然不動，感而遂通天下之故。」〔註41〕由聶豹對見在良知的批評，即可發現他所理解的良知是未發之中，是寂體。他主張「未發之中」是天下之大本，是千變萬化所從出者，堯舜「允執厥中」是以「中為本體，允執為功夫」，而有未發之中，便有發而中節之和，所以未發之中是本體，即是陽明所說的「未發之中是良知」之義。〔註42〕對聶豹而言，未發、已發二者是分開的：「未發之中為本體」，即是「不睹不聞之獨」、「天下之大本」，「中節而和生」、「天地位，萬物育」是「效驗」，兩者不能視為一體。他認為他的看法「雖不免有所分別」，但與陽明的意思是相同的，可以「合而觀之」。〔註43〕

　　針對聶豹將未發、已發二分，良知為未發之中的說法，歐陽德認為無論是未發之中或是已發之和，「其名則二，其實一獨知也」。「未發之中」是就獨知的「費而隱」、「無少偏倚」而言的，至於「中節之和」是就獨知「微而顯」、「無少乖戾」來說，並非離開「動用顯見」，而別有「貞靜隱微之體」。即程子所說的：「言和則中在其中，言中則涵喜怒哀樂在其中。蓋體用一原，顯微無間之道。」〔註44〕也就是說，已發、未發是獨知的兩種狀態，一物而二名：「未發言其體，發言其用，其實一知也」，所以舍知則無從求所謂中和者，功夫在「慎其獨知」。〔註45〕他進一步認為良知無未發之時，良知「無時不發」，無時不發則無所謂「未發之前」，就不能「前乎未發而求其所謂中

〔註37〕王畿，〈致知難易解〉，頁555～557。
〔註38〕王畿，〈松原晤語〉，頁190～194。
〔註39〕王畿，〈與陽和張子問答〉，《王龍溪全集》卷五，頁388～401。
〔註40〕《禮記‧中庸》，《禮記正義》，頁879。
〔註41〕《周易‧繫辭上》，《周易正義》，頁154。
〔註42〕聶豹，〈答歐陽南野三〉，《雙江聶先生文集》卷八，頁390～396。
〔註43〕同註42。
〔註44〕歐陽德，〈寄聶雙江〉，《歐陽南野先生文集》卷四，頁420～421。
〔註45〕歐陽德，〈答聶雙江二〉，《歐陽南野先生文集》卷五，頁458～461。

者」。〔註 46〕而「思慮不作」、「閒靜虛融」不是未發，是「樂之發」，沒有所謂未發者在閒靜虛融之先。〔註 47〕聶豹則反駁「喜怒哀樂豈無未發之時」，〔註 48〕那麼「日夜之所息」，即是未發，「且晝之所為」即是「喜怒哀樂之發者」。〔註 49〕日夜之所息，即是未發之中，且晝之為為即是已發。換句話說：「人固有時不喜，亦有時乎不怒，感物而動，與化俱徂，安得遽謂無未發之時哉！」〔註 50〕

聶豹既然認為良知是未發之中，那麼致知就在於致未發之中。聶豹說：「千古聖學惟此一路，一路是指未發之中而言。」〔註 51〕而所謂千古聖學是指：「堯舜開萬世心學之源，只在一中字」、「子思憂道學之失傳，乃作《中庸》，而『喜怒哀樂未發之謂中』一語，真是嘔出心肝」、「道南以後龜山傳之延平，每令學者於靜中以體夫喜怒哀樂未發之中，未發作何氣象，存此則自此而發者自然中節」、「明道先生曰：『不睹不聞便是未發之中，才發便屬睹聞。』又曰：『此是日用本領工夫』」，〔註 52〕而朱子亦於晚年相信「李先生門下教人，每令於靜中以體夫喜怒哀樂未發之中，未發作何氣象」，至於陽明亦說：「聖人到位天地、育萬物，亦只從喜怒哀樂未發之中養出來」。〔註 53〕這些無非是證明致知即是致中，即致未發之中，自然得發而中節之和。

至於王畿等人，他們的看法為何？錢德洪以為「離已發而求未發」，必不可得。久之則養成「枯寂之病」：「認虛景為實得」、「擬知見為性真」。〔註 54〕王畿也認為「未發之功，只在發上用」，如果外此而別求「所養之豫」，則是「遺物而遠於人情」。〔註 55〕聶豹則反駁：在發處用功，「隨事精察」，會「陷於憧憧卜度之私」，而茫茫無歸，又會「長欲恣情」、「日陷於水火焚溺其身而不顧」。〔註 56〕所以還是：「未發之中本體自然，敬以持之，使此

〔註46〕歐陽德，〈寄聶雙江〉，頁 420～421。
〔註47〕歐陽德，〈答聶雙江二〉，頁 458～461。
〔註48〕聶豹，〈答黃洛村〉，《雙江聶先生文集》卷十一，頁 483～486。
〔註49〕聶豹，〈答黃洛村二〉，《雙江聶先生文集》卷九，頁 426。
〔註50〕聶豹，〈答歐陽南野三〉，頁 390～396。
〔註51〕聶豹，〈答王龍溪〉，頁 487～502。
〔註52〕聶豹，〈答曹紀山〉，《雙江聶先生文集》卷九，頁 435。
〔註53〕聶豹，〈答歐陽南野二〉，《雙江聶先生文集》卷八，頁 389～390。
〔註54〕錢德洪，〈復何吉陽〉。收於黃宗羲，〈浙中王門學案一〉，《明儒學案》卷十一，頁 236。
〔註55〕王畿，〈致知議辨〉，頁 411～436。
〔註56〕聶豹，〈答東廓鄒司成四首〉之一，《雙江聶先生文集》卷八，頁 404～405。

氣象常存而不失，則自此而發者，自然中節，此是日用本領工夫」。〔註 57〕

　　同樣的在寂、感問題上，聶豹主張良知本寂，工夫在寂上做。首先聶豹認為：寂是「性命之源」、「神應之樞」。原無一物，而「無物不備」；一無所知，而「無所不知」。〔註 58〕又良知即是寂體，「感於物而後有知」，知覺是發，不能以知覺為良知，而忘「發之所自」。因此學問之道在於「自其主乎內之寂然者求之」，使之「寂而常定」，就能「感無不通」、「天下之能事畢」。就如同「鑑懸於此而物來自照」、「鍾之在虛而扣無不應」。〔註 59〕在「寂為感之主」的觀念下，他對於王畿等人說「寂無功夫，而求寂於感」的說法，批評是「電光波影」、「與物輪迴」，〔註 60〕更是「日陷於憧憧而不自覺」、「其說愈多而愈遠」。〔註 61〕

　　在寂、感關係上，陳九川認為「心本寂而恒感」：「寂在感中，即感之本體」、「感在寂中，即寂之妙用」，而「非感則寂不可得而見」，所以致思之功，皆在感上。〔註 62〕鄒守益認為良知一也，有指體而言者，即「寂然不動」，有指用而言者，即「感而遂通天下之故」，良知之寂然處是「未發之中」，感通處是「已發之和」，體用非二物，所以「未應不是先，已應不是後」。〔註 63〕王畿則認為寂、感無分內外：「即寂而感行焉，即感而寂存焉，正是合本體之工夫。無時不感，無時不歸於寂也」所以「寂非內」、「感非外」，而無內外之分。〔註 64〕黃弘綱則言：「感也，寂在其中」、「寂也，感在其中」，皆合寂、感而言之者。〔註 65〕聶豹也能理解「未發寂然之體，未嘗離感而別有一物在。中即感之中，而未發寂然者在焉」，但他認為這只能指「統體」，而不能指「工夫」。〔註 66〕也就是在本體上「無時不寂，無時不感」，在工夫上則「感惟其

〔註 57〕聶豹，〈答王龍溪〉，頁 487～502。

〔註 58〕聶豹，〈答唐荊川〉，《雙江聶先生文集》卷八，頁 412。

〔註 59〕聶豹，〈答歐陽南野三〉，頁 390～396。

〔註 60〕聶豹，〈答王龍溪〉，頁 487～502。

〔註 61〕聶豹，〈答王敬所〉，《雙江聶先生文集》卷九，頁 430。

〔註 62〕陳九川，〈答羅念菴〉，《明水陳先生文集》卷一，頁 32～35。

〔註 63〕鄒守益，〈復黃致齋使君〉。另外他在〈雙江聶子壽言〉亦表達相同的看法。《東廓鄒先生文集》卷五、二，頁 47、627～628。

〔註 64〕王畿，〈致知議辨〉，頁 411～436。

〔註 65〕聶豹，〈答黃洛村〉所引，頁 483～486。另外，唐順之在〈與聶雙江司馬〉亦有相同的看法。《唐荊川先生集》卷七，頁 6b～8b。

〔註 66〕聶豹，〈寄羅念菴十六首〉之七，《雙江聶先生文集》卷九，頁 420～421。

時，而主之以寂」。〔註67〕如果在發用處摸索寂然之體，是「大阿之倒持」，所以無問感與不感，工夫只在「歸寂」。〔註68〕

聶豹最後將工夫收攝在「歸寂」上：「寂」是未發之中，致中則能無時而不寂，而萬象森然，有未發之中，便有發而中節之和，即是「體立而用自生」的道理。〔註69〕因此「功在歸寂」，正是「合本體之功」。〔註70〕所以他告訴歐陽德：「歸寂之功，本無間於動靜，一以歸寂爲主。寂以應感，自有以通天下之故，故應非吾所能與其力也。與力於應感者，憧憧之思而後過與不及生焉。」〔註71〕也就是工夫在寂上，而非在感上求。王畿則以爲：

> 寂之一字，千古聖學之宗。感生於寂，寂不離感。舍寂而緣感，謂
> 之逐物；離感而守寂，謂之泥虛。夫寂者，未發之中，先天之學也。
> 未發之功，卻在發上用；先天之功，卻在後天上用。〔註72〕

也就是工夫在感上、已發處求，而不是在未發、寂體上做，而歸寂是「于知之上，復求有物以爲之主」，是「矯枉之過」。〔註73〕

三、致知格物

聶豹認爲良知是寂，是未發之中，要致知，應當要歸寂，所以致知即是致虛守寂。他以爲致知是「充滿吾虛靈本體之量，而不以一毫意欲自蔽」，即復先天之體、未發之中。自此而發，自能「感而遂通」。〔註74〕也就是「貫顯微內外而一之」。〔註75〕如此一來，致知成爲「格吾本體之不善」，而非「即其事而格之」。〔註76〕明白指出致知不在格物上。他以疏瀹本源及培植根本爲喻：「瀹原者，瀹其江淮河漢所從出之原，非江淮河漢爲原而瀹之也。根本者，枝葉花實之所從出也，培根者，培其枝葉花實所從之根，非以枝葉花實爲根

〔註67〕聶豹，〈答東廓鄒司成四首〉之一，頁404～405。
〔註68〕聶豹，〈寄羅念菴十六首〉之七，頁420～421。
〔註69〕聶豹，〈答鄒西渠二首〉，《雙江聶先生文集》卷九，頁431～432。
〔註70〕聶豹，〈答王龍溪〉，頁487～502。
〔註71〕聶豹，〈答歐陽南野三〉，頁390～396。羅洪先對於寂感亦有相同的看法，見
　　　〈困辨錄後序〉，《念菴文集》卷十一，頁214～215。
〔註72〕王畿，〈致知議辨〉，頁411～436。
〔註73〕同註72。
〔註74〕聶豹，〈答錢緒山〉，《雙江聶先生文集》卷九，頁429～430。
〔註75〕聶豹，〈答東廓鄒司成四首〉之三，《雙江聶先生文集》卷八，頁406。
〔註76〕聶豹，〈答歐陽南野三〉，頁390～396。

而培之也。」所以致虛守寂是「濬原」、「培根」的工作，〔註77〕而「即感應變化之知而致之」，則是「作枝葉花實、江淮河漢之想」。〔註78〕這明顯是批評王畿等人致知在格物的說法。

聶豹認爲致知是根本工夫，而王畿等人則以爲致知在格物，格物是實際下手處。王畿說：

> 良知無分於未發已發，所謂無前後內外，而渾然一體者也，纔認定些子，便有認定之病。後儒分寂分感，所爭亦只在毫釐間。所謂致知在格物，格物正是致知實用力之地，不可以內外分者也。〔註79〕

所以他又有「良知本虛，格物乃實」之說，也就是若不在感應上「參勘得過」、「打疊得下」，終落懸空，因此「立定命根」，不能懸空而做，格物正是致知的下手實地。〔註80〕歐陽德亦認爲致知是「致其感應變化之知」，何謂感應變化，如視聽言動、喜怒哀樂之類，所以致其本體之知在即其事而格之。所以他的結論也是「格物者，致知之實也」。〔註81〕同樣的錢德洪認爲未發寂然之體，未嘗離家國天下之感，而別有一物，家國天下之感之中，有未發寂然者在其中，所以「格物爲致知實功」，通寂感體用而無間。〔註82〕另外，王畿又以鏡爲喻，良知如鏡之明，格物如鏡之照。鏡之在匣或在臺，可以說動靜，而鏡體之明，無時不照，無分於在匣或在臺，所以格物是無間於動靜，而非如聶豹所說的致知在靜，格物偏動。〔註83〕

對於致知與格物的關係，聶豹以爲致知是「致其寂體之知」、「養其虛靈」，格物是「感而遂通天下之故」，〔註84〕「工夫在致知，不在格物」，〔註85〕格物只是「聽吾良知自然之妙用而無所用其知」。〔註86〕同樣的，聶豹亦以鏡喻格物與致知：知是「鏡之明」，致是「磨鏡」，格是「鏡之照」，妍媸在彼，隨物而應之而已，〔註87〕也就是磨鏡而鏡明，自然隨物而照，工夫在磨鏡，鏡

〔註77〕同註76。
〔註78〕聶豹，〈答王龍溪〉，頁487～502。
〔註79〕王畿，〈答聶雙江〉，《王龍溪全集》卷九，頁575～577。
〔註80〕王畿，〈與聶雙江〉，《王龍溪全集》卷九，頁577～578。
〔註81〕歐陽德，〈答聶雙江〉，《歐陽南野先生文集》卷五，頁454～458。
〔註82〕錢德洪，〈復周羅山〉，收於黃宗羲，〈浙中王門學案一〉，頁236。
〔註83〕王畿，〈致知議辨〉，頁411～436。
〔註84〕聶豹，〈答歐陽南野三〉，頁390～396。
〔註85〕聶豹，〈答王龍溪〉，頁487～502。
〔註86〕聶豹，〈括言〉，頁548～550。
〔註87〕聶豹，〈答戴伯常〉，《雙江聶先生文集》卷十，頁438～473。

之照無工夫。同樣的以鏡爲喻，王畿、聶豹所強調的不同，王畿強調格物無間動靜，暗批聶豹偏於靜。而聶豹則強調在本源上做工夫，暗指王畿等人逐外。由此可見兩者認知的差異。

聶豹強調格物在致知，致知是下手工夫，格物則是自然發用，無工夫可言。這明顯與陽明說「致吾心良知之天理於事事物物」、〔註88〕「格者，正也，正其不正以歸於正」〔註89〕不同。王畿等人亦以此爲論據，反駁聶豹格物無工夫之說。聶豹則重新解釋陽明的說法。他認爲陽明說：「致吾良知之天理於事事物物之間是致知，事事物物各得其理是格物」，明顯是說「功在致知」，格物只是功效。至於「格其不正以歸於正」，他認爲心無不正，感於物而動，然後有不正，於是要正吾心之不正，非在物上求正，陽明說的「格物」只是爲「困知勉行」者所提出的方便法門，因此聖學之功還是在「致知」。〔註90〕他認爲這樣的說法雖不曾與陽明面訂，但陽明必「以予言爲然」。〔註91〕另外他又以《大學》「知止」來證明其說。《大學》全功在止於至善，知止則能定靜安慮，知止是致知，定靜安慮即格物，王畿等人的說法是以格物爲知止，即以定靜安慮爲格物，明顯與《大學》不符。〔註92〕王畿則反覆強調「欲致其知，在於格物」，「格物」是《大學》實下手處，所以說「致知在格物」，如果說「格物無工夫」，則《大學》爲「贅詞」，師門爲「勦說」。〔註93〕鄒守益也以爲聶豹以「格物無所用其功」，是「矯枉過直」與陽明「致知在格物」五字，終有未瑩。〔註94〕也就是聶豹的說法，不只與《大學》不合，更是不合師門宗旨。

聶豹主張格物在致知，格物無工夫，是爲對治王畿等人以致知在格物，有逐外、義襲之嫌，他批評格物以致其知，是「義襲科臼」、是「電光波影」、「與物輪迴」，無有「端拱清穆」之時。〔註95〕又是與意念「相爲倚伏陰流」，是「密陷於義襲助長之病」，〔註96〕又是「舍心逐物」、「只做得個義襲」，

〔註88〕王陽明，〈答顧東橋書〉，《王陽明全集》卷二，頁41～57。
〔註89〕王陽明，〈大學問〉，《王陽明全集》卷二十六，頁967～973。
〔註90〕聶豹，〈答歐陽南野三〉，頁390～396。
〔註91〕聶豹，〈答亢子益問學〉，《雙江聶先生文集》卷八，頁399～402。
〔註92〕聶豹，〈答陳明水〉，《雙江聶先生文集》卷十一，頁486～487。
〔註93〕王畿，〈致知議辨〉，頁411～436。
〔註94〕鄒守益，〈簡復聶雙江〉，《東廓鄒先生文集》卷六，頁71～72。
〔註95〕聶豹，〈答陳明水〉，頁486～487。
〔註96〕聶豹，〈括言〉，頁548～550。

〔註97〕便是「義外」。〔註98〕王畿等人當然能了解聶豹的苦心,王畿說:

> 公見吾人為格致之學者,認知識為良知,不能入微。致其自然之
> 覺,終日在應迹上執泥有象,安排湊泊,以求其是當。故苦口拈出
> 虛寂話頭,以救學者之弊,固非欲求異於師門也。然因此遂斬然謂
> 格物無工夫,雖以不肖隨在致此良知,周乎物而不過之說,亦以為
> 全屬人為,終日與物作對,牽己而從之,恐亦不免於懲羹吹齏之過
> 耳。〔註99〕

不過他還是反覆強調格物非義襲,而是在心上的功夫。歐陽德認為「知以事
為體」、「事以知為則」,事不能循其知,則知不能極其至。所以致知要在格物,
格物以致其知。而只知格物而不知致知者,是「揣摩義襲」,只知致知卻不知
有格物者,則近於「圓覺真空」。所以他說的格物致知之學,既非揣摩,也不
墮於空虛。〔註100〕他們反而批評聶豹致虛守寂、格物無工夫的「歸寂說」是
「絕物」、〔註101〕是「著空」。〔註102〕因此雙方皆將格物與不格物視為「儒佛
之辨」。〔註103〕王畿認為聶豹歸寂說與「生生之機」不同,入於禪定,而格物
無工夫,又與佛學「養覺而嗇於用」相同。〔註104〕聶豹則以為他的致知是「充
滿吾心虛靈本體之量」,使之「寂然不動」,這是儒與釋相同的地方,但釋氏
以事物之感應為幻妄,一切斷除而絕滅之,與他的說法「毫釐千里」,他的格
物是「感而遂通天下之故」、即是「明明德於天下」、即是「以天地萬物為一
體」。〔註105〕因此格物與不格物,是「歸寂說」與釋氏的最大差別。

由以上的討論,我們可發現雙方爭論的焦點,主要在工夫論上,以及由
此引發的對良知本體理解的差異。聶豹著眼於「見在良知」,會以知覺等同良
知,而無工夫可作的弊端,因此他主張要先立「體」,即致知、歸寂、致未發
之中、在「體立而用自生的」原則下,自然能得已發之和,自然能感而遂通

〔註97〕聶豹,〈答汪周潭二〉,《雙江聶先生文集》卷九,頁430～431。
〔註98〕聶豹,〈答徐少初〉,《雙江聶先生文集》卷九,頁434。
〔註99〕王畿,〈致知議辨〉,頁411～436。
〔註100〕歐陽德,〈寄聶雙江三〉,《歐陽南野先生文集》卷四,頁422～423。
〔註101〕王畿,〈答聶雙江〉,頁575～577。
〔註102〕王畿,〈答羅念庵〉,頁651～653。
〔註103〕聶豹言:「儒佛之辨甚微,格物與不格物,其千里謬處。」〈答王龍溪〉,頁
487～502。
〔註104〕王畿,〈致知議辨〉,頁411～436。
〔註105〕聶豹,〈答歐陽南野三〉,頁390～396。

天下，自然能物格。所以對他而言，未發已發、寂感、致知格物，是有先後、本末、因果、體用、工夫效驗的區別，而且他是重本輕末、立體達用。對王畿等人來說這些概念都是二而一，一而二者，在「體用一源」的情況下，良知無分於已發未發，未發中有已發，已發中有未發；無分於寂感，寂在感中，感在寂中，「即體而言，用在體；即用而言，體在用」。這樣的差異，可歸諸於雙方「體用」的理解──思惟方式──不同。〔註106〕雙方皆強調其說是「體用一源」，對聶豹而言，體用關係的思考是異質異層的，是靜態平列的，所以這些概念是一一對應分開的。王畿等人對體用關係的思考則是同質同層的，是動態辯證的，〔註107〕二者不可離析為二，更不是前後內外的關係。其間的差異，歐陽德有一比喻極為恰當。他認為陽明包括王畿等人的體用關係猶如「視能明，便自能察五色；聽能聰，便自能別五聲」，而聶豹卻將體用認定為工夫與效驗的因果關係，猶如：「能食便自能飽，能飲便自能醉」，因此「異乎體用一源者矣」！〔註108〕

對於這次的辯論，我們將良知學視為一「文本」，從雙方對文本詮釋的差異來理解這次辯論。〔註109〕文本的作者（陽明）這時已謝世，無法如王畿與錢德洪對四句教的爭議一般，尋求陽明的「證道」，所以必須尋求雙方可以共同認可的證據來說服對方：一是經典，二是自我體驗。在經典方面，雙方皆是陽明門人，陽明的著作，成為最基本的證據，而是否符合陽明思想也成為最基本的問題。除此之外，他們更訴諸於陽明之外的經典：《易傳》、《孟子》、《大學》、《中庸》以及周、程、朱子等人的著作。對於這些經典，雙方當然還是以自己的觀點來解釋，而無任何的交集。另外的證據是自我體驗，即道德踐履，它是儒學的基礎，也是陽明學所強調的，歸寂說是聶豹親身體驗而來的，〔註110〕雖然王畿等人不同意，但對聶豹的說法亦不全然否定：

〔註106〕林月惠認為「體用一源」作為宋明儒學的一思惟型範（Pattern）而言，只具形式意義，每個思想家（不論儒、釋、道），皆可因其哲學思想重點的不同，賦予「體用一源」不同的內容意義。〈聶雙江「歸寂說」之衡定──以王陽明思想為理論判準的說明〉，頁275～316。

〔註107〕同註106。

〔註108〕歐陽德，〈寄聶雙江三〉，頁422～423。

〔註109〕陳立勝曾以詮釋學的角度來解讀四句教的三次辯論，在此筆者亦採用他的方法來討論良知之辯。〈王陽明「四句教」的三次辯難及其詮釋學義蘊〉，《臺大歷史學報》二十九期（2002），頁1～27。

〔註110〕聶豹的「歸寂說」是在獄中真實體驗出來的。見黃宗羲，〈江右王門學案二〉，

吾人今日受病，又未免倚傍道理分疏，不肯直下歸根承受。得此一番提掇，迺是對病之藥。不可因其話頭未相打併，并其宗旨而忽之也。況雙江公迺是覿體鍛鍊出來公案，所指寂然處，實有下落，自以爲不屬見解。〔註111〕

王畿將聶豹的看法一分爲二，對其宗旨是肯定的，所反對的是他所提出的話頭。評判的標準即在「覿體鍛鍊」上，也就是道德踐履。由這一點來看，雙方的辯論還是在儒學的傳統下，並未超出儒學的範疇。另一方面這次辯論雖是陽明學內部關於工夫論的爭辯，但聶豹、羅洪先已有溢出陽明學的傾向。雖然聶豹仍自稱其思想符合陽明，但他們所找的論據已不單是陽明，而有周、程、朱子，因此他們的思想型態其實與周、程、朱子較接近，〔註112〕這次的辯論實有朱學與王學對話的意味。〔註113〕

由這次辯論，我們可以發現游學的流動性帶來了思想的流動，使得思想也跨越了地域的界限，成爲跨地域的思想議題，良知學即是如此。陽明學者對於良知的關注是普遍性的，〔註114〕對其中某些問題的理解或許有個別差異，但就聶豹所提出的命題，我們可以明顯看到聶豹與羅洪先這兩個「私淑者」〔註115〕屬於一方，王畿、錢德洪與江右學者：鄒守益、歐陽德、黃弘綱、陳九川屬於另一方，形成對壘。因此，這次辯論並沒有明顯的江右、江左的

《明儒學案》卷十七，頁371～374。

〔註111〕王畿，〈答鄒東廓〉，《王龍溪全集》卷九，頁579～581。

〔註112〕古清美，〈羅念菴與陽明學〉、〈羅念菴的理學〉，《明代理學論文集》（臺北：大安出版社，1990年），頁141～207。林月惠，〈聶雙江「歸寂說」析論〉，《中國文學研究》第3輯（1989），頁93～123。

〔註113〕岡田武彥認爲聶豹、羅洪先的思想，代表著「新朱子學的胎動」。岡田武彥著，吳光、錢明、屠承先譯，《王陽明與明末儒學》（上海：上海古籍出版社，2000年），頁119。

〔註114〕在此我們要強調對良知的關注，是第一代弟子普遍性的現象，但二、三代弟子之後，由於學風轉移，關注的焦點亦有所變動。對良知看法的差異在第一代弟子中引起相當大的辯論，然而並未延續到第二代、第三代，而只有一些零星的討論。例如王時槐在三益軒講會曾評羅洪先「舉未發以究其弊」，是「頭上安頭」。另外他在寫給錢一本的信中亦討論到未發已發的問題：「此心常發矣，發而中節，則未發之體在是矣，若捨發而別求未發，恐無是理。」從這兩段話看來，他的觀點基本上較接近王畿等人。〈三益軒會語〉、〈答錢啓新邑侯八條〉，《塘南王先生友慶堂合稿》卷四、一，頁256～257、170～171。

〔註115〕陳九川曾批評：「今宗先師良知之說者盛矣，然亦不免各以意見搭合其間。如獅泉諸兄論益玄奇，漸失宗旨，況諸私淑者耶！」私淑者即指聶豹、羅洪先二人。〈簡魏水洲〉，《明水陳先生文集》卷一，頁21～22。

地域區別，相反的，大部分的陽明學者看法相當一致，反倒是聶豹與羅洪先成了陽明學中的「別子爲宗」。〔註116〕

　　游學的流動亦影響著個人的思想，也就是對成學的影響。在良知之辯上，羅洪先與聶豹的觀點雖是一致的，但後來兩人的思想其實是有某些差異，而這差異，除了個人經歷、體悟之外，亦歸功於羅洪先的三次游學。〔註117〕另外，陳九川的觀點與王畿相同，亦是游學流動，思想對話的結果。一開始他的看法與聶豹相近：「大意亦與吾丈（即聶豹）之所論見略同，亦辱見許，謂有相發。」〔註118〕後來入越，就正龍溪，「始自疑貳，數年體驗，乃覺此脈絡不容有毫髮之異。」〔註119〕因此他特別提到：「微龍溪吾豈特同門而異戶哉，殆將從空華復結空果矣！」〔註120〕由此可看到游學的流動對他成學的影響。

第二節　四句教之辯

　　四句教的論辯共有三次，第一次是發生在嘉靖六年（1527），陽明征思恩、田州之前。由於錢德洪、王畿對四句教的意義，因各人理解之不同而產生相互的論難，後來就正陽明於越城天泉橋，這段經過稱爲「天泉證道」。〔註121〕第二次辯論，發生在萬曆二十年（1592）左右，距離「天泉證道」已有六十五年，而首次辯論的參與者也已謝世。第二次論辯的地點在南都金陵，在一次講會上，周汝登以「無善無惡」爲講題，而引起許孚遠（1535～1604）的質疑：

　　　　南都舊有講學之會，萬曆二十年前後，名公畢集，會講尤盛。一日
　　　　拈舉天泉證道一篇，相與闡發，而座上許敬菴公未之深肯。明日，

〔註116〕牟宗三在爲宋明理學分系，評程頤、朱熹一系「自不是儒家之大宗，而是『別子爲宗』也」。《心體與性體》（臺北：正中書局，1996年），頁45。
〔註117〕關於羅洪先的游學與其成學歷程，詳見第六章。
〔註118〕陳九川，〈答聶雙江〉，《明水陳先生文集》卷一，頁35～37。
〔註119〕陳九川，〈簡魏水洲〉，頁21～22。
〔註120〕陳九川自敘成學歷程：「川自服先師致知之訓，中間凡三起意見，三易工夫，而莫得其宗。始從念慮上長善消惡，以爲視別諸事爲者要矣。久之復自謂淪注支流，輪迴善惡，復從無善無惡處認取本性，以爲不落念慮，直悟本體矣。既已復覺，其空倚見悟，未化渣滓，復就中恒致廓清之功，使善惡俱化，無一毫將迎意必之翳。若見全體炯然炳於幾先，千思百慮，皆從此出。即意無不誠，發無不中，才是無善無惡實功。從大本上致知，乃是知幾之學。自謂此是聖門絕四正派，應悟入先師致知宗旨矣。」〈答聶雙江〉，頁35～37。
〔註121〕〈年譜三〉，《王陽明全集》卷三十五，頁1306～1307。

公出九條，自命曰「九諦」，以示會中，先生爲「九解」復之。天泉
宗旨益明。〔註122〕

由此，我們可以知道這次論辯發生的緣由，以及雙方的觀點。在金陵的這次
講會中，周汝登、楊起元與許孚遠爲主盟者。〔註123〕周汝登與楊起元皆爲陽
明學者，〔註124〕而許孚遠是唐樞（1497～1574）的學生，是湛若水的再傳弟
子。在這次講會中，周汝登講論天泉證道的「無善無惡」之說，引起許孚遠
的反對，所以作〈九諦〉，非難無善無惡，而周汝登再根據〈九諦〉，作〈九
解〉，申明無善無惡之旨。

　　四句教的第三次辯論是發生在萬曆二十六年（1598），距離四句教的首次
辯論已有七十一年，與第二次辯論則只相距六年。這次辯論是發生在吳中惠
泉，在一次的講會上，管志道主張三教合一，引起在場學者如顧憲成、高攀
龍（1562～1626）等人的反駁。在顧憲成的《年譜》四十九歲記載：

八月會南浙諸同人講學於惠泉之上，作《質疑編》。
時太倉管東溟志道以絕學自居，一貫三教而實專宗佛氏。公與之反
覆辨難，積累成帙。……於無善無惡四字，駁之甚力。〔註125〕

〔註122〕周汝登，〈南都會語〉，《東越證學錄》卷一，頁89～144。
〔註123〕黃宗羲，〈甘泉學案五〉，《明儒學案》卷四十一，頁976。
〔註124〕周汝登與楊起元《明儒學案》列爲泰州學派。楊起元是羅汝芳的學生，羅汝
芳將其所得「具足現成，生生不息大家儅」交付楊起元，希望起元能守成而
致盛。羅汝芳，《盱壇直詮》下卷，頁178。將楊起元列於泰州學派毫無異議。
而周汝登，黃宗羲言「供近溪像，節日必祭，事之終身」，故將之列入泰州學
派。〈泰州學案五〉，《明儒學案》卷三十六，頁854～856。不過以周汝登以
及當時學者的看法，皆以周汝登繼承王畿之學，周汝登亦屢次稱王畿爲「先
師」，如〈越中會語〉，《東越證學錄》卷四，頁317。而他的好友鄒元標更認
爲周汝登繼承王畿之學：「自王公沒後，紹興賴龍溪王子衍其傳，然海內疑信
者過半。龍溪氏逝，予嘗以失傳爲憂，乃天復挺生吾友嵊縣周子繼元，……
周子蓋非特有功龍溪，實有功新建。」〈壽海門周公七十序〉，《願學集》卷四，
頁158～159。另外陶望齡亦曰：「越自龍溪先生既沒，微言將隕，賴海門丈
復起而續之。」〈與蕭若拙廣文〉，《陶文簡公集》卷十三，頁561。因此黃宗
羲將周汝登列入泰州學派實有相當大的問題。另外，方祖猷認爲黃宗羲「供
近溪像」一段話應是屬於楊起元的，但後人在抄錄中誤移至周汝登傳中。方
祖猷，《王畿評傳》，頁426。關於周汝登的學派歸屬，可參考彭國翔，〈周海
門的學派歸屬與《明儒學案》相關問題之檢討〉，《清華學報》三十一卷三期
（2002），頁339～373。
〔註125〕《顧端文公年譜》卷三，收於《顧端文公遺書》（臺南：莊嚴出版社，1995
年，《四庫全書存目叢書》），頁523。

這次的論辯，主張無善無惡論者為陽明學者管志道，另一邊的代表為東林學者顧憲成、高攀龍。他們論辯的焦點除了三教合一外，主要集中在四句教的首句「無善無惡心之體」，以及由此引申的儒釋之辨上。之後雙方再以書信往復辯論，一方主性善說，一方主無善無惡論，爭論不已。〔註126〕

第二、三次的論辯與第一次論辯最大的不同在於「天泉證道」的論辯者皆是陽明學者，而且四句教的提出者陽明亦在場，所以是陽明學者對四句教理解的爭議，其焦點主要是在工夫論上。而「南都講會」與「惠泉講會」之辯是陽明學者與其他學派學者之間對四句教的辯論。他們爭論的焦點已轉移至首句「無善無惡心之體」，以及由此而衍申的工夫論，甚至儒釋之辨上。因此我們可以將這三次辯論分為二部分，一是工夫論之辯，二是本體論之辯。以下就分這兩部分來討論。

一、工夫論之辯

「天泉證道」的經過主要記載在《傳習錄下》、陽明〈年譜三〉五十六歲條下及王畿文集〈天泉證道紀〉。〔註127〕《傳習錄》及《年譜》由錢德洪所編，對於王畿的觀點記載較簡略，而王畿所撰寫的〈天泉證道紀〉，則對其觀點記錄詳細。〔註128〕首先王畿與錢德洪論「為學宗旨」，由王畿提出陽明平日的教

〔註126〕 在「惠泉講會」上，顧憲成首先質疑管志道的看法，寫了一封信給管志道，即〈與管東溟書〉，管志道閱後回覆了一封信給顧憲成，即〈答顧選部涇陽丈暨求正牘質疑二十二欵〉。後來，萬曆二十七年（1599），顧憲成看到管志道的《問辨牘》，又寫了一封信給他，即〈再與管東溟書〉。管志道後來又根據這封信寫了一封信給顧憲成，即〈續答顧涇陽丈書并質疑續編一十八欵〉。

〔註127〕 除《傳習錄下》、〈年譜三〉、〈天泉證道紀〉三處載有「天泉證道」的經過外，尚有王畿為錢德洪所寫的行狀（〈刑部陝西司員外郎特詔進階朝列大夫致仕緒山錢君行狀〉，《王龍溪全集》卷二十，頁 1373～1397），以及鄒守益文集的〈青原贈處〉（《東廓鄒先生文集》卷二，頁621～622。）等。行狀的記載較簡略，並與〈天泉證道紀〉相近，而〈青原贈處〉雖在記載上不同於其他資料，黃宗羲更因此而斷定：「今觀先生所記，而四有之論，仍是以至善無惡為心，即四有四句亦是緒山之言，非陽明立以為教法也。」〈江右王門學案一〉，《明儒學案》卷十六，頁 333～335。劉宗周（1578～1645）、黃宗羲師生對四句教多有批評，甚至認為四句教並非陽明所提出的。關於天泉證道的虛實，學者已做過許多考辨，不再贅述。鄒守益並非天泉證道的參與者，所以本文以參與者的紀錄為主。

〔註128〕 曾陽晴認為天泉證道是以對談方式來進行，能達到雙向呈現的目的，但由於記錄者的不同，對於資料的取捨、刪削，以致形成「單向談話的陷阱」。《無善無惡的理想道德主義》（臺北：國立臺灣大學出版委員會，1992年），頁113。

法——四句教:「無善無惡是心之體,有善有惡是意之動,知善知惡是良知,為善去惡是格物」。〔註129〕他認為四句教「恐未是究竟話頭」,〔註130〕而提出自己的看法,因而引發了這次辯論。

對於四句教的理解,王畿主張由心體悟入,而呈顯心、意、知、物一體皆無的無善無惡之境:

> 體用顯微,只是一機,心意知物,只是一事。若悟得心是無善無惡之心,意即是無善無惡之意,知即是無善無惡之知,物即是無善無惡之物矣。〔註131〕

就心、意、知、物四者的體用關係而言:心為體,知是分判善惡的標準,亦是體,意為心之所發,意所在之對象為物,所以意、物是用。就經驗而言,體是看不見的,而用則是在現象、經驗界顯現。所以在「體用顯微,只是一機」的情況下,體是無善無惡的,用亦是無善無惡的。他接著認為:「無心之心」則「藏密」,「無意之意」則「應圓」,「無知之知」則「體寂」,「無物之物」則「用神」。〔註132〕所謂「無心之心」、「無意之意」、「無知之知」、「無物之物」,是指不執著於心之心,不執著於意之意,不執著於知之知,不執著於物之物,則自能「藏密」、「應圓」、「體寂」、「用神」。王畿在此說「無……之……」,並不是要否定掉心、意、知、物四者之存在,而是指在發用流行上的不執著於自己本身。〔註133〕因此所謂「四無」之「無」,我們可以說即是「不執著」的意思。

至於「無善無惡」之義為何?王畿認為天命之性,是「粹然至善」:「無善可名,惡固本無,善亦不可得而有也」,〔註134〕也就是心體是至善的,不能以善惡對待之義來描述,所以「無善無惡」之善、惡,是指「善與惡相對待」

不過本節主要在呈現爭辯的焦點,可以忽略這樣的缺點,不予深入探究。因此王畿的觀點,當以〈天泉證道紀〉為主,而錢德洪的觀點,則以《傳習錄下》及〈年譜三〉為主。至於陽明的衡定,雖然三條資料的記錄有一定的差異,尤其是對雙方觀點的評價,但陽明的基本立場並無差別。因此陽明的衡定部分,我們以《傳習錄下》為主。

〔註129〕〈年譜三〉,頁1306~1307。
〔註130〕《傳習錄下》,《王陽明全集》卷三,頁117~118。
〔註131〕王畿,〈天泉證道紀〉,《王龍溪全集》卷一,頁89~93。
〔註132〕同註131。
〔註133〕牟宗三認為:「此所謂『無』乃是工夫上作用地無執無著無相之無。」見《從陸象山到劉蕺山》,頁271。
〔註134〕王畿,〈天泉證道紀〉,頁89~93。

之善、惡。換言之，「無善無惡」又是「至善」，因為「至善」者，是「心之本體」。〔註135〕而惡是從何而來？王畿認為「意動於物」、「著於有」則「有善有惡」。〔註136〕也就是意之動受到本體以外，如軀殼、外物的干擾而陷入善惡對待之中。所以他又反過來說，「意是心之所發」，如果意是「有善有惡」，則知與物「一齊皆有」，心亦不可謂之無善無惡。〔註137〕這即是四有的說法。因此若說心體是無善無惡的，意、知、物則一體皆無，才能符合「體用顯微，只是一機」的原則。

　　錢德洪則肯定四句教首句：「心體是天命之性，原是無善無惡的。」〔註138〕而他所體認的「無善無惡」，如何解釋？他說：

> 人之心體一也，指名曰善可也，曰至善無惡亦可也，曰無善無惡亦
> 可也。曰善、曰至善，人皆信而無疑矣，又為無善無惡之說者，何
> 也？至善之體，惡固非其所有，善亦不得而有也。〔註139〕

心體是超越經驗界的善惡對待，不能用善惡等名稱來限定。因此心體可以說是「無善無惡」的「至善」心體。至於惡的來源，錢德洪認為：「人有習心，意念上見有善惡在。」〔註140〕即是四句教第二句：「有善有惡意之動」。也就是心體是無善無惡的，是超越的主體，依照理論而言，是不會隨著外在事物的流動而流於有善有惡。然而在現實中，在與外物的交感過程中，心發動之意，就不會順著心體而無善無惡，而歧出於心體，流於有善有惡，因此，連帶的「覺心體上見有善惡在」。〔註141〕然而只是心體之發動有善有惡，對於本體而言，仍舊是無善無惡的，它的衡鑑功能仍在，才能做為善去惡的工夫。

　　錢德洪主張人受外物習染，使意歧出於心體，而成為有善有惡，所以要做為善去惡的工夫，以回復心體的無善無惡：

> 格致誠正，修此正是復那性體工夫。若原無善惡，功夫亦不消說
> 矣。〔註142〕

與王畿不同的是，他強調工夫的重要性：「為善去惡，正是復那本體功夫」。

〔註135〕王畿，〈與陽和張子問答〉，頁388～401。
〔註136〕王畿，〈天泉證道紀〉，頁89～93。
〔註137〕同註136。
〔註138〕《傳習錄下》，頁117～118。
〔註139〕錢德洪，〈復楊斛山〉。收於黃宗羲，〈浙中王門學案一〉，頁236。
〔註140〕《傳習錄下》，頁117～118。
〔註141〕〈年譜三〉，頁1306～1307。
〔註142〕《傳習錄下》，頁117～118。

〔註143〕我們可以這樣說，「無善無惡心之體」只是工夫修養和成聖可能的根據，是道德實踐的超越依據，所以錢德洪的重點仍在爲善去惡的工夫。

兩人對於四句教的看法，有相同，也有相異的地方。相同的是兩人皆肯定四句教爲陽明教人爲學的宗旨。再者兩人皆明白肯定四句教首句「無善無惡心之體」。他們認爲無善無惡心之體是「究竟」的境界，王畿當下呈顯一體化無的無善無惡境，錢德洪則透過道德修養的過程。而且兩人對「無善無惡」的解釋是相同的：無善無惡即是至善。心體是絕對的本體，不能用經驗界相對待的善惡意義來稱呼它，所以是至善的；心體是超越的絕對本體，在順應萬事萬物中，過而不滯，因此是無善無惡的。

王畿、錢德洪對於四句教理解的相異處，首先在王畿認爲四句教只是陽明因時立教的「權法」，而非「定本」，〔註144〕因此另立「四無」論。錢德洪則謹守師門教法，而認爲四句教是「定本」。〔註145〕由權法、定本主張之異，就可看出兩人對四句教在陽明學說體系中定位問題之看法了。雖然王畿、錢德洪對四句教首句之解釋相同，然而亦由此而形成四無、四有之別。王畿由無善無惡心之體悟入，而當下呈顯心、意、知、物四者皆無的四無之境。錢德洪雖肯定無善無惡心之體，卻認爲人受外物影響，而意之動爲有善有惡，因此維持四句教的下面三句。由此看來，此間之焦點在於兩人對「意」的解釋不同。王畿所著眼的是順心體流行之「超越意義的意」，錢德洪著眼的是歧出於心體之外的「現實意義的意」。由於兩人所體認的「意」有不同的善惡屬性，因此對應下來的工夫論亦是不同的。王畿注重心、意、知、物四者的當下呈顯，所以悟本體即是工夫，工夫即在頓悟本體上。錢德洪則強調意的有善有惡，因此就有對治的對象，而在意上做誠意工夫，意之所在爲物，所以誠意要在爲善去惡的格物上做。

王畿、錢德洪對於陽明四句教的不同看法，在雙方各持己見，爭論不已時，後來他們就正於陽明。根據〈天泉證道紀〉的記載，他們就正於陽明有一層深意：

錢子謂曰：「吾二人所見不同，何以同人？盍相與就正夫子。」〔註146〕

〔註143〕〈年譜三〉，頁 1306～1307。
〔註144〕王畿曰：「夫子立教隨時，謂之權法，未可執定。」〈天泉證道紀〉，頁 89～93。
〔註145〕錢德洪曰：「此是師門教人定本，一毫不可更易。」同註144。
〔註146〕同註144。

王畿與錢德洪是陽明的兩大弟子，來學的人，陽明先令他們教授學說大旨，然後再受教於陽明，門人稱他們爲「教授師」，〔註147〕由此可見兩人在王門的重要地位。兩人以宣揚師說爲己任，對師說的理解不同，如何接授來學。於是，當晚在天泉橋上與陽明討論，陽明一聽到兩人的問題後，立即表示：

> 我今將行，正要你們來講破此意。〔註148〕

> 正要二君有此一問！我今將行，朋友中更無有論證及此者，……。〔註149〕

無論是「正要你們來講破此意」或「正要二君有此一問」，皆有「大哉問也」的欣喜之情。接著，陽明肯定王畿四無爲「上根人立教」、錢德洪四有爲「中根以下人立教」，〔註150〕並要二人「相資爲用」，不要「各執一邊」。〔註151〕須要「相取爲益」：「汝中須用德洪功夫」「德洪須透汝中本體」。〔註152〕陽明肯定兩人的爲學所得：王畿所悟之本體，錢德洪所爲之工夫。要二人相資，也表示了兩者的不足。

陽明在肯定四無、四有爲教法，並要二人相取相資後，將兩者總結爲四句教是「徹上徹下」工夫。《傳習錄下》記載：

> 已後與朋友講學，切不可失了我的宗旨：無善無惡是心之體，有善有惡是意之動，知善知惡的是良知，爲善去惡是格物，只依我這話頭隨人指點，自沒病痛。此原是徹上徹下功夫。利根之人，世亦難遇，本體功夫，一悟盡透。此顏子、明道所不敢承當，豈可輕易望人！人有習心，不教他在良知上實用爲善去惡功夫，只去懸空想個本體，一切事爲俱不著實，不過養成一個虛寂。此個病痛不是小小，不可不早說破。〔註153〕

陽明雖然肯定四無爲接上根人教法，四有爲接中根以下人之教法，然認爲各有偏失，不是究竟意義，因此他以四句教爲徹上徹下之學。所謂徹上徹下，即通接上根之人與中根以下之人，即包括四無、四有之教。所以陽明所說的四句教是有「四無」論——本體完全呈顯的無善無惡之境，以及爲善去惡以

〔註147〕黃宗羲，〈浙中王門學案一〉，頁236。
〔註148〕《傳習錄下》，頁117～118。
〔註149〕〈年譜三〉，頁1306～1307。
〔註150〕王畿，〈天泉證道紀〉，頁89～93。
〔註151〕《傳習錄下》，頁117～118。
〔註152〕〈年譜三〉，頁1306～1307。
〔註153〕《傳習錄下》，頁117～118。

使本體朗現的「四有」論。〔註154〕

　　陽明從教法及王畿、錢德洪爲學所得的層面上肯定四無與四有，並總結爲四句教，表達了四句教做爲定本的看法，也就是說四句教包括「四無」的本體化境與「四有」的爲善去惡的道德修養論。從另一方面講，無論是四無或四有，皆符合陽明思想。在陽明的衡定後，王畿與錢德洪不但「俱有省」，〔註155〕而且「海內相傳天泉證悟之論，道脈始歸于一」。〔註156〕

二、本體論之辯

　　天泉證道後，王畿基本上是謹守師說四無論不可輕易示人，〔註157〕眞正以四無論爲教法，並大力提倡的是周汝登。〔註158〕在「南都講會」上，他因闡發「天泉證道」無善無惡之旨，而與許孚遠產生了辯論。周汝登基本上是贊成四句教的，尤其偏向王畿的四無論。在鄒元標爲《東越證學錄》所寫的〈序〉中云：

> 天津證道初語，如花欲吐，尚含其萼。後龍谿氏稍稍拈出，聞者多不開悟，周子復揚其波，……龍谿見地，非不了義者所能究竟，繼元後龍谿而出者也，雙目炯炯，橫衝直撞，所至能令人膽落心驚，亦能使人神怡情曠。東越之學從今益顯益光者，非繼元氏乎！〔註159〕

鄒元標認爲周汝登獨能領悟王畿的四無宗旨，徹悟心、意、知、物一體化無的究竟境界。他也認爲周汝登的學術性格偏向王畿，有當下承當、自信本心的特性。周汝登倡導無善無惡之說，於是與許孚遠產生了有關四句教的論辯。

〔註154〕陳來說：「既然陽明申明『四無』『四有』都有局限性，又說四句教是『徹上徹下』工夫，可見陽明的主張既不是『四無』，也不是『四有』。有的學者把陽明的思想及四句教也稱爲『四有』說，這顯然是不正確的。」見《有無之境──王陽明哲學的精神》，頁200。

〔註155〕《傳習錄下》，頁117～118。

〔註156〕王畿，〈天泉證道紀〉，頁89～93。

〔註157〕考察王畿的文集，他對於天泉證道的回顧與評價，只有〈答程方峰〉一書，而且其觀點已不像天泉證道那樣偏於四無。因此我們可以斷定王畿並未以四無爲教法，基本上是謹守師說的。彭國翔，《良知學的展開──王龍溪與中晚明的陽明學》，頁231～233。

〔註158〕岡田武彥認爲「四無」能在晚明廣爲流傳，「實際上是多虧了海門之力」。《王陽明與明末儒學》，頁189。

〔註159〕鄒元標，〈東越證學序〉，《願學集》卷四，頁126～127。

許孚遠的觀點主要集中在反駁四句教首句「無善無惡心之體」上。他認為心體是至善、純然無雜的，是聖門相傳之旨：

> 人心如太虛，元無一物可著而實有，所以為天下之大本者在。故聖人名之曰中、曰極、曰善、曰誠，以至曰仁、曰義、曰禮、曰智、曰信，皆此物也。善也者，中正純粹而無疵之名，不雜氣質，不落知見，所謂人心之同然者也，故聖賢欲其止之。而今曰無善，則將以何者為天下之大本？其為物不貳，則其生物不測，天地且不能無主，而況於人乎？〔註160〕

在本體論上，他認為本體實有而賦與至善的意義。另外，他又舉天地間的事物：「天地有貞觀，日月有貞明，星辰有常度，嶽峙川流有常體，人有真心，物有正理，家有孝子，國有忠臣」來證明善是絕對存在的。因此聖人教人「為善而去惡」，治天下必「賞善而罰惡」。天之道亦「福善而禍淫」、「積善之家，必有餘慶；積不善之家，必有餘殃」。而今說「無善無惡」，則人將「安所趨舍」？〔註161〕也就是為善去惡、賞善罰惡使人的行為有所歸向，有所標準。反之，如果無善無惡，那麼人們就沒有可循的路向，可依之行事的標準，他以此來反對無善無惡之說。

天命之性是粹然至善的，然因受物欲的蒙蔽，而使人流於惡，因此許孚遠強調為善去惡的積累工夫。他認為「人性本善」，因「蔽於氣質」、「陷於物欲」而後有不善。聖人多方設教，只是使人「反其性之初」。他又將為善去惡與《大學》的格致誠正工夫結合在一起：「祛蔽為明」、「歸根為止」、「心無邪為正」、「意無偽為誠」、「知不迷為致」、「物不障為格」，這些都是明至善之體的工夫。〔註162〕他批評四無論，心、意、知、物皆無善無惡，則使「格致誠正功夫」，俱無下手處。那麼「大學之教」，則專為「中人以下者設」，而近世學者，皆是「上智之資」，能「不待學而能者」？〔註163〕換句話說，他認為以四無論為教法有局限性，並有輕忽工夫的傾向。

另外，許孚遠又從世道的觀點，認為無善無惡之說有害世道，他說：

> 古之聖賢，秉持世教，提撕人心，全這些子秉彝之良在。故曰：「民之所好好之，民之所惡惡之。」「斯民也，三代之所以直道而行也。」

〔註160〕許孚遠，〈諦三〉。周汝登，〈南都會語〉，頁89～144。
〔註161〕許孚遠，〈諦二〉。周汝登，〈南都會語〉，頁89～144。
〔註162〕許孚遠，〈諦四〉。周汝登，〈南都會語〉，頁89～144。
〔註163〕同註162。

惟有此秉彝之良，不可殘滅。故雖昏愚而可喻，雖彊暴而可馴，移
風易俗，反薄返淳，其操柄端在於此。奈何以爲無善無惡，舉所謂
秉彝者而抹殺之？是說唱和流傳，恐有病於世道非細。〔註164〕

《詩經》：「天生烝民，有物有則；民之秉彝，好是懿德」，〔註165〕在他看來即
是性善。而《大學》所說的「民之所好好之，民之所惡惡之」，〔註166〕好之惡
之亦是性善，是天賦的常性。這即是「秉彝之良」。倡導無善無惡者，將秉彝
之良一概抹殺，對世道將有害而無利。不過，在〈諦七〉中，他也了解《尙
書》所說的；「有其善，喪厥善」，〔註167〕是說不能有意爲善，如果有意爲善，
則「善亦粗」。但是他主張雖然不能有意爲善，然而「天下之善」，「種種固在」，
所以說「吉（按疑爲「古」字）人爲善，常惟日不足」，相反的，爲善是必要
的。因此不能說無善，或說無善可爲。〔註168〕他還是反對無善之說，並強調
爲善的重要性。

　　周汝登亦以「太虛」來說明心性本體：

說心如太虛，說無一物可著，說不雜氣質，不落知見，已是斯旨矣，
而卒不放捨一善字，則又不虛矣，又著一物矣，又雜氣質，又落知
見矣，豈不悖乎！太虛之心，無一物可著者正是天下之大本，而更
曰實有，所以爲天下之大本者在，而命之曰中，則是中與太虛之心
二也。太虛之心，與未發之中，果可二乎？如此言中，則曰極、曰
善、曰誠，以至曰仁、曰義、曰禮、曰智、曰信等，皆以爲更有一
物，而不與太虛同體，無惑乎？無善無惡之旨不相入，以此言天地，
是爲物而貳，失其主矣。〔註169〕

心體如同太虛，空無一物，不雜於氣質、知見，所以心體亦不能以名言擬議，
說善說惡皆已陷入經驗界的對待之中，而非超越的本體。因此說中、說極、
說善等等，無非是要說明心體的不可形容，才有那麼多名稱，而這些名稱又

〔註164〕許孚遠，〈諦五〉。周汝登，《南都會語》，頁89～144。
〔註165〕《詩經・大雅・蕩之什・烝民》，《毛詩正義》（臺北：藝文印書館，1997年，
　　　　《十三經注疏》本），頁674。
〔註166〕《大學》云：「詩云：『樂只君子，民之父母』，民之所好好之，民之所惡惡之，
　　　　此之謂民之父母。」《禮記正義》，頁987。
〔註167〕《尚書・說命中》曰：「有其善，喪厥善；矜其能，喪厥功。」《尚書正義》
　　　　（臺北：藝文印書館，1997年，《十三經注疏》本），頁141。
〔註168〕許孚遠，〈諦七〉。周汝登，《南都會語》，頁89～144。
〔註169〕周汝登，〈解三〉，《南都會語》，頁89～144。

指涉同一心體，所以可以說心體是無善無惡的，並以無善無惡來總括這些說法。因此，他所謂的「無善無惡」即是「善惡對待之善」，又因「不可名言擬議」，所以以「至善」稱之。〔註170〕換句話說心體是絕對之善，與經驗界善惡對待之善不同，因此心體是超越善惡對待的至善。

　　從工夫論來看，周汝登認為無善無惡的意義即是《尚書》所說的「有善喪善」，是不可執善為有，行善而無意為善，一切只如心體的呈顯發動，如果執著於善，即是私意，不執著善正是無善無惡之義。他說「種種善在天下，不可也」，意指不執意為善，若執意為善，此善亦非善，並非忽略種種善在天下的事實。〔註171〕因此他所強調的就是為善工夫的「無執無著」：「無作好無作惡之心」，是天賦本性，是「直道而行」。如果「著善著惡便作好作惡」，非直也。而移風易俗：「喻昏愚」、「馴彊暴」，要「以善養人」，而不是「以善服人」。以善養人就是使人回復秉彝之良，使心體能自然呈顯，是「無善之善」。而以善服人，則是認為人有昏愚強暴，而拿一個「善」去馴之、喻之、教之，這樣人必不服從。無善無惡即是以善養人，並非如許孚遠說的有害世道。相反的，以善服人，才有害於世道。〔註172〕

　　另外，周汝登認為聖人對於「有惡而閉藏」、「學問不力之人」，只要教之「為善去惡」，使之行為有所趨向，即能免於為惡。而「學問用力」之「賢人君子」則「有善而執著」，「妄作善見」，而不知心體本來無善，落於善惡對待之中，而不能「誠意」、「正心」。所以說「惡能害心，善亦能害心」，故以此心推於「政與事」，想「用之成治」、「效止驊騄」、「以之撥亂」，是不可能的。〔註173〕也就是陽明指出「無善無惡之體」，正是「去縛解粘」、「歸根識止」，是「不以善為善，而以無善為善」；是「不以去惡為究竟，而以無惡證本來」，然後才可以說「誠正實功」，而收「治平至效」。〔註174〕如此說來，無善無惡非但不會有害世道，反而有移風易俗、康濟天下之效了。

　　周汝登主張「無善無惡」，並非說無善無惡則「躬行可略」，而是要在「躬行處識箇旨歸」。〔註175〕所以說：

〔註170〕周汝登，〈解一〉，〈南都會語〉，頁89～144。
〔註171〕周汝登，〈解七〉，〈南都會語〉，頁89～144。
〔註172〕周汝登，〈解五〉，〈南都會語〉，頁89～144。
〔註173〕同註172。
〔註174〕同註172。
〔註175〕周汝登，〈南都會語〉，頁89～144。

> 文成何嘗不教人修爲？即無惡二字，亦足竭力一生，可嫌少乎？既
> 無惡，而又無善，脩爲無跡，斯眞脩爲也。夫以子文之忠，文子之
> 清，以至原憲克伐怨欲之不行，豈非所謂竭力脩爲者？而孔子皆不
> 與其仁，則其所以敏求忘食，與夫復禮而存誠，洗心而藏密者，亦
> 自可思，故知脩爲自有眞也。陽明使人學孔子之眞學，疏略不情之
> 疑，過矣！〔註176〕

無善無惡即是修爲無跡，不執著於善，不執著於工夫。修爲無跡，乃是眞修
爲，才是他所說的無善無惡之工夫義。所以他認爲孔子克己復禮、洗心藏密
的工夫中，自有眞學，此眞學即是陽明的「無善無惡」。他以此來反駁許孚遠
說陽明以「無善無惡」來指點學者，工夫太過疏略，而忽略實際的道德修
養。

　　在四句教與致良知的關係上，許孚遠認爲陽明的致良知說，「與聖門不
異」，而四句教的首句「無善無惡心之體」，他認爲是指「未發廓然寂然者」
的狀態，如果不仔細推敲《大學》「止至善」的意旨，是不會發現無善無惡
與陽明平日言論有所矛盾。而後三句指點學者下手工夫則非常「平正切實」。
〔註177〕他在此是將四句教分爲兩部分，對後三句是極力肯定，而對首句則認
爲與《大學》及陽明致良知教互有矛盾，他也試圖疏解首句：心在寂然不動
時爲無善無惡，不管是否符合陽明本意，其迴護之心是顯而易見的。他將批
評的焦點對準四句教的首句，以及由首句引申出心、意、知、物一體化爲無
善無惡的四無論上。他說：

> 龍溪王子所著天泉橋會語，以四無四有之說，判爲兩種法門，當時
> 緒山錢子已自不服。易不云乎：「神而明之，存乎其人；默而成之，
> 不言而信，存乎德行。」神明默成，盡不在言語授受之際而已。顏
> 子之終日如愚，曾子之眞積力久，此其氣象可以想見，而柰何以玄
> 言妙語，便謂可接上根之人？其中根以下之人，又別有一等說話，
> 故使之扞格而不通也。且云：「汝中所見是傳心秘藏，顏子、明道所
> 不敢言，今已說破，亦是天機該發泄時，豈容復秘？」嗟乎！信斯
> 言也，文成發孔子之所未發，而龍溪子在顏子、明道之上矣。其後
> 四無之說，龍溪子譚不離口，而聰明之士，亦人人能言之。然而聞

〔註176〕周汝登，〈解六〉，〈南都會語〉，頁89～144。

〔註177〕許孚遠，〈諦八〉。周汝登，〈南都會語〉，頁89～144。

道者竟不知爲誰氏！竊恐天泉會語畫蛇添足，非以尊文成，反以病
文成。吾儕未可以是爲極則也。〔註178〕

他從兩點來批評王畿：一是以四無、四有分判爲上根之人以及中根以下之人
的教法，二是四無是傳心秘藏，顏子、明道所不敢承當。他認爲王畿之說畫
蛇添足，反而使人以之來責難陽明。由這段話，我們可以看到許孚遠似乎認
定天泉證道所說的上根之人、中根以下之人以及傳心秘藏等話是王畿「所
著」，而把陽明排除在外，其尊陽明、迴護陽明之心益發可見。這段話也大有
「嗚呼！天泉證道，龍谿之累陽明多矣」之嘆。〔註179〕因此他才會說四無論
「恐其非文成之正傳也」。〔註180〕

　　許孚遠懷疑無善無惡與陽明平日的致良知學說互相矛盾，並且懷疑四無
非陽明正傳，周汝登則主張無善無惡與致良知不矛盾。他認爲良知即是「不
慮」，不慮即是無善的意思，「有善則慮而不良」，已非本然不慮之良知，所以
無善無惡即是不慮的良知。再者「無善無惡心之體」，不僅指「未發廓然寂然」
的狀態，亦是指「已發」的狀態，未發是「廓然寂然」，已發亦只是「廓然寂
然」，未發已發兩者「不二」。心、意、知、物亦如已發、未發，「難以分析」：
良知即是心之本體，是無善無惡的，意爲心之所發，物是意之所在，因此心、
意、知、物一體化爲無善無惡，也就是說四無是四句教的推進一層。他反過
來批評許孚遠不明瞭無善無惡是無善惡對待之至善，而執言善，已起私意，
是「以人作天，認欲爲理」，如此則「背文成之旨」。〔註181〕如此說來，無善
無惡不僅與致良知教不相矛盾，四無論亦是陽明宗旨。

　　另外，許孚遠對王畿四無說所謂二等人之教以及顏子、明道不敢承當兩
點多有批評，周汝登則辯護道：

人有中人以上，中人以下二等，所以語之亦殊。此兩種法門，發自
孔子，非判自王子也。均一言語，而信則相接，疑則扞格，自信自
疑，非有能使之者。蓋授受不在言語，亦不離言語，神明默成，正

〔註178〕許孚遠，〈諦九〉。周汝登，〈南都會語〉，頁89～144。
〔註179〕黃宗羲，〈東林學案一〉，《明儒學案》卷五十八，頁1376～1379。
〔註180〕許孚遠，〈諦八〉。周汝登，〈南都會語〉，頁89～144。許孚遠對於陽明、四
　　　　句教以及王畿四無論的態度，與劉宗周、黃宗羲師生是相同的。劉宗周曾受
　　　　學於許孚遠（〈蕺山學案〉，《明儒學案》卷六十二，頁1508～1512），因此，
　　　　他們對於四句教的看法，可說是一脈相承。關於劉宗周與黃宗羲對四句教的
　　　　看法，可參考筆者的碩士論文《王陽明四句教之開展與衍化》第六章。
〔註181〕周汝登，〈解八〉，〈南都會語〉，頁89～144。

存乎其人，知所謂神而明，默而成，則知顏子之如愚，曾子之眞積，自有入微之處。而云想見氣象，抑又遠矣。聞道與否，各宜責歸自己，未可疑人，兼以之疑教。至謂顏子、明道所不敢言等語，似覺過高，然要之論學話頭，未足深怪。孟子未必過於顏、閔，而公孫丑其所安，絕無遜讓，直曰：「姑舍是而學孔子。」曹交未足比於萬章輩，而孟子教以堯、舜，不言等待，直言誦言行行是堯而已。然則有志此事，一時自信得及，誠不妨立論之高，承當之大也。〔註182〕

他認爲兩種教法之說並非自王畿開始，而「發自孔子」。〔註183〕而世間本有不同根器的人，依據根器的不同予以不同的教法是必要的。至於〈天泉證道紀〉中說四無是傳心秘藏，顏子、明道所不敢承當，他認爲論學須窮究本源，即使立論過高，亦不足爲怪。四無之說是王畿當下體驗而得，其立論或許過高，但卻不妨礙理論本身的意義與價值。另外，他認爲聖人立教，是「應病設方」，「初無實法」，「言有非眞」，言「無」亦是不得已。因此不應該拘泥於言辭，應探究言辭背後之義理涵義，否則「何言非礙」。〔註184〕這些話無非是要許孚遠默默體認以了解無善無惡背後之意義，而不要只從表面字義來推敲，亦有「止辯」之意在。而對於四有與四無，在〈解一〉中，他開宗明義的會通兩者：

維世範俗，以爲善去惡爲隄防，而盡性知天，必無善無惡爲究竟。

無善無惡，即爲善去惡而無跡，而爲善去惡，悟無善無惡而始眞。

教本相通不相悖，語可相濟難相非，此天泉證道之大較也。〔註185〕

四無、四有是相通而不相矛盾的，即在做爲善去惡的道德修養時，不執著於善惡，不執著於工夫，以返回無善無惡爲究竟之境。

其實，就許孚遠與周汝登的觀點來說，性善與無善無惡並非冰炭水火，完全不相通。許孚遠主張心體是至善的，而他也承認無意爲善之「無善」義。周汝登主張心體是超越善惡之對待，是不執著於善惡的，然而他也說心體是「至善」的。兩人的看法其實並不矛盾，是可以並行不悖的。無論說心體是至善的，或說心體是無善無惡的，皆是正確的，兩人「立言各有攸當，豈得

〔註182〕周汝登，〈解九〉，〈南都會語〉，頁89～144。

〔註183〕子曰：「中人以上可以語上也，中人以下不可以語上也」。《論語‧雍也》，《論語注疏》，頁54。

〔註184〕周汝登，〈解九〉，〈南都會語〉，頁89～144。

〔註185〕周汝登，〈解一〉，〈南都會語〉，頁89～144。

以此病彼」。〔註186〕然而兩人卻各執己見──許孚遠主性善，周汝登主無善無惡──來非難對方的觀點，爭論不決。其間的關鍵，即在世道上。

許孚遠認爲性善之說，使人有所趨向──向善而避惡，落實爲善去惡的工夫，因此他批評無善無惡之說：「無善」即不爲善，「無惡」亦不去惡，使人游走於善惡兩端之間，而有蕩越工夫之弊，有害於世道。同樣的，對於世道，周汝登的體驗亦是深刻的，然而他並不放棄四句教乃至四無論的主張。他將流弊歸罪於人病，而非法病。因此，他詳加解釋「無善無惡」的意義，從本體、工夫兩方面對「無善無惡心之體」作了比陽明、王畿更明確而直接的解釋，一方面反駁許孚遠的說法，爲陽明、王畿辯護，一方面使人眞實了解「無善無惡」的眞諦。

四句教的第三次辯論發生在「惠泉講會」上。顧憲成力主「性善」論，其學說重心亦在「性善」論上，〔註187〕《明儒學案》說：「先生深慮近世學者，樂趨便易，冒認自然，……而于陽明無善無惡一語，辨難不遺餘力，以爲壞天下教法，自斯言始。」〔註188〕通觀他的著作，亦是以反駁「無善無惡」論，立「性善」說爲中心。他五十一歲時，作《證性編》，即專爲此而作。〔註189〕而且他後來與高攀龍、錢一本等人復東林書院，其會約有「四要」，第一要即在「知本」──知「性之本」在於「善」，〔註190〕而力破無善無惡論。由此亦可見顧憲成等東林學者講學的重心。

管志道是泰州學派的王門學者，黃宗羲說他：「著書數十萬言，大抵鳩合儒釋，浩汗而不可方物。……按東溟所言，亦只是三教膚廓之論」。〔註191〕他主張儒釋道三教合一。他的著作《問辨牘》、《續問辨牘》收錄論學的書信，其中大部分是他與當代學者論辯三教合一的問題。而《從先維俗議》更

〔註186〕許孚遠，〈諦七〉。周汝登，〈南都會語〉，頁 89～144。
〔註187〕顧憲成曰：「語本體只是性善二字，語工夫只是小心二字。」《小心齋箚記》（臺北：廣文書局，1975 年），卷十八，頁 437。
〔註188〕黃宗羲，〈東林學案一〉，頁 1376～1379。
〔註189〕《年譜》在「二十八年庚子五十一歲作證性編」條下解釋：「編目存經一卷、原異一卷、質疑二卷、微信一卷、或問一卷、罪言二卷。存經者存五經四書之言以明性善所自始也。原異者原告子、釋、老、莊、列之言以明性善之所自岐也。質疑即兩年中與管東溟辨難諸牘。罪言則俱關近時無善無惡之說。……微信、或問二卷，失去或散見於箚記商語中，亦未能詳。」《顧端文公年譜》卷三，頁 523。
〔註190〕顧憲成，《東林會約》，收於《顧端文公遺書》，頁 361～364。
〔註191〕黃宗羲，〈泰州學案一〉，《明儒學案》卷三十二，頁 708。

是專門討論三教合一的著作。〔註 192〕在「惠泉講會」上，他主張三教合一、無善無惡論，顧憲成與之反覆辯論，主題始終圍繞在無善無惡與三教的問題上。

在本體論上，兩人皆藉著周敦頤《太極圖說》「無極而太極」、「太極本無極」〔註 193〕說明宇宙本體為太極。首先，顧憲成認為宇宙的本體即是「太極」，是性之來源。而《尚書》言「惟皇上帝，降衷于下民」，〔註 194〕《詩經》言「天生烝民，有物有則」，即是從「陰陽五行」中指出其中的「主宰」，曰「衷」、曰「則」，即是指太極。「衷」是「渾然不偏」，「則」是「確然不易」，因此不能說是「無善無惡」、「有善有惡」或是「能為善亦能為惡」，而應是善的。〔註 195〕顧憲成又進一步認為「性，太極也」，在「人生而靜以上如是」，「感物而動以後如是」，縱使「陷溺牿亡亦如是」，「氣稟不得為之拘」、「情欲不得為之蔽」。並舉《尚書》說「帝衷」、《詩經》言「物則」，孔子說乾元、坤元，孟子說四端之心，論證「性善」。而他接著說明性論會有其他「異辭」是因為：有些人看到「人生而靜以上」，總是「冥冥漠漠」、「窈然莫窺」，似乎是無善無惡，因此認「無善無惡」為性。又有人看到「感物而動以後」，總是「紛紛紜紜」、「雜然莫定」，有善有惡，因此認定性是「有善有惡」的。〔註 196〕他認為這都是沒有認清性之本來面目，性之本來面目是：性體即使在幽邈之中，亦有天則，即使在紛紜勞擾之中，亦自有趨向。此天則，此趨向，即是善。

管志道認為：「性太極也，善惡陰陽也，謂性有善而無惡，則亦可謂太極有陽而無陰矣？」〔註 197〕以善惡配陰陽，以此批評顧憲成性善論。顧憲成則反駁這樣的說法。《易經》中說「陰陽」有兩種關係，一是互補，「兩相為用」，不容偏廢；一是互斥，「兩相貞勝」，不容並立。以前者言，陰陽是互補的關係，是一整體，即是「太極」，太極為善，陰陽整體亦是「有善無惡」的。以後者言，陰陽是互斥的關係，陽善，「所當扶」，而陰惡，「所當抑」，為善去

〔註 192〕《從先維俗議》所附的《四庫全書總目》提要曰：「明管志道撰是書，多論往來交接之禮，其四五卷皆講學之語，理雜二氏，且明立三教主賓之說。」《從先維俗議》，頁 540。

〔註 193〕周敦頤，〈太極圖說〉，《周子全書》卷一，頁 4～17。

〔註 194〕《尚書正義》，頁 112。

〔註 195〕顧憲成，《東林商語》卷下，收於《顧端文公遺書》，頁 387。

〔註 196〕顧憲成，〈再與管東溟書〉，《證性編》卷六，頁 467～481。

〔註 197〕顧憲成，〈與管東溟書〉，《證性編》卷五，頁 449～467。

惡，所以仍是「有善無惡」的。〔註198〕顧憲成一方面論證在體用一源的情況下，從太極到陰陽，太極爲善，陰陽整體亦是善的，另一方面論證在陰陽貞勝、相用的情況下，陰陽整體亦是善的，所以是有善無惡的。

無善無惡論者常將無善解釋爲「不著善」，顧憲成在爲方學漸（1540～1615）《心學宗》所寫的〈序〉中，則以爲：

> 夫善，心體也。在貌曰恭，在言曰從，在視曰明，在耳曰聰，在思曰睿，在父子曰親，在君臣曰義，在夫婦曰別，在長幼曰序，在朋友曰信，如之何其無之也？則曰：「吾所謂無非斷滅也，不著于善云爾。」嘗試反而觀之，即心即善，原是一物，非惟無所容其著，亦何所容其不著也。且著不著，念頭上事耳，難以語心。即虞其著，去其著而可矣，善曷與焉而并去之也。〔註199〕

顧憲成認爲著不著只是在念頭上，不是在心體。善爲心體，心與善，本是一物，不但不能說不著，而更要說著於心體。在此，他不僅將善視爲心之屬性，更將善視爲心體，將善提高爲本體的地位。

管志道亦認爲萬物的本體是太極，太極生陰陽，即爲陰陽之統體，亦是人性的本原。他認爲《周易》曰：「天地之大德曰生」，〔註200〕又曰：「元者善之長」，〔註201〕所以性是善的。又說「萬物資始」〔註202〕、「萬物資生」，〔註203〕即在萬物創生時，「善始而惡亦始」，「善生而惡亦生」。換句話說，太極「生陰生陽」，由陰陽而分出善惡。太極又是「乾元、坤元之總名」，所謂「繼之者善也」，因此是善的。「何以生出惡來」？因太極「一本而萬殊」，生萬物時，陰陽之善惡亦寓於萬物。因此說「萬殊」，是「對惡而稱善」；說「一本」，是因萬殊源於一本，一本「不與惡對」，爲超越的至善。〔註204〕由這裡，我們可以明白，他認爲性源於太極，太極本身是一本，所以是至善的，而太極生萬殊，有陰有陽，就有善有惡，而太極的善是不與惡對的，因

〔註198〕同註197。
〔註199〕顧憲成，〈心學宗序〉，《涇臯藏稿》（臺北：臺灣商務印書館，1983 年，《景印文淵閣四庫全書》），卷六，頁85～86。
〔註200〕《周易·繫辭下》，《周易正義》，頁166。
〔註201〕《周易正義》，頁12。
〔註202〕《周易正義》，頁10。
〔註203〕《周易正義》，頁18。
〔註204〕管志道，〈答顧選部涇陽丈書暨求正牘質疑二十二欵〉，《問辨牘》（臺南：莊嚴出版社，1995 年，《四庫全書存目叢書》），利集，頁724～779。

此也可以說是無善無惡，又是超越的至善。所以「太極之本體，必不囿於陰陽，而在陰陽未分之始矣」，同樣的，「吾性之眞體，必不逐於善惡，而在善惡未分之始矣」。〔註205〕也就是「言太極，必於陰陽未判之先；言眞性，必於善惡未分之始」。〔註206〕因此：

> 太極非性善之原乎？然而既曰無極，善亦何有？蓋陰陽未分，善惡兩無□□。至於五性感動而善惡始分，當其未感未動之先，渾是無善無惡之眞體耳。〔註207〕

他認爲「性者，太極，太極萬善之母」，〔註208〕太極即是至善，性亦是。在陰陽未分時，善惡皆無，在五性感動之後，才有善惡之分，所以在未感未動時，是無善無惡的。因此性是無善無惡亦是至善的。在此，管志道爲無善無惡論找到本體論的根據。

　　管志道除了從太極的根源來說明性體的無善無惡義外，又以性體的「無著性」來論述。無善無惡即性體不著於善惡。他引老子的話爲證：「有物混成，先天地生，不可得而名，強名曰道。」〔註209〕道尚且強名，更何況是善與性，兩者亦爲「強名」。聖人見「人物身中」，隱然「有個生生不息與天地同根者」，無以名之，而名爲「性」。因此性體只是「一個光光淨淨無極之眞」而已，是「著不得一善字」的，見性時，性字亦「著不得」。因此是無善。〔註210〕他又以「無對」來解釋性體。他認爲「對」分爲有對、無對，本體是無對的，名義一定是有對的。例如「無極」之無，「無聲無臭」之無，以及「愼獨」之獨，「一善」之一，這是「其體無對」，而不是「其名義無對」。至於善與惡是屬於名義上的有對，言善，則「定與惡對」，而不能說「善在惡中」或「惡在善中」，只有「至善之善」是無對的。因至善之體即「中體」，中體無對，即是「一善」，即是「獨體」。性體無對，所以是至善的。他認爲這是「論性家之第一義諦」。〔註211〕所以善就有二義：有「以惡對善而稱善者」，這是「有對之善」，稱爲「萬善」；又有「以過不及對中而稱至善者」，這是「無對之善」，

〔註205〕管志道，〈續答顧涇陽丈書并質疑續編一十八欵〉，《續問辨牘》卷三，頁90～127。
〔註206〕管志道，〈答顧選部涇陽丈書暨求正牘質疑二十二欵〉，頁724～779。
〔註207〕同註206。
〔註208〕同註206。
〔註209〕《老子》第二十五章，頁13b～15a。
〔註210〕管志道，〈答顧選部涇陽丈書暨求正牘質疑二十二欵〉，頁724～779。
〔註211〕管志道，〈續答顧涇陽丈書并質疑續編一十八欵〉，頁90～127。

稱爲「一善」。他認爲審此則「性善之旨了然」、「心體無善無惡之旨亦了然」。
〔註212〕也就是心體是無善無惡又是至善的。

在工夫論上，無善無惡論者總是說「爲善去惡」正是要「復其無善無惡
之體」，所以言心之體爲無善無惡。顧憲成卻認爲既曰：「無善無惡」，當其「爲
善去惡」，「善從何來」？既曰：「爲善去惡」，當其「無善無惡」，「善從何往」？
所以「善」本有而強之無是「截鶴」，「惡」本無而強之有是「續鳧」，性體是
不得加以增損的。〔註213〕因此爲善去惡與無善無惡，兩者是互相矛盾的。他
又指出王門諸子皆有重無善無惡心體，輕爲善去惡工夫的傾向，並有以無善
無惡掃爲善去惡的觀點：

> 往聞陽明弟子稱有超悟者，莫如王龍谿。翁謂有超悟而又有篤行者，
> 莫如王心齋。翁，心齋之門人。嘗問爲善去惡功夫。心齋謂之曰：「見
> 在心地有惡否？」曰：「何敢有惡。」心齋曰：「既無惡，更去何惡？」
> 良久，乃謂之曰：「見在心地有善否？」曰：「不見有善。」心齋曰：
> 「即此是善，更爲何善？」是心齋以無善無惡埽卻爲善去惡矣。龍
> 谿謂錢緒山曰：「先生云：『無善無惡心之體，有善有惡意之動，知
> 善知惡是良知，爲善去惡是格物。』恐未是究竟話頭，心、意、知、
> 物只是一件，心既無善無惡，意、知、物亦無善無惡，若說意有善
> 有惡，畢竟心亦未是無善無惡。」緒山曰：「若爾，即工夫亦不消說
> 也。」是龍谿以無善無惡埽卻爲善去惡矣。〔註214〕

他指出王畿與王艮皆有以無善無惡掃去爲善去惡的傾向。王畿、王艮是陽明
的兩大弟子，其言如此，甚至連陽明亦有這樣的說法。他舉出在天泉證道中，
陽明衡定錢德洪與王畿的看法：「四無」之說爲「上根人立教」、「四有」之說
爲「中根以下人立教」，對王畿說四無是「傳心祕藏」、「顏子、明道所不敢承
當」，而對錢德洪說：「有只是你自有，良知本體原來無有」。他認爲這分明是
肯定四無，而以「無善無惡埽卻爲善去惡」。後來陽明又恐人養成「一箇虛寂」，
而以四句教爲「自初學至聖人究竟無盡」。縱然是「重重教戒」、「重重囑付」，
但人情大抵是「欣上而厭下」、「樂易而苦難」，先「投之以所欣」而又「困之
以所厭」，「畀之以所樂」而又「攖之以所苦」，「又誰肯聽」。所以說：「惟其

〔註212〕管志道，〈答張儀部文石丈書〉，《續問辨牘》卷四，頁142～175。
〔註213〕顧憲成，〈與管東溟書〉，頁449～467。
〔註214〕顧憲成，〈再與管東溟書〉，頁467～481。

執上一語，雖欲不忽下二語，而不可得。至于忽下二語，其上一語雖欲不弊，而不可得也。」〔註215〕也就是說陽明先點出無善無惡的上乘之境，又重重囑咐爲善去惡的中下根工夫。而工夫是繁難的，境界的認取則看似簡單，人則會取簡單而放棄困難，因此人必取境界而忽略工夫。所以言無善無惡心之體，必然會忽略爲善去惡的工夫，而忽略爲善去惡的工夫，只徒去認取無善無惡的境界，則只是懸空捕捉光景而已。所以顧憲成才會認爲陽明也有以無善無惡掃去爲善去惡的傾向。

　　顧憲成主張性善，反對無善無惡論，是因爲無善無惡論對世道有非常大的負面影響，這樣的觀點充斥在他的著作中，我們只舉一、二段話來說明。管志道曾說：「凡說之不正，而久流於世者，必其投小人之私心，而又可以附于君子之大道者也。」〔註216〕顧憲成認爲「無善無惡」四字是這段話最好的註解。見以爲心之本體，原是無善無惡，則「合下便成一箇空」；見以爲無善無惡，只是心之不著于有，「究竟且成一箇混」。空則「一切解脫」、「無復挂礙」，高明者則會「以仁義爲桎梏，以禮法爲土苴，以日用爲緣塵，以操持爲把捉，以隨事省察爲逐境，以訟悔遷改爲輪迴，以下學上達爲落階級，以砥節勵行、獨立不懼，爲意氣用事者矣」。混則「一切含糊」、「無復揀擇」，圓融者則會「以任情爲率性，以隨俗襲非爲中庸，以閹然媚世爲萬物一體，以枉尋直尺爲舍其身濟天下，以委曲遷就爲無可無不可，以猖狂無忌爲不好名，以臨難苟安爲聖人無死地，以頑鈍無恥爲不動心者矣」。由前者的說法，則「何善非惡」？由後者的說法，則「何惡非善」？所以說無善無惡「所占之地步甚高」、「所握之機緘甚活」，上之可以「附君子之大道」；下之可以「投小人之私心」。即使「孔、孟復作」，又奈之何！總之，「無善無惡」是「以學術殺天下萬世」！〔註217〕因此他才會語重心長的說：「『埋藏君子，出脫小人』，此八字乃無善無惡四字膏肓之病也」。〔註218〕

　　顧憲成極力批評無善無惡論對世道的負面影響，而他主張以朱學來導正王學：

> 以考亭爲宗，其弊也拘；以姚江爲宗，其弊也蕩。拘者有所不爲，
> 蕩者無所不爲。拘者人情所厭，順而沒之爲易；蕩者人情所便，逆

〔註215〕同註214。
〔註216〕顧憲成，《小心齋箚記》卷十八，頁421～422。
〔註217〕同註216。
〔註218〕顧憲成，《還經錄》，頁493。

> 而挽之爲難。昔孔子論禮之弊而曰：「與其奢也寧儉。」然則論學之
> 弊亦應曰：「與其蕩也寧拘」，此其所以遜朱子也。〔註219〕

朱子之學，重在格物窮理，容易使人拘於外物的考索。陽明之學，重在開發本心，容易使人重本體而蕩越工夫。在朱、王之學各有弊端的情況下，要挽救時弊，他還是「與其蕩也寧拘」。因爲要挽救拘束之弊較易，即使有弊病也仍然在規矩繩墨之內，而王學之弊如脫韁野馬，要收束則非常困難，所以他寧取朱學拘束之弊，而捨棄王學。我們從顧憲成的學說中，可以看到許多朱學的影子，〔註220〕他是主張以朱學挽救王學之弊的。

管志道則認爲無善無惡與爲善去惡兩者不但不相矛盾，而且缺一不可。他以爲：《太極圖說》言「太極本無極」、言「五性感動而善惡分」、言「聖人定之以中正仁義」，又言「君子修之吉」，即是說明性體是至實又至空的。所以「爲善」，必至於「無善可爲」而「善斯純」，「去惡」，必至於「無惡可去」而「惡斯淨」，而歸於「無極」。因此知「太極本無極」，則知「性善本無善」。而知聖人之「主靜立極」，正所以還於「無極」，則知君子之「爲善去惡」，正所以還於「無善無惡」。〔註221〕也就是做爲善去惡的工夫，以返回本體無善無惡的境界，兩者是不相矛盾的。而且無善無惡正所以證爲善去惡工夫，對世道有正面的影響：

> 亦當知今日之流敝，非必盡出于無善無惡一語，而此語亦有可以藥
> 時病處。蓋小人固難於無惡，而君子亦嫌於有善。目見今之君子，
> 崇聖學者有聖學，習禪學者有禪學，負氣節者有氣節，敦行誼者有
> 行誼。書曰：「有其善喪厥善。」老子曰：「天下皆知善之爲善，斯
> 不善已。」安可謂此語非藥石哉！〔註222〕

〔註219〕顧憲成，《小心齋箚記》卷三，頁62～63。
〔註220〕顧憲成重提性體，又主程朱性即理之說。他曾言：「程子曰：『性即理也』。此語斷得十分直截分明，亙古亙今，顛撲不破，從上聖賢只是于此認得分曉。這箇理堯舜如此，塗人如此，乃至桀紂蹻跖亦如此。若就氣上看，便千般百樣，萬萬不齊，如何說得是性？」見《還經錄》，頁486。《小心齋箚記》記載有人問他以「小心」名齋之意，他說：「小心是箇敬，聞之程子之言敬曰：『主一無適』，謝上蔡之言敬曰：『常惺惺法』，尹和靖之言敬曰：『其心收斂，不容一物』，似說得甚精。」他又說：「吾所言無非此二字。」《小心齋箚記》卷十二，頁315～318。由此可知小心即是程朱所說的「敬」。
〔註221〕管志道，〈答顧選部涇陽丈書暨求正牘質疑二十二欸〉，頁724～779。
〔註222〕管志道，〈續答顧涇陽丈書并質疑續編一十八欸〉，頁90～127。

他認爲晚明的流弊，未必是無善無惡所引起的，相反的無善無惡還能對治某些時弊。也就是當時的學者皆著於己之善，又以己善來非人之善，形成君子、小人之對立。而無善無惡之說，使人不著於善，能平息君子、小人之爭，亦有益於世道。至於要如何對治晚明的流弊，他認爲重提陽明無善無惡四字救不得，即使如顧憲成所強調孟子性善二字亦救不得。〔註223〕對治的方法只有在「以孔矩收二氏」。〔註224〕

在無善無惡論與告子的關係上，顧憲成認爲陽明以「無善無惡」爲「心之體」，以「有善有惡」爲「意之動」，將心與意「分做兩件看」，分明是「見一箇無善無不善的性在內」，「見一箇有善有惡的物在外」，與陽明批評告子「見一箇性在內，見一箇物在外，便于性有未透徹處」相同。然而陽明「恐人窺破」，卻說：「告子只是執定看了便差」。他認爲這只是遁詞，其實陽明與告子相同。〔註225〕由此可見，他是認定陽明的無善無惡論，即是告子的性無善無不善論的。

至於無善無惡與釋氏的關係，他是將無善無惡等同於釋氏之學，因爲如此，所以他才闢無善無惡論不遺餘力。這樣的看法亦充斥在他的著作中。在《小心齋箚記》中記載有人問「佛氏大意」，他則回答：「三藏十二部五千四百八十卷，一言以蔽之曰：『無善無惡』」。〔註226〕所以他認爲「以性善爲宗，上之則羲、堯、周、孔諸聖之所自出，下之則周、程諸儒之所自出也。以無善無惡爲宗，上之則曇、聃二氏之所自出，下之則無忌憚之中庸、無非刺之鄉原之所自出也」。〔註227〕性善是儒家一脈相承之旨，上從堯舜，下至宋明周程諸儒，皆以性善爲宗，而無善無惡則是異端之學、佛老之旨。儒釋之別即在於此。

顧憲成反覆論述，嚴明儒釋之別，指出無善無惡爲釋氏之宗，他的對話對象即是當時一群主張三教合一的學者。他又將三教合一的濫觴指向陽明，他認爲陽明糾合各家性論：「孟子說性亦是說箇大概如此」、「性無善無不善，如此說亦無大差」、「無善無惡心之體」、「無善無惡是謂至善」以及「吾之所謂善，非孟子之所謂善；吾之所謂無，非告子之所謂無也」，即是欲「網羅三

〔註223〕管志道，〈答顧選部涇陽丈書暨求正牘質疑二十二欵〉，頁724～779。
〔註224〕見下一節。
〔註225〕顧憲成，《還經錄》，頁486～487。
〔註226〕顧憲成，《小心齋箚記》卷十，頁260～261。
〔註227〕顧憲成，《東林會約》，頁361～364。

教」，使「儒佛老莊皆吾之用」。〔註228〕其中的關鍵亦在「無善無惡」上。而陽明言無善無惡又言爲善去惡，更是游走於儒釋二道之間。〔註229〕因此對於陽明的評價，他直指陽明四句教首句「無善無惡心之體」的錯誤，而對「致良知」卻多所讚揚。他認爲《大學》言致知，陽明怕人「認識爲知」，「走入支離」，故就中間「點出一良字」。孟子言良知，陽明怕人「將這箇知作光景玩弄」，「走入玄虛」，故就上面「點出一致字」。其意「最爲精密」。〔註230〕換言之，「陽明之揭良知眞足以喚醒人心，一破俗學之陋」。〔註231〕惟獨陽明「揭無善無惡四字爲性宗」，他「不能釋然」。〔註232〕另一方面他認爲無善無惡與良知說不合：

> 蓋昔王文成揭良知，自信易簡直截，可俟百世，委爲不誣。而天泉證道又獨標無善無惡爲第一諦焉。予竊惟良即善也，善所本有，還其本有；惡所本無，還其本無，是曰自然。夷善爲惡，紐有爲無，不免費安排矣。〔註233〕

良知並非無善無惡，而是善的，所以陽明的無善無惡論與致良知學說相異。因此，他認爲陽明之功在致良知說，過在無善無惡論。他還引管志道的話：「凡命世聖賢立教未睹其利，先睹其弊，不以一己之超見爲學術，而以天下後世之準繩爲學術」最是確論。他認爲「無善無惡」，是陽明的「超見」，如果「以之提宗」、「與天下後世作榜樣」，則使「尙解悟者」就此覓出「種種元妙」，高標「無上之法門」；「喜脫落者」就此覓出「種種方便」，旁啓「無窮之弊孔」。陽明亦有見於此，所以在天泉證道中，「反覆丁甯」爲善去惡工夫。然而陽明「見地過圓」，而「矯枉過正」，將「無」字「提掇太重」，種下許多「病根」，即使事後以工夫收之，也不能挽救。如果「陽明再生」，「目擊茲弊」，將會「推心扼腕」，就不會以無善無惡之說爲教法，而以「學術殺天下萬世」。因此他

〔註228〕顧憲成，《還經錄》，頁492。
〔註229〕顧憲成曰：「無善無惡，凡爲釋氏者皆能言之。陽明卻又搭箇爲善去惡來說，蓋曰：『做得如此工夫，然後我之無善無惡，與釋氏之無善無惡，似同而實異。』雖儒者不得疑其墮于無耳。爲善去惡，凡爲儒者皆能言之。陽明卻又搭箇無善無惡來說，蓋曰：『透得如此本體，然後我之爲善去惡，與世儒之爲善去惡，似同而實異。』雖釋氏不得疑其滯于有耳，此是陽明最苦心處。」〈罪言上〉，《證性編》卷三，頁446。
〔註230〕顧憲成，《小心齋劄記》卷四，頁83～84。
〔註231〕顧憲成，《東林會約》，頁361～364。
〔註232〕顧憲成，《小心齋劄記》卷四，頁83～84。
〔註233〕顧憲成，〈心學宗序〉，頁85～86。

主張「重陽明之功而掩其過」，對於無善無惡，「闕而不論可也」，所以「存厚」也。「體陽明之心而拯其弊」，須於「提宗處」致良知教，「一照可也」，所以「救時」也。〔註234〕也就是陽明之功在於提出致良知教，陽明之過在於以無善無惡爲教法。

管志道則以爲陽明無善無惡論非告子無善無不善論，而可通於孟子，他認爲告子性無善無不善之說，「言非大錯」，但告子以「食色爲天然之性」，而不以「仁義爲天然之性」，「認源頭處錯」。而陽明無善無惡心之體，其言「大類告子」，其意則「迥然不同」。陽明對「意之有善有惡」，而言「心體無善無惡」，是指「未發之中」，其目的使人「去情見以還性眞」。而告子主張無善無不善，是指「血氣中之識神」，會使人「殉食色而禍仁義」。〔註235〕因此兩者是不同的。而孟子從孔子「性相近」之中，拈出「善字」，不悖孔子之說，同樣的，陽明從孟子「道性善」之中，拈出「無善無惡之體」，亦是不悖孟子，亦是「發孟子之未發」。〔註236〕所以說「陽明通孟子之性善」。〔註237〕

在無善無惡與釋氏的關係上，管志道認爲釋氏亦主張性善論，來反駁顧憲成言無善無惡爲佛家論性宗旨。他舉出佛家言「寶明妙性」、「圓成實性」，來證明佛家亦言性善。又舉頌華嚴之性海者曰：「富有萬德，蕩無纖塵，至矣。有無二見，皆圓教之所訶也。」證明「未嘗以無善無惡爲性宗」。六祖指點惠明在「不思善不思惡時，認出本來面目」，則近於無善無惡之說，但亦不曾「以無爲宗」。永嘉證道歌：「棄有著空，猶如避溺而投火」，及六祖證道言「本來無一物」，皆是說明性體眞空，而不說性體「無」，即是孔子所說的「空空如也」。〔註238〕而孟子道性善，亦不能在眞空的性體中添加任何東西。〔註239〕如此說來，管志道以佛家不言性善而有性善之義，不言無善無惡，而言性體眞空。引申來說，性體眞空，不著一物，即是無善無惡的，而寶明妙性、圓成實性，即是眞空性體，富有萬德，故是至善的。所以對於陽明與釋氏，他

〔註234〕顧憲成，〈再與管東溟書〉，頁467～481。

〔註235〕管志道，〈答顧選部涇陽丈書暨求正牘質疑二十二欵〉，頁724～779。

〔註236〕同註235。

〔註237〕管志道，〈續答顧涇陽丈書并質疑續編一十八欵〉，頁90～127。

〔註238〕《論語・子罕》言：「子曰：『吾有知乎哉？無知也。有鄙夫問於我，空空如也，我叩其兩端而竭焉。』」《論語注疏》，頁78。

〔註239〕管志道，〈答顧選部涇陽丈書暨求正牘質疑二十二欵〉，頁724～779。

認爲：「無善無惡者心之體」，是陽明「悟後之言」，並非「蹈襲佛氏語」，並未以此爲「釋氏之宗指」。陽明「原未深於佛道」，而其「悟意有近於禪」，是「不期而合」。陽明所說的「無善無惡」，不從「禪書」中來，只是「自道其性境」而已。〔註240〕管志道反駁顧憲成言陽明是佛家，無善無惡由佛書而來，以及陽明「援儒入佛，借佛入儒之疑」。〔註241〕

顧憲成將世道之弊推本於陽明無善無惡之說，管志道則以爲非。他認爲南宋之後，「兩程之徒徧天下」，而使「正心誠意之說」，爲「人主所厭聞」，這並非「正心誠意之過」，而是「習其學而泥焉者之過」。同樣的，嘉靖以後，「陽明之徒徧天下」，使「學者仕者」，「影射致良知」及「無善無惡之說」，造成「詭遇以投時」、「狂恣以敗禮」，這並非是「無善無惡之過」，而是「影其見而流焉者之過也」。〔註242〕也就是世道之弊，並非「陽明一言，遂能鼓動天下之人心」，而且「今天下導狂導僞之端多矣，豈盡出于陽明之徒」。〔註243〕

管志道不僅認爲無善無惡論無弊，更認爲陽明四句教徹上徹下，他說：

> 王子之四語曰：「無善無惡者心之體，有善有惡者意之動，知善知惡是良知，爲善去惡是格物。」夫其所謂無善無惡者，正至善之體，而其所謂爲善去惡者，正所以復其無善無惡之體也。斯語徹上徹下，本自無弊。〔註244〕

四句教徹上徹下，本自無弊。其弊則在於陽明以四無、四有分接上根之人以及中根以下之人，分《大學》爲兩種教法。他認爲《大學》「正心誠意之教」，以「知止」爲入門，以「止至善」爲實際，是「頓漸兼該」，亦接上根，亦接中下根，爲「徹上徹下之道」。陽明折衷王畿、錢德洪之說，認爲四無爲上根人立教，四有爲中根以下立教：「雖存四有」，「實重四無」；雖「兼接中下根」，「實重在接上上根」。他認爲這是「宗門之聲臭」，也就是禪家說法，而判《大學》爲「兩岐之教」。換言之，說無善無惡心之體，似「以正心接上根」；有善有惡者意之動，似「以誠意接中下根」，語意不圓，而有「二

〔註240〕同註239。
〔註241〕同註239。
〔註242〕同註239。
〔註243〕管志道，〈續答顧涇陽丈書并質疑續編一十八欵〉，頁90～127。
〔註244〕管志道，〈題學的教衡〉，《管子惕若齋集》，據東京高橋情報以日本內閣文庫藏明萬曆二十四年序刊本影印，漢學研究中心藏，卷三。

本之嫌」。〔註245〕所以陽明之弊不在提出四句教，亦不在無善無惡，而在於提出四無接上根人，四有接中根以下之人，會使人拘泥其說：專提四無，只說止至善而不做格致誠正工夫，則止至善成爲玄虛之境；專提四有，只言格致誠正而不言止至善之究竟之境，則工夫漫無標準。因此以四無、四有分《大學》之教爲二，必使止至善落空。

　　由上可知，雙方論辯的焦點，主要集中在四句教首句「無善無惡心之體」上。許孚遠與顧憲成認爲心體是至善的，說無善無惡則有可能掃去爲善去惡的工夫，而有礙於世道。因此他們同樣認爲陽明之功在提出致良知，而許孚遠將無善無惡之弊推給王畿四無論，而顧憲成則明言陽明之過在無善無惡論。周汝登與管志道則認爲心體是無善無惡又是至善的，爲善去惡與無善無惡並不矛盾，相反的爲善去惡要以無善無惡爲究竟，而且無善無惡更能使人不執著於善，反而對世道有所幫助。因此陽明提出四句教乃至王畿之四無論並無缺失。總之，這二次的四句教之辯，爭論的焦點由「天泉證道」陽明學內部的「工夫」之爭，轉變爲理學內部、不同學派間的「本體」──性善與無善無惡──之爭了。〔註246〕

　　不過，第二、三次辯論有一重要的差異，則在顧憲成將無善無惡論與釋氏等同起來。其實從無善無惡論的發展來看，無論王畿、周汝登或是主張三教合一的管志道並未將無善無惡與釋氏，乃至三教合一挽合在一起。將兩者等同，甚至認爲無善無惡論爲三教合一的理論基礎，爲二說建立因果關係的是東林學派。顧憲成等人唯恐無善無惡論者以無善無惡言性體，使心體無所束縛，流於放縱。又唯恐無善無惡論陷入佛家「性空」之說，使道德、天理等儒家謹守的規範，有被視爲理障的危險，〔註247〕而「視道德如浮雲」，善與惡一併去之，而且更加危險的是它會從儒家內部腐蝕儒家根基。因此他們主

〔註245〕管志道，〈答顧選部涇陽丈書暨求正牘質疑二十二欵〉，頁724～779。

〔註246〕步近智認爲：「在明代理學思想史上，萬曆年間於理學內部出現了『道性善』和心體爲『無善無惡』說之間的一場論辯。」見〈明萬曆年間理學內部的一場論辯〉，《孔子研究》1987年一期（1987），頁74～82。陳立勝則認爲第二次辯論是在心學系統內部的爭辯，因爲許孚遠是湛若水傳人，因此與周汝登有著同樣的「心學道統」之預設。〈王陽明「四句教」的三次辯難及其詮釋學義蘊〉，頁1～27。

〔註247〕溝口雄三言：「他們（按：東林學者）正確地掌握到無善無惡思想的危險部份（即，它與「眞空」的論理結合後，很容易粉碎綱常的規範）。」見溝口雄三著，林右崇譯，《中國前近代思想的演變》，頁143。

張以性體控制心體，並論述無善無惡論對世道的影響，力主無善無惡爲釋氏之說，而極力闢佛、嚴明儒釋之別，以防儒釋混合所可能引起的弊病。

在天泉證道後，四句教在晚明引發如此大的爭議，尤其是首句「無善無惡心之體」受到其他派別的批判，然而在陽明學內部情況如何？首先就王畿與錢德洪兩人的看法來看，歷來對錢德洪的看法，有一重大的誤解，認爲他一貫堅持陽明的「四句教」，而反對王畿的「四無說」，其中包括「無善無惡心之體」一句。在天泉證道當時，這樣的說法或許無誤，但之後的發展並非如此。錢德洪對「無善無惡」論所表示的理解，與王畿有不少相合之處，在良知本體的問題上，兩人的思想並非完全對立。〔註248〕至於第一代弟子的看法，從現有的資料來看，我們並不清楚鄒守益與歐陽德對四句教的看法，羅洪先持「存而不論」的謹慎態度，〔註249〕聶豹則多次對於四句教表示了肯定。〔註250〕陳九川基本上是從四句教悟入，對四句教亦保持著肯定的態度。〔註251〕至於何廷仁與黃弘綱基本上是肯定四句教，只是對於四句教的理解有異。〔註252〕

〔註248〕對錢德洪思想會有這些誤解，無非是因爲錢德洪的著作已散佚，我們無法窺得眞實情況。不過從羅洪先描述錢德洪對四句教的體悟過程，以及黃宗羲在《明儒學案》中所收的錢德洪的〈會語〉及〈論學書〉亦能證明他與王畿在四句教問題上差距並不大。關於這部分的研究可參考吳震，〈錢緒山の思想にっいて——王龍溪・羅念菴を通じて——〉，日本京都大學《中國思想史研究》十九期（1996）。鍾彩鈞，〈錢緒山及其整理陽明文獻的貢獻〉，以及筆者的碩士論文，《王陽明四句教之開展與衍化》，頁47～53。

〔註249〕羅洪先〈與錢緒山論年譜〉曰：「天泉橋上與龍溪兄分辨學術，當時在洛村兄所聞亦如此，與龍溪兄續傳習錄所載不悖。此萬世大關鍵，故一字不敢改移。」《念菴文集》卷四，頁118～119。

〔註250〕例如聶豹認爲陽明四句教是「恐學者墮於解悟聞見之末，故就地設法，令人合下有用力處。」另外他曾說：「夫善與不善，皆由於動而後有，則知未動之前，即來諭『渾渾噩噩』之體也。尚何善惡之可言哉？故心也、意也、知也、物也，自其本體而言之，皆無善無惡。感於物而動也，而後有善惡形焉。」這與王畿四無論有異曲同工之妙。聶豹，〈答戴伯常〉，頁 438～473、〈答董明建〉，頁 502～506。

〔註251〕陳九川，〈答聶雙江〉，頁35～37。

〔註252〕何廷仁曰：「師稱無善無惡者，指心之應感無迹，過而不留，天然至善之體也。心之應感謂之意，有善有惡，物而不化，著於有矣，故曰『意之動』。若以心爲無，以意爲有，是分心意爲二見，離用以求體，非合內外之道矣。」何廷仁的看法較偏向錢德洪。至於黃弘綱曰：「以意念之善爲良知，終非天然自有之良。知爲有意之知，覺爲有意之覺，胎骨未淨，卒成凡體。於是而知陽明有善有惡之意，知善知惡之知，皆非定本。意既有善有惡，則知不得不逐於

　　至於第二、三代弟子，他們對無善無惡的看法，基本上與周汝登、管志道無甚差別。「無善無惡從太虛一段元初說來」，〔註253〕「性中本無惡，即善亦無」，「善不可名，乃爲至善」，「性善而曰無善，即太極本無極之旨」，〔註254〕是「本體之善，至善也」，與「善念善事」的「所著之善」有所不同，〔註255〕是「惡念不起，善亦不可得而名」、而「渾然至善」。〔註256〕因此「無善無惡之境」即「靈昭不昧之原」，即是「至善」，〔註257〕也就是「不執著」、「不生分別」的意思，〔註258〕所以「無善即進善之捷徑」。〔註259〕而且四句教與「孔門脈路」，「無毫髮之不同」，〔註260〕又是《大學》的註腳。〔註261〕至於許孚遠與顧憲成多所批評的世道，楊起元認爲「天下之爭，皆起於自有善而自無惡」，而無善無惡「藏身於恕」的方法則能有益世道。〔註262〕這樣的看法與管志道是相同的。王時槐則認爲陽明「特揭無善無惡」是爲對治「紫陽以後爲學者」，而今則「因藥發病」：「藉口無善，而縱恣無忌」。〔註263〕其病在以「心、意、知、物皆無善無惡」，則「海內有號爲超悟者，而竟以破戒、負不韙之名於天下」。〔註264〕也就是四句教本無弊，而學者藉口四無或是首句，而生種種弊端。〔註265〕由此看來，陽明學者頗能了解「無善無惡是謂至善」的意義，〔註266〕並未如同許孚遠與顧憲

善惡，只在念起念滅上工夫，一世合不上本體矣。」在此他將良知等同於意念之意，顯然理解有異。〈江右王門學案四〉，《明儒學案》卷十九，頁453～454、449～450。
〔註253〕鄒元標，〈問仁會錄〉，《鄒南皋語義合編》會語上，頁157。
〔註254〕王時槐，〈潛思箚記〉，《塘南王先生友慶堂合稿》卷四，頁267。
〔註255〕楊東明，〈學會講語〉，《山居功課》卷五，頁49b～50a。
〔註256〕鄒元標，〈仁文會紀〉，《鄒南皋語義合編》會語下，頁173。
〔註257〕耿定向，〈與方伯劉晉菴〉，另外〈遇轟贅言〉亦曰：「無善，蓋謂善而無善，乃至善也。」《耿天臺先生文集》卷五、八，頁521～525、888～910。
〔註258〕楊起元，〈柬張陽老〉，《太史楊復所證學編（二）》，頁306～307。
〔註259〕陶望齡，〈書周子九解後〉，《陶文簡公集》卷十，頁482～483。
〔註260〕張元忭，〈答許敬庵〉，《張陽和先生不二齋文選》卷三，頁390～391。
〔註261〕耿定向，〈遇轟贅言〉，頁888～910。
〔註262〕楊起元，〈爲懷遠路孝廉書二條〉，《太史楊復所先生證學編（一）》，頁292～294。
〔註263〕王時槐，〈又答吳安節公〉，《塘南王先生友慶堂合稿》卷二，頁211。
〔註264〕王時槐，〈三益軒會語〉，《塘南王先生友慶堂合稿》卷四，頁258。
〔註265〕耿定向的看法亦如此：「近世橫騖決裂者，第託上一語爲口實，是將此本體爲集垢稔慝之藪，長傲遂非之囮矣，豈其指哉！豈其指哉！」〈遇轟贅言〉，頁888～910。
〔註266〕勞思光也提到，以「無善無惡」說「心之體」，固是自陽明本人至門下各大派

成堅持性善的立場，也不因世道之弊，而將責任完全推給陽明，推給四句教。因此我們可以說四句教在陽明學內部並未引起軒然大波，其間的爭議、分化並非如我們所想像的。

大部分的大陸學者認為四句教本身的矛盾，導致弟子的分裂，才會有王畿的四無與錢德洪的四有，因此四句教是王學分化之契機。〔註267〕王畿與錢德洪因對四句教的理解不同，而引起工夫論之辯，而後經陽明的衡定與自我的體悟，兩人的理解並沒有多大的差異，而且在陽明學內部並未引起多大的爭議。因此說四句教導致王學的分化太過於武斷牽強。實際上引起分化的並非四句教，而是良知教，更確切地說是在工夫論上。錢、王兩人的四句教之辯與王、聶等人的良知之辯，其中的共通點是工夫論，也就是良知如何「致」的問題。〔註268〕關於王學的分化，王畿亦曾言明：

> 有謂良知非覺照，須本於歸寂而始得。如鏡之照物，明體寂然，而妍媸自辨，滯於照，則明反眩矣。有謂良知無見成，由於修證而始全。如金之在鑛，非火符鍛煉，則金不可得而成也。有謂良知是從已發立教，非未發無知之本旨。有謂良知本來無欲，直心以動，無不是道，不待復加銷欲之功。有謂學有主宰、有流行，主宰所以立性，流行所以立命，而以良知分體用。有謂學貴循序，求之有本末，得之無內外，而以致知別始終。〔註269〕

由王畿的這段話以及以上二節所論，我們可以說王學分化之機不在四句教，

皆共持之通義也。《新編中國哲學史（三上）》（臺北：三民書局股份有限公司，1993年），頁506。

〔註267〕以四句教本身矛盾而為王學分化契機為觀點的學者非常多，例如侯外廬等編，《宋明理學史》，頁236。陳來，《有無之境──王陽明哲學的精神》，頁193。龐萬里，〈王陽明「四句教法」及其後學之分化〉，《河北大學學報》1994年四期（1994），頁100～106。成復旺，〈從「無善無惡」到「人必有私」──明代思想史上一段心的解放之路〉，《中國文化》十期（1994），頁179～189。錢明，〈陽明之教法與王學之裂變〉，《孔子研究》2003年三期（2003），頁89～99。

〔註268〕勞思光認為王門諸子的「異見」，主要意義仍落在所謂「工夫論」上。〈王門功夫論問題之爭議及儒學精神之特色〉，《新亞學術集刊》三期（1982），頁1～20。

〔註269〕王畿，〈撫州擬峴臺會語〉。另外在〈滁陽會語〉亦有相似的看法。《王龍溪全集》卷一、二，頁126～155、168～175。唐君毅對於陽明學者不同的良知看法，除了詳加解析外，並指明為何人所主張。《中國哲學原論──原教篇》（臺北：臺灣學生書局，1990年），頁362～367。

而在良知教。王學分化的引爆點，應在聶豹提出「歸寂說」所引發的辯論上。

第三節　三教之辯

　　三教之辨是理學的一個重要向度，尤其是儒釋之辨。由於宋明理學是儒釋道三教互相衝突融合的和合體，〔註270〕理學如何融合佛老？佛老的那些精華被理學所汲取？是研究者關心的焦點。另一方面，從宋代以來，不論是二程、朱子、陸九淵乃至陽明，甚至於大部分的陽明後學，在宣稱己學爲儒學正統的同時，並嘗試著做所謂「毫釐之辨」的儒釋之別。雖然其思想型態有著三教融合的影子，但許多學者仍嚴明三教之分。但就學術發展來看，理學的發展也確實促進了三教的融合，尤其是陽明學。到了晚明，三教合一或儒釋混合的主張甚囂塵上。

　　三教融合是一個複雜的學術和文化現象，涉及不同思想家面對三教的態度差異、不同教派在對話過程中彼此的吸收與排斥，以及如何呈現在士人及民間生活層面，不可能以簡單的概論來說明。不過在上一節，我們談四句教之辯時，提到東林學者是將無善無惡視爲三教合一的淵藪，嚴明儒釋之辨是他們的重要任務，所以當顧憲成與管志道相會時，除了論辯四句教外，三教亦是他們論辯的焦點。因此本節主要討論陽明學者個人對三教的態度，是否有明顯的地域之別，而並非探討學者的思想、作爲有宗教化甚至三教化的傾向。〔註271〕尤其是在游學的過程中，陽明學者對三教態度的差異，以及由此而引發同門間，甚至其他學派的爭辯。爲清楚展示陽明學者對三教看法的分別，以下分成：嚴明三教、三教同道、三教合一共三部分來論述。

〔註270〕張立文，〈儒佛之辯與宋明理學〉，《中國哲學史》2000 年二期（2000），頁 14～25。

〔註271〕余英時認爲顏鈞的思想及作爲是儒學的宗教化。〈士商互動與儒學轉向——明清社會史與思想史之一面相〉，郝延平，魏秀梅編，《近世中國之傳統與蛻變：劉廣京院士七十五歲祝壽論文集》（臺北：中央研究院近代史研究所，1998 年）上冊，頁 3～52。呂妙芬認爲陽明學者的生死觀以及聖人形象有明顯的儒釋交融現象，即使嚴明儒釋之別的學者亦有這樣的傾向。〈儒釋交融的聖人觀：從晚明儒家聖人與菩薩形象相似處及對生死議題的關注談起〉，《中央研究院近代史研究所集刊》第三十二期（1999），頁 165～208。

一、嚴明三教

從宋代以降，一般儒者對儒釋之別的看法，不外乎儒學「不遺人倫，不絕物理，明體而達用」，而佛教則「遺人倫，絕物理，有體而無用」。〔註272〕陽明學者對儒釋之辨的看法亦如此，鄧元錫曾總括學者的說法，約爲數端：

> 有以爲主於經世，主於出世，而判之以公私者矣；有以爲吾儒萬理
> 皆實，釋氏萬理皆虛，而判之以虛實者矣；有以爲釋氏本心，吾儒
> 本天，而判之以本天本心者矣；有以爲妄意天性，不知範圍天用，
> 以六根之微因緣天地，而誣之以妄幻者矣；有以爲厭生死惡輪迴，
> 而求所謂脫離，棄人倫遺事物，而求明其所謂心者矣。〔註273〕

這幾點與上述所引，其實是大同小異，總之，儒釋之間的差異在「體」、在「用」。

首先在「用」方面，一般普遍的看法，釋氏「棄倫理、遺事物」，而儒者則「明物而察倫」。〔註274〕持這樣看法的有：聶豹：「世常以虛無詆佛老」是因佛老「倫理感應亦在所不屑而簡棄之」，〔註275〕他認爲三教同講「虛寂」，但佛老無「參贊經綸」之實。〔註276〕歐陽德認爲吾儒之學「致知在於格物，明德在於親民」，而釋氏「空虛溝蕩」、「遺棄人倫」。〔註277〕鄒守益以爲釋氏「自以爲明心」，而「外人倫遺事物」，不免「自私自利」。〔註278〕與此觀點相似而延申的則是儒者不遠人，與物同體，而釋氏遠人，與物不相干涉。羅洪先有三篇〈異端論〉，正是以「儒釋之辨」爲中心議題，所謂「異端」當然是指釋氏。在〈異端

〔註272〕張立文，〈儒佛之辯與宋明理學〉，頁 14～25。

〔註273〕不過鄧元錫認爲上述幾項是「舉其精者、內者以剖析摘示，俾人不迷於所向而深於其道者」，但卻「未能以終厭其心」。他認爲以上說法都不整全，儒釋之辨應在於「體道之差異」：「道合三才而一之者也。其體盡於陰陽而無體，故謂之易；其用盡於陰陽而無方，故謂之神；其燦然有理謂之理，其粹然至善謂之性，其沛然流行謂之命。無聲無臭矣，而體物不遺；不見不聞矣，而莫見莫顯，是《中庸》之所以爲體。異教者欲以自異焉，而不可得也。」也就是說道是相同的，但卻因爲聖人與釋氏體悟的差異，才有種種「用」的不同。他從根本上論述儒釋的差別，最主要是要說明，儒學自足，不必借用釋氏，以破除儒釋必相資的說法。鄧元錫，〈論儒釋書〉，《潛學編》卷十二，頁695～699。

〔註274〕羅洪先，〈異端論上〉，《念菴羅先生集》卷三，頁 555～556。

〔註275〕聶豹，〈送王楀菴獻績之京序〉，《雙江聶先生文集》卷四，頁 300～301。

〔註276〕聶豹，〈答唐荊川二〉，《雙江聶先生文集》卷八，頁 412～413。

〔註277〕歐陽德，〈答陳盤谿〉，《歐陽南野先生文集》卷一，頁 351～352。

〔註278〕鄒守益，〈臨川縣改修儒學記〉，《東廓鄒先生文集》卷四，頁 32～33。

論中〉他提到儒者「行乎子臣弟友之間」，未嘗遠人爲之。而釋氏則「獨尊其身而濁視塵世」。〔註279〕亦即唐順之所說的儒者「天地萬物皆吾喜怒哀樂之所融貫」，而釋氏「天地萬物泊然，無一喜怒哀樂之交」。〔註280〕也就是蔣信所反覆強調的儒者「渾萬物而同體」，釋氏「契夫未有一物之先」，〔註281〕「外一身而守寂」，〔註282〕其間「大公自私之不啻天淵」。〔註283〕即是王時槐所強調的儒者「以天地萬物爲一體」，而釋氏「超乎天地萬物之外」，〔註284〕所以儒主經世，釋主出世。〔註285〕儒者爲「萬世生民」而發，〔註286〕「齊治均平」則是佛老未逮，〔註287〕而不能「開物以成務」。〔註288〕

　　在用的方面，陽明學者的看法與前代學者差別不大，然而我們發現到，他們在討論到「用」的差別時，通常會回溯到「體」的差異，這是與前代儒者不同的。例如胡直在談到儒釋之辨時，認爲釋氏「主在出世」，其學「止乎明心」，因此「雖照乎天地萬物而終歸于無有」，而儒者「主在經世」，其學「貴盡心」，盡心則「能察乎天地萬物而常處之有」，所以儒與釋之異者在「盡心與不盡心」。〔註289〕另外他曾與當時提倡三教合一的著名學者趙貞吉（1508～1576）辯論儒釋之異同，胡直認爲吾儒惟盡性，故能處之有則，雖經世未始不出世。而二氏止於見性，故「終於無生」，雖出世未始能經世，總之在盡性與不盡性的差別。趙貞吉則以爲「不然」，二氏亦有「萬行」，能出世亦能經世。〔註290〕同樣的王時槐認爲儒釋之辨在「彼主於出世，故以性超於天地萬物之外；聖人主於經世，故以性貫於天地萬物之中」，〔註291〕佛老自謂悟性，而遺棄倫理，正是「不知性」。〔註292〕當時有人認爲儒釋之見性本同，但作用始異，王時槐則明白表示「此說

〔註279〕羅洪先，〈異端論中〉，《念菴羅先生集》卷三，頁556～557。
〔註280〕唐順之，〈中庸輯略序〉，《唐荊川先生集》卷十一，頁1a～2b。
〔註281〕蔣信，〈答何吉陽七首〉，《蔣道林先生文粹》卷八，頁335～337。
〔註282〕蔣信，〈原學說〉，《蔣道林先生文粹》卷四，頁272～273。
〔註283〕蔣信，〈簡羅念菴內翰三首〉，《蔣道林先生文粹》卷八，頁332～334。
〔註284〕王時槐，〈答王儆所〉，《塘南王先生友慶堂合稿》卷二，頁200～202。
〔註285〕王時槐，〈答郭有甫〉，《塘南王先生友慶堂合稿》卷二，頁219。
〔註286〕耿定向，〈與胡廬山書〉，《耿天臺先生文集》卷三，頁262～265。
〔註287〕劉文敏，〈論學要語〉，收於〈江右王門學案四〉，《明儒學案》卷十九，頁433。
〔註288〕鄧元錫，〈論儒釋書〉，頁695～699。
〔註289〕胡直，〈六錮〉，《衡廬精舍藏稿》卷二十八，頁607～616。
〔註290〕胡直，〈少保趙文肅公傳〉，《衡廬精舍續稿》卷十一，頁776～784。
〔註291〕王時槐，〈潛思箚記〉，頁267。
〔註292〕王時槐，〈答錢啓新邑侯八條其三〉，《塘南王先生友慶堂合稿》卷一，頁

非也」，而是「見性不同，作用亦異」：儒者以性「原自生生」，所以「親親仁民愛物」、「明物察倫」以盡性。而釋氏以「空寂爲性」，以生生爲幻妄，所以棄君親、離事物。〔註293〕劉元卿則認爲釋氏「見性太高」、「見性于人倫物理之外」，所以「高者溺空寂，其流至於外道義而任放自恣；卑者求空寂而失之，珍其靈明以爲寂照，其弊至于遺事物而入於枯槁」。〔註294〕楊東明亦以爲釋氏主於「明心見性」，以成「一己之身」，而儒者「存心養性」欲盡「人物之性」，結論是釋氏「未盡其性」。〔註295〕綜合以上學者的看法，儒釋之所以會有經世、出世的差別，其根本在於見性之不同。釋氏之性爲「空性」，是虛寂，故要超脫世間一切幻妄，同歸寂滅。社會倫理、天下國家乃至天地萬物，對釋氏來說，畢竟不具有終極的實在性。儒者之性爲生生之理，是實性，故要成就世間倫理、治國平天下，乃至與天地萬物同體合一。社會倫理、天下國家乃至天地萬物，對儒家來說，是具有終極的實在性。因此我們可以說陽明學者已看到儒釋之間的「毫釐之辨」，正在於雙方存有論上「有」與「無」的根本立場與信念的差別。〔註296〕從他們的論述，我們可以看到儒家學者對佛道兩家的批判，有一個從針對佛道兩家所帶來的社會問題到其思想理論本身的逐漸深化的過程。這樣的看法比之前人，更加精微深入。

　　陽明學內部有一批嚴明儒釋的學者，無論是羅洪先、胡直、王時槐，其

171。
〔註293〕王時槐，〈答賀汝定〉，《塘南王先生友慶堂合稿》卷一，頁177～178。
〔註294〕劉元卿，〈七九同符序〉，《劉聘君全集》卷四，頁69～70。
〔註295〕楊東明，〈論學篇〉，《山居功課》卷六，頁35b～36a。另外被黃宗羲劃入泰州學派的方學漸亦從「體」的方面嚴明三教之辨：「二氏皆言心也，而所見於心者異；皆言性也，而所見於性者異；皆一也，而所見爲一者異；皆靜也，而靜中所見者異。人心合有無隱顯而一之，儒者見心之全體，故曰：『仁，人心也。』又曰：『仁，人也。』釋氏見心之空，不見空之所自，故於人道，一切掃而空之。老氏見心之虛，不見虛之所含，故推天下國家而外之。……然則三家之言，雖均之心性，均之一，均之靜，而其旨則霄壤矣。」〈桐川語錄〉，收於〈泰州學案四〉，《明儒學案》卷三十五，頁844～845。方學漸是南直隸桐城人，所以黃宗羲將其列入泰州學派，然而就他對四句教與三教的看法，其實較接近東林。
〔註296〕彭國翔研究王畿的三教觀，認爲「龍溪對儒學與佛道兩家的毫釐之辨，達到了儒學傳統中幾乎前所未有的精微程度。」《良知學的展開──王龍溪與中晚明的陽明學》，頁275～278。筆者認爲這樣的現象，不只王畿，其他陽明學者亦是如此，這應與他們深入佛道兩家，以及在晚明三教合一、儒釋混合的現象下，長期對話的結果。

至楊東明，都是看到當時有所謂的儒釋共參以及三教合一的學說或現象，而
主張嚴明三教。例如羅洪先作〈異端論〉三篇，正是：

> 儒者乃曰三教根源固未嘗異，其少異者，乃其假權顯眞，承傳之流
> 弊，非實然也。而善於融會又陰用其所長，若以爲兼收而不害者。
> 蓋樂其簡易直截，即其情所便安外，雖依托名教，而內實決裂以從
> 己。問其所傳，則曰吾聖人之學固如是。蓋高明之士之所喜趨，而
> 前所指異端云者不過習其常談，未有察其所以然也。〔註297〕

所以他才在儒釋之辨的傳統說法：遺人倫，離事物之外，再從生死觀的不同
論儒釋之別，認爲生死才是「端緒之在」。〔註298〕張元忭也看到當時儒釋混
的現象，而高談闢異端。〔註299〕耿定向在看到「今江左之學胥從楞嚴經中
參會入者」，〔註300〕溺於異教，「波蕩橫流，未可底止」，而「拊心痛哭」。
〔註301〕胡直也明白指出三教合一導人於「狂狷」。〔註302〕這些陽明學者對
於儒釋之辨比前人看得更精微而深入，應當是在晚明三教合一的思潮中，耳
聞目見，感同身受的結果。另一方面，他們亦與當時的三教合一提倡者：楊
起元、管志道等人進行對話與論辯，他們理論的深化，應也是這些對話論辯
的反映。

〔註297〕羅洪先，〈異端論上〉，頁555～556。

〔註298〕羅洪先言：「夫生死者，生人之所必有。聖人不以爲病，而不爲生死之所拘，
故能與世同其好惡。而爲佛之說者，首欲脫之。惟其首欲脫之，不見所謂生
與死也，縱橫善變不可窮詰，若超無始而睹源蒙。」〈異端論上〉，頁555～
556。劉元卿也認爲儒釋之辨在於一「求盡生人之道」，一則「恐怖生死之苦」。
所以儒者「事父母竭其力，事君致其身」，而釋氏則「要了手，故須超吾家；
要了心，故須盡超。則雖不舍一法，畢竟是要超盡；則雖不起一意，畢竟是
要盡超。」〈復尹介卿〉，《劉聘君全集》卷三，頁60。

〔註299〕張元忭曰：「今之儒者則欲混儒釋而一之，且有三教一途之說，良知二字爲範
圍三教之宗旨，嗚呼！何其悖。孟子曰能言距楊墨者，聖人之徒也。愚亦曰
能言排佛老者，聖人之徒也。」〈寄馮緯川〉，《張陽和先生不二齋文選》卷二，
頁357～363。

〔註300〕耿定向，〈與鄒汝光〉，《耿天臺先生文集》卷四，頁376～377。

〔註301〕耿定向，〈答錢盧陵〉，《耿天臺先生文集》卷五，頁525～528。

〔註302〕胡直曰：「蓋近日教門既寬，而慧辯之士又語之太圓，直其以二氏之意承聖人
之言，卒使天下之士立身臨政，蕩然與世無底，其極至導人于狂狷，陰阻天
下豪傑嚮往之志。且今天下士競民窮劇且動矣，使爲學者而又倡爲寬圓之行，
以濟其弊而阻其志，將比于宿昔訓詁支離之害，其仁不仁又何如也。」〈答何
吉陽亞卿〉，《衡廬精舍藏稿》卷十九，頁453～454。

二、三教同道

　　另外有一些陽明學者，包括陽明在內，對於三教的看法，是主張「三教同道」、「良知範圍三教」的。陽明有所謂的三間屋之喻，得到他的學生薛侃以及王畿的繼承，兩人充分發揮此說，尤其是王畿，在他游學四方當中，屢次與學者談到相關的看法。首先，我們先來看陽明的說法。嘉靖二年（1523）十一月，陽明從錢塘到蕭山，張元沖（1502～1563）在舟中論二氏，認為其「有得於性命」、「有功於吾身」，可以「兼取」。陽明則說：

> 說兼取便不是，聖人盡性至命，何物不具？何待兼取？二氏之用，皆我之用。即吾盡性至命中完養此身，謂之仙；即吾盡性至命中不染世累，謂之佛。但後世儒者不見聖學之全，故與二氏成二見耳。譬之廳堂，三間共為一廳，儒者不知皆我所用，見佛氏則割左邊一間與之，見老氏則割右邊一間與之，而己則自處中間，皆舉一而廢百也。聖人與天地民物同體，儒、佛、老、莊皆吾之用，是之謂大道。二氏自私其身，是之謂小道。〔註303〕

顯然對於佛道二教，還是儒家思想，陽明都採取相容並包的態度，所謂「二氏之用，皆我之用」，更反映出陽明力圖在一個更高的起點上，將佛道二教合理地容納到儒家思想之中，而這所謂更高的一個起點，便是「大道」，即是「良知」。所以他認為三家皆講虛無，釋氏從出離生死苦海上來，老氏從養生上來，於本體上加了這些意思，已不是虛無的本色，於本體有障礙。而良知之虛，是「天之太虛」，良知之無，是「太虛之無形」，「日月風雷」、「山川民物」，皆是太虛無形中發用流行，未嘗是本體之障礙，所以聖人順其良知之發用，就比佛道二教更高明。〔註304〕陽明這樣的看法可說是三教歸儒。

　　這樣的看法，陽明的弟子薛侃亦有相似的論述。薛侃曾作〈儒釋辯〉為世人對陽明的三個疑問：類禪、背朱以及涉虛，作詳細的申辯。〔註305〕而在三教問題上，他認為聖學精神在「倫理」、釋氏在「圓覺」，道家在「神氣」，「養其神氣以盡倫理」是「仙而聖者」，「全乎圓覺修倫理」是「釋而聖者」，然而仙釋只用其一，只有「聖人得其三」：「養神氣」、「任綱常」與「圓覺運

〔註303〕王陽明，〈傳習錄拾遺〉，《王陽明全集》卷三十二，頁 1179～1180。
〔註304〕王陽明，《傳習錄》下，《王陽明全集》卷三，頁 106。
〔註305〕薛侃，〈儒釋辯〉，《研幾錄》，頁 512～513。黃宗羲亦曰：「世疑陽明先生之學類禪者三，曰廢書，曰背考亭，曰涉虛。先生一一辨之。」〈粵閩王門學案〉，《明儒學案》卷三十，頁 656～658。

化」。〔註306〕這與陽明三教歸儒的看法可說是一致的。

　　王畿對於三教的看法，完全繼承陽明的觀點，並進一步發揮良知範圍三教的理論。他的三教觀，集中反映在〈三教堂記〉中。〈三教堂記〉主要論述三個方面：一虛寂思想並非佛道兩家專屬，同時也是儒學的內涵：孔子言「空空」、顏子「屢空」即是虛寂之旨。二正統與異端的區分並不限於儒學與佛道兩家之間，而「吾儒自有異端」：「凡不循本緒，欲求藉於外者，皆異端也。」〔註307〕三是三教同源，以道觀之，本無儒釋道的差別：「人受天地之生，初未嘗以某爲儒，某爲老，某爲佛」，而良知貫通虛無有無，爲「範圍三教之樞」。〔註308〕這樣的看法，亦隨著他的游學足跡，傳播至各地。

　　嘉靖三十六年（1557），王畿在三山石雲館第之會中開講，有人提出這樣的看法：「佛氏雖不免有偏，然論心性甚精妙，乃是形而上一截理。吾人敘正人倫，未免連形而下發揮。然心性之學，沈埋既久，一時難爲超脫，借路悟

〔註306〕薛侃，《研幾錄》，頁491～492。

〔註307〕正統與異端之辨並不限於儒家與釋道之間，而儒家亦有異端，陽明學者稱之爲「俗學」。王畿認爲「俗學」即是「牢籠世界，桎梏生死，以身徇物，悼往悲來，戚戚然若無所容，世俗之芥蒂也」。〈自訟長語示兒輩〉，《王龍溪全集》卷十五，頁1062～1071。鄒守益〈原道堂記〉亦除了辨佛老爲異端，亦批評俗學「後之儒者蒐獵緝，以求宣暢先王之典則，又多其辭說，繁其儀文，而未能反身而誠，以距詖行。或乃陷於子子煦煦，以爲二氏所哂。甚者至於靜言而庸違之賊仁與義，而莫之省憂也。嗚呼！聖道何由而興乎！」《東廓鄒先生文集》卷四，頁14。另外如蔣道林、尤時熙、鄒元標以及薛應旂等人皆有關於正統與異端（俗學）的批評。蔣道林，〈送覃生汝靖還辰序〉，《蔣道林先生文粹》卷三，頁244～245。尤時熙，〈餘言〉，《尤西川先生擬學小記》卷二，頁813。鄒元標，〈正學書院記〉，《願學集》卷五上，頁190～191。薛應旂，〈審異〉，《方山先生文錄》卷十六，頁382。其實陽明學說的提出即針對當時的官學——朱子學。陽明〈別湛甘泉序〉曰：「今世學者，皆知宗孔、孟，賤楊墨，擯釋老，聖人之道，若大明於世。然吾從而求之聖人不得而見之矣。……吾何以楊、墨、老、釋之思哉？彼於聖人之道異，然猶有自得也。而世之學者，章繪句琢以誇俗，詭心色取，相飾以僞，謂聖人之道勞苦無功，非復人之所可爲，而徒取辨於言辭之文：古之人有終身不能究者，今吾皆能言其略，自以爲若是亦足矣，而聖人之學遂廢。則今之所大患者，豈非記誦辭章之習！而弊之所從來，無亦言之太詳、析之太精者之過歟？……夫求以自得，而後可與之言學言聖人之道。」《王陽明全集》卷七，頁230～231。他們所謂的「俗學」，即是指僵化的、功利化的朱子學爲象徵符號的世俗儒學，正統與異端之辨從佛道兩家轉向世俗化的儒學，正代表中晚明由朱子學轉向陽明學的新方向。

〔註308〕王畿，〈三教堂記〉，《王龍溪全集》卷十七，頁1204～1207。

入，未必非此學之助。」王畿不同意這樣的看法，他認爲儒家亦說虛、說寂、說微、說密，從此悟入，是「範圍三教之宗」。儒家本來可以表現恆性之全，像巢許之流所代表的「清虛恬淡」的精神氣質，並非佛道二教所獨有，而是「堯舜一體中所養之物」，是儒家本有的，只因漢儒將這種精神氣質失落，使後世儒家「甘心讓之」。這與陽明「屋舍三間之喻」說法相同。而要眞正「不忍甘心於自失」，不能像後世「豪傑之士」那樣，以「排斥二氏」爲己任，徒欲號召名義，以氣魄勝之，而是要「探本入微，務於內修」，從「三教之靈樞」的良知悟入，才能恢復儒家三間屋舍的本來面目。〔註309〕另外在萬曆元年（1573）的南譙書院講會中，陸光祖（1521～1597）曾向王畿問二氏之學，王畿以「良知之凝聚爲精，流行爲氣，妙用爲神，無三可住；良知即虛，無一可還，此所以爲聖人之學」，即良知是「範圍三教之宗」，對於「二氏之所拈出者」未嘗不兼，〔註310〕亦是說良知教可以兼攝佛道二教。另外在嘉靖四十三年（1564）耿定向在宜興向王畿詢問佛老虛無之旨與儒學之異同，王畿通過對《易傳》的解釋，闡發其中的虛無思想，使儒家的虛無思想有了經典上的依據。而他也進一步將佛道二教之精義，融攝在良知教中，良知即性、即命、即寂、即感，至虛而實，至無而有，故「良知範圍三教之宗」。〔註311〕

　　雖然陽明、王畿、薛侃都提倡三教歸儒，歸於良知教，對於佛道兩家表現了一定限度的肯定和容納，不過對於儒學與佛道兩家的根本區別，他們也做了根源性的探究。首先，陽明認爲儒釋同主養心，但儒家養心，未離事物，釋氏卻要「盡絕事物」，與世間了無交涉，所以「不可以治天下」。〔註312〕而在〈重修山陰縣學記〉中，他認爲儒者「求盡其心」，以天地萬物爲一體，於是有紀綱政事之設、禮樂教化之施，而能裁成輔相、成己成物。釋氏亦求盡其心，但已陷於「自私自利之偏」，「外人倫而遺事物」。〔註313〕薛侃則認爲二氏言虛無，儒者亦言虛無，兩者的差別在二氏之虛無，「離世遺倫」，是「虛

〔註309〕王畿，〈三山麗澤錄〉，《王龍溪全集》卷一，頁108～126。

〔註310〕王畿，〈南遊會紀〉，《王龍溪全集》卷七，頁455～475。

〔註311〕王畿，〈東遊會語〉，《王龍溪全集》卷四，頁288～302。

〔註312〕王陽明，《傳習錄下》，《王陽明全集》卷三，頁106。

〔註313〕王陽明，〈重修山陰縣學記〉，《王陽明全集》卷七，頁256～258。陽明又有所謂「佛氏著相」的說法：「佛怕父子累，卻逃了父子；怕君臣累，卻逃了君臣；怕夫婦累，卻逃了夫婦：都是爲個君臣、父子、夫婦著了相，便須逃避。如吾儒有個父子，還他以仁；有個君臣，還他以義；有個夫婦，還他以別：何曾著父子、君臣、夫婦的相」。《傳習錄下》，《王陽明全集》卷三，頁99。

而虛者」，而儒者之虛無，「不外彝倫日用」，是「虛而實者」。〔註314〕所以二氏之蔽在遺倫，而不在虛無，〔註315〕也就是儒者與物同體，釋氏則自私自利，斬然無情。〔註316〕

至於王畿的看法，在萬曆元年（1573），滁陽陽明新祠的講會中，李世達曾向他詢問「儒與佛同異之旨」。王畿回答：

> 人受天地之中，以生所謂性也。良知者性之靈，即堯典所謂峻德明。峻德明即是致良知，不離倫物感應，原是萬物一體之實學。親九族是明明德於一家，平章百姓是明明德於一國，協和萬邦是明明德於天下。親民正所以明其德也，是爲大人之學。佛氏明心見性，自以爲明明德。自證自悟，離卻倫物感應，與民不相親。以身世爲幻妄，終歸寂滅。要之不可以治天下國家，此其大凡也。〔註317〕

王畿與上述的許多學者一樣，認爲儒釋之別在經世與出世。不過尤有進者，有人質疑：「佛氏普渡眾生至舍身命不惜，儒者以爲自私自利，恐亦是扶教護法之言」。王畿則認爲釋氏「行無緣慈」，雖然「渡盡眾生」，卻「同歸寂滅」，與世界冷無交涉，而儒者則「與物同體」，「吾非斯人之徒與」，故「裁成輔相」。〔註318〕這些看法與上述嚴明三教的學者胡直、王時槐等人的看法是相當一致的，因爲釋氏對客觀世界的否定，所以雖講明心見性，即使行菩薩道，仍視世間一切爲幻妄，要歸於寂滅之境，而儒學則肯定人文世界，雖講虛無講盡性，仍以化成世界爲己任。姑且不論他們對三教態度的差別，其對儒釋的「毫釐之辨」，可謂異曲同工。

另外有一些學者並沒有明顯主張「良知範圍三教」，但對於三教則採取較開放的態度，但又不主張三教合一，亦在此一併討論。焦竑常基於三教同源、同道的信念，以三教互相融攝的方式來講學。他指出：

> 道一也，達者契之，眾人宗之。在中國者曰孔孟老莊，其至自西域者曰釋氏。繇此推之，八荒之表，萬古之上，莫不有先達者爲之

〔註314〕薛侃，〈儒釋辯〉，頁512～513。

〔註315〕薛侃，《研幾錄》，頁484。

〔註316〕薛侃，《研幾錄》，頁488。

〔註317〕王畿，〈南遊會紀〉，頁455～475。

〔註318〕同註317。另外他在〈與李中溪〉亦言：「大抵吾儒主於經世，二氏主於出世，象山嘗以兩言判之。惟其主於經世，雖退藏宥密，皆經世分上事；惟其主於出世，雖至普度未來眾生，皆出世分上事。順逆公私，具法眼者，當有以辨之矣。」《王龍溪全集》卷十，頁705～706。

師，非止此數人而已。昧者見跡而不見道，往往瓜分之而又株守之。〔註319〕

他將儒釋道三教平等地視爲「道」的表現，所以對「三教合一」的說法表示反對：

三教鼎立，非聖人意也。近日王純甫、穆伯潛、薛君采輩，始明目張膽，欲合三教而一之，自以爲甚偉矣。不知道無三也，三之未嘗三。道無一也，一之未嘗一。如人以手分擘虛空，又有惡分擘之妄者，隨而以手一之，可不可也？夢中占夢，重重成妄。〔註320〕

在焦竑看來，主張三教合一的人，其背後的預設是將三教視爲三種各自獨立的思想體系，或者說是三種不同的「道」，而對他來說，「道」本來是一無三，三教也就無所謂合一。〔註321〕所以他的三教觀只能說是「三教同道」，而非「三教合一」。〔註322〕

周汝登在南都游學開講，有人問陸九淵、陽明雜禪否。他回答：「夫禪與儒名言耳，一碗飯在前，可以充飢，可以養生，只管吃便了，又要問是和尚家煮的，百姓家煮的。」〔註323〕也就是不要在門面上計較，而要求性命的安頓。另外他認爲儒與釋不可合亦不可分，不可合者是「因緣之應跡難齊」，不可分是因「心性之根宗無二」，而「了此無二之宗，何因緣之不可順」，〔註324〕所以在某種程度上儒釋是可合的。他又認爲如悟孔子「朝聞夕死」、「無可無不可」、《周易》「太極之旨」，可以「無疑於禪」，可以「不逃不闢」。而「如來之禪」亦言「治生產業」，與「實相不相違悖」，悟之無礙於儒，可以用世，可以經世。所以他認爲孔子之旨在「濂洛以後諸儒」，如來之旨在「曹溪以下諸師」，人有悟於此，則「儒自儒」，「禪自禪」，不見其分；「儒即禪」、「禪即

〔註319〕焦竑，〈贈吳禮部序〉，《澹園集》卷十七，頁195～196。

〔註320〕焦竑，《支談》上，《叢書集成初編》（北京：中華書局，1991年），頁3。

〔註321〕錢新祖認爲焦竑的三教融合論與以往各種三教融合論存在著本質的差異。前者是非區隔化（non-compartmentalization）的立場，而後者是區隔化（compartmentalization）的立場。換言之，焦竑三教融合論不預設三教本質上有別，或是以某一家爲本位，而以往各種三教融合論則先預設了儒釋道三教作爲三種「道」的區隔。Edward T. Ch'ien（錢新祖），*Chiao Hung and the Restructuring of Neo-Confucianism in the Late Ming.* (New York: Columbia University Press, 1986)。

〔註322〕林素英，〈焦竑之三教觀〉，《花蓮師院學報》六期（1996），頁147～176。

〔註323〕周汝登，〈南都會語〉，頁89～144。

〔註324〕周汝登，〈佛法正輪序〉，《東越證學錄》卷七，頁574～577。

儒」，不見其合。〔註325〕他的好友鄒元標，對釋氏亦採取較開放的態度，在白鷺洲書院的講會中，有人問二氏之學。他認爲二氏之學「功行亦細密」，與世之眞儒體用功夫實無大異。〔註326〕另外又有人問儒者本天，釋氏本心，他則回答：「天外無心，心外無天，不敢異同。」〔註327〕在〈正學書院記〉中則曰：「二氏書具在，微辭奧旨，皆洞抉性命之精。柱下片言，夫子猶有取焉。我聖祖亦謂其扶翊國運，助流世教，非淺眇以邪目二氏。」〔註328〕兩人雖然對釋氏有較開放的心態，甚至在某種程度上主張參合儒釋，但對於管志道的三教合一，則抱持反對的立場。〔註329〕

前面我們談到陽明學者對四句教的看法，我們發現鄒元標對四句教的看法近於周汝登，而與顧憲成有別。而在三教問題上，兩人又如出一轍，更與東林嚴明三教之別有異。鄒元標是江西吉水人，是江右學者，對江右的講會活動貢獻很大，〔註330〕他曾在首善書院與馮從吾講學，算是東林人士。而他思想上與江右學者及東林學者不同，而與周汝登頗爲近似。鄒元標與周汝登二人私交甚篤，兩人曾在南京爲官，切磋學問。鄒元標曾說己學與周汝登「似無異同」，周汝登亦深信鄒元標之學。〔註331〕由此看來，學者思想的型態，不是單純的地域所能劃分的，而有許多因素影響。鄒元標可說是東林以及江右中頗爲特出的學者，由他的例子，我們亦可看到游學的影響。

三、三教合一

我們曾引耿定向的一段話：「江左之學胥從楞嚴經中參會入者」，陶望齡

〔註325〕同註324。

〔註326〕鄒元標，〈鷺洲會紀〉，《鄒南皋語義合編》會語下，頁164。

〔註327〕鄒元標，〈問仁會錄〉，《鄒南皋語義合編》會語下，頁158。

〔註328〕鄒元標，〈正學書院記〉，《願學集》卷五上，頁190～191。

〔註329〕鄒元標與管志道的論辯，見〈續答南皋丈書〉，《問辨牘》亨集，頁714～718。周汝登曾說：「前損之過吳下，見東溟先生，如損之已大自敬服。此老博綜經藏，具大辨才，矯矯風節，懇懇眞修，非特損之敬服，即僕亦敬之服之，近世之泰山喬岳，此老當之眞無愧者。至於學問，則須另作商量。」〈與范損之〉，《東越證學錄》卷十，頁773～775。

〔註330〕呂妙芬，〈吉安府的講學活動〉，《陽明學士人社群──歷史、思想與實踐》，頁150～154。

〔註331〕鄒元標曾告訴許孚遠：「貴里有周海門者，不肖心友也。相關留都，覯體寒舍，不肖兩人似無異同。」〈柬許敬菴司馬〉，《願學集》卷三，頁73。周汝登亦曰：「江西鄒南皋寄《學庸商求》一本，甚是透徹，此海內具隻眼者，彼亦深信區區。」〈與劉沖倩〉，《東越證學錄》卷十，頁868～869。

也曾要其弟奭齡（1565～1639）「暇時於楞嚴、圓覺，當時時鑽研，不可放過」。
〔註332〕可見當時江左的學者的確有儒釋參合的現象，反過來說，江右學者似
乎較守儒者矩矱，從以上嚴明三教以及三教同道兩部分的論述，可以證明這
樣的看法，當然其中還是有個別差異。雖然陽明學者多宣稱己學爲儒學正統，
並嘗試做儒釋之辨，但從學術的發展來看，陽明學的確促進了儒釋的交融。
陶望齡曾說：「今之學佛者，皆因良知二字誘之也」。〔註333〕劉宗周雖然肯定
陽明直承儒家聖學，但也指出當時的學佛者，莫不言陽明，甚至有所謂的「陽
明禪」。〔註334〕就在這樣的學術背景下，三教合一的主張逐漸在晚明陽明學中
出現。

　　當時提倡三教合一的陽明學者，最有名的要屬楊起元與管志道了。管志
道自言：

> 唐宋以來，未有以天子並尊三教之宗，著爲令甲者，而自我聖祖
> 始。開國二百餘年，亦未有以儒生闡聖祖之大，貫二氏於儒道中
> 者，而自愚與楊少宰貞復子始矣。貞復蓋圓之以圓宗，而愚兼方之
> 以方矩。〔註335〕

楊起元與管志道提倡三教合一，並引起王時槐等陽明者以及顧憲成等東林學
者的攻擊，顧憲成與管志道更在幾次的講會中正面交鋒。因此，我們就以管、
顧之辯爲中心，來論述主張三教合一者與反對者的意見與看法。

　　首先，我們先來看他們如何看待歷代儒者的闢佛論。楊起元認爲從董仲舒
「罷黜百家而宗孔子」、韓愈〈原道〉「敘堯舜之傳至於孔孟」，而欲「廬佛老之
居，以火其書」後，開了後世「執一之端」，後來宋儒承襲而攻佛「衛道愈嚴而
執一愈甚」，而其中不同的只有周敦頤。宋儒之學出自周敦頤，周敦頤不曾攻佛，
所以他認爲程朱闢佛不足以盡周敦頤之道。他又認爲自宋至今稱爲「眞儒」的
人，無有不從佛而入者，何必「陰取之而陽棄之」。〔註336〕無獨有偶的，管志道
亦舉周敦頤「不援佛，亦不闢佛」，而程朱「闢佛之末流非過，闢佛之本源則過」。

〔註332〕陶望齡，〈甲午入京寄君奭弟書〉，《陶文簡公集》卷十三，頁568。

〔註333〕陶望齡，〈辛丑入都寄君奭弟書〉，《陶文簡公集》卷十三，頁571。

〔註334〕劉宗周，〈答胡嵩高朱縣之張奠夫諸生〉，劉宗周著，戴璉璋、吳光主編、丁
　　　　曉強點校，《劉宗周全集》（臺北：中央研究院中國文哲研究所籌備處，1996
　　　　年），第三冊上，頁408～412。

〔註335〕管志道，〈答吳侍御安節丈書〉，《問辨牘》元集，頁656～660。

〔註336〕楊起元，〈送劉布衣序〉，《太史楊復所先生證學編（四）》，頁395～397。

〔註337〕也就是他認爲佛之末流可闢，本原不可闢。〔註338〕兩人的批評同時指向跳過周敦頤的宋儒，所以他們攻擊的火力集中在程朱，而周敦頤則成爲他們三教合一的典範。另一方面，同樣的周敦頤，顧憲成的看法就不一樣了。對於周敦頤，顧憲成同樣非常尊崇他的《太極圖說》，並許爲「孔子第二」，而他認爲周敦頤雖未嘗與二氏辨異同，而爲二氏者「咸相與退」，「各守其宗」，莫得而混。〔註339〕另外他反駁管志道時，引用了高攀龍的話：「元公之書字字與佛相反，即謂之字字闢佛可也。」〔註340〕這樣的話，更具爆炸性。合三教者尊周敦頤，原是因爲周敦頤未闢佛，而高攀龍說周敦頤字字闢佛，正是就其中的關鍵點而攻擊之。對於程朱，東林則認爲其闢佛有其正統性，顧憲成說：

> 夫子歿而七十子各以其所得者爲學，及其弊也，異端競起，而孟子不得不好辨。千四百年間儒者不過爲謹身修行、訓詁誦習之學，與二氏殆判不相入。及周元公開揭蘊奧，而天下始知求之性命之微，巧者因之假合于其間，程朱之不得不闢者勢也。元公之時，明吾之道而已。……程朱之時，似是之說雜然竝興，必須去其混之者。……湯之革桀也，武之革紂也，伊尹之放太甲也，周公之辟管蔡也，孔子之作春秋也，孟子之距楊墨也，程朱之闢二氏也，是皆所謂亢龍乎？亢非聖賢意也，時也。〔註341〕

他將程朱闢二氏等同於孔子作春秋、孟子距楊墨，可見程朱在其心目中的地位。於是主張三教合一者推崇周敦頤，反對三教合一者也捧周敦頤，但雙方的解釋又完全不同，彼此展開了一場解釋權的爭奪戰，同樣的例子還有明太祖。

明太祖《御製文集》中有〈三教論〉，其曰：「於斯三教，除仲尼之道，祖堯舜，率三王，刪詩制典，萬世永賴。其佛仙之幽靈，暗助王綱，益世無

〔註337〕管志道，〈答顧選部涇陽丈書暨求正牘質疑二十二欵〉，頁724～779。

〔註338〕對管志道而言，所謂聖學／儒學、佛學／禪學，是有嚴格的分疏的。這裡所謂的佛之本源指佛學，佛之末流指禪學。聖學到宋儒手上，拘守繩墨而不明本體，而生執一之弊；至於陽明後學，從禪學借路，從而出儒入釋，以頓悟自高，而不管工夫，其流至於今日，乃有狂禪之弊。佛學的發展亦是如此，禪學專力於本體而廢棄工夫，致使後學只宗頓悟而不管佛律，流而至於今日，乃有狂禪之弊。〈答周符卿二魯丈書〉，《問辨牘》亨集，頁682～702。

〔註339〕顧憲成，《小心齋箚記》卷三，頁61～63。

〔註340〕顧憲成，〈與管東溟書〉，頁449～467。高攀龍言：「龍竊以元公之書，字字與佛相反，即謂之字字闢佛可也。」〈答涇陽論周元公不闢佛〉，《高子遺書》（臺北：臺灣商務印書館，1983年，《景印文淵閣四庫全書》），卷八，頁469。

〔註341〕顧憲成，〈與管東溟書〉，頁449～467。

窮，惟常是吉。嘗聞天下無二道，聖人無兩心，三教之立，雖持身榮儉之不
同，其所濟給之理一然，於斯世之愚人，於斯三教有不可闕者。」〔註342〕佛
道二教「暗助王綱」，有益於治世，成為三教合一論者「二氏亦有助經世」的
理論依據。而明太祖則成為三教合一的典範。楊起元引明太祖論老子之道曰：
「有國有家者，日用常行有可闕，實與仲尼之意齊」，論佛則曰：「釋迦為道，
不言而化，不治而不亂，斯非人世之人，此天地變化，訓世之道，故能善世
如此」。明太祖尊崇二氏如此，楊起元亦欲「憲章高皇」。〔註343〕另外他對二
氏暗助王綱有進一步的闡發：

> 二氏在往代則為異端，在我明則為正道。彼其齋居素食、習威儀、
> 閑音樂以交於神明，上為朝廷祝釐，下為兆姓禳禱，孰非忠敬孝慈
> 之用哉。至若釋典闡性，玄文闡命，有足為儒教羽翼發明者，守於
> 其徒以待豪傑之士之默識焉，補益非細矣。〔註344〕

這段話也可以反駁二氏不可以治天下的闢佛論述。管志道回答王時槐對三教
合一的批駁，亦搬出明太祖，他認為他以「西來之意合聖宗」，以「東魯之矩
收二氏」並非創見，而於「聖祖之文獻有徵」。他接著說：

> 究我聖祖攬三教以作人之意，直使聞道之上士了性命於綱常之中，
> 忠必為純忠，孝必為純孝，而忠孝必積因以成正覺。彼二氏中之得
> 祖意者，亦必以出世法貫世法，舉儒林之所不能者收之，舉聖教之
> 所不及薰者薰之，而相合以成造化，可使軼三代之英，還大道之世，
> 此則聖祖之精髓所在也。蓋孔子一以貫之之圓宗，下學而上達之實
> 際，我聖祖最得其真，無所隱於上士，而上士不可多得。故或以經
> 世遺出世，或以出世遺經世，然而苟無偏，教可相成，則皆入於並
> 育竝行之中，而不相害，不相悖矣。〔註345〕

明太祖「二氏暗助王綱」的說法，顧憲成則有一番新解釋。他認為聖祖治天
下，惟「尊事孔子」，士子所習惟「五經四書以及程朱諸大儒集註」，當國學
成，先師之禮加隆，其重道崇儒如此。至於釋氏則「存而不廢」，「未嘗使之
得與吾夫子班」，習其教，則主要為「朝廷祝釐」，為「兆姓禳禱」，如同「古

〔註342〕朱元璋，〈三教論〉，《明太祖御製文集》（臺北：臺灣學生書局，1965 年），
卷十一，頁 345～348。
〔註343〕楊起元，〈復許敬菴〉，《續刻楊復所先生家藏集》卷七，330～331。
〔註344〕楊起元，〈筆記〉，《太史楊復所先生證學編（一）》，頁 281～282。
〔註345〕管志道，〈答王太常塘南先生書〉，《問辨牘》元集，頁 634～639。

之巫祝」，「未嘗使之得與吾夫子徒齒」，而其書，「經筵不以進講」、「學校不以課讀」，「未嘗使之得與吾五經四書竝行」。〔註346〕在此我們看到與尊周敦頤相同的情形，對三教合一論者而言，明太祖及其《御製文集》成爲理論依據，成爲三教合一的典範，而反對三教合一者，對太祖的解釋則是謹守儒學本位，並以儒術治天下，兩者的解釋完全不同。不過尤有進者，明太祖在三教合一論者的理論系統中，不僅開闢治統，亦開闢道統，〔註347〕甚至有凌駕於孔子之上的趨勢。楊起元的系統如此，管志道亦如此。在管志道的系統中，太祖是不出世的堯舜聖王，〔註348〕身兼治、道二統，是君而師者，而孔子由於不踐君位，故是師而臣者。〔註349〕而道統僅僅君王能任之，孔子居臣道，故不能任道統，只能任文統。〔註350〕文，是舖陳道統的文章，文統便是作闡釋道統的工作。過去宋儒以孔子爲學術宗主，陽明第一代弟子以陽明爲宗主，至此則以明太祖爲宗主，由此可看到學術典範的轉移，以及學風的改變。

　　一般儒者對佛道的批評，集中在二氏遺棄人倫物理，不可以治天下這一點上，三教合一論者如何解釋、扭轉這個普遍看法？楊起元首先仿照《漢書·藝文志》九流十家皆出於古之學官的作法，來論述三教的根源。儒者出於「古太傅之官」，老氏出於「古太保之官」，釋氏出於「古太師之官」，入中國者是釋氏之「名迹」。〔註351〕所以他認爲釋氏「出家」以及「緣業」並非佛之定說。〔註352〕至於經世與出世，他認爲儒者亦有出世之法，釋氏亦有經世之業。〔註353〕管志道則從「願力所乘之殊」來說明經世與出世的差別：

> 千聖出現，各有因緣。釋迦以何因緣而出現？爲眾生久迷世網，不知有本來一大事，而開之使入佛見者也。孔子以何因緣而出現？爲帝王之教衰，亂賊接迹於世，而挽之使從先進者也。既以一大事提人，安得不樹出世之標；既以帝王之教淑人，安得不垂經世之範。

〔註346〕顧憲成，〈與管東溟書〉，頁449～467。

〔註347〕楊起元言：「高皇爲生民以來首君，匪特開闢治統也，道統亦爲開闢矣。二百年來，學者始稍尋眞緒，繼此尚有大明之日，國運長久，確然可徵矣。」〈冬日記〉，《太史楊復所先生證學編（三）》，頁341～347。

〔註348〕管志道，〈答張儀部文石丈書〉，頁142～175。

〔註349〕管志道，〈答顧選部涇陽丈書暨求正牘質疑二十二欵〉，頁724～779。

〔註350〕管志道，〈答萬光祿思默先生書〉，《問辨牘》元集，頁646～649。

〔註351〕楊起元，〈冬日記〉，頁341～347。

〔註352〕楊起元，〈送劉布衣序〉，頁395～397。

〔註353〕楊起元，〈葉龍老〉，《太史楊復所先生證學編（二）》，頁314～317。

　　蓋因緣別而願力從之矣。〔註354〕

另外他也主張儒者不只有經世，亦有出世；釋氏不只有出世，亦有經世。他認爲所謂出世，並不是「三界之外，別有一等沖虛寂滅之場」，不過是「性體純淨」、「形神俱妙」，能「出入三界而無障礙」，這與太極生兩儀之「元體」合。而孔子之心境「空空如也」，亦是出世胸襟，說孔子只有經世，不足以盡孔子。而佛亦有經世之業，觀音大士之修證，必「上合十方諸佛慈力」、「下同六道眾生悲仰」，說釋氏只有出世，同樣的不足以盡釋氏。〔註355〕換言之，他認爲「古之大聖大賢，必空心於天地萬物之外，而後能了當天地萬物。蓋以出世之心經世，經世事畢；經世事畢，還復歸於出世」。〔註356〕

　　在用方面，釋氏亦有經世事業，至於體方面，儒釋道三教更是可以融會。趙貞吉認爲《中庸》「天命之謂性」與老子「觀徼」、「觀妙」與釋氏「不思善不思惡，見本來面目」之旨相同。〔註357〕楊起元不僅認爲佛家的「直指人心」與孟子道性善同功，〔註358〕他亦認爲「宗門語最爲直捷」，是《大學》「止至善」之捷法。〔註359〕楊起元認爲釋氏之要在於使人明其心，而心「無大而不包、無細而不入」，若能明之，則可以通徹「天地之大」、「萬物之富」。心明則可以治天下國家，所以釋氏要人明其心，等同於「《大學》之教」。〔註360〕管志道則認爲「佛老二宗，異吾夫子之身綱常，同吾夫子之言性道」，〔註361〕另外釋氏有「闡提皆有佛性」，亦可通孟子性善之說。〔註362〕他們在體與用兩方面自圓其說，來反駁傳統的闢佛看法，如此一來，三教融合在體與用上都不成問題了。

　　管志道的三教合一論體系龐大，不過簡單來說，則是「以孔矩收二氏」。〔註363〕他以孔矩收二氏最主要是要對治「道術中之亂賊」，〔註364〕針對世道

〔註354〕管志道，〈答周符卿二魯丈書〉，頁682～702。
〔註355〕同註354。
〔註356〕管志道，〈答涂光祿念東年兄書〉，《問辨牘》元集，頁650～654。
〔註357〕趙貞吉，〈答胡盧山督學書〉，《趙文肅公文集》（臺南：莊嚴出版社，1997年，《四庫全書存目叢書》），卷二十二，頁577～579。
〔註358〕楊起元，〈重刻法寶壇經序〉，《太史楊復所先生證學編（三）》，頁358～359。
〔註359〕楊起元，〈宋五雲〉，《續刻楊復所先生家藏文集》卷七，頁327。
〔註360〕楊起元，〈送劉布衣序〉，頁395～397。
〔註361〕管志道，〈答王太常塘南先生書〉，頁634～639。
〔註362〕管志道，〈性善三緣〉，《從先維俗議》卷四，頁415～416。
〔註363〕管志道，〈答吳侍御安節丈書〉，頁656～660。
〔註364〕管志道，〈答李中丞見羅先生書〉，《問辨牘》元集，頁639～646。

現況所提出的救世之法。他所謂今日道術之亂賊，一是「拘儒」，一是「狂儒」，一是「霸儒」。〔註365〕狂者，以儒非禪，非孔非佛，相率爲小人、「無忌憚之中庸」，〔註366〕委於「儒禪兩門中，見箇虛無玄妙影子，得少爲足，猖狂自恣」。而拘者，則入於「鄉愿」，全在世情上起念，故曰「生斯世，爲斯世，善斯可矣」，著有而不著無。〔註367〕對治之法則在於「祖述仲尼，憲章聖祖」，即以「孔矩收二氏」。首先是以孔矩矯狂禪：「以矩爲言，則爲近儒之染禪狂，而以恣情爲率性者發」，收二氏以矯拘儒：「不言收二世，是儒者止有經世之道，而無與於出世之宗。將謂身死則神隨形滅，所不朽者惟名而已矣，名豈足以絆上乘之豪傑」，總之「收二氏而不言矩，則宗風峻而皇綱卑，匪但狂禪無所檢束，而士之希慕上乘者，必且裂冠毀冕以爲高矣。其敝也不以出世妨經世，則以經世濫出世，二者之所流，皆過也」。〔註368〕至於要去狂去拘，以忠孝節義維世風，非程朱之繩墨不可。〔註369〕如此一來，不僅上士「上察天鳶，下察淵魚，無少滲漏也。……究孔子之上達，而通諸出世之宗」，中下士「亦閑之以程朱之繩墨」，至於日用不知的百姓則「以禍福報應惕之」、「以念佛往生導之」。〔註370〕在三教合一的理論之下，上中下三等人皆有所歸。

　　顧憲成對於管志道憂世道之亂而提出以孔矩收二氏，亦頗爲「折肱」。〔註371〕然而他也發現管志道往往「輕孔軒釋」、「庸孔奇釋」，以至於「越孔而

〔註365〕管志道曰：「揆諸洙泗正傳，自信毫無所悖，唯流敝之所趨，有悖於洙泗正傳者，吾不得不以爲創焉。其端有三，一創於拘儒之不善學程朱者，影性眞而詭天道，此非所以究竟聖學也；再創於狂儒之不善學陽明者，染禪解而忽庸德，此非所以維持聖學也；三創於霸儒之不善學心齋者，張學幟而煽遊風，此非所以收藏聖學也。之三者，皆自以爲洙泗正傳，而不該不偏，不中不庸，總是聖學之流弊。」〈答吳處士熙宇書〉，《續問辨牘》卷四，頁 175～181。管志道鬬「霸儒」的看法見第四章第三節。關於晚明「狂禪」的研究，可參考嵇文甫，《左派王學》（臺北：國文天地雜誌社，1990 年），頁 55～68。《晚明思想史論》（北京：東方出版社，1996 年），頁 50～72。毛文芳，〈晚明「狂禪」探論〉，《漢學研究》十九卷二期（2001），頁 171～200。劉萬里，〈論晚明狂人──一種新型士人精神的確立〉，《北方論叢》1999 年五期（1999），頁 10～15。

〔註366〕管志道，〈答王太常塘南先生書〉，頁 634～639。

〔註367〕管志道，〈答張儀部文石丈書〉，頁 142～175。

〔註368〕管志道，〈答吳侍御安節丈書〉，頁 656～660。

〔註369〕管志道，〈答王太常塘南先生書〉，頁 634～639。

〔註370〕同註 369。

〔註371〕顧憲成，〈與管東溟書〉，頁 449～467。

宗釋」。〔註372〕因此他不能同意管志道三教合一的說法：

> 今試相與憑軾而觀域中之士，趨儒者眾乎？趨禪者眾乎？將陽儒而
> 陰禪者眾乎？即陽儒而陰禪者眾也。將示之異，以嚴似是之防乎；
> 將示之同，以開方便之門乎？亦可知已。是故德靖以前爲周元公可
> 也，于時孔自孔，釋自釋，老自老，吾不見其礙也。嘉隆以後，爲
> 程朱可也，于時談元課虛，龍蛇混淆，狂風恣起，吾不與其濫也，
> 是所謂命世之局也。〔註373〕

因此「可以孔矩別二氏，可以孔矩攝二氏，可以孔矩裁二氏，可以孔矩防二
氏，可以孔矩用二氏，可以孔矩挽二氏，可以無逸而至于蕩，可以無局而至
于支離，可以紹隆我仲尼，可以對揚我聖祖，可以不負大丈夫出世一番矣！」
〔註374〕但管志道認爲「涇陽能爲懲之之言，而不得懲之之法」：只以程朱之故
徹裁之，不但不足以挽鄉愿，反中庸之習，反而使世之眞中行、眞狂狷，眞
時中者，「不以爲不著不察」，「以爲不該不偏」。〔註375〕所以要按「周程之遺
矩，而爲之變通其說，蕩名利於性命之深淵，使知眞僞之莫逃業鏡，則亂德
之鄉愿何所□。裁狂宗以普賢之密行，使知孔矩之允合上乘，則無忌憚之中
庸何所倚」，〔註376〕，才是眞正的對治之法。

　　關於世道，管、顧兩人同樣「深疾亂德之鄉愿，與無忌憚之中庸」，〔註377〕
不過一「以孔矩收二氏」，一「以孔矩別二氏」，一主無善無惡，一主性善，而
展開一場辯論。管志道曾告訴顧憲成：

> 如言性善，而闡陽明無善無惡之說，非與陽明作辨客也。欲人眞見
> 性之所以善處而自得之，毋徒拾孟子之唾餘，以道性善爲儒門一大
> 題目也。言孔子之一貫，而通之於二氏之宗，非爲三教作講和客也。
> 欲人眞求孔子之所以大處而深造之，毋徒拾程朱之唾餘，以闢佛老
> 爲儒門一大功勳也。〔註378〕

誠如溝口雄三所言管志道是一個「積極追求綱常世界的人物」。〔註379〕管志道

〔註372〕顧憲成，〈與管東溟書〉，頁 449～467。
〔註373〕同註 372。
〔註374〕同註 372。
〔註375〕管志道，〈答張儀部文石丈書〉，頁 142～175。
〔註376〕同註 375。
〔註377〕同註 375。
〔註378〕管志道，〈答顧選部涇陽丈書暨求正牘質疑二十二欵〉，頁 724～779。
〔註379〕溝口雄三，《中國前近代思想的演變》，頁 351。

與顧憲成兩人學術思想的關懷點是相同的，皆爲對治世道，針對當時的狂禪、僞儒、鄉愿、無忌憚之中庸，然而取徑卻是如此的不同。

　　由上可知，第一代的陽明弟子，基本上是循著陽明的路線，雖不致於如陽明包容三教，或像王畿以良知範圍三教，但也強調儒釋道三教有共同之處，例如聶豹認爲虛寂是三教共同的主張。而第二、三代的弟子則不同，他們是嚴格分開三教的，絕對反對三教合一，有很明顯的護教心態。在第一代弟子時，陽明學者所對治的是當時的官學——朱子學，因此釋道二教並非其判教的重點。然而在第二、三代弟子時，學風轉變，三教逐漸有融合的趨勢，再加上趙貞吉、楊起元、管志道等陽明學者提倡三教合一，使他們對於三教是嚴守分際的。但也未必如學者所言，對三教嚴守分際的學者，多有朱學的傾向，〔註380〕這對東林學者來說，的確如此，但對陽明學者而言，則有待商榷。

　　陽明學者的游學造成思想的流動，使思想跨越了地域的分別。由良知之辯、四句教之辯以及三教之辯來看，三教之辯有明顯的地域差別，江右的學者多謹守三教之別，江左的學者多對三教持較包容的態度，但仍有例外，如江右的鄒元標、江左的方學漸。良知之辯是親炙陽明的第一代學者王畿等人與私淑陽明的聶豹、羅洪先的對話，根本談不上江左、江右的地域差別。至於四句教之辯，在陽明學內部，學者普遍能了解四句教的意涵，肯定首句「無善無惡心之體」的無善無惡意，因此也無所謂地域的區別。然在其他學派則引起軒然大波。他們站在世道、王學末流的觀點不容許無善無惡論的存在，甚至將無善無惡論與釋氏等同。雖然許多第二、三代的陽明學者，亦有見於王學末流之弊，但並未將世道之責推向四句教，而是從事修正陽明良知教的工作，例如張元忭、王時槐。

　　游學造成的思想流動，除了上述三辯之外，另外如第一節所述，個人的成學、思想的形成亦是思想流動的結果。除了羅洪先、陳九川等第一代弟子外，上述鄒元標亦是明顯的例子。另外我們從水西會學者身上，亦可看到思想流動的影響。王畿、錢德洪、鄒守益以及羅汝芳都曾在水西講學，傳播陽明學，亦影響著當地學者的思想。從查鐸（1516～1589）、翟台（1558年進士）、

〔註380〕彭國翔認爲從總體來看，是否對佛道兩家持較爲開放的態度並肯定三教融合的發展方向，在一定程度上可以說是中晚明區分陽明學與朱子學的一個指標。《良知學的展開——王龍溪與中晚明的陽明學》，頁472。

蕭良幹等人來看，他們同意良知現成、不假外求，也深刻體認到直悟本體在心性修養上的重要性，但他們多強調悟修兼具的功夫論，展現更穩健而折衷的思想型態。〔註381〕亦可視為游學流動的結果。〔註382〕許多對於陽明學的研究，往往是以學派的劃分為基礎。由此可知，簡單的江右、江左的區別是難以曲盡不同學者豐富的思想內容，甚至不免削足適履，無法反映思想史的真實面貌。

〔註381〕呂妙芬，〈寧國府的講會活動〉，《陽明學士人社群——歷史、思想與實踐》，頁196～204。其實不只水西學者，我們發現陽明的第二、三代弟子如張元忭、王時槐以及鄒元標都有這種傾向。

〔註382〕除了游學的影響，我們不能忽略當時學者對講學的批評。因此第二、三代弟子的思想，亦是回應批評、自我修正的結果。普遍來說，在當時批評講學的聲浪中，陽明學內部亦有一股整肅、自我調整的力量在進行著。

第六章　游學書寫與個案研究

　　一般討論宋明理學時，常常忽略了理學家在從事道德修養時，是以什麼為憑藉，使得這種基本上是內心世界的轉化能夠有所保證？也就是理學家以何種書寫來表達道德修養的實際狀況，描述成學的過程與經驗。除了語錄等高深的言論外，究竟還有哪些是屬於這一類的書寫？王汎森認為有自傳、功案、年譜、肘後牌、書壁、書門、書衣、日記、日錄等。〔註1〕當然陽明學者也不例外。前面我們談到陽明學者的游學，發展出制度化的講會形式。他們到處游學，到處拜訪同氣相求的朋友，到處談論，到處切磋，而形成一種獨具特色的「游會」形式，因應這獨特的形式，他們的書寫也別具特色。

　　陽明學者記錄游學流動的書寫主要還是理學家常用的兩種文體──語錄和論學書，論學書不一定與游學相關，在此不予討論。而語錄是記載學者間的對話與論辯，是講學的記錄，但因應新的游學形式，陽明學者的語錄專稱「會語」。許多熱衷游學的學者皆有為數不少的「會語」著作。另外有些陽明學者會用「遊記」這一明代中後期蓬勃發展的文體，來記錄游學的流動。而這些記錄游學流動的書寫，亦會在學者圈中流動，而形成更大的對話空間及影響。

〔註1〕功案是一個人道德修養歷程中所經歷的種種關節及轉折，記下這些歷程，就像一件案子的前因後果，所以稱為「功案」。年譜則有實際修身借鑒的功用，參詳某人的年譜，便是參詳他道德奮鬥的歷程。肘後牌是一塊木牌上寫著自警自勵的話，佩於手肘之處，每當手肘彎曲時，便因碰觸而自警，書壁、書門、書衣是於壁上、門上、衣上書寫警句來警惕自己。日記、日錄則以簿記的方式，記載生活中的舉動、念慮云為。王汎森，〈日譜與明末清初思想家──以顏李學派為主的討論〉，《中央研究院歷史語言研究所集刊》六十九本二分（1998），頁245～295。

　　游學是屬於個人的活動，不過講會卻是群體性的，大型的陽明學講會常常有二、三百人甚至千人參加，這樣的活動如何號召？如何宣傳？著名學者的個人魅力固然能號召學者的參與，但是否有較具體的宣傳手法，類似現今舉辦活動時，會張貼廣告，發傳單，換言之在陽明學者的游學書寫中是否有關於宣傳講會的書寫。首先，在學者的論學書中，我們常看到學者以書信告知講會消息，或是相約共赴講會，而學者大多會與門生、親友共同前往，如此則聚集不少人參與講會。前面亦談到陽明學者為地方官時，會積極舉辦講會，而許多心儀陽明學的地方官亦會邀請著名的陽明學者主講。以地方官員的身分舉辦講會，其號召力不容小看。地方上的鄉紳、生員在複雜的人際、利益關係下自然是基本參與成員。例如王畿在赴水西會，途中經過桐川，州守吳同春「傳檄」號召參與講會。〔註2〕「檄」是一種公文書，多用於軍事上的緊急狀況。〔註3〕吳同春以檄文號召講學，則表示了講會召開的臨時性與強制性。一般而言，地方官出面組織講會，會以公文書號召參與講會，所聚集的人數通常較多。另外，顏鈞以一介布衣在豫章舉辦講會，他既非有名的學者，又非地方官員，如何號召？他用的就是張貼傳單的方法。他利用科舉考試，學者群聚省城的機會，張貼〈急救心火榜文〉，號召考生聚於同仁祠中，據說當時號召了千五百人參與。〔註4〕由這些例子，我們可以推測，陽明學講會的舉辦，除了學者以論學書通知講會外，張貼榜文或傳遞公文書，甚至散發傳單，以達到宣傳講會的目的。

　　以筆者目前所見的陽明學者著作，關於游學的書寫仍以記錄游學的過程為大宗，宣傳號召講學的公文書、榜文仍是鳳毛麟角。因此本章以記錄游學過程的書寫為論述重點。以王畿的會語、羅洪先的遊記為討論重點，從文體學的觀點論述會語、遊記的屬性，並從王畿、羅洪先的書寫中，呈現出陽明學者不同的游學典型。

第一節　游學人生的典範——王畿的會語

　　王畿是陽明學派的重要學者，時人推崇他為王門之顏、曾，〔註5〕由這樣

〔註2〕王畿，〈桐川會約〉，《王龍溪全集》卷二，頁215～218。
〔註3〕陳必祥，《古代散文文體概論》（臺北：文史哲出版社，1987年），頁222。
〔註4〕顏鈞，〈急救心火榜文〉，《顏鈞集》卷一，頁1～3。
〔註5〕王宗沐曰：「先生以獨悟微旨，一時學者推以為顏曾。」〈王龍溪先生全集

的評價可知他在陽明學派中的地位。不過由於學風的轉變與時代課題的迫切
性，明末清初的學者對他則多有批判，這方面的看法，可以黃宗羲爲代表。
黃宗羲對王門各學派的評價是：「陽明先生之學，有泰州、龍溪而風行天下，
亦因泰州、龍溪而漸失其傳。泰州、龍溪時時不滿其師說，益啓瞿曇之秘而
歸之師，蓋躋陽明而爲禪矣。」〔註6〕不過他又認爲王畿「親承陽明末命，其
微言往往而在。……而先生疏河導源，於文成之學，固多所發明也。」〔註7〕
黃宗羲分別從學說的推廣、引發的弊端以及與陽明思想的關係來評價王畿。
以現代陽明學的研究成果來看，王畿是少數幾個受到學者重視的陽明學者，
研究成果相當豐富，不過學者多著眼於王畿思想本身的研究，基本上亦循著
黃宗羲的路線，一是認爲王畿思想眞得陽明之傳；〔註8〕一是從講學的弊端—
—疏闊及蕩越工夫來論述王畿思想，而認爲王畿思想本身的缺陷，對於明末
講學之弊有推不開的責任。〔註9〕

　　談到王畿除了他思想的精采外，還有他轍跡天下的游學人生。當時的人
對王畿游學天下的人生經歷及苦心多所讚賞，王宗沐曾說：「終先生之身，無
一日不講學、不會友。……故語其會之所則有水西、洪都、白鹿、懷玉、南
都、滁陽、宛陵，幾遍江南之地，而會之人皆當時同志，幾盡一世之英。」
〔註10〕而以王畿傳人自居的周汝登對於這樣的景象，這樣的精神，稱之爲「聖
賢作用」，令他心醉。〔註11〕而對王畿思想頗有微詞的黃宗羲，亦強調他的無

序〉，《王龍溪全集》，頁3〜7。對王畿思想多有責難的聶豹亦稱「龍溪在先師
　　之門人比之顏子」。〈寄羅念菴十六首〉之十一，《雙江聶先生文集》卷九，頁
　　422。
〔註6〕黃宗羲，〈泰州學案一〉，《明儒學案》卷三十二，頁703。
〔註7〕黃宗羲，〈浙中王門學案二〉，《明儒學案》卷十二，頁238〜240。
〔註8〕如牟宗三認爲：「王龍溪之穎悟並非無本，他大體是守著陽明底規範而發揮，
　　他可以說是陽明底嫡系；只要去其蕩越與疏忽不諦處，他所說的大體皆陽
　　明所本有；他比當時其他王門任何人較能精熟于陽明之思路，凡陽明所有的
　　主張他皆遵守而不渝，而亦不另立新說，他專主于陽明而不參雜以其他；他
　　只在四無上把境界推至其究竟處，表現了他的穎悟，同時亦表現了他的疏闊，
　　然若去其不諦與疏忽，這亦是良知教底調適而上遂。」《從陸象山到劉蕺山》，
　　頁281〜282。
〔註9〕這方面的看法，可以侯外廬、邱漢生、張豈之主編的《宋明理學史》爲代表，
　　頁272〜283。
〔註10〕王宗沐〈王龍溪先生全集序〉，頁3〜7。
〔註11〕周汝登曰：「先生十九在外，問之云往某地以主會，行往某地以訪友，行視其
　　家若郵傳，然有時在宅，則滿堂無非講學之人，滿座無非講學之語，今日過

日不講學。〔註12〕除了短暫時間在南京做官之外，他將一生奉獻在講學上，而他參與、組織、受他影響的講會不計其數，會後並寫成一篇篇的游學紀錄──會語。因此，本文首先論述王畿的游學經歷、游學書寫──會語的文體屬性，再從王畿的人生抉擇、人生觀等方面來建構王畿這一「游學人生」的典範。

一、旅行、游學與書寫

> 相看皆白首，不學待何時。於己苟無得，此生空浪馳。
>
> 百年開道眼，千里赴心期。人命在呼吸，回頭已較遲。〔註13〕

這是王畿在萬曆八年（1560）與徐階會於城南精舍後所寫的詩，這時王畿已八十三歲，徐階亦致仕回鄉，而無官職之累。詩中強調的是即時講學，甚至跋涉千里，參與講會，而不要蹉跎光陰。這樣的生活與精神亦是他人生的寫照，因此從《王龍溪全集》，我們可以發現王畿的一生，幾乎是在旅行中度過的。他的旅行經歷可歸納爲附錄三。對王畿來說，每一次的旅行，除了遊覽山川名勝，更重要的是會友論學，而他每次旅行之後的書寫，亦是以對話論辯爲記錄重點，因此，這些旅行，是具有多重意涵的。一般「旅行」，我們如果要爲它下定義，是指「人們離開他們住的地方，從事空間的移動或遊歷行爲」，〔註14〕而「旅遊」的意義，一般多指「旅行遊覽」，是「爲了滿足物質和精神上的某種需要，以遊覽、娛樂爲主要目的」。〔註15〕換句話說，旅行的重點在「行」字，遊覽並不是它的主要目的；而旅遊的重點在「遊」字，遊覽就是它的最終目的。〔註16〕旅行的範圍似乎比旅遊來得更廣泛，而游學則

之如此，明日過之如此，他日偶然過之，無不如此。因思先生周流既無寧期，歸家又日聚友，豈眞無一家事可關心耶！看這一箇景象，對這一副精神，謂非聖賢作用，不可不令人心醉之矣。」〈剡中會語〉，《東越證學錄》卷五，頁431～434。

〔註12〕黃宗羲曰：「先生林下四十餘年，無日不講學，自兩都及吳、楚、閩、越、江、浙，皆有講舍，莫不以先生爲宗盟。年八十，猶周流不倦。」〈浙中王門學案二〉，頁238～240。

〔註13〕王畿，〈會城南精舍和徐存齋少師韻四首〉之一，《王龍溪全集》卷十八，頁1264～1265。

〔註14〕陳思倫等著，《觀光學概論》（臺北：空中大學出版社，1995年），頁4。

〔註15〕臧維熙等編，《中國旅遊文化大辭典》（上海：上海古籍出版社，2000年），頁3。

〔註16〕巫仁恕，〈晚明的旅遊活動與消費文化──以江南爲討論中心──〉，《中央研究院近代史研究所集刊》四十一期（2003），頁87～143。

是指以學術研究為目的的旅行。所以，王畿的旅行，更確切地說是「游學」。

　　王畿的游學大抵有兩種模式，一是訪友論學，一是參與講會，如他曾在嘉靖三十六年（1557）到福建福州，拜訪王慎中（1509～1559），相互切磋，共十九日。〔註17〕隆慶三年（1569）夏，因曾同亨（1533～1607）之約，王畿冒暑兩渡錢塘，在杭州兩人晨夕共聚，聯床論學。〔註18〕另外大部分是參與講會，不過王畿每次的出游，其目的是要參加某一個講會，但常在途中，或是受邀講學，或是隨緣結會，〔註19〕或是訪友論學，例如：嘉靖三十二年（1552）二月十七日戚賢病卒，王畿至全椒拜祭，四月離開全椒，取道滁陽，當時呂懷（1532年進士）改建陽明祠於滁陽城外瑯琊山紫薇泉上。王畿拜謁新祠，呂懷聚集數十人於祠下，請王畿開講。〔註20〕別後，王畿赴寧國府涇縣水西之會，後又到宛陵參加講會。〔註21〕又如嘉靖四十三年（1564）春，李材（1519～1595）訪王畿於杭州金波園，共游西湖勝景，往復論學十日。〔註22〕暮春，至水西訪友，並應羅汝芳之約，赴會宛陵。道經陽羨，時耿定向在宜興督學，王畿前往拜訪，兩人同游張公洞，連榻論學。〔註23〕四月，王畿到宣城，羅汝芳集宣城六邑士千餘人，大會於至善堂。〔註24〕後至涇縣水西會，與當地弟子貢安國、周怡、王維禎等有信宿之聚。〔註25〕

　　從附錄三的表中，我們可以發現王畿的游學區域，除了因科舉考試到北京，與同志舉會講學，以及到福建訪問王慎中外，大部分集中在東南的江西、安徽、江蘇、浙江等地區。他流連在各地的講會，在陽明學者中，這樣的熱情及經歷是相當特出的，在陽明第一代弟子中能與其相比的大概就屬錢德洪與鄒守益而已。錢德洪因其著作已亡佚，對於其游學的經歷，我們無法獲知，不過由黃宗羲的評價，可見一斑。黃宗羲說：錢德洪「在野三十年，無日不講學。江、浙、宣、歙、楚、廣名區奧地，皆有講舍。先生與龍溪迭捧珠盤。

〔註17〕王畿，〈三山麗澤錄〉，《王龍溪全集》卷一，頁108～126。

〔註18〕王畿，〈別曾見臺謾語摘略〉，《王龍溪全集》卷十六，頁1150～1156。

〔註19〕王畿常在赴會途中隨緣結會，他說：「太平周子順之訪予山中，因偕之西遊，將歷觀東南諸勝，遇同志之區，則隨緣結會，以盡切劘之益。」〈道山亭會語〉，《王龍溪全集》卷二，頁162～168。

〔註20〕王畿，〈滁陽會語〉，《王龍溪全集》卷二，頁168～175。

〔註21〕王畿，〈周潭汪子晤言〉，《王龍溪全集》卷三，頁227～229。

〔註22〕王畿，〈書見羅卷兼贈思默〉，《王龍溪全集》卷十六，頁1169～1180。

〔註23〕王畿，〈東遊會語〉，《王龍溪全集》卷四，頁288～302。

〔註24〕王畿，〈宛陵會語〉，《王龍溪全集》卷二，頁194～198。

〔註25〕王畿，〈東遊會語〉，頁288～302。

年七十，作〈頤閒疏〉告四方，始不出遊。」〔註 26〕而鄒守益，由第四章的
論述，我們知道除了在江西安福地區的惜陰會、青原大會以外，寧國府水西
會的成立與他也有關係，而他宦遊廣德、南京時亦積極創辦書院，組織講會。
至於第二代弟子大概只有羅汝芳可以與王畿比擬。〔註 27〕第二、三代的弟子，
仍然游學，仍然積極參與講會，不過像這類跨地域的游學與交往多是通過宦
游及書信等途徑來進行，大部分的學者仍以地方上的講會為經營重點，而以
地域性的游學為主了。

　　王畿的游學化為一篇篇的會語書寫，在他二十卷的文集中，前七卷是有
關游學的紀錄，大多是會語，分量可說相當多。他曾說：「余平生不能為文，
然一生心精皆在會語。相從縉紳士大夫以及受業之英，相與徃復問答者。」
〔註 28〕可見會語的重要。宋明理學家所使用的文體，語錄與論學書為大宗，
在王畿的文集中亦是如此——八卷是語錄，〔註 29〕四卷是論學書。祝平次認
為語錄與論學書是「非常個人化的文類，其內容與作者的品貌風格緊緊連結
在一起」，他認為這樣的體裁才能表達思想家對道德的縝密思索。〔註 30〕語錄
是記錄學者之間的對話，最早的源頭可以追溯到記載孔子言行的《論語》，不
過研究書院的學者提到這種記錄老師言論的現象，到唐朝時在一般的儒學教
育中已經找不到了。到了宋代，書院講學勃興，理學家使用語錄來記錄講學
的實況，則是受到了禪宗的提示。〔註 31〕

〔註 26〕黃宗羲，〈浙中王門學案一〉，《明儒學案》卷十一，頁 225～226。
〔註 27〕關於羅汝芳的游學經歷可參考程玉瑛，《晚明被遺忘的思想家：羅汝芳（近溪）
　　　　詩文事蹟編年》（臺北：廣文書局，1995 年）。
〔註 28〕王宗沐，〈王龍溪先生全集序〉，頁 3～7。
〔註 29〕《王龍溪全集》的目錄，在卷一至卷八的卷次下即注明「語錄」。
〔註 30〕祝平次，〈自我、文本與傳統：陸九淵與南宋道學的發展〉，《成大中文學報》
　　　　八期（2000），頁 139～160。
〔註 31〕李弘祺認為：「佛教禪宗對宋朝私人教育的第二個影響是利用對話和討論的形
　　　　式。《論語》就是孔子及其門徒間講學的紀錄，但這種記錄老師言論的現象到
　　　　唐朝時在一般儒學教育已經找不到了。到了八世紀，它才又成為一種傳播教
　　　　誨的寫作形式。當時，禪宗弟子開始記錄其長老所講的話，著名的《壇經》
　　　　不只代表了禪宗在論辯方法上一具深刻意義的新開始，它也發揚了佛教所開
　　　　創的記錄長老言論和談話當時情景的傳統。用這種形式來記錄以講學為形式
　　　　的教學活動是最恰當的，因而宋明理學思想家們充分利用了這種寫作風格。
　　　　禪宗方法，在理學家恢復早已被遺忘的「講學」方法的過程中，至少起了一
　　　　種提示的作用：親近對話和討論以及詳盡而系統地記錄談話的內容。」〈朱熹、
　　　　書院與私人講學的傳統〉，頁 1～13。又見楊玉華，〈語錄體與中國古代白話學

　　會語運用語錄記錄對話的形式，主要的內容仍以講學的紀錄為重點，這是兩者相同的地方。不過在名稱上稱之為會語，可見兩者的差異，亦可見陽明學者講學的特色。由第四章的論述，我們知道陽明學者發展了一種制度化的講學形式，即是講會，會語即是講會的紀錄。我們可以說明代中晚期尤其是陽明學者，因應新的講學形式——講會——而產生一種語錄體的延伸文類，即「會語」。不論是王畿、鄒守益，乃至第二代、第三代的陽明學者如周汝登、羅汝芳、王時槐，在他們的文集中，皆有大量的「會語」。「會語」即是講會的紀錄，記錄的重點在講會的時間、地點、參與學者、人數，以及論學的過程。以王畿〈聞講書院會語〉為例，首先它點明的是時間「嘉靖甲寅春」，接著描述王畿赴會的原因及地點：「先生赴江右之約，秋入武夷，歷鵝湖，返棹廣信，郡中有聞講書院之會，吉陽何子，請先生往蒞之。」接著說明聞講書院講會的會約是陽明的「立志說」以及「拔本塞源一體論」。再來是講會的進行方式：「每會輪一人講《四書》一篇，以為參互體究之資」，而王畿參與的這次講會正在講「孟子道在邇而求諸遠」一章。講畢，即由諸生起問，討論的重點在於「性外無道，道外無事」以及以良知立志等議題。會語的記錄重點則在描述王畿與諸生對話的內容。〔註 32〕因此，我們可以說會語是語錄體的延伸發展。

　　由於會語主要記錄一個講會，或是一次游學的多個講會，因此它的呈現多是篇章式的，例如上述嘉靖四十三年，王畿到涇縣參加水西會，中途與耿定向晤談，又參加了羅汝芳的宛陵會，這次的東遊，最後寫成〈東遊會語〉。〔註 33〕一般來說語錄的呈現是片斷式的，《論語》是如此，甚至宋明理學家的語錄亦是如此。這應與兩者的講學形式以及記錄者有關。宋代基本上是書院的講學，一群學生圍繞在老師身邊，討論學問，陽明的講學雖然不是在書院中，但亦是這樣的模式。再加上語錄多是學生的紀錄，因此大多是片斷式的，所以語錄的編輯要集合多位學生的筆記而成，例如陽明的《傳習錄》即是如此。〔註 34〕會語則不是，會語的記錄基本上是以講會為單位，陽明學者參與講會後，即撰寫當次講會的會語，聽講者當然也有紀錄，後來的講會雖然也發展出固定的記錄人

　　　　術〉，《四川大學學報（哲學社會科學版）》1999 年三期（1999），頁 108～112。

〔註 32〕王畿，〈聞講書院會語〉，《王龍溪全集》卷一，頁 100～103。

〔註 33〕王畿，〈東遊會語〉，頁 288～302。

〔註 34〕關於《傳習錄》的編輯可參考錢明，〈陽明全書成書經過考〉，《王陽明全集》卷四十一，頁 1632～1648。

員，〔註35〕但講會的記錄者多是學者本身，因此會語的呈現多是篇章式的。當然，對於同樣的講會，由於記錄者的不同，取捨的差異，其描述的重點也會有所不同。例如冲玄會，王畿的紀錄就與鄒守益不同。〔註36〕

王畿的著作以會語為中心，他亦以此自我標榜，他的會語呈現何種風格？我們以羅汝芳的會語為對照。陶望齡對王艮、王畿及羅汝芳曾有如下的評論：

> 新建之道傳之者為心齋、龍溪，心齋之徒最顯盛，而龍溪晚出壽考，益闡其說，學者稱為二王先生。心齋數傳至近溪，近溪與龍溪一時並主講席於江左右，學者又稱二溪。余友人有獲侍二溪者，常言龍溪筆勝舌，近溪舌勝筆。〔註37〕

由這段批評，可知二王、二溪在陽明學派中的地位，而他所說的「龍溪筆勝舌，近溪舌勝筆」，除了說明兩人講學風格的不同外，這樣的分別亦展現在他們的會語書寫中。王畿的會語依他的說法是「吾師之微旨在焉」，〔註38〕他的游學主要是要宣傳師說，因此會語書寫所著重的是陽明學說的闡述，強調分析、解說概念的意義和它們之間的關係，而且在會語及論學書中，常常發現同一主題往復幾回討論的情形。例如他與聶豹、羅洪先等人的良知之辯。王畿的會語書寫呈現的是縝密的邏輯思考與概念的清楚解析。

至於羅汝芳則不是，他的會語雖然也有概念的解析，但他所強調的是實際的修養問題，而不強調概念本身的理解（當然王畿亦強調修養），因此他的講學常常出現許多提點式的語言，一而再，再而三的反覆引導學者，使其當下有所體悟。例如：在一次講會上，一友對「照管本心」未解，時有捧茶童子至，羅汝芳則問：「此時與捧茶童子何如？」友回答：「信得更無兩樣」，後羅汝芳又問：「不知君此時何所用功？」友曰：「此時覺心中光光晶晶，無有沾滯。」在反覆的幾次提點後，友乃恍然有省。〔註39〕「捧茶童子」成了他

〔註35〕例如楊東明的興學會「置會簿二扇」，一是記錄「言有可採足垂久遠者」，亦有固定的紀錄人員。〈興學會條約〉，《山居功課》卷四，頁 1a～22b。

〔註36〕冲玄會大抵是在討論本體與工夫以及近時講學之弊，鄒守益對於每位學者的提問與回答皆記載詳細，王畿的記錄則較簡略。王畿，〈冲元會紀〉，《王龍溪全集》卷一，頁 98～97。鄒守益，〈冲玄錄〉，《東廓鄒先生文集》卷七，頁 107～112。

〔註37〕陶望齡，〈盱江要語序〉，《陶文簡公集》卷三，頁 233～234。

〔註38〕王宗沐，〈王龍溪先生全集序〉，頁 3～7。

〔註39〕羅汝芳，《盱壇直詮》上卷，頁 98～100。

在講會中常常提點學者的例子。這樣的例子在王畿的講學場合及會語書寫中是較少的。這樣的差異，或許與兩人的學說主旨、講學目的與對象，以及講學風格有關。王畿的講會專注於陽明學的基本理論問題而極深研幾，參加同志會遠多於鄉會，所以他的講會是精英的講會，他關心的是理論性和精神性的課題。羅汝芳所主的講會，大眾參加的鄉會更多，其講會的性質多是一種通俗化或世俗化的儒家講會，如他以明太祖「六諭」鼓吹講會。〔註40〕講學的差異亦顯現在兩人會語的書寫上。

二、仕進與講學的抉擇

端居忽清嘯，不言行四時。太虛常閴寂，群象自紛馳。

簞食聊堪樂，萬鍾非所期。衡門俯蘭沚，可以慰棲遲。〔註41〕

這首詩明白表達出王畿對於仕進與講學的抉擇。「簞食」用的是顏淵的典故，《論語》曰：「賢哉回也！一簞食，一瓢飲，在陋巷，人不堪其憂，回也不改其樂，賢哉回也！」〔註42〕顏子是唯一被孔子許爲好學、三月不違仁的弟子，〔註43〕他既沒有立言，也未立功，但其高超的道德品格，卻被後世所稱頌。王畿所嚮往的是如顏子一般，以道德性命爲志業的生活，即使生活困頓亦不改其樂，政治上的建樹、富貴名利，並非他所期望的。因此除了短暫的仕宦外，王畿幾乎「無日不講學，無日不會友」，堪稱是陽明學者中最佳的游學典範。根據徐階《王龍溪先生傳》的記載，王畿在嘉靖十一年（1532）就廷試，觀政吏部，任南職方主事。嘉靖十八年（1539），改南武選郎中，後得罪夏言，被票旨詆爲「僞學」，於是上疏要求解職歸里。終於在嘉靖二十一年（1542），正式結束他短暫的仕宦生活。〔註44〕即使在仕宦生活中，他仍講學不輟。

對王畿來說，講學是凌駕於一切之上的唯一價值，在宛陵會中他曾告誡諸友：

〔註40〕陳來，〈明嘉靖時期王學知識人的會講活動〉，頁 1～53。

〔註41〕王畿，〈會城南精舍和徐存齋少師韻四首〉之四，《王龍溪全集》卷十八，頁 1264～1265。

〔註42〕《論語‧雍也》，《論語注疏》，頁 53。

〔註43〕《論語‧雍也》記載：「哀公問弟子孰爲好學，孔子對曰：『有顏回者好學，不遷怒，不貳過，不幸短命死矣！今也則亡，未聞好學者也。』」《論語注疏》，頁 51。又子曰：「回也！其心三月不違仁，其餘則日月至焉而已矣！」《論語‧雍也》，《論語注疏》，頁 52。

〔註44〕徐階，〈王龍溪先生傳〉，《王龍溪全集》，頁 19～28。

自此學不明，世之學者不知生意所自出，不從真息中尋討下落，徒
欲向外馳求，意氣愈盛，知解愈繁，格套愈多，而本來生機愈窒。
雖使勳業掀天，文才蓋世，不過採枝摘葉伎倆，與清明根本，未有分
毫交涉也。因諸賢惓惓相愛，不以不肖為鄙，故敢申布狂言，少致
相助之意，惟諸賢自愛，盡去習氣，用終遠業，吾道之幸也。〔註45〕

文才勳業是枝末，道德性命才是根本。對他來說文名勳業，轉眼便成「空華」，
人應為性命，默默「自修自證」，「以畢此生」。〔註46〕對於兒孫輩的科舉考試，
他亦如此看待，三子王應吉（1579 年舉人）科舉不第，〔註47〕友人紛紛來書
勸慰，他認為科舉考試「遲速利鈍，自有緣數」、「時乃天道」，「未嘗以此動
心」，他所在意的是「兒輩忠信好學，家庭相守，不忘一脈之傳，便是人道中
樂事」。〔註48〕因此最後給兒輩的遺言是：

兒輩得出身仕途，我非不喜，然非我深願。更須將學問理會，發箇
必為聖賢之志。以父子兄弟為師友，立定腳根，檢飭收攝，勿為種
種世情緇染汩沒。坦然平懷，謙恭和順，勿作掩藏計較，利己妨人
伎倆。方是一生受用處，即便是善繼善述之孝也。〔註49〕

王畿對於道德性命的價值取向，使得他在遇到人生抉擇的當口，毅然放棄了
仕進，而投身於道德性命的講學事業中。

王畿以講學為志，表現出一種自信自立，雖千萬人吾往矣，甚至破除毀
譽的氣魄。他曾告訴張元忭，吾輩講學，是為「自己性命」，即使「舉世不相
容」，亦「不因時而有所加損」。〔註50〕另外他也告誡趙瀫陽，吾人發心，原
為「自己性命」，要「自信不惑」，雖然「萬死一生」，亦要「出頭擔荷」，而
不「以世之向背為從違」。〔註51〕不過後來，陽明學者的講學受到來自朝廷的
壓力，甚至禁講，面對講學的艱難處境，他認為講學成為禁忌，「時乃天道」，
不足為異。他所反覆強調的還是吾人發心，原為自己性命，「自性自修」，「自

〔註45〕 王畿，〈與宛陵會中諸友〉，《王龍溪全集》卷十二，頁 819～822。
〔註46〕 王畿，〈與李見亭〉，《王龍溪全集》卷十一，頁 769～773。
〔註47〕 王應吉於萬曆七年（1579）中應天鄉試。見王畿，〈祭岳父張菱塘文〉，《王龍
溪全集》卷十九，頁 1357～1358。
〔註48〕 王畿，〈與朱越崢〉，另外在〈與趙瀫陽〉亦表達相同的看法。《王龍溪全集》
卷十、十一，頁 702～705、767～768。
〔註49〕 王畿，〈遺言付應斌應吉兒〉，《王龍溪全集》卷十五，頁 1102～1106。
〔註50〕 王畿，〈答張陽和〉，《王龍溪全集》卷十一，頁 758～759。
〔註51〕 王畿，〈與趙瀫陽〉，《王龍溪全集》卷十一，頁 767～768。

命自立」，而「無所待於外」。〔註52〕講學的壓力，除了來自朝廷，還有來自於學者圈中。許多陽明學者不滿講學，而對王畿提出許多批評，其批評不外是「以爲迂闊臭腐，縱言空論，無補于身心也。甚或以爲立門戶、崇黨與而侈囂譁，無關於行實也」。〔註53〕而耿定向則批評王畿的「破除毀譽」之說，有害名教。〔註54〕而在家中遭逢祝融之災後，王畿也體認到君子的「獨立不懼」與小人的「無忌憚」，差別只在「毫髮間」，而他往年「自信以爲天下非之而不顧」，「無所動於中」，所招致的「多口之憎」，不可一概「以人言爲盡非」，而要「自反以求增益之地」。〔註55〕不過，他還是一再強調「講」對「學」的必要性：

> 蓋吾人在世，不能爲枯木爲濕灰，必有性情之發，耳目之施，以濟日用。不能逃諸虛空，必有人倫庶物，感應之迹。有性情而不知節，則將和蕩而滛矣；有耳目而不知檢，則將物交而引矣；有人倫庶物之交而不知防愼，則將紊秩而棼類矣。此近取諸身，不容一日而離，則此學固不容以一日不講也。……學之不講，孔子以爲憂，況吾儕乎！〔註56〕

他也強調講學是「講之以身心」，非「講之以口耳」，〔註57〕而必須「從一念入微」，「有過必改」、「有善可遷」，〔註58〕「完復此明德」。〔註59〕而講會的舉辦是爲了「講學明道」，而不是「崇黨與」、「立門戶」。〔註60〕

　　王畿仕進與講學的抉擇，除了是個人對道德性命追尋的肯定外，亦需要外在環境的配合。第二章開頭我們談到陽明學者的游學需要經濟、交通等種種條件的配合。另一個重要的因素則是講學提供了士人科舉功名之外的另一

〔註52〕王畿，〈與沈宗顏〉，《王龍溪全集》卷十二，頁843～846。
〔註53〕王畿，〈新安福田山房六邑會籍〉，《王龍溪全集》卷二，頁212～215。
〔註54〕耿定向曰：「往聞丈教欲人破除毀譽，此第可與高明好脩者道，令之逼眞入微可也。若以爲訓，恐將使天下脣吻干于頑鈍無恥，不可振勵，然且不可。今並將是非之心看作標末，不將使天下脣吻至惛惛懂懂耶。區區密參顯證，近日學術惟是辨志一著，乃爲喫緊，人有眞志，即令師致知一言亦已終身受用不盡，不必別爲高論，否則即此極深入微之論，人且借爲藏惡蓄垢之資也。」〈與王龍溪先生〉，《耿天臺先生文集》卷四，頁444～448。
〔註55〕王畿，〈自訟長語示兒輩〉，《王龍溪全集》卷十五，頁1062～1071。
〔註56〕王畿，〈新安福田山房六邑會籍〉，頁212～215。
〔註57〕王畿，〈與趙麟陽〉，《王龍溪全集》卷十一，頁729～731。
〔註58〕王畿，〈與張陽和〉，《王龍溪全集》卷十一，頁759～760。
〔註59〕王畿，〈思學說〉，《王龍溪全集》卷十七，頁1233～1234。
〔註60〕王畿，〈約會同志疏〉，《王龍溪全集》卷二，頁218～220。

個人生經營場域，這種價值甚至可以和政權所建構出來的主流價值——「功名」相並列，在許多時候，它是作爲功名外的另一種價值選擇。〔註61〕明代中葉以後，知識分子似乎多了一種選擇機會——當然這種選擇有時是迫於無奈，因爲科舉名額有限，無法順利登第，或是政治混亂，仕途不順遂——他們不見得必須依照傳統的方式，讀書——考試——做官，他們當然還是讀書，還是知識分子，但他們可以不再從事政治，而是講學或從商。〔註62〕所以他們終其一生與道德知識維持緊密的關係，投身教育事業，從事民間講學的工作。這也就是許多陽明學者在混亂的政治情勢中，願意犧牲政治權力，除去公務纏身，反而更能投身於文化學術界，而發揮更大的影響力，甚至獲得道德或文化上更高的聲譽。因此王畿才能毅然決然，義無反顧的選擇游學天下，講學一生。

三、「游」的人生觀

> 平生志遠遊，未須悲逆旅。歸來值秋半，浙浙金風起。
> 童冠日追隨，鼓枻清江裏。出處豈殊調，顏瓢即禹胝。
> 登高採靈藥，冥棲沃神水。青山寂無言，至樂云在此。
> 無古亦無今，忘物亦忘己。呼吸造化根，綿綿詎容已。
> 微哉兩字訣，如是而已矣。〔註63〕

這首詩是王畿赴徽州斗山書院講學途中，登釣臺所作的。〔註64〕嘉靖六年

〔註61〕 Peter K. Bol 認爲南宋的科舉考試，應試者日增而錄取率日降的情況，合理的解釋應該是參與科舉的行爲本身便可能提供一個認可士人社會地位的標準。而道學教條也可能有同樣的作用。Peter K. Bol, "The Examination System and the Shih", *Asia Major* 3, no. 2 (1990), pp. 149~171。也就是科舉考試與理學具有提供士人文化與社會認同的力量。換言之講學亦能提供學者的身分認同，亦是科舉之外的另一種人生價值。

〔註62〕 余英時認爲仕進的困難，導致許多讀書人棄儒從商，「從商」成爲士人在「作官」外的另一出路。〈中國近世宗教倫理與商人精神〉，頁259～404。而從商是否與講學同樣有社會認同作用，被主流價值所接受，則須要更進一步評估。

〔註63〕 王畿，〈秋日登釣臺次陽明先師韻二首〉之二，《王龍溪全集》卷十八，頁1324～1325。

〔註64〕 〈斗山會語〉曰：「慨惟離索之久，思求助于四方。乃者千里遠涉，歷釣臺、登齊雲、涉紫陽，止于斗山之精廬，得與新安諸同志爲數日之會，其意固不在於山水間也。」《王龍溪全集》卷二，頁157～159。這次講學時間不詳。陳時龍以爲這次的講學是王畿最早到徽州的記載，應在嘉靖三十六年（1557）新安福田之會前，而在嘉靖二十八年（1549）王畿首次赴水西會之後。〈十七

（1527），陽明奉命出征思恩、田州，由越入廣，渡錢塘、經釣臺，而有〈復過釣臺〉詩，當時王畿亦隨行在側。〔註65〕再次登臨釣臺，王畿所抒發的是平生的志向。在詩中，他說志在遠遊，並未以遊爲苦，無論是「童冠日追隨，鼓枻清江裏」，或是「出處豈殊調，顏瓢即禹胝」，所描寫的無非是一種與道德性命同在的「孔顏之樂」。〔註66〕或者說是良知在我，無古無今，忘物忘我的至樂。另外在隆慶四年（1570），家遭祝融之變，他回憶一生，自認「性好遊」，「轍迹幾半天下」，凡是「名山洞府」、「幽怔奇勝」之區，世人有「終身羨慕」而不可至者，他皆得「遍探熟遊」。而旅行當中，「童冠追從」、「笑歌偃仰」，儼然有「舞雩」之樂，更使他「樂而忘返」。〔註67〕可見他所追求的是一種舞雩之興、童冠追從的生活，是一種優游在師友同志間的自在與快樂，因此他明白表示他的出游「志於得朋，不在山水之間」。〔註68〕

　　王畿平生志遠遊，所追尋的是童冠追從、優游在師友同志間的孔顏之樂，

世紀徽州府的講會活動〉，頁 133～183。

〔註65〕　〈年譜三〉，《王陽明全集》卷三十五，頁 1307。陽明〈復過釣臺〉詩曰：「憶昔過釣臺，驅馳正軍旅。十年今始來，復以兵戈起。空山煙霧深，往迹如夢裏。微雨林徑滑，肺病雙足胝。仰瞻臺上雲，俯濯臺下水。人生何碌碌？高尚當如此。瘝痍念同胞，至人匪爲己。過門不遑入，憂勞豈得已！滔滔良自傷，果哉末難矣！」《王陽明全集》卷二十，頁 794。

〔註66〕　「尋孔顏樂處」是宋明理學家自周敦頤以來，所追尋的主題。程顥曾回憶：「昔受學於周茂叔，每令尋顏子、仲尼樂處，所樂何事？」（〈考辨〉，《河南程氏遺書》卷第二上，《二程集》，頁 16）自古以來即認定「孔顏之樂」在於「安貧樂道」，而程頤認爲：「然則顏子所獨好者，何學也？學以至聖人之道也。」（〈顏子所好何學論〉，《河南程氏文集》卷八，《二程集》，頁 577～578）。因此我們可以說「孔顏之樂」即是「學以至聖人之道」，即是追尋聖學，與道德性命同在的快樂。而這種「孔顏之樂」又是具體落實在師友共聚一堂的講學中的。王畿所強調的孔顏之樂，除了是安貧樂道，也有強調優游於師友之間，共同追尋聖學的講學之樂。因此在孔門弟子中，他特別標榜顏子，除了說明陽明思想爲顏子之傳外，更與這種與師友同堂講學的「孔顏之樂」有很大的關係。關於「孔顏樂處」的研究，可參考劉振維，〈孔顏樂處辯〉，《哲學與文化》二十二卷五、六期（1995），頁 457～466、550～557。關於「孔顏樂處」展現在孔門的對話精神的研究，可參考周益忠，〈從子產不毀鄉校到尋孔顏樂處——兼談孔門對話精神對後世教改的啓示〉，《國文學誌》六期（2002），頁 29～52。有關王畿標榜顏子，認爲陽明學是顏子之傳，可參考呂妙芬，《陽明學士人社群——歷史、思想與實踐》第六章，頁 269～294。

〔註67〕　王畿，〈自訟長語示兒輩〉，頁 1062～1071。

〔註68〕　同註67。另外在〈斗山會語〉，他亦表達其意不在於山水之間，而在於與朋友相聚論學。〈斗山會語〉，頁 157～159。

因此他轍跡天下，即使到七、八十歲，求友一念愈切。在許多論學書中，他
皆表達這樣的志向：「不肖耄年，無復世念，惟求友一念，寤寐不能忘，衰朽
艱於遠涉，徒有耿耿」。〔註69〕他積極求友，無非是要與友論學，互相切磋，
取善求益，如同第二章所論的「以友輔仁」。他積極來往於各地講會是要「以
會為學」，務求「取善之益」，〔註70〕是要「取人為善」，求以「自益」，〔註71〕
而「人之信否」與此學之明與不明，則「存乎所遇」，「非人所能強」，所以他
認為：「吾人不論出處潛見，取友求益，原是吾人分內事」。〔註72〕在〈留都
會紀〉中，他亦強調親師取友的重要：

> 吾人出來，與四方朋友交接，乃是求益，不是專去教人。吾人若是
> 要救取自家性命，自不容不親朋友，相勸相規，宴安非僻之習，自
> 無所容。翼翼昭事，攝養保愛，自不容已。機緣相觸，因而興起，
> 非分我所有以與人，而人自受益，教學相長之義也。苟欲躲避世
> 界，耽于靜養，悠悠暇豫，漸致墮落，非徒無益，而反害之，若嘵
> 嘵然急於行教，而忘取益，求人者重，而自治輕，則固有所不可
> 耳。〔註73〕

因此，對他而言，「此學於朋友，如魚之於水，不可一日離」。〔註74〕

王畿出游求友，除了追求以友輔仁之效外，重要的還有所謂的「一脈之
傳」，〈用韻別蔡玄谷〉詩：

> 白下過從二十年，舊交零落倍淒然。鍾陵皎月憐同賞，吳苑清歌誰
> 與傳。
> 己分灰形逃世外，敢云聞道在吾先。山堂此夕還傾耳，賸有松風次
> 第宣。〔註75〕

這首詩表達出舊交零落、吳苑清歌誰傳的淒然心境。王畿卒於萬曆十一年

〔註69〕王畿，〈與萬合溪〉，另外在〈與李見亭〉、〈與吳安節〉、〈與蕭來鳳〉等論學
　　　　書中亦表達相同的看法。《王龍溪全集》卷十一、十二，頁 755～756、769～
　　　　773、787～788、840～841。
〔註70〕王畿，〈與汪周潭〉，《王龍溪全集》卷十一，頁 752～753。
〔註71〕王畿，〈答宗魯姪〉，《王龍溪全集》卷十一，頁 782～784。
〔註72〕王畿，〈三山麗澤錄〉，頁 108～126。
〔註73〕王畿，〈留都會紀〉，《王龍溪全集》卷四，頁 302～329。
〔註74〕王畿，〈留別霓川漫語〉，另外在〈桐川會約〉、〈與沈宗顏〉，亦表達相同的看
　　　　法。《王龍溪全集》卷十六、二、十二，頁 1156～1161、215～218、843～
　　　　846。
〔註75〕王畿，〈用韻別蔡玄谷〉，《王龍溪全集》卷十八，頁 1303。

（1563），得年八十六，在陽明學者中，算是壽考的。當同志輩一個個的殞落，
〔註76〕甚至他最屬意的弟子（如周怡、貢安國、陸光宅）也先他而去，當他
爲這些同志師友，撰寫祭文、行狀或墓誌銘時，一人獨存的孤寂心境是可想
而知的。當同志師友相繼凋謝，他所想到的是「吳苑清歌誰與傳」。在嘉靖四
十四年（1564），他弔羅洪先，又到安福、永豐展拜鄒守益、聶豹諸人之墓，
後與同志會於洪都，他告訴與會學者：「爰念同門諸友，相繼淪背，師門正脈，
僅存一綫」，而要「三五豪傑」，擔負斯緒，以「挽回造化」。〔註77〕而他在給
學者的書信中，亦常表達這樣的心境：

> 去年往江右吊念庵兄，雙江、東廓、魯江、明水相繼淪謝，吾黨益
> 孤，老師一脈，僅僅如綫。自分年衰時邁，須得眞發心者二三輩，
> 傳此微言，庶免斷滅宗傳，不知相接中，亦得幾人否？〔註78〕

同志師友相繼離世，我們可以想像王畿的心情，除了有相知幾人的感慨外，
還有唯恐斷滅宗傳，也就是「深山落木虛堂夜，衣鉢于今付阿誰」〔註79〕的
惶惑不安。

在同志師友相繼過世，甚至僅存王畿一人時，「衣鉢于今付阿誰」是他念
念不忘的責任。他更積極參與講會，尋求同志，以衍師門之傳。在越中的講
會，他說：「若不及時尋求法器，眞肯發心者數輩，相與究明斯旨，以圖遠業，
一線之緒，將自此而絕。」〔註80〕而對於同門後輩，他更以此勉勵，以求弟
子承擔此學，例如他寫給沈宗顏（1539～1582）的信說：「區區八十老翁，於
世界更有恁放不下，惟師門一脈如綫之傳，未得一一法器出頭擔荷，未能忘
情，切切求友於四方者，意實在此」。〔註81〕甚至在他的妻子死後（隆慶五年，

〔註76〕嘉靖七年（1528）陽明卒，十九年（1540）王艮卒，三十二年（1553）戚賢
　　　　卒，三十九年（1560）唐順之卒，四十年（1561）黃弘綱、陳九川卒，四十
　　　　一年（1562）鄒守益卒，四十二年（1563）聶豹、季本卒，四十四年（1564）
　　　　羅洪先卒，萬曆二年（1574）錢德洪卒。
〔註77〕王畿，〈洪都同心會約〉，《王龍溪全集》卷二，頁199～201。
〔註78〕王畿，〈與貢玄略〉，另外在〈與徐成身〉亦表達相同的心境。《王龍溪全集》
　　　　卷十二，頁824～825、854～855。
〔註79〕王畿，〈辛亥秋予偕周順之江叔源訪月泉天池山中出陽明先師手書答良知二偈
　　　　卷撫今懷昔相對黯然疊韻四絕聊識感遇之意云〉之一，《王龍溪全集》卷十八，
　　　　頁1310～1311。
〔註80〕王畿，〈約會同志疏〉，《王龍溪全集》卷二，頁218～220。
〔註81〕王畿，〈與沈宗顏〉，另外在〈與陸平泉〉、〈與李克齋〉亦表達相同的觀點。《王
　　　　龍溪全集》卷十二、九，頁846～848、622～625、591～593。

1571），他治預墓，隨緣待盡，無復多慮，但仍有一念耿耿在心：「惟是師門晚年所授指訣，修身無力，未底於成，且未得一二法器可付託，每疚於心，以故求益四方之念，老而未衰」，而希望妻子在天之靈能保祐、幫助他，使大業終有所成。〔註82〕這一二年發生家宅大火以及妻子的離世，對王畿打擊甚大，故有二年的時間未出游，不過在萬曆元年（1573）以後，他又恢復往年的生活，來往於各地講會。

王畿的一生，可以以一「游」字來概括。他性好遊，在仕進與講學的兩難上，他選擇游，尋求與同志師友共聚一堂的孔顏之樂，他以游為樂，不以遠遊逆旅為苦。在王畿的散文、詩中，我們看不到懷才不遇的悲苦情緒，看不到無法得君行道的抑鬱寡歡，〔註83〕只看到他優遊於師友同志之間，流連於各地講會之中的自在快樂。而縈繞於心的只有求友一念，只有一脈之傳，因此他苦口婆心的勸人追尋道德性命，出來承擔講學之責。他的人生觀，他的人生選擇，樹立了一個以「游」為最高價值的人生典範，不僅在陽明學者中是特出的，在古代知識分子中亦是罕見的。

第二節　自我與他者的對話——羅洪先的遊記

明末清初的學者在評價陽明後學時，多以江右王門為陽明之正傳，例如黃宗羲曰：「姚江之學，惟江右為得其傳；東廓、念菴、兩峰、雙江其選也。……是時越中流弊錯出，挾師說以杜學者之口，而江右獨能破之，陽明之道賴以不墜。」〔註84〕而不論是「鄒東廓之戒懼，羅念菴之主靜」皆強調工夫的重要，因此是「真陽明之的傳也」。〔註85〕他也對羅洪先在陽明學發展過程中的地位，下了這樣的斷語：「天下學者，亦遂因先生之言，而後得陽明之真。」〔註86〕不只是黃宗羲，在他之前的東林學者顧憲成亦言：「陽明之良知至矣，暨其末流，上者益上，下者益下，則非陽明本指也。江右先達如羅念菴，于此每有救正。」〔註87〕他們都對羅洪先有較高的評價。

〔註82〕王畿，〈亡室純懿張氏安人哀辭〉，《王龍溪全集》卷二十，頁1531～1541。

〔註83〕在王畿的觀念中，游學亦是經世致用的表現，詳見第二章。

〔註84〕黃宗羲，〈江右王門學案一〉，《明儒學案》卷十六，頁333。

〔註85〕黃宗羲，〈浙中王門學案一〉，頁225～226。

〔註86〕黃宗羲，〈江右王門學案三〉，《明儒學案》卷十八，頁388。

〔註87〕黃宗羲，〈東林學案一〉所引，《明儒學案》卷五十八，頁1394。

顧憲成、黃宗羲著眼於羅洪先思想對陽明後學的種種流弊有所救正，而給予較高的評價。對於羅洪先思想，當代學者已有許多研究，普遍的看法與明末清初學者大相逕庭，他們認爲羅洪先思想在一定程度上，雖然有陽明思想的影子，但已經背離陽明良知說，〔註88〕而比較接近於宋儒周敦頤、程顥，〔註89〕甚至有人認爲是「新朱子學的胎動」。〔註90〕當然明末清初學者對羅洪先的高度評價有其時代課題之迫切性，然而經由當代學者的研究，使我們對於羅洪先的思想有更清楚的認識與定位。

關於羅洪先的研究，前輩學者多聚焦於思想的解析、與陽明思想的比較，及與其他王門諸子，尤其是歸寂思想的提出者——聶豹的差異上。〔註91〕而日本學者福田殖則從「王門後學少人數的講學的典型」來探討〈冬遊記〉，他也注意到〈冬遊記〉是羅洪先早期思想的資料，〈夏遊記〉是早期過渡到中期思想的代表，而〈甲寅夏遊記〉則是後期思想的代表。〔註92〕吳震則延續福田殖的看法，以三篇遊記爲基礎，擴大到文集相關篇章，來探討羅洪先的思想。〔註93〕對於三篇遊記，其他學者僅將其視爲羅洪先許多思想性的文本之一，並不特別注意。

明末清初學者對羅洪先思想評價的同時，每每提及越中、王畿，而在羅洪先的思想歷程中，王畿扮演非常重要的角色，在羅洪先早期思想的發展中，甚至是「思想指導者」，中後期則逐漸轉變，而這些轉變與對話的過程一一展現在他三次旅行後所撰寫的三篇文本——〈冬遊記〉、〈夏遊記〉、〈甲寅夏遊記〉中。這三篇遊記相當特殊，除了呈現出羅洪先成學歷程外，另外就是前面提到的羅洪先以「遊記」這一文體，來描寫游學的歷程，這是與其他陽明學者不同的地方。因此筆者採取兩種研究路徑，一是就遊記的形式上，從文體的觀點來探討羅洪先三次旅行、三篇遊記的屬性，二是就遊記的內容上，

〔註88〕 牟宗三認爲：「江右之雙江與念菴則不得其門而入，恐勞擾一番而已。」《從陸象山到劉蕺山》，頁310～311。

〔註89〕 古清美，〈羅念菴與陽明學〉、〈羅念菴的理學〉。劉桂光，〈論江右王門羅念菴之思想〉，《鵝湖學誌》十四期（1995），頁83～123。

〔註90〕 岡田武彥著，《王陽明與明末儒學》，頁119。

〔註91〕 牟宗三、古清美與劉桂光的研究主要是討論羅洪先與陽明思想的背離，岡田武彥、林月惠（《良知學的轉折——聶雙江與羅念菴思想之研究》）則討論了羅洪先與聶豹的差異。

〔註92〕 福田殖，〈羅念菴の「冬遊記」について——王門における講學活動の一場面〉，頁2～27。

〔註93〕 吳震，《聶豹羅洪先評傳》（南京：南京大學出版社，2001年）。

採取西方旅行文學的重要概念：「自我的追尋」、「自我與他者的對話」，來看羅洪先的成學歷程及其與王畿對話的角色轉變，並論述羅洪先對這樣的對話、旅行的後設思考，以期呈現出陽明學者另一種特殊的游學型態。

一、旅行、游學與書寫

羅洪先的三次旅行，第一次是在嘉靖十八年己亥（1539），他起復爲經筵講官，於赴京途中，在南京逗留，與王畿等人反復論學，後來作了〈冬遊記〉，記錄了閏七月至十二月的旅行經過，歷時共半年之久。這次旅行根據〈冬遊記〉記載，因與友相約赴官，「鄒東廓、唐荊川再書促余有聯舟約」，然而他抵達鎮江時，兩人「既遠去不相待」，而「王龍溪在南京書來邀會」，也因爲「自念山中離索，嘉會難逢」，促成了羅洪先與王畿等人的會面。以下略述這次旅行的經過，羅洪先在閏七月十八日從吉水家中出發，十月二日至鎮江，七日抵達南京郊外龍潭驛，九日會王畿、王臣，十一日遊覽南京各處名勝，在觀應寺與王畿論學，次日王畿回南京處理公務，下午王畿轉回共宿月泉方丈。十三日同宿論學，之後訪湛若水，夜宿王畿家，十二月二日同遊論學，八日則是最後的會談。十二月十五日赴泰州林春（1498～1541）之約，二十日至安豐場訪王艮，滯留三天，二十三日別王艮，二十五日與林春訪吳悌，二十六日，王畿又有書信寄與羅洪先，對連日來的論學，做一個總結。二十八日啓程北上。〔註94〕

第二次旅行是在嘉靖二十七年戊申（1548）。他在嘉靖十九年（1540）冬忤旨，被謫爲民，〔註95〕次年歸田。根據〈夏遊記〉記載六年後丙午年（1546）「得石蓮洞於蔽廬之北」，多靜居於石蓮洞，他「自是頓息山水之興，如醉者遇芳醪，無復羨慕，誠不自知其何也」。次年戊申，則「會友人王龍溪，期會匡廬、天池」，當時錢德洪、貢安國、王汝舟（1516～1567）與王畿同往，先在六月七日入石蓮洞論學。二十五日一行人參加青原大會，「四方及同郡之士，先後至者，百六十人」，七月二十三日解會，歷時約一個月。其後爲擇江浙會所，所以在八月二日攜王託、周柳渠與王畿、貢安國、王汝舟同趨龍虎山。十二日同赴冲玄，登愛山樓，題詩樓壁，十四日與王畿別。明年（1549）九月，冲玄大會，羅洪先因「外父大僕曾公十月歸窆，擬畢事而行，比束裝聞會解」，並未參與，因此這次旅行即在戊申八月十四日結束。然而羅洪先對

〔註94〕羅洪先，〈冬遊記〉，《念菴文集》卷五，頁125～134。
〔註95〕羅洪先本傳，張廷玉，《明史》卷二八三，頁7278～7279。

這次旅行的紀錄並未因此而終止，在冲玄大會的隔年，鄒守益贈冲玄大會的會語，要他「一言以相報」，因此羅洪先對會語中王畿的說法進行了反駁。而〈夏遊記〉的末尾並收錄他在庚戌年（1550）所寫的〈答郭平川〉。由此，〈夏遊記〉非一時之作，撰寫過程歷時三年，完成於庚戌年春。〔註96〕

第三次旅行是在嘉靖三十年甲寅（1554），根據〈甲寅夏遊記〉的記載，在己酉年春，他追書〈夏遊記〉，在次年「質之龍溪」，王畿「不謂然，將面訂焉」，本相約明年癸丑匡廬之遊，羅洪先五月往，王畿不至，甲寅年四月，王畿書邀羅洪先期會，羅洪先則「倦遠役」，遣人邀王畿南游，後沈寵（1537年舉人）來書說趙貞吉約會王畿有天池之遊，而羅洪先想「予與大洲相聞者十六、七年矣，失期則終身不面，且慮龍溪未必南也」，所以在五月與劉龍山、趙弼（1510～1560）、尹轍（1511～1560）及周汝方出遊。十一日至九江，趙貞吉已行，未能相晤，於是與王畿相約同遊。十四日羅洪先等人「謁濂溪先生祠」並「展先生墓」，十六日「上天池」，十七日宋儀望來訪，十八日「龍溪同沈古林邀會海天」，「予與道興如海天」，夜宿舟中，與沈寵談工夫，二十八日謁靖節祠，二十九日王畿來，遂買舟同行，是夜談方外之學，後討論〈夏遊記〉。六月初與王畿別，十二日入石蓮。十六日陳兩湖邀會玄潭，「予為地主」，十九日「如玄潭」，王畿及江右學者三十三人，聚於雪浪閣下論學，至二十二日解會。後同舟行，至二十四日各贈詩留別。〔註97〕

從以上對三次旅行的介紹，我們可以發現到羅洪先旅行的動機不論是「山中離索，嘉會難逢」或是「予追書〈夏遊記〉，王子龍谿不謂然，將面訂焉」，皆是為了與友論學，因此這三次旅行的屬性就不單純是旅行，而具有多重意涵的。考察羅洪先的三次旅行，我們可以看到羅洪先在南京天池、浙江冲玄以及江西玄潭等地，無論是山水名勝、寺廟道觀皆是其遊覽的重點，然而在遊覽的背後，更重要的卻是與友相聚，討論學問，因此這三次旅行，與其說是旅遊，更確切地說應是「游學」。

至於這三篇遊記的屬性，首先這三篇遊記皆是順著日期記錄，〈冬遊記〉主要記錄羅洪先遊南京、泰州與王畿等人論學的經過，〈甲寅夏遊記〉記錄玄潭大會的經過，而〈夏遊記〉則分為三部分，一是記錄青原大會，一是駁斥王畿冲玄之會的論點，一是〈答郭平川〉書。三篇遊記的內容大部分是記錄

〔註96〕羅洪先，〈夏遊記〉，《念菴文集》卷五，頁134～144。
〔註97〕羅洪先，〈甲寅夏遊記〉，《石蓮洞羅先生文集》卷十二，頁28b～46a。

論學的，因此福田殖稱為「日記體的講學遊記」。〔註98〕另外，這三篇遊記與會語不同的是，它詳細記錄旅行的行止，甚至夜宿的寺廟道觀，這對其他學者的旅行有參考的作用，甚至在閱讀完遊記後，實際按文索驥，走上旅行之路。〔註99〕

一般文學意義上的「遊記」是指：

> 以作者的遊蹤為線索，記敘旅途見聞，描述山川景物的散文作品稱為遊記。〔註100〕

羅洪先三篇游學書寫的重點皆在論學上，這當然與羅洪先旅行的動機是密切相關的，雖然這三篇遊記有對山水名勝的感懷，〔註101〕然而我們看到他還是將大篇幅留給論學的記載，尤其是一來一往的論辯上，因此雖然三篇文本名為「遊記」，其內容與文學家所寫的文學意義上的遊記是有差異的。

文學家的遊記是以山水名勝，以及所引發的感懷為描寫對象。晚明的文人更是將山水視為「文本」，旅遊其中的人類變成了讀者，帶著後設的觀點來記錄旅遊，或如另一世界，或如畫中，或如夢中。〔註102〕而羅洪先的遊記並不是以「閱讀山水」為目的，他巨細靡遺記錄每日的行程，甚至留宿的寺廟道觀，並詳加論述與同志論學的情況，這樣的特點，可說是會語與遊記的綜合體，而會語的成分多一些。我們考察三篇文本，除〈冬遊記〉是少數人論學，沒有講會的舉行，兩篇〈夏遊記〉記錄了青原大會、玄潭大會兩場講會，其內容也包括會語的記錄重點，因此，我們可以這樣說，三篇文本有遊記的名稱、形式，但內容卻更貼近於語錄，或者說是會語。這也是理學家遊記的

〔註98〕福田殖，〈羅念菴の「冬遊記」について——王門における講學活動の一場面〉，頁11。

〔註99〕巫仁恕認為遊記對晚明的旅遊風氣有實際的影響，尤其對士大夫的影響更為直接，有些例子顯示讀者在閱讀完遊記後毅然決然地走向旅遊的道路。他並舉王思任為例。〈晚明的旅遊活動與消費文化——以江南為討論中心——〉，頁87～143。羅洪先的遊記記錄精詳，可能有這樣的作用，然而是否真的能引導旅行，則值得觀察。不過羅洪先的遊記的確啟發了鄧以讚於萬曆五年（1577）到越中游學。見下文。

〔註100〕陳必祥，《古代散文文體概論》，頁69。

〔註101〕例如〈夏遊記〉：「十二日聞冲玄幽阻，同諸君往。雨下如注，入門深林複澗，水聲虢虢，登愛山樓。蒼青四塞，迥異人世，心頗悅之，遂題樓壁云：『……入龍虎山，冒雨過冲玄觀，登愛山樓。憑闌四顧，萬木蕭森，感年華之不留，慨朋簪之難盍。』」頁134～144。

〔註102〕毛文芳，〈閱讀與夢憶——晚明旅遊小品試論〉，《中正中文學報年刊》三期（2000），頁1～44。

最大特色。

　　相較於其他陽明學者，羅洪先用遊記這一文體來描述游學歷程，其他陽明學者則使用「會語」。在羅洪先現存的文集中，未見「會語」之類的著作，〔註103〕這是很特殊的。羅洪先並不是不參與講會，如兩篇〈夏遊記〉，他參加了青原、玄潭之會，而玄潭之會的地主更是他本人，但他並未如鄒守益、王畿等人以會語來記錄這兩場講會，而以「遊記」來呈現。遊記與會語比較起來，更加「個人化」，或許更能表達他「個人」對思想的縝密思索，也或許與他在講會中所扮演的角色，以及他對講會的看法有關吧！

　　羅洪先的三篇遊記主要記錄三次游學，與其他學者往來論辯的經過，三篇遊記更標誌著羅洪先思想的發展歷程。他論述的重點不在「閱讀山水」，而是在「閱讀自我」上。羅洪先的三篇游學書寫名為遊記，可說是一種旅行文學，因此我們借用西方旅行文學的概念，來解析三篇遊記，由此亦可看出羅洪先的游學書寫與文學家遊記的不同特點。波特（Dennis Porter）認為旅行書除了記錄旅途的經驗表象，更重要的是建構作者的「自我主體」以及「他者」之間的對話交鋒。〔註104〕胡錦媛在研究當代台灣旅行文學，引用精神分析大師拉岡（Lacan）的看法，人對自我的認知必得透過「非自我」之人或物的反射方得以形成，〔註105〕也就是必須藉由與非自我的「他者」對話來建構自我，這可能是人也可能是物。當然西方旅行文學中的「他者」所指的是跨越疆界、異地尤其是異國的地理文化，「旅行者會帶著原先的文化、語言結構或意識型態（移動的結構）的眼鏡一起旅行，在所經過的土地上，同時也將原來的結構帶入這些地方，同時也將異地的某些東西帶入結構中或帶回生長的土地上」。〔註106〕而晚明文學家遊記中的「他者」是指「山水名勝」，〔註107〕至於

〔註103〕在現存文集中未見會語的收錄，或許不代表羅洪先沒有會語的著作。然而在筆者所用三個版本的羅洪先文集，皆未有會語的作品。

〔註104〕宋美璍，〈自我主體、階級認同與國族建構：論狄福、菲爾定和包士威爾的旅行書〉，《中外文學》二十六卷四期（1997），頁5。

〔註105〕胡錦媛，〈繞著地球跑——當代臺灣旅行文學（下）〉，《幼獅文藝》八十三卷十二期（1996），頁59。

〔註106〕李鴻瓊，〈空間，旅行，後現代：波西亞與海德格〉，《中外文學》二十六卷四期（1997），頁109～110。

〔註107〕理學家當然有像文學家以「山水」為閱讀對象，也就是一般意義上的「遊記」，例如：張元忭遊楚，而有一系列的山水遊記，像〈東遊記〉、〈遊赤壁記〉、〈遊南嶽記〉、〈遊武當山記〉、〈遊白鹿洞記〉等，《張陽和先生不二齋文選》卷四，頁410～423。

羅洪先的「他者」，則是論學的同志。〔註108〕

　　對羅洪先來說聖學的追尋是其終極目標，而他藉著與當代學者（人），透過經典（物）與孔孟以降的聖賢對話，而形成自己的思想。將此概念套在旅行上，也就是爲什麼對自我的追尋需要透過旅行來完成。我們回過頭來檢視羅洪先的旅行動機，就能知道他爲什麼要透過旅行來追尋聖學，無論是「山中離索，嘉會難逢」或是「予追書〈夏遊記〉，王子龍谿不謂然，將面訂焉」，旅行能帶給他許多與朋友論學的機會，雖然寫信也能達到這樣的效果，然而寫信是較曠日廢時的，而旅行可以面對面的往來論辯，即時呈現，這是書信所達不到的。我們借用西方旅行文學的觀點，當然羅洪先的三次旅行不是跨越疆界，不能完全套用這樣的概念，然而就旅行的意義，途中與他者的對話，對自我認識的修正這一點來看，兩者在某些意義下是可以相通的。因此筆者借用西方旅行文學：「自我的追尋」、「自我與他者的對話」兩概念來解析羅洪先的游學書寫。

二、自我的追尋

　　羅洪先曾回憶十四、五歲時，當時陽明在江西贛州虔台講學，他本欲前往，但爲父母所阻。然而受到周龍岡的影響，「慨然有志聖賢之業」。〔註109〕而後在二十三歲，他師事同里李中（1478～1548），〔註110〕不論是十五歲「慨然有志聖賢之業」，或是二十三歲受學李中「謂聖域舉足可入」，〔註111〕我們可知他是以追求聖學爲其人生目標。〔註112〕

　　追求聖學是許多思想家一生的課題，而對羅洪先來說，追求聖學所碰到的最大難題，當屬「欲根不斷」。〔註113〕在〈冬遊記〉中這個問題出現了五次，

〔註108〕羅洪先旅行中的「他者」主要是人，尤其是當時一些重要的陽明學者，記錄的重點在與其他人一來一往的論辯、自我思想的反思上，而忽略周邊的山川景緻，這與其他文學家的遊記比較起來是特殊的。我們可以借用陳長房在研究當代西方旅行文學索魯思的《火車之旅集景》的話來解釋：「（作者）很少挖掘『探險』地理景觀。……作者惟一有意參與的探險，則是對自我思想觀念與情感的深入挖掘。」〈建構東方與追尋主體：論當代英美旅行文學〉，《中外文學》二十六卷四期（1997），頁52。

〔註109〕羅洪先，〈別周龍岡〉，《念菴羅先生集》卷三，頁548～549。

〔註110〕羅洪先，〈谷平李先生行狀〉，《念菴羅先生集》卷七，頁630～634。

〔註111〕羅洪先，〈冬遊記〉，頁125～134。

〔註112〕何謂聖學？羅洪先〈正學書院記〉曰：「夫聖賢之學何學哉？求以復吾之心焉耳。」《念菴羅先生集》卷五，頁608～609。

〔註113〕羅洪先早年寫給王畿的信說：「孤近日之學無他，惟時時刻刻直任良知，以凝

甚至在〈夏遊記〉亦是，因此「欲根不斷」實是一直困擾羅洪先的最大問題。
在〈冬遊記〉一開始，與王畿相會的第一天，王畿問羅洪先近日學問如何，
他回答：「近於靜坐中，稍見精神當歛束，不宜發散，一切寂然，方有歸宿」，
〔註114〕可見「主靜」是羅洪先斷欲根的方法。數日後，王畿再問羅洪先「自
信如何」，他則回答：「欲根種種未斷耳」，接下來他的紀錄是：

> 龍溪曰：「今人爲學只不緊要，故皆難成，須於咽喉下刀，方是能了
> 性命，而今只爲有護持在。」余曰：「試論余如何？」龍溪曰：「汝
> 以學問湊泊知見，縱是十分眞切，脫不得湊泊耳。」〔註115〕

王畿並未正面回答如何斷欲根，而只說爲學要有如咽喉下刀，捨得自家性命，
立定志向，而不要心有旁騖。而後羅洪先又與王愼中、戚賢、湛若水等人相
會，再次論及「斷除欲根」。他與戚賢討論內容如何，並未詳載，而與湛若水
的相會，湛若水也只教他「漸次歲減一歲耳」。而王愼中的話則頗值得玩味，
他告訴羅洪先：「念頭斷去不得，止是一任他過，便要如何斬除，恐更多事，
此吾小歇腳法也」，〔註116〕這與羅洪先「斷念頭」之說無疑是針鋒相對的，王
愼中之眞義如何，或許可從王畿對羅洪先的回答稍見端倪。

在臨別之前，王畿與羅洪先討論了「學術歸宿處」，羅洪先基於他的「斷
欲根」觀點，再次強調「如今只有無欲一著，不敢不勉，舍此恐更無著力處」，
〔註117〕王畿則一方面肯定「無欲」乃「千古聖學宗旨」，一方面指出羅洪先過
於執著「無欲」：

> 汝學不脫知見，虛知見有何益，看來總未逼眞。若逼眞來，輪刀上
> 陣，措手不軼，直意直心，人人皆得見之，那得有許多遮瞞計較來。
> 若一向如此，決不能有成。遇有事來，決行不去。從前錯過好日月，
> 須從此發憤，勿至墮落可也。〔註118〕

王畿的說法是要羅洪先立大本——脫知見、立良知。羅洪先反覆說要斷除欲

然不動爲本體，亦覺有可進步處。但念頭時復有起，不得總成片段，夫懇懇
切切自謂於本體用功矣。然念頭有起，即非本無一物，猶爲克怨伐欲不行之
功，已落第二義，未知孔門爲仁，顏子不貳過之旨果何在乎？」〈與王龍谿〉，
《念菴文集》卷二，頁20。

〔註114〕羅洪先，〈冬遊記〉，頁125～134。
〔註115〕同註114。
〔註116〕同註114。
〔註117〕同註114。
〔註118〕同註114。

根，要「無欲」，卻是虛見，無良知作主宰，因此有許多計較心在，遇到事情，也無法做到無欲。所以我們回過頭來看王慎中的話，以良知作主宰，念念是良知，就沒有所謂斷欲根的問題了。臨別之夜，兩人又對「如何是真爲性命」的問題進行討論，王畿則延續上面的說法「棄得性命，是爲性命」，「造化把柄在我」便能「打破毀譽得失一關」，便能「橫斜曲直，好醜高低，無往不可」。羅洪先對王畿論點的反應是「有省」，並說「此一句吾領得，原來日用工夫皆是假作」，〔註119〕最後羅洪先還是被王畿的觀點所折服。

後來羅洪先前往泰州赴林春之約，兩人一見面又是討論近時之病，羅洪先的回答當然是「欲根不斷耳」。之後他到安豐場見王艮，羅洪先「述近時悔恨處，且求教益」，〔註120〕或許我們可以大膽猜測可能還是「斷欲根」的問題，與王慎中、王畿相同，王艮要羅洪先「立大本」，「立此身便能位天地，育萬物，病痛自能消融」的「正己物正」之學，臨別又作〈大成歌〉〔註121〕相贈。羅洪先則頗有「深省」、「灑然有鼓舞處」。〔註122〕而後王畿又有書信寄與羅洪先，對連日來的論學作一個總結，仍是要羅洪先「識真性」、「立定根基」，羅洪先仍有「許多費照管放不下處」，仍有許多「陪奉纏繞」，因此要有「一種萬死一生真功夫」。〔註123〕

值得注意的是在〈冬遊記〉中，王畿與羅洪先也討論了「善與人同之旨」，王畿說：

> 善與人同是聖凡皆是平等，如今讒說作聖，便覺與人異，若看聖人
> 愚夫愚婦稍有不同，即非聖人之學矣。且曰天性原自平滿，今汝縱

〔註119〕同註114。

〔註120〕同註114。

〔註121〕〈大成歌〉：「十年之前君病時，扶危相見爲相知。十年之後我亦病，君期枉顧亦如之。始終感應如一日，與人爲善誰同之。堯舜之爲乃如此，舜惟詢及復奚疑。我將大成學印證，隨言隨悟隨時躋。只此心中便是聖，說此與人便是師。至易至簡至快樂，至尊至貴至清奇。隨大隨小隨我學，隨時隨處隨人師。掌握乾坤大主宰，包羅天地真良知。自古英雄誰能此，開闢以來惟仲尼。仲尼之後微孟子，孟子之後又誰知。廣居正路致知學，隨語斯人隨知覺。自此以往又如何，吾儕同樂同高歌。隨得斯人繼斯道，太平萬世還多多。我說道心中和，原來箇箇都中和。我說道心中正，箇箇心中自中正。常將中正覺斯人，便是當時大成聖。自此以往又如何，清風明月同高歌。同得斯人說斯道，大明萬世還多多。」王艮，《王心齋全集》卷四，頁 9a～9b。

〔註122〕羅洪先，〈冬遊記〉，頁 125～134。

〔註123〕同註122。

是十分回頭用力，俱湊泊作平滿，作平滿便是不平滿矣，此皆機心

不息，所以至此。〔註124〕

這即是「現成良知」的觀點。羅洪先對此的反應是「余嘿領受」。〔註125〕綜觀〈冬遊記〉，羅洪先對於王畿等人的觀點基本上是接受的，即便是他後來極力辯駁的「現成良知」說亦是如此。

這時縈繞羅洪先心中的難題是「欲根不斷」，而他的對治工夫是「主靜」、是「無欲」，這當然沒有錯，而王畿等人給他的答覆是要他以良知做主宰，才能一了百了，斷欲根並非究竟工夫。其實斷欲根也是一種在心體上掃除塵埃的工夫，以此為工夫有何不可？而且如果按照王畿等人所說的「直意直心」，難道不會造成恣情任意的弊病？只是羅洪先在此時並未深入追究，或許可以說他對自己的思想自信不足，也或許尚未成形，所以羅洪先還是被王畿的觀點所折服，〔註126〕甚至有一段時間還接受王畿的現成良知思想。〔註127〕當然這也不能說羅洪先這時完全放棄「主靜」、「無欲」、「斷欲根」的觀點。

〈夏遊記〉一開始即記載王畿對「未發之中」的看法：

未發之中未易言，須知未發卻是何物，謂之未發，言不容發也，發

於目為視矣，所以能視者不隨視而發，發於耳為聽矣，所以能聽者

不隨聽而發，此乃萬古流行不息之根，未可以靜時論也。〔註128〕

即未發、已發渾一，不能以動靜來區別。此時羅洪先對王畿的觀點沒有加以評論。在後來，「未發之中」卻成為他與王畿思想的分歧點。接下來的青原大會，〈冬遊記〉所屢次討論的「斷除欲根」的問題，又再一次搬了出來，可見此時縈繞他心中的仍是這個難題。他說：「凡去私欲，須於發根處破除始得，

〔註124〕同註122。

〔註125〕同註122。

〔註126〕吳震認為：「在當時的論學過程當中，忽聞某語而有所『省悟』，這乃是一種常見的說法，若以此便認為這種『省悟』標誌了理論上的成熟或思想上的飛躍，則未免過于輕率。」《羅豹羅洪先評傳》，頁199。

〔註127〕羅洪先說：「孤近日之學無他，惟時時刻刻直任良知。」〈與王龍谿〉，頁20。又如〈甲寅夏遊記〉：「往年見談學者皆曰知善知惡即是良知，依此行之即是致知，予嘗從此用力，竟無所入，蓋久而後悔之。」頁28b～46a。又如〈與尹道輿〉曾說：「從前為良知時時見有一句誤，卻欠卻培養一段工夫，培養原屬收斂翕聚，甲辰夏因靜坐十日，恍恍見得，又被龍谿諸君一句轉了，總為自家用功不深，內虛易搖，友朋總難與力也。」《念菴文集》卷三，頁53～55。

〔註128〕羅洪先，〈夏遊記〉，頁134～144。

私欲之起必有由來，皆緣自己原有貪好，原有計籌，此處盪過，一時潔淨不過潛伏，且恐陰爲之培植矣。」羅洪先說要於發根處破除私欲，而錢德洪則回答：「此件工夫零碎，但依良知運用，安事破除？」〔註129〕這無疑又是一記當頭棒喝。錢德洪的觀點與前面王愼中等人在〈冬遊記〉的說法相同，以良知爲本，順良知而行，就無須做去欲的工夫。而王畿的回答則是「不然，此倒巢搜賊之法也，勿謂盡無益也。」〔註130〕對於羅洪先三番兩次提出這個問題，王畿只有肯定「去私欲」也是重要的方法。但是數天後當羅洪先再重提舊話時，王畿則批評羅洪先太過執著，「在破除上尋一道理」，「拈一物放一物」，〔註131〕終非究竟，終非從根本入手。如此王畿與錢德洪的觀點可說是相當一致，與在〈冬遊記〉所論者是相同的。在他們看來，羅洪先的「斷欲根」並非根本工夫，根本工夫是在致良知上，如果不致力於良知的實踐，而只關注私欲的破除，則會破除一私欲，又有另一私欲，即陷入王畿所謂的「拈一物放一物」無止境的循環之中，而終無了期。

　　然而，與〈冬遊記〉討論這一問題時所不同的是，羅洪先自己的主張開始成形，強調「須於發根破除私欲」、「此中澹泊得下，即無染著耳」，〔註132〕而不是如何破除的問題，並進一步對王畿的觀點，展開批判。此中關鍵應是他對聶豹思想的全盤接受，〔註133〕他回顧此時的思想時說：「所私大冊七書（指聶豹《困辯錄》），發揮道脈，移文簡書，雍容不迫，出其一二，已足名家。……戊申、己酉，相信而專。……自予二人，如一手足。」〔註134〕另一方面聶豹在爲羅洪先〈夏遊記〉所撰寫的序中也說：「予與念菴子麗澤二十年，而論始合。今觀記中發明大旨，要不過此。」〔註135〕所以他在〈夏遊記〉的後半部發表了自己的觀點。首先，他先引王畿在冲玄大會的看法，王畿認爲良知是「一念靈明」，無分內外，無分寂感，「不昧此一念靈明」，即是「致知」，「隨

〔註129〕同註128。

〔註130〕同註128。

〔註131〕同註128。

〔註132〕同註128。

〔註133〕〈困辯錄序〉：「往歲癸卯洪先與洛村黃君聞先生言必主於寂，心亦疑之。後四年丁未而先生逮送之境上，含涕與訣，先生曰：『吾自勝之，無苦君輩也』。其容翛然，其氣夷然，其心淵然，而素自是乃益知先生。……而何疑於先生。」《念菴文集》卷十一，頁213～214。

〔註134〕羅洪先，〈祭雙江公歸窆文〉，《念菴文集》卷十七，頁386～387。

〔註135〕聶豹，〈刻夏遊記序〉，《雙江聶先生文集》卷三，頁284～285。

事隨物」，不昧此靈明，即是「格物」，所以「良知是虛，格物是實，虛實相生，天則乃見」。有人認爲良知「未盡妙義」、「不足以盡天下之變」，而在良知上攙入「無知意見」，就是「異學」，在良知上加入「見聞知識」，便是「俗學」。因此「信得良知過時」，「意」即是「良知之流行」，「見」即是「良知之照察」。〔註136〕這樣的說法即是「現成良知」說。羅洪先則先舉陽明、《中庸》的話來反駁王畿「良知是虛，格物是實」的說法。而後他再舉《大學》「定靜安慮」來反駁「虛實相生，天則乃現」。這些論述，其矛頭是指向王畿的「現成良知」，這也是羅洪先與王畿思想最根本的分歧：

> 當知未發之中，常人亦未能皆有，豈非以良知之發爲未泯之善端，未發之中當因學而後致，蓋必常定常靜，然後可謂之中。則凡致知者，亦必即其所未泯，而益充其所未至，然後可以爲誠意，固未嘗以一端之善，爲聖人之極則也。……故謂良知爲端緒之發見可也，未可即謂時時能爲吾心之主宰也，知此良知思以致之可也，不容以言語解悟，遂謂之爲自得也。〔註137〕

良知並非當下具足，未發之中當因學而後致，而良知爲未泯之善端，要擴而充之始能全，所以良知是端緒之發見，非時時爲心之主宰，本然與實然是不一致的。他有這樣的觀點主要是因當下具足的理論有可能產生種種弊端：

> 以利欲之盤固過之，猶恐弗止矣，而欲從其知之所發以爲心體。以血氣之浮揚，斂之猶恐弗定也，而欲任其意之所行以爲工夫。畏難苟安者，取便於易從，見小欲速者，堅主於自信。夫注念反觀，孰無少覺。因言發慮，理亦昭然。不息之眞，既未盡亡，先入之言又有可據。日滋日甚，日移日遠，將無有以存心爲拘迫，以改過爲粘綴，以取善爲比擬，以盡倫爲矯飾者乎？而其滅裂恣肆者，又從而譸張箕鼓之，使天下之人遂至於蕩然而無歸，悍然而不顧，則其陷溺之淺深，吾不知於俗學何如也！〔註138〕

一般人皆利欲盤固、血氣浮揚，如果從其知而發、任其意而行，則會有恣情任意、不做工夫的種種弊端。羅洪先著眼的是在實踐過程中所產生的種種弊病，這是工夫的層面，不能與本體層面的「良知現成」混爲一談，他將兩者混淆，而認爲王畿的現成良知說會造成「天下之人遂至於蕩然而無歸，悍然

〔註136〕羅洪先，〈夏遊記〉，頁134～144。
〔註137〕同註136。
〔註138〕同註136。

而不顧」的弊病。當然我們也可以理解羅洪先憂世憤俗的心情。

〈夏遊記〉第三部分收錄了〈答郭平川〉一文，基本立場也與上述相同，主要是反駁王畿的良知現成說。它有二個重點，一是不以良知為足，而以致知為功，因為孟子言「怵惕」必以「擴充繼之」，「好惡」必以「長養繼之」，「愛敬」必以「達之天下繼之」。二是「以見在之知為事物之則」，「失養其端而惟任其所已發」，則會「認欲以為理」，「物我倒置」，「牽己以逐物」。〔註139〕這樣的觀點並延續至〈甲寅夏遊記〉。

在〈甲寅夏遊記〉，首先王畿論及〈夏遊記〉，羅洪先即圍繞在「良知的知善知惡」，展開論述，他認為良知本體是「至善」的，然而「知善知惡之知」，「隨出隨泯」，是「一時之發見」，所以要以未發之中為主宰，要「主靜以復之」，必有「收攝保聚之功」來充達長養，然後「家國天下，感無不正，而未嘗為物所動」，即是「格物」。〔註140〕他並未對「收攝保聚」作解釋，而僅說明能收攝保聚，而後定靜安慮，家國天下無物不正。在此他基本上將良知視為「隨出隨泯」之知，這是一重大誤解，也就是他將良知與知覺混為一談，良知不是知覺，但良知又不能脫離知覺。〔註141〕良知的存在具有普遍性，它既是人生而靜的未發之中，又是當下具足的中節之和，羅洪先的說法如前所述是將工夫問題與本體論層次上的問題混為一談，才會有這樣的誤解。

後來王畿問羅洪先「近日覺何如」，羅洪先的回答則與此之前（包括〈夏遊記〉）又有些不同，他說「當時之為收攝保聚偏矣」，這並非表示他對「收攝保聚」的工夫有所質疑，而是反省自己在寂感問題上，有「執寂有處」、「指感有時」而分「動靜為二」，而可能會有「重於為我」、「疏於應物」的弊端，〔註142〕這也是王畿等人對聶豹歸寂說的批判重點。因此他說：

〔註139〕同註136。

〔註140〕羅洪先，〈甲寅夏遊記〉，頁28b～46a。

〔註141〕王畿〈答羅念庵〉曰：「良知非知覺之謂，然舍知覺無良知。良知即是主宰，而主宰淵寂，原無一物。」《王龍溪全集》卷十，頁 651～653。而羅洪先回這封信說：「夫謂知覺即主宰，主宰即又淵寂，則是能淵寂亦即能主宰，能主宰亦即自能知覺矣，又何患於內外之二哉？今之不能主宰者，果知覺紛擾故耶？亦執著淵寂耶？其不淵寂者，非以知覺紛擾故耶？其果識淵寂者，可復容執著耶？自弟受病言之，全在知覺，則所以救其病者，舍淵寂無消除法矣。……弟平日持原頭本體之見解，遂一任知覺之流行，而於見在功夫之持行，不識淵寂之歸宿，是以終身轉換，卒無所成。」〈江右王門學案三〉所引〈答王龍溪〉，頁395～396。

〔註142〕羅洪先，〈甲寅夏遊記〉，頁28b～46a。

夫心一而已，自其不出位而言謂之寂，位有常尊，非守內之謂也，自其常通微而言謂之感，發微而通，非逐外之謂也，寂非守內，故未可言處，以其能感故也。絕感之寂，寂非真寂矣，感非逐外，故未可言時，以其本寂故也。離寂之感，感非正感矣，此乃同出而異名，吾心之本然也。寂者一，感者不一，是故有動有靜，有作有止，人知動作之為感矣，不知靜與動，止與作之異者，境也，而在吾心未嘗隨境異也，隨境有異，是離寂之感矣，感而至於酬酢萬變，不可勝窮，而皆不外乎通微，是乃所謂幾也。故酬酢萬變，而於寂者未嘗有礙，非不礙也，吾有所主故也，苟無所主則亦馳逐而不返矣，聲臭俱泯，而於感者未嘗有息，非不息也，吾無所倚故也，苟無所倚，則亦膠固而不通矣。此所謂收攝保聚之功，君子知幾之學也。〔註143〕

他並未放棄「寂在感先，感由寂發」的觀點，相反的，「寂」成為先天本體，並指出「絕感之寂，寂非真寂」、「離寂之感，感非正感」，是「同出而異名」，而所謂的「收攝保聚」之功，則是守「寂感合一」之「寂」。這樣的觀點與聶豹「寂感動靜，判然為兩端」〔註144〕的觀點已有不同。這樣的觀點倒是與王畿較為接近，因此王畿對於羅洪先這樣的說法，並未加以評論，而只說「兄已見破到此，弟復何言」。〔註145〕由此可知，王畿開始為羅洪先所折服。然而這並不意味著王畿與羅洪先的思想趨於一致。要知道，羅洪先花了那麼大篇幅解說，是為了說明「收攝保聚」的必要性：

心也者，至神者也，以無物視之固泯然矣，以有物視之固炯然矣，欲盡斂之則亦塊然不知，凝然不動，無一物之可入也，欲兩用之，則亦忽然在此，倏然在彼，能兼體而不遺也。……學者難於自信者也，使於真寂端倪果能察識，隨動隨靜，無有出入，不與世界物事成對待，不倚自己知見作主宰，不著道理名目生證解，不藉言語發揮□精神，即此漸能自信，果能自信，則收攝保聚之功，自有準則。〔註146〕

也就是只有透過收攝保聚之功，才能察識真寂端倪。羅洪先雖強調寂感合一，

〔註143〕同註142。
〔註144〕聶豹，〈答胡青厓〉，《雙江聶先生文集》卷九，頁424～425。
〔註145〕羅洪先，〈甲寅夏遊記〉，頁28b～46a。
〔註146〕同註145。

然而並未放棄「主靜守寂」的基本立場，因為這是「斷欲根」的方法，收攝保聚即是主靜守寂。在〈冬遊記〉中，羅洪先「主靜無欲」的思想，經過與聶豹、王畿的對話，已經更加深化了。

　　在〈甲寅夏遊記〉的末尾，則記錄了「玄潭之會」的論學內容。當時劉邦采與王畿因現成良知的問題，爭執不休，鄒守益請羅洪先為之折衷。劉邦采主張「性命兼修」，「是說也吾為見在良知所誤，亟為而得之也。」對於「性命兼修」的問題，王畿不作批評，而是問劉邦采「見在良知與聖人同異」，劉邦采回答：「不同」，他認為「見在良知的愚夫愚婦之知能」就好像「頑鑛未經鍛煉，不可名金」，它是「純陰無真陽」，要復真陽，必須「開天闢地，鼎立乾坤」乃能得之，所以「以見在良知便是聖人體段，誠不可」。〔註147〕而王畿則以一隙之光與四表之光為喻，說明兩者並無不同，意思是愚夫愚婦的見在良知與聖人並無不同，兩者的差別只在愚夫愚婦為「雲氣掩脈」，掃除雲氣，「依舊日光照臨四表」，而不是如劉邦采所言「純陰無陽」而須「別尋乾坤」。〔註148〕羅洪先對兩人觀點所作的論斷是：

> 獅泉早年為見在良知便是全體所誤，故從自心察識立說，學者用功決當如此，但分主宰流行兩項工夫，卻難歸一。龍溪指點極是透徹，卻須體獅泉受用見在之說，從攝取進步處處綿密，始是真悟，不爾只成玩弄，始是去兩短取兩長，不負今日切磋也。若愚夫愚婦與聖人同異一段，前〈夏遊記〉中亦嘗致疑，但不至如獅泉云云大截然耳。千古聖賢汲汲誘引，只是要人從見在尋源頭，不曾別將一心換卻此心。且如兄言開天闢地，鼎立乾坤以為吾自創業，不享見在，固是苦心語，不成懸空做得。只是時時不可無收攝保聚之功，使精神歸一，常虛常定，日精日健，不可直任見在以為止足，此弟與二兄實致力處耳。〔註149〕

羅洪先對於劉邦采的「性命兼修」是頗有微詞的，但在「見在良知」的問題，則與劉邦采的立場一致，而與王畿的觀點相距較遠。劉邦采純陰真陽的分法太截然，他認為應從見在尋源頭，不是如劉邦采所言以一心換此心，而是用收攝保聚之功，使精神歸一，「不可直任見在以為止足」。

〔註147〕同註145。
〔註148〕同註145。
〔註149〕同註145。

綜合以上所述，我們從三篇遊記，可以發現羅洪先藉著與其他學者的對話，逐步深化他的思想，在〈冬遊記〉時「斷欲根」的問題雖然得到許多人「立大本」的解答，雖然他曾試圖由此去解決他的人生難題，然而並未獲得解決，因此他沒有從這個路向開展他的思想，而是從一開始的「主靜無欲」中得到解答，而接近於聶豹思想，我們在〈夏遊記〉的後半部可以發現這樣的痕跡。而他也在逐漸深化的「主靜」思想中，與聶豹歸寂說有所區別，並極力反駁王畿的「現成良知」說，而有「世間那有現成良知」這一著名命題的提出。

三、自我與他者的對話

羅洪先的三次游學，與他對話的學者非常多，然而交鋒較多、較重要的則是王畿，因此筆者將「他者」集中在王畿身上，探討兩人的對話關係。羅洪先於嘉靖八年（1529）舉進士第一，任翰林院修撰。隔年正月，請假告歸，十一年（1532）起「補原職」。〔註150〕王畿與錢德洪亦赴京參加廷試，羅洪先與王畿的相識即在這一年。羅洪先曾回憶當時與王畿論學的情形：「憶壬辰歲，與君處，君是時孳孳然神不外馳，惟道之求，汎觀海內，未見與君並者，遂託以身，不之疑。」〔註151〕可見當時，羅洪先對王畿是頗為傾倒的，不難想像其在思想上受王畿的影響。前面我們也說過早期羅洪先曾服膺過王畿的「現成良知」說，但被其所苦，而轉向全面批判，而他批判的焦點，對話的對象是王畿，因此我們可以說王畿對他思想的影響是無庸置疑的。從嘉靖十一年在京師相會，一直到羅洪先去世，兩人始終保持密切的來往，這段友誼也不因兩人在「現成良知」上的歧見而有所影響。王畿在王門諸子中，不論是「江有何黃，浙有錢王」，〔註152〕或是二王、二溪，〔註153〕皆可看出他重要的地位。他是陽明學說的代言人，亦扮演折衷王門弟子思想分歧的角色，他自己曾說：「眾謬信謂余得師門晚年宗說，凡有疑義，必歸重於余，若為折衷者。」〔註154〕因此我們可以說他在當時是陽明思想的權威。

〔註150〕胡直，〈念菴先生行狀〉，《衡廬精舍藏稿》卷二十三，頁525～539。

〔註151〕羅洪先，〈書王龍溪卷〉，《念菴文集》卷八，頁171。

〔註152〕何是何善山，黃是黃洛村，錢是錢緒山，王是王畿。〈明故承德郎南京工部屯田清吏司主事善山何君墓志銘〉，《念菴羅先生集》卷八，頁652～653。

〔註153〕陶望齡，〈旴江要語序〉，頁233～234。

〔註154〕王畿，〈中憲大夫都察院右僉都御史在菴王公墓表〉，《王龍溪全集》卷二十，頁1505～1513。

　　前面我們討論旅行文學的概念時，曾說旅行者會帶著移動的結構一起旅行，他可能將原來的結構帶入這些地方，也可能把他者的結構帶回來，也就是在自我與他者的對話中，兩者會交互影響。在羅洪先的三次游學中，隨著他思想的成形，我們可以發現這個現象。從兩人的問答，尤其是「兄看弟如何」或「直指病痛」這樣的問題。在〈冬遊記〉中，王畿一開頭就問羅洪先近日造詣，又接著問「自信何如」，羅洪先只回答「此去尚遠」，而後王畿再問「自信如何？」他回答「欲根不斷」，而王畿則直指羅洪先病痛「未脫湊泊知見」。後來兩人連臥禪榻上，羅洪先甚至問「兄觀弟識性否」，王畿直陳「全未」，而後有兩次王畿直指羅洪先病痛，不外是「為性命心不切」、「只是悠悠」，或是「不脫知見」，而要他「輪刀上陣，措手一軼」。對於王畿這樣直接的批評，羅洪先的反應則是「惕然自懼」、「嘿然痛自省」。〔註155〕我們可以說羅洪先此時未有定見，對於王畿的論點，並未反駁，也無力反駁，他基本上是帶著人生的難題去旅行，再帶著他者的回答來調整自我，自我的重構、調整就這樣呈現在兩人的對話中，王畿儼然是羅洪先思想的指導者，甚至是思想的檢驗者。

　　在〈夏遊記〉中這樣的情形逐漸改變。在青原大會，他又再次討論「去私欲」的問題，認為「須於發根處破除始得」，王畿則回應「勿謂盡無益」。兩人共榻，羅洪先又「請指余之短」，王畿回答「拈一物放一物」等等，羅洪先則回應「此中澹泊得下，即無染著耳」，所謂「澹泊」，即是「去私欲」，即是「發根處破除」，〔註156〕兩人在此時始有一來一往觀點相異的對話。後半部是為沖玄大會王畿觀點所發，因羅洪先並未實際與會，因此我們無法看到兩人的針鋒相對，而就羅洪先的論述，他的思想成形，引證《大學》、《中庸》、陽明的觀點，逐步對王畿的論述展開全面的反擊，包括他在〈冬遊記〉未表示意見的「善與人同」（現成良知）問題上。

　　在〈甲寅夏遊記〉中，又有些變化。首先當時有談方外之學者，王畿問羅洪先「公見二氏如何」，羅洪先回答「吾儒因時立教，率本人情萬物，賴以並育天地，待之成能，其法守庸常，其功用廣大，二氏不得而與也」。羅洪先在這段話之後直接記錄「龍溪因敘〈夏遊記〉」，〔註157〕因此王畿的反應如何，

〔註155〕羅洪先，〈冬遊記〉，頁125～134。
〔註156〕羅洪先，〈夏遊記〉，頁134～144。
〔註157〕羅洪先，〈甲寅夏遊記〉，頁28b～46a。

我們不得而知。而同樣三教的問題，在〈冬遊記〉亦出現過，羅洪先的紀錄是：

> 與龍溪談及儒與老佛之辨。龍溪曰用儒書解二氏，不識二氏，用二氏解儒書尤不是，此各有機竅，所謂毫釐千里自混不得，已而究竟學術歸宿處。龍溪隱而不發，余再三詰之，龍溪曰此事難以口說，須是自悟。〔註158〕

之後羅洪先則將問題轉到「無欲」上。我們看到的是王畿的看法，他語焉不詳，羅洪先再三詰問而未獲解答，也可以說對王畿的分辨完全不了解，而〈甲寅夏遊記〉記錄的則是羅洪先的看法，我們可以說這時的羅洪先對自己的思想已有自信，對三教的問題已有定見了。

後來王畿與羅洪先討論〈夏遊記〉的問題，接著王畿就問「近日覺何如」，羅洪先回答「當時之為收攝保聚偏矣」等等，之後王畿回應「兄已見破到此，弟復何言」，〔註159〕在此羅洪先「寂感合一」的思想已成，與王畿的觀點相同，而他也逐漸為羅洪先所折服。後來羅洪先更直指王畿之病：「自信大過」，導致「情欲走漏」，故要有「對治之劑」，「嚴為之防」。〔註160〕其後的玄潭之會，他更成為劉邦采、王畿思想歧異的折衷者。在解會後，王畿問羅洪先「近日持行處」，羅洪先回答「今覺此心收攝只是誘引，不得遷善改過，不變二境工夫，稍不撓心耳」，羅洪先於是問王畿「兄視弟如何」，王畿還是要羅洪先「以良知致良知」，「直信得及」。而羅洪先還是強調「收攝保聚之功」，才能「見得端倪」，如果「以見在良知承受，即又不免被虛見作祟耳」。〔註161〕由這段敘述我們可以發現，相較於〈冬遊記〉，羅洪先正試圖將自己的結構帶入他者（王畿），影響他者，雖然最後兩人還是堅持己見。不過，在最後王畿問「何以贈我」，羅洪先則說了一段頗饒意味的話：

> 陽明先生之學其為聖學無疑矣，惜也速亡，未至究竟，是門下之責也。然為門下者有二，有往來未密，鍛煉未久，而許可大早者，至於今或守師說以淑人，或就己見以成學，此非有負於先生，乃先生負斯人也。公等諸人其與往來甚密，其受鍛煉最久，其得證問最明，今年已過矣，猶不能究竟此學，以求先生之所未至，卻非先生負諸

〔註158〕羅洪先，〈冬遊記〉，頁125～134。
〔註159〕羅洪先，〈甲寅夏遊記〉，頁28b～46a。
〔註160〕同註159。
〔註161〕同註159。

人，乃是公等負先生矣，尚何諉哉！〔註162〕

表面看來這段話是勉勵王畿要努力宣揚師說，其背後無疑是要以陽明學傳承的責任，來影響王畿，要王畿「究竟此學」，「求先生之所未至」，而羅洪先從〈夏遊記〉一直到〈甲寅夏遊記〉，不斷引用陽明的話，不是在告訴王畿他的思想就是陽明未竟之旨，也就是說「現成良知」並不符合陽明思想，所以要王畿深思。王畿聽完後「蹶然起坐曰『惠我至矣』」，〔註163〕對王畿來說他不僅折服於羅洪先的論點，而且羅洪先的話在某種程度上已造成影響，至少在師傳之責上，所以他才會「蹶然起坐」。羅洪先此時不但能反駁王畿的觀點，而且還能一針見血，直陳王畿之病，這樣角色的轉變，當是他思想深化的結果。

接下來，我們將討論羅洪先對游學、會友論學的後設思考。我們發現在〈夏遊記〉批判王畿冲玄大會的觀點後，他這樣寫道：「不肖悲覺迷之已遲，知悅言之非助，每危坐以嘿省，遂簡出而息遊。」〔註164〕他已有簡出息遊的打算。而後他仍有甲寅年的游學，隔年乙卯（1555）王畿至江西，羅洪先與之同游楚山避暑，並在楚山靜坐三月，〔註165〕而返家時，其妻卒已過一旬，羅洪先當時深切悔恨，〔註166〕以後則不再出游。這樣的轉變也呈現在他對游學、會友論學的觀點上。

在〈冬遊記〉之前他是主張游學的：「回思往跡，既不可尋，而藥石在心，服膺懼失。竊念自丙戌以來致力此學，當時自負意氣，謂聖域舉足可入，每懷五嶽，頗志四方。」〔註167〕甚至在歸途中寫了一首歌：「父母生我身，師友成我仁。我身如不仁，形神俱非真。聞歌乃易簀，受言永書紳。誰知百年內，二義無疎親。」〔註168〕而聶豹對於師友切磋一直是不感興趣的，羅洪先曾貽書說道：

> 生雖未有真實之心，然於求人則已至矣，有益於我，為我所不逮者，
> 必虛心相向，蓋自捄其短，而非舍此以趨之。至其有益，必捐身而

〔註162〕同註159。

〔註163〕同註159。

〔註164〕羅洪先，〈夏遊記〉，頁134～144。

〔註165〕胡直，〈念菴先生行狀〉，頁525～539。

〔註166〕羅洪先〈與劉仁山〉：「往遭妻喪，以未得面訣，又屢見尼不之聽，已而悔之，故哭之慟。」《念菴文集》卷四，頁89～90。

〔註167〕羅洪先，〈冬遊記〉，頁125～134。

〔註168〕同註167。

> 不顧，雖累饑寒，經跋涉，重湖驚濤之險，逆旅捽詈之加，以爲吾
> 之宴安，所以伐性而喪生，不知幾倍於此，而吾之茲行，正所以勝
> 之。〔註169〕

即使要承受饑寒以及旅途的危險，他仍「捐身而不顧」，所以「苟遇其人，吾雖崎嶇而奔馳所不恤也；苟不得其人，則吾之崎嶇奔馳者，亦將可以爲動忍之助，而懲宴安之習」。〔註170〕也就是游學不僅一方面可以與友論學，一方面也有「動心忍性」的效果，兩者皆可使道德得到提升。他並舉聖人友天下士爲例，來說明游學的重要性：孔孟周遊列國，「濂溪〈太極圖〉得之种穆」、「伊川之《易》取證成都康節」、「橫渠遇二程始撤皐比」、「朱陸呂張之往復議論」〔註171〕、「邵子遊齊魯燕趙而歸，而曰道在是矣」，〔註172〕而這也是「聖人之所樂」，應當「勉其然，未可以爲禁」。〔註173〕

會友有什麼好處？所謂「三人行，必有我師焉」，〔註174〕其益處是不言可喻的，所以早期羅洪先基本上是持這樣的觀點：「會友亦所以堅吾之初心，去吾之私意，而起吾之惰氣也，……蓋與人爲善，亦是吾人生理本合如此。」〔註175〕甚至認爲所謂「斯道不明」的原因在「師友之不立」，師友不立，則因「守己大堅，而取善不廣」，而「欲舍己而取善，非必待人之我告也」，所以要「友一國之善士，友天下之善士」。〔註176〕因此對當時主要會友論學的場合——講會，他更抱持肯定的態度，而聶豹對講會一直有所反感，主張「以不會矯會之弊」，而羅洪先則以爲：

> 凡吾之以一藝稱雄長者，莫不各有自得處，能虛心取之，皆足以爲
> 觀法之助。故有持異說與我迥不類者，亦詳察以求其故，而不敢遽
> 有忿心，以來扞格之勢。比至一無足取，然後從而棄之，或病有所
> 在，亦將按其症而嚴爲之治，使彼無未盡之情，而吾有難勝之實，
> 以爲此乃成己成物之用。〔註177〕

〔註169〕羅洪先，〈答雙江公〉，《念菴羅先生集》卷一，頁508～510。
〔註170〕羅洪先，〈謝整菴先生〉，《念菴羅先生集》卷二，頁525～526。
〔註171〕羅洪先，〈答雙江公〉，頁508～510。
〔註172〕羅洪先，〈謝整菴先生〉，頁525～526。
〔註173〕羅洪先，〈答雙江公〉，頁508～510。
〔註174〕《論語·述而》，《論語注疏》，頁63。
〔註175〕羅洪先，〈答劉月川〉，《念菴羅先生集》卷一，頁497～498。
〔註176〕羅洪先，〈謝整菴先生〉，頁525～526。
〔註177〕羅洪先，〈寄雙江公〉，《念菴羅先生集》卷一，頁516～517。

講會有觀法之助，各人有各人所長，虛心取法，另一方面可以按症狀而嚴爲之治，而有「成己成物」之功。所以他說：「朋友之弊誠無自解，大要存乎其人，如學求益則相觀更速，不必不會，如不知學，則會誠爲蠹，爲今之計，非必以不會矯會之弊，求爲益我者耳。」〔註178〕因此他告訴聶豹：「蓋即吾之性命徃徃易至於喪失，……故非如執事所言眞實收歛卒無以幾其至，欲眞實收歛以幾其至，則合師友之切磋，亦卒無以去其散而歸其全也。」〔註179〕眞實收歛與師友切磋相輔，並勸聶豹盡友天下之士。

在〈夏遊記〉中他開始簡出息游，同樣的看法在他晚年的書信中隨處可見：

> 不肖固處山林者也，十五、六年來，亦嘗慨然於離群索居，而欲奔走天下，以徧訪其人。然出不能踰域，輒有所嫌避以去。……歸即有室人之變，稚子悲號思慕，勢不得更出戶。自分取友四方，一時已矣。〔註180〕
>
> 不肖鬖年以來，妄意古人謂可希冀。……已而徧友四方之士，談論徒勤，躬行缺失。譬之趨遠役者，入于迷肆，東奔西馳，取道泥淖，未有驟步京國之期。今老矣，後志不酬，懲創日切，加之家難，灰心屏氣，若有改圖。〔註181〕

這兩封信都提到早年奔走天下，徧友四方之士，而後遭逢家變（妻卒而不得見）而息心改圖。此中的關鍵除了家變外，筆者以爲最重要的是他對游學的看法。

前面我們提到羅洪先求友心切，是因師友切磋會帶來道德思想上的進步。而此時，他則提出求友是困難的。山林之人不可能徧訪，而朝廷之人又有名位差距，不得相近，即使「徃來爲當世名人」，也「未必皆有志於聖賢之學」，即便是有志聖學，又因「各持意見」，而難於吻合。〔註182〕而早期他多所肯定的講會，在此時，他已逐漸看到講會之弊，而予以反對。首先就講會的舉行來看：「涇縣之聚，郡守持以短縣令，縣令幾致削迹，其他瑣瑣姑不條敘。諸公誠爲己矣，何地不可託宿，必欲近城市，勞官府，力犯人言，果取

〔註178〕同註177。同樣的觀點亦見〈答朱雲洲〉，《念菴文集》卷二，頁24～25。
〔註179〕羅洪先，〈答雙江公〉，頁508～510。
〔註180〕羅洪先，〈寄謝高泉〉，《念菴羅先生集》卷二，頁524～525。
〔註181〕羅洪先，〈答王敬所〉，《念菴羅先生集》卷一，頁501～502。
〔註182〕羅洪先，〈寄謝高泉〉，頁524～525。

何益乎？」〔註183〕這是講會在舉行時騷擾地方官府的缺失。另外最重要的是
講會討論的內容：他認為陽明「言致良知不離格物，誠周徧矣」，「未嘗廢學
言良知也」。而現下講學者皆「執感應自然，以至於廢學」，而有「缺乏躬行」、
「不免於空談」的弊端。〔註184〕「執感應自然」即是現成良知，如果專講現
成良知則會導致空談而廢學的結果，這是他反對現成良知說的重要原因。

　　羅洪先晚年息游除了外在因素──室人之變、講會之弊、佳友難逢外，
內在因素上則是思想型態。前面我們說到羅洪先自我的深化成形，包括他後
來所提出的收攝保聚的工夫論，除了因為與他者（王畿、聶豹）的對話外，
還有一個重要因素，我們不能忽略，就是他長期靜坐經驗的影響。羅洪先曾
不止一次入山習靜，直到晚年（嘉靖三十七年後，五十五歲），靜居石蓮洞，
甚至足不出戶三年。例如他在入楚山靜坐三月後，寫信給蔣信，描寫這次靜
坐的體驗：

> 當極靜時，恍然覺吾此心中虛無物，旁通無窮，有如長空雲氣流行，
> 無有止極，有如大海，魚龍變化，無有間隔，無內外可指，無動靜
> 可分，上下四方，往古來今，渾成一片，所謂無在而無不在，吾之
> 一身乃其發竅，固非形質所能限也。〔註185〕

對於這種體驗，學者往往指為神秘經驗，〔註186〕甚至諱而不談，然而筆者認
為靜坐〔註187〕對羅洪先思想所產生潛移默化的影響，是不可低估的。尤其是
他又那麼重視「主靜無欲」、「收攝保聚」。這樣的工夫論，這樣的工夫體驗，
與師友切磋是較無關的，反而要像羅洪先「足不出戶」，長期操持，才能有成。
所以我想這樣的思想型態，與他晚年息游有非常大的關係。

　　本節主要採取兩種路向來研究羅洪先的三篇遊記，從遊記的形式來看，

〔註183〕羅洪先，〈答王龍谿〉，《念菴文集》卷三，頁49～51。

〔註184〕羅洪先，〈正學書院記〉，頁608～609。

〔註185〕羅洪先，〈答蔣道林〉，《念菴羅先生集》卷一，頁491～493。林月惠從超個
　　　　人心理學的觀點認為這種境界即是「真我的圓滿實現」，即是Maslaw所謂的
　　　　「高原經驗」。〈論聶雙江「忽見心體」與羅念菴「徹悟仁體」之體驗──一
　　　　種「現象學的描述」之理解〉，《鵝湖月刊》二十二卷八期（1997），頁28～
　　　　36。

〔註186〕陳來，〈心學傳統中的神秘主義問題〉，《有無之境──王陽明哲學的精神》，
　　　　頁390～415。

〔註187〕「靜坐」不只是羅洪先實踐躬行的日用工夫，更是他指導初學者的入門工夫。
　　　　〈念菴先生行狀〉曰：「初至者誨令靜坐反觀，俟稍有疑，然後隨機引入。」
　　　　頁525～539。

羅洪先的三次旅行是為游學,而三篇文本雖名為「遊記」,但在內容上是會語與遊記的綜合體,而較接近會語。而從遊記的內容來看,在自我的追尋上,羅洪先從早期「斷欲根」的難題中逐漸開展「主靜無欲」的思想,開發「收攝保聚」的工夫論,而逐漸擺脫王畿,甚至聶豹的影響,以建立自己的學說,並全面攻擊王畿思想上的盲點,這一過程是透過與他者的對話而完成的。從思想開展的過程,我們也看到他與王畿的交互影響不斷改變,他對論學取友、對游學的態度也從早期奔走天下,遍友四方之士,肯定游學的益處,到晚年簡出息游,對取友論學,乃至講會,多有失望。這樣的變遷使我們看到另一面向的江右學者羅洪先,也看到另一種陽明學者的游學型態。

由以上對王畿以及羅洪先游學經歷的討論,我們可以發現,兩人呈現出完全不同的游學典型。首先,從游學的區域來看,由附錄三及附錄四兩人的游學經歷簡表中,可以發現王畿的游學縱跡是遍及東南地區,幾乎當時有名的各大講會都有他的身影,所以王畿的游學是跨地域性的。而羅洪先,從表中我們可以發現,早年他亦是積極游學的,但至嘉靖三十年(1554)他五十一歲後,就不再出游,而且他游學的區域,除了因為作官的因素到京師、南京等地與友論學外,大部分都在江西地區,因此他的游學基本上是地域性的。

另外,就游學的類型來看,王畿的游學主要是為「一脈之傳」,是為了傳播陽明思想,從他與羅洪先等學者的對話看,王畿除了是陽明思想的代言人外,亦扮演著檢驗學者是否獲得良知的角色,因此王畿的游學型態是「傳道型」的。至於羅洪先,他的游學無非是要追尋聖學,解決人生難題,在〈冬遊記〉、〈夏遊記〉中,我們看到的是他汲汲於尋求「斷欲根」的解答,尋求王畿等人的肯認,並印證所得之道是否正確,因此他的游學型態是「證道型」。後來,他的思想成形,也能折衷學者間的歧見,逐漸從「證道型」,轉變為「傳道型」,不過他的「傳道」並不像王畿轍跡天下,而是「居鄉以待來學」的類型。羅洪先晚年雖不游學,但他的講學場所玄潭雪浪閣、石蓮洞以及松原成為許多學者造訪聚集的場所,他亦積極接引後學,培養了許多江西地區的學者,比較有名的是胡直。〔註188〕因此,從王畿與羅洪先身上,我們看到陽明學者不同典型的游學經歷。

游學是人的流動,人的流動會帶來思想的流動,凝結出特定的價值觀念,

〔註188〕胡直於嘉靖二十六年(1547)「北面稟學」羅洪先。胡直,〈困學記〉,收於黃宗羲《江右王門學案七》,《明儒學案》卷二十二,頁519~526。

產生出流動的社會關係。同樣的，記錄流動的各種書寫，亦會隨著人的流動而流動。例如徐時舉奉王宗沐之命到天眞書院奉奠陽明遺像，而問學於王畿。徐時舉出示聶豹、羅洪先、鄒守益所贈的書卷，祈王畿一言，以證所學。於是王畿根據三人所言，而做了〈致知議略〉，反對聶豹、羅洪先的說法。〔註189〕而即使沒有人的流動，書寫亦可在學者圈中流傳，例如王畿在回信給章介庵，並附上鄒守益的二封信。〔註190〕而一旦著作刊刻，其流動更是廣泛。同樣的游學書寫——會語、遊記，亦會流動於學者圈中，其流動的媒介，或者因人的流動，或者因書信的傳遞，或者因刊刻出版流通，而使影響擴大，甚至形成更大的講學場域。

　　首先，在會語的流動上，著名的例子是冲玄會，冲玄會是跨地域的講會，集合江西、浙江等地的陽明學者，著名的陽明學者皆與會，獨缺羅洪先，會後鄒守益有〈冲玄錄〉，將其寄給羅洪先，羅洪先閱後，對王畿現成良知的看法，提出辯駁，而成爲〈夏遊記〉的一部分，並在嘉靖三十年（1554），與王畿面對面延續這場辯論。萬曆五年（1577），鄧以讚、張元忭訪王畿，王畿有〈龍南山居會語〉，〔註191〕而後在萬曆八年（1580），耿定向看了〈龍南山居會語〉，提出異議，而有〈與王龍溪〉一書，〔註192〕王畿接信後，又有〈答耿楚侗〉重申並堅持自己的主張。〔註193〕我們發現這些會語的流動，使未參與講會的學者，得以參與討論，擴大思想對話的範圍，形成更大的講學場域。

　　同樣的，遊記亦是流動的，羅洪先的三篇遊記，曾經單獨刊刻，〔註194〕其流動所造成的影響可分兩分面來討論，一是模仿創作，萬曆五年（1577）秋，鄧以讚與張元忭相偕同遊越中山水名勝，至天眞書院拜謁陽明像，又展拜陽明墓，兩人拜訪王畿於龍南山居、金波園，切磋論學。結束近二個月的旅行後，鄧以讚與張元忭各撰寫〈秋遊記〉。鄧以讚、張元忭的這次游學，是模依羅洪先的冬、夏二遊。而兩人的〈秋遊記〉，其形式、內容，亦是模依羅

〔註189〕王畿，〈致知議略〉，《王龍溪全集》卷六，頁405～410。
〔註190〕王畿，〈答章介庵〉，《王龍溪全集》卷九，頁597～600。
〔註191〕王畿，〈龍南山居會語〉，《王龍溪全集》卷七，頁497～502。
〔註192〕耿定向，〈與王龍溪先生二首〉之一，《耿天臺先生文集》卷三，頁444～448。
〔註193〕王畿，〈答耿楚侗〉，《王龍溪先生全集》卷十，頁665～667。
〔註194〕巫仁恕提到在嘉靖以後，單行本的遊記與旅遊詩也大量問世。〈晚明的旅遊活動與消費文化——以江南爲討論中心——〉，頁87～143。羅洪先三篇遊記的刊刻應是這股風潮下的產物。

洪先的三篇遊記。〔註195〕兩篇〈秋遊記〉亦是「日記體的講學遊記」，以日期爲序，詳細記錄旅行行止以及學者間的論辯。兩篇〈秋遊記〉與羅洪先的三篇遊記在陽明學者的游學書寫中是相當特殊的，在明人的旅遊書寫中，亦顯出濃厚的理學家特性。另外羅洪先三篇遊記的流動亦擴大思想對話的範圍。嘉靖四十三年（1564），王畿與耿定向在宜興會晤，他們討論了羅洪先的三篇遊記，王畿有〈東遊會語〉，耿定向有〈讀念菴先生冬夏二遊記〉。〔註196〕甚至北方王門的尤時熙與學生孟化鯉亦曾討論〈夏遊記〉。〔註197〕可見游學書寫更能跨越地域的限制，而向更廣大的知識圈推進。

〔註195〕張元忭〈秋遊記〉曰：「定宇謂：『昔念菴子三遊有記，獨無秋遊耳。當時龍溪翁固在會，論辯甚詳。距今二十餘年，翁且八十矣。而吾儕猶得泛杖屨，嘯歌于吳越山水間，日聞所未聞，豈非勝事。子必記之，名曰秋遊。』予曰『諾』，遂書之。」《張陽和先生不二齋文選》卷四，頁406～409。又見鄧以讚，〈秋遊記〉，《鄧定宇先生文集》卷三，頁355～359。
〔註196〕王畿，〈東遊會語〉，《王龍溪全集》卷四，頁288～302。耿定向，〈讀念菴先生冬夏二遊記〉，《耿天臺先生文集》卷十九，頁1852～1854。
〔註197〕尤時熙，〈答化鯉三〉，《尤西川先生擬學小記》卷四，頁881。

第七章　結　論

　　游學之所以稱之為「游」，是它不固守於家庭鄉里，而到他鄉，因此游學具備了「流動性」與「跨地域性」的特點。陽明學者的游學，這兩個特點更是顯著。他們抱持著對聖學的信仰、追尋及傳播的使命，走出鄉里，到一個陌生的區域去求學問道，展開了大規模的游學之旅。流動的、跨地域性的游學，在人與人之間的頻繁交流與互動之下，勢必會影響社會文化的發展。

　　首先，人的流動代表的是一種價值的選擇，人對游學的目的與價值的看法，主導著他行為的進行，而這種游學活動，又會反過來增強這種價值的認定，甚而形成某種特定的社會價值。這種選擇，對陽明學者而言是根源於對聖學——陽明學說的肯認與使命，是對以友輔仁的強烈企盼。這些目的與價值，在大規模頻繁的游學活動中，又會增強學者個人的價值認定，而形成「講學為人生首務」的共同價值。於是講學成為功名的另一選擇，其價值甚至超過功名，成為完整而自足的價值系統。

　　游學是個人性的活動，因而有各式各樣的方式來進行，不過一旦成為群體性的，勢必會產生一些特定的流動方式，甚至特定的組織。陽明學者的游學，是個人的活動，也是群體性的，在人與人頻繁的交流互動下，逐漸形成特定的，甚至制度化的游學活動、游學組織，並將其明文化。講會是陽明學者游學活動下所發展的獨特組織，做為學術傳承及士人社交的組織，有著定期化、組織化、跨地域化及網絡化的特色，而制度化的活動則有論學、祭祀、歌詩、靜坐、省過等。講會的組織是與前代學者的講學不同的地方，不過從制度化的活動我們又可發現到宋元書院講學的影響。

　　人的流動，讓人與人的交流跨越了家庭親族或鄉里的範圍，人際關係的開展突破了區域性的界線，形成社會關係的流動。陽明學者的游學，開創了制度化的游學組織，同志師友的關係，亦憑藉這個組織而得以確定、強化。而陽明學者普遍對朋友有高度的依賴，他們肯認朋友在五倫中的重要性，甚至凌駕於其他四倫之上。不過，當陽明學盛行，講會活動蓬勃發展之時，尤其是陽明學者以官員的身分提倡講學，參與講會成為博取名聲、謀官加爵的跳板，同志關係也不再是單純為追尋聖學而結合，而有更複雜的名利糾結在其中。

　　人的流動帶來了思想的流動，人與人藉由對話、討論，個別的思想可以得到深化、傳播的效果，而不同的思想更可以進行澄清或整合的工作。在制度化的講會中，陽明學者可以在此發表自己的看法，互相討論，而形成對話，甚至論辯。在陽明學者跨地域的流動中，產生了許多跨越地域、甚至學派的思想議題，例如良知、四句教、三教問題等。而陽明學的講會，它的制度化與組織化，更保證了這種對話的進行。

　　人在流動後，對於流動的過程、感懷，常會藉著書寫來表達，而這些書寫又會因人的流動而形成流動。陽明學者記錄流動的書寫主要是會語與遊記。會語是語錄體的一種，記錄學者間的對話與論辯，而因應新的游學形式，陽明學者的語錄專稱「會語」。「遊記」是明代中後期蓬勃發展的文體，陽明學者以遊記來記錄游學的流動，展現出與一般文學家不同的理學家特色。而這些記錄游學流動的書寫，亦會在學者圈中流動，而形成更大的對話空間及影響。

　　人的流動，因個人價值選擇以及個性特質的不同，而產生不同的流動典型。陽明學者中以「游」為人生價值，而一生轍跡天下的典型當屬王畿。他性好遊，在仕進與講學的兩難上，他選擇游，尋求與同志師友共聚一堂的孔顏之樂，他樹立了一個以「游」為最高價值的人生典範。而羅洪先又是另一種典型。早年的羅洪先對游學是多所肯定的，他奔走天下，遍訪四方之士，透過與其他學者的對話，而逐漸開展自己的學說。然而到了晚年，他看到講會的弊病，所以簡出而息游。這樣的轉變又呈現另一種陽明學者的游學典型。

　　以下即分人的流動、社會關係的流動、思想的流動、書寫的流動，系統的論述研究成果。

第一節　人的流動

一、流動的目的

對陽明學者而言，「講學」是他們的人生首務。其目的在第一代弟子身上是傳播師教。陽明在五十多歲即過世，陽明學派以及致良知教，都有待於弟子的發展與深入闡明，再加上良知學在第一代弟子身上即出現許多紛歧的說法，因此「合異同歸」，取得一致的結論，無疑是最重要的。因此，不論是因為師教不彰而傳播師教，或是因為良知之學紛歧而要求得共識，都必須走出家門，與陽明一樣汲汲營營的接引後學，積極參與講會，折衷辨析陽明學說，以使陽明學大明於世。因此，傳播師教可說是第一代弟子共同的職志，而在他們身上，我們也看到許多終日以講學為事、轍環天下的游學典型。

陽明學者強調朋友對於成德的重要性，鼓勵人多與朋友相聚，參與講會。因此「以友輔仁」成為陽明學者修身成德的重要工夫之一。對他們而言，修身成德不是離群索居，靠個人的力量所能完成的，而必須出游以親師取友。朋友對於學者個人的修身成德，除了有互相激勵，使之不致懈怠懶散外，最重要的，須要朋友肯認良知的獲得與否，才能避免流於過度主觀、過度自信的弊端。換言之，在實際的修養過程中，如何證明一個人是否真的致得良知，或是未能真識良知而蔽於意見口耳？這時，就需要勝己之師友來「證道」了。因此即使在「為仁由己」的古訓下，親師取友仍是不可或缺的。

講學對陽明學者而言即是「萬物一體之仁」的實踐，甚至是經世事業的全部。「萬物一體說」不僅為他們的會友論學提供形上的根據，而且也使得講學成為學者施展抱負、理想的安身立命之所。陽明學者視教與學為推擴萬物一體之心，不只是能教學相長，更是成己成物、救世行道的方法。世道混亂，其因在於人心陷溺，而要拯救人心，則在於明學術，要明學術則在於講學。所以陽明學者皆以講學為善世之功、經世之業，講學的內容主要還是修身成德，而非政治民生事務，經世對陽明學者而言是以修身成德為目的的講學。

游學的目的與價值，使他們化理念為行動，積極入世，優游於師友切磋問學的生活。而在這樣的生活型態中，更強化了他們的這些價值觀念，凝結出適於游學生活的社會價值。無論是傳播師教、以友輔仁或是萬物一體之說，更使得學者游學四方，會友論學更具正當性，亦更崇高化了。

二、流動的方式

（一）制度化的游學活動

陽明學者走出家庭，走出鄉里，進入另一個領域，進行頻繁的游學活動，大概可以分爲四種模式：仕宦游學、科舉游學、訪友論學以及負笈求學。這四種游學模式，是古代知識分子游學的共同之處，而陽明學者與前代不同的是，在四者之中有一個共通的模式——制度化的講會。

仕宦游學，由於官吏的任用有籍貫迴避的制度，因此勢必要離開本鄉，進行跨地域的流動。陽明學者在仕宦中仍主動參與講學、興建書院、創辦社學、組織鄉約、建立講會。科舉游學是科舉赴考中與友論學，科舉制度從各省的鄉試到京城的會試本身，就是一次次跨地域的旅行，能在此時大興講會，對於思想的傳播，勢必有加乘的效果。

訪友論學是學者私下的互訪，討論學問，這是相當頻繁而且形式較自由的游學型態，學者間的互訪論學，使不同的思想觀念得以交流論辯，激發出許多思想的火花。負笈求學則是學者不遠千里，跋山涉水，從師問道。陽明學者的負笈求學有一特色，就是不固定在一個地方接受老師的教誨，而是跟隨老師四處流動，而且他們大多從學於多位老師，而形成頗具特色的游學樣態。

陽明學講會之所以制度化，其特色有四：定期化、組織化、跨地域化以及網絡化。所謂定期化，即是講會舉行的時間和頻率是固定的。所謂組織化是說陽明學講會有會籍（約）、名簿、固定的會所以及財務來源等。每次講會，都留有詳加記載講會經過的「會籍」，講會也設有名簿，書寫同志姓名，以考察會友參與講會的紀錄。講會舉行的地點，主要是以書院、會館以及寺廟道觀爲主，而以寺廟道觀爲大宗。至於在固定收入方面，有些講會設有會田，有些則靠與會者固定的會費或捐贈，有些則以罰款做爲會費。

所謂跨地域化，除了地方性的講會外，我們常可看到大會九邑之士於某處的紀錄，這即是跨地域的講會，較著名的有天眞精舍講會、冲玄會以及水西會。在網絡化上，陽明學講會有跨府、跨縣的網絡化現象，例如青原會是聯合江西各地的惜陰會，而定期舉行的大會，這些在江西各地的惜陰會，即形成講會的網絡化。上述四種講會的制度化，使得陽明學者的游學活動獨具特色。

（二）固定的活動

義理的講論是游學中的重要活動，討論的重點是與修身成德相關的議

題，主要是採取問答的形式，而虛心謙遜是論學的重要法則。對於言說的價值，陽明學者認為言說基本上是悟道、行道的筌蹄，不是行道和悟道的關鍵，但「學」必待「講」而後明，言說能指點求道的方向，使行著習察更切實正確。而且傳播師說要靠「言說」，與朋友的對話討論有「輔仁」之效，亦是「萬物一體之仁」、「與人為善」的展現。因此言說仍有其價值與意義。

講會的舉辦，如果地點在書院或祠堂，因其有固定的建築，所以就會在建築中立陽明像或設陽明位，在春秋二季祭祀，而如果沒有固定的會所的講會，也會以拜先師像為講會的開始。在陽明歿後，弟子的聯講會、建書院、立祠堂以祭祀陽明則明顯有樹立學統，建立學風，以區別於當時的程朱官學以及程朱學者所主導的書院。這些地方也成為傳播陽明思想，陽明學者聚會交游的主要據點。

在陽明學者的游學經歷中，歌詩是一個重要的活動，歌詩的目的與他們的文學觀是相合的，是為修身養性。無論何種形式的游學聚會皆有歌詩活動，他們所歌詠的多是《詩經》以及理學名家的詩作。歌詩的目的在於修身養性，因為詩歌感人易入，在吟詠之間可興起人的好善惡惡之心，所以歌詩的同時，還要配合自我反省的工夫。

陽明學者的游學活動中，靜坐亦是重要的一環，在會約中常明文規定靜坐的工夫。靜坐通常安排在論學之前，使會友可以專心於對話討論，亦可達到修養身心的功效。至於靜坐的方法，或許由於它是眾所皆知的法門，所以在會約中只說要「默坐澄心」、「凝神習靜」，並未確實指示如何靜坐。不過由某些學者的文集知道，靜坐無非是藉著身體動作的靜定，使身心達到寧靜專一的狀態。

陽明學者的游學活動常常有自訟式的省過，或是朋友間相互規過勸善的活動，或是設立功過簿，記錄會友的善惡事例，甚至有相關的賞罰措施。由於講會的會約強調規過勸善，所以在講會中直指會友的過錯是被鼓勵的。陽明學者對於改過的重視，以及朋友有輔仁之功，強調朋友間有責善的義務，因此在游學的聚會中，屢屢強調自省己過，以及在師友相處時，坦白過錯，共同糾察，藉著朋友幫助自己省察過錯，以成就道德。

三、流動的典型

王畿的一生，幾乎是在旅行中度過的。他流連於各地講會，在陽明學者中，這樣的熱情及經歷是相當特出的。他所嚮往的是如顏子一般，以道德性

命爲志業的生活，政治上的建樹、富貴名利，並非他所期望的，對他來說，講學是凌駕於一切之上的唯一價值。他以講學爲志，表現出一種自信自立，雖千萬人吾往矣的氣魄。在講學受到來自朝廷的壓力，以及許多陽明學者的批評時，他還是一再強調「講」對「學」的必要性，強調講學是「講之以身心」，而不是爲了「崇黨與」、「立門戶」，更加積極地投身於道德性命的講學事業中。

王畿平生志遠遊，所追尋的是童冠追從、優游在師友同志間的孔顏之樂，因此他轍跡天下，即使到七、八十歲，仍然不改其樂。他積極求友，無非是取善求益，無非是要傳遞「一脈之傳」。在同志師友相繼凋謝，王畿除了有相知幾人的感慨外，還有唯恐斷滅宗傳的惶惑不安，因此「一脈之傳」是他念念不忘的責任。在王畿的一生中，我們看不到懷才不遇的悲苦情緒，看不到無法得君行道的抑鬱寡歡，只看到他優遊於師友同志之間，流連於各地講會之中的自在快樂。他樹立了一個以「游」爲最高價值的人生典範，不僅在陽明學者中是特出的，在古代知識分子中亦是罕見的。

羅洪先一生中主要的旅行有三次，分別留下了〈冬遊記〉、〈夏遊記〉以及〈甲寅夏遊記〉三篇書寫。這三篇遊記除了是他三次旅行的紀錄外，亦代表了他在游學之中，與其他學者對話，而開展自己思想的歷程。追求聖學是許多思想家一生的課題，對羅洪先來說，所碰到的人生難題當屬「欲根不斷」。在〈冬遊記〉時「斷欲根」的問題雖然得到許多人「立大本」的解答，他也試圖由此去解決他的難題，然而並未獲得解決，因此他沒有從這個方向開展他的思想，而是從「主靜無欲」中得到解答，而逐漸形成自己的思想主張，在〈夏遊記〉的後半部以及〈甲寅夏遊記〉可以發現這樣思想發展的軌跡。

羅洪先在〈夏遊記〉撰寫時，已有簡出息遊的打算。後來他與王畿同游楚山避暑，並在楚山靜坐三月，返家時其妻卒已過一旬，他當時深切悔恨，以後則不再出游。在〈冬遊記〉之前他是主張游學會友的，他認爲游學不僅一方面可以與友論學，一方面也有「動心忍性」的效果，兩者皆可使道德得到提升。所以他奔走天下，參與各地的講會，遍友四方之士。晚年他則認爲求友是困難的，又在講會出現許多弊端──講會舉行時有騷擾地方官府之嫌，又有「缺乏躬行」、「不免於空談」之弊──的情況下，因此決定息游。這樣的變遷使我們看到另一面向的羅洪先，也看到另一種陽明學者的游學典型。

第二節　社會關係的流動

　　陽明學者對於游學四方賦與崇高的價值與目的，也因為有這些價值與目的，使他們的游學更合理化，也更崇高化。他們普遍有「友天下士」、「求友四方」的理想，他們強調會友時精神意志與離群索居或家居時有所不同，在家所面對的是日常瑣碎之事，面對的是妻奴佃僕，習心對習事，閑思妄念雜然而生；但一離家出游，所面對的是同志朋友，所談論的是道德良知，自然精神專一沖和，世情俗態無從而入。對陽明學者而言，家所代表的是世俗世界，而游學則開啓了一個至高無上的聖學世界。

　　對陽明學者而言，在道德修養的目的下，游學是勝過家居生活的，而經年的離家游學與在家庭生活中扮演盡責的丈夫、父親與兒子之間是有衝突的，家庭倫常的維持則有賴家人尤其是妻子的相助。妻子在許多方面成為丈夫的倚賴，尤其在家庭經濟的生產和管理，以及對子女們的教養和督導上。在家庭與游學之間的抉擇，我們看到有的是父母對聖學的肯定而遣子游學，有的是經過一番奮鬥才得以遂行游學之志，有的則因家庭因素而對游學的歷程稍做調整，其間的抉擇是因人而異的。不過，對大部分的陽明學者而言，在家庭與游學之間，他們選擇的是出外游學，選擇暫時離開家庭，優游於師友之間。

　　陽明學的講會既是一種士人學術交流與傳承的組織，又是士人社交生活的場所，所以講會可以說是制度化的社交組織。在講會中，學者之間的交往取得了一種確定的形式，讓他們的來往互動有一個穩定的制度作為憑藉，以此保證講學活動的進行，甚至保證他們彼此的關係，形成特定的師生、同志關係，產生緊密的同門意識，而這種人際關係的開展，是隨著陽明學的傳播同步進行的。陽明學者脫離家庭的束縛，進入沒有血緣關係的師友同志圈中，社會關係因而產生變化：由重視以父子、兄弟、夫婦為中心的尊卑主從式的倫理關係，轉變為強調人際關係平等的同志師友關係，影響了傳統儒家的倫理價值，改變了五倫的位序，友倫成為其他四倫賴以存在的依據，高舉友倫成為陽明學者共同的價值。

　　然而講會做為一個社交組織，士人參加的目的亦是個個不同，不可能所有人皆抱持著崇高的目的參與講學，尤其在陽明學普遍受到士人認同，陽明學者進入朝廷中樞，以官員的身分提倡講學時，年輕的生員與官員參與講會，並不全是為了追求聖學理想，而摻雜了科舉以及政治利益的考量。除此之外，

講學界也出現一些類似晚明的名士、山人，以名利的追逐爲目的，遊走於各地講會。講會基本上是以主觀的「道義」來維繫，儘管它有組織、具制度，但不具有強制性，因此，講會之興起與持續發展，則有賴於與會者對性命之學（聖學）的承諾與實踐來決定。一旦講學與修德分離爲二，講學的崇高價值、單純的師友同志關係亦逐漸變質了。

第三節　思想的流動

一、良知之辯

　　聶豹「歸寂說」的提出是爲了對治後學不爲工夫的弊病，而引發的討論則更廣泛，幾乎重要的陽明弟子皆參與其中，其中只有羅洪先與劉文敏贊成聶豹的看法。這樣的討論，亦出現在陽明學大大小小的講會上，不論是跨地域的講會，或是地方性的講會，甚至學者之間的私下訪問，或是藉著書信往復討論。不論就涉入學者的人數、討論的深度、廣度，以及資料的完整性來看，歸寂說所引發的良知之辯，無疑是陽明學內部最重要的辯論。

　　聶豹歸寂說的提出，主要是要對治王畿的「見在良知」說。王畿的「見在良知」是指良知的先驗性，是完滿整全的，是不待修證的。聶豹、羅洪先不滿王畿的「見在良知」，因爲他們認爲「見在良知」即是「知覺」，是混雜許多私欲的，因而不能說良知「現成」。「見在良知」說另一個爭議是「良知不待修證而後全」，聶豹認爲良知與知覺是不同的，良知是未發之中，知覺是發用，良知的展現要有「磨盪之功」。王畿也認爲良知不是知覺，但捨知覺則無良知，良知不學不慮，本來具足，但仍有「致之之方」，並不是坐享其成的。

　　聶豹所理解的良知是未發之中，是寂體，未發、已發二者是分開的，那麼致知就在於致未發之中，如果在發處用功，則會陷於憧憧卜度之私，而茫茫無歸。王畿等人的看法則是已發、未發是良知的兩種狀態，一物而二名，未發言其體，已發言其用，其實一良知，而良知無未發之時，良知無時不發，就不能求所謂未發之中，求未發之中是遺物而遠於人情。同樣的在寂、感問題上，聶豹主張良知本寂，工夫在寂上做。良知即是寂體，知覺是發用，因此學問之道在於「歸寂」，就能「感無不通」。王畿等人則認爲心本寂而恆感，寂在感中，即感之本體、感在寂中，即寂之妙用，而非感則寂不可得而見，所以致思之功，皆在感上、已發處求，而不是在未發、寂體上做。

　　聶豹認爲良知是寂，是未發之中，要致知，應當要歸寂，所以致知即是致虛守寂。致知成爲格吾本體之不善，而非即其事而格之，明白指出致知不在格物上。致知是下手工夫，格物則是自然發用，無工夫可言，這是爲對治王畿等人以致知在格物，有逐外、義襲之嫌。王畿等人則以爲致知在格物，格物是實際下手處。聶豹說「格物無工夫」，不只與《大學》不合，更不合師門宗旨，而致虛守寂、格物無工夫的「歸寂說」是絕物、是淪空。總之，雙方爭論的焦點，主要在工夫論上，以及由此引發的對良知本體理解的差異。

二、四句教之辯

　　第一次辯論發生在「天泉證道」。王畿認爲四句教非定本而是權法，心體無善無惡，不可能產生有善有惡之意，在「體用一源」的情況下，悟得心體是無善無惡，意、知、物順著心體下貫，亦是無善無惡的，強調在心體上立根基。錢德洪認爲四句教爲定本，心體雖是無善無惡，但人有習心，意會歧出於心體，而有善有惡，因此需要爲善去惡的工夫，強調在有善有惡之意上立根基。後來陽明雙雙肯定四無、四有，但要兩人相資相取，而不偏廢工夫或本體，他並以四句教爲徹上徹下教法。王畿、錢德洪二人皆肯定四句教首句「無善無惡心之體」，心體不是善惡等相對概念所能限定，是不著於惡，亦不著於善，因此是無善無惡又是至善的。他們爭論的焦點在工夫論上，王畿在「意是無善無惡」的情況下，強調悟本體的「無工夫中眞工夫」，錢德洪則在「意是有善有惡」的前提下，強調爲善去惡的工夫。

　　第二次辯論發生在「南都講會」。許孚遠主張太虛本體雖無一物可著，然是實有的，因此性體是至善的。又因人有習染，會使人流於惡，所以有爲善去惡的工夫。而無善無惡論，在無善可爲，無惡可去的情況下，會抵消工夫，產生蕩越之弊，有害世道。許孚遠的批評著眼於世道，他的批評對象並非直指陽明，而是提倡無善無惡論的王學末流，尤其是王畿，對於陽明反而多有迴護，甚至認爲四句教是王畿僞托，排除四句教與陽明的關係。周汝登亦以太虛來解釋心體，太虛本體不著一物，不能以經驗之善惡來指涉，故無善無惡，而本體又是實有的，故是至善，因此心體是無善無惡，又是至善的。他又從工夫論上的修爲無跡，不執著於工夫，來說明心體之無善無惡。許孚遠認爲無善無惡會抵消工夫，有礙世道。周汝登則認爲爲善去惡工夫以達到心體無善無惡爲究竟，兩者並不矛盾，而且無善無惡對於執著爲善的人，有點撥的作用，使其「無心爲善」，反而有益於世道。

第三次辯論發生在「惠泉講會」。顧憲成以太極爲本體，是性，因此是至善的，並將善提高至本體的地位，強調性體的至善性，以性體來規範心體。他認爲無善無惡的本體與爲善去惡的工夫相矛盾，而且會抵消工夫，造成無工夫可爲，而助長鄉愿之習。無善無惡論更會造成儒佛的混淆，使天理的世界觀被視爲理障而一併去之，因此他嚴明儒佛之別，並認爲無善無惡即佛家之說，指陽明爲佛家。管志道亦認爲太極是本體，是性，然在「太極本無極」、「無極而太極」的情形下，心性之體是無善無惡又是至善的。顧憲成以爲無善無惡會取消工夫，有害世道。管志道則認爲無善無惡不會取消工夫，無善無惡之境的達成，正需要工夫。在無善無惡與佛家關係上，他認爲儒佛心性理論是可以相通的，佛家眞空性體是無善無惡又是至善的，與陽明的說法是不謀而合的，然陽明不是佛家。顧憲成將世道之責歸咎陽明，管志道則認爲世道非陽明一人所能鼓動，世道之弊，亦非無善無惡論所能造成的。這二次的四句教之辯，爭論的焦點由「天泉證道」陽明學內部的「工夫」之爭，轉變爲理學內部、不同學派間對「本體」——性善與無善無惡——之爭了。

三、三教之辯

陽明學者對三教態度的差異，約有三種：嚴明三教、三教同道、三教合一，並在游學的過程中，引發同門間，甚至其他學派的爭辯。有些陽明學者是主張嚴明三教的，他們認爲儒釋之間的差異在「體」，在「用」。在「用」方面，釋氏「棄倫理、遺事物」，而儒者則「明物而察倫」。然而他們在討論到「用」的差別時，通常會回溯到「體」的差異，這是與前代儒者不同的。儒釋之所以會有經世、出世的差別，其根本在於見性之不同。釋氏之性爲「空性」，是虛寂，故要超脫世間一切幻妄，同歸寂滅。儒者之性爲生生之理，是實性，故要成就世間倫理、治國平天下，乃至與天地萬物同體合一。嚴明儒釋的陽明學者，都是看到當時有所謂的儒釋共參以及三教合一的學說或現象，而主張嚴明三教。這些陽明學者對於儒釋之辨比前人看得更精微而深入，應當是在晚明三教合一的思潮中，耳聞目見，感同身受的結果，亦是與三教合一提倡者進行對話與論辯的反映。

另外有一些陽明學者，包括陽明在內，對於三教的看法，是主張「三教同道」、「良知範圍三教」的。陽明有所謂的三間屋之喻，得到他的學生薛侃以及王畿的繼承，他們力圖在一個更高的起點上，將佛道二教合理地容納到儒家思想之中，而這所謂更高的一個起點，便是「道」，即是「良知」，這樣

的看法可說是三教歸儒。雖然他們對於佛道兩家表現了一定限度的肯定和容納，不過對於儒學與佛道兩家的根本區別，他們也做了根源性的探究，也就是儒釋同主養心，但儒家未離事物，釋氏卻盡絕事物，與世間了無交涉。另外有一些學者並沒有明顯主張「良知範圍三教」，但對於三教則採取較開放的態度，但又不主張三教合一。例如焦竑，在他看來，「道」本來是一無三，三教同源、亦是同道，然而三教無所謂合一。另外周汝登與鄒元標兩人雖然對釋氏有較開放的心態，甚至在某種程度上主張參合儒釋，但對於管志道的三教合一，則抱持反對的立場。

提倡三教合一的陽明學者，最有名的要屬楊起元與管志道了。他們搬出了周敦頤與明太祖成為三教合一的典範。宋儒之學出自周敦頤，而周敦頤不曾闢佛。明太祖《御製文集‧三教論》有佛道二教「暗助王綱」，有益於治世的看法。於是兩人成為三教合一論的典範。反三教合一者的看法就不同了。對於周敦頤，顧憲成許為「孔子第二」，認為周敦頤的著作是字字闢佛。對於明太祖，顧憲成認為太祖是謹守儒學本位，並以儒術治天下。於是主張三教合一者與反對三教合一者皆推崇周敦頤、明太祖，但雙方的解釋又完全不同，彼此展開了一場解釋權的爭奪戰。

管志道的三教合一論體系龐大，不過簡單來說，則是「以孔矩收二氏」。他以孔矩收二氏最主要是要對治「道術中之亂賊」，針對世道現況所提出的救世之法。顧憲成對於管志道憂世道之亂而提出以孔矩收二氏，亦頗為折服。然而他發現管志道往往越孔而宗釋，因此他不能同意管志道三教合一的說法。關於世道，他們同樣「深疾亂德之鄉愿，與無忌憚之中庸」，不過一「以孔矩收二氏」，一「以孔矩別二氏」，一主無善無惡，一主性善，而展開一場辯論。兩人學術思想的關懷點是相同的，皆為對治世道，針對當時的狂禪、偽儒、鄉愿、無忌憚之中庸，然而取徑卻是如此的不同。

第四節　書寫的流動

陽明學者記錄流動的書寫有會語及遊記。會語運用語錄記錄對話的形式，主要仍是以講學的紀錄為重點，不過在名稱上稱之為會語，則是為了因應新的講學形式——講會而來的。記錄的重點除了論學的過程外，還有講會的時間、地點，及參與學者、人數等講會的基本資料，所以會語是語錄體的延伸發展。許多熱衷講學的學者，在他們的文集中，皆有大量的「會語」。

　　會語與語錄相較，由於會語主要記錄一個講會，或是一次游學的多個講會，因此它的呈現多是篇章式的，一般來說語錄的呈現是片斷式的，《論語》是如此，宋明理學家的語錄亦是如此。這是因為宋明理學家的講學，通常是一群學生圍繞在老師身邊，生活在一起，日常生活中的點點滴滴，皆是學問討論的重心，再加上語錄又是學生的紀錄，因此大多是片斷式的。會語則不是，會語的記錄基本上是以講會為單位，陽明學者參與講會後，即撰寫當次講會的會語，因此會語的呈現多是篇章式的。當然，對於同樣的講會，由於記錄者的不同，取捨的差異，其描述的重點也會有所不同。

　　至於會語的流動，著名的例子是沖玄會。沖玄會是跨地域的講會，著名的陽明學者皆與會，獨缺羅洪先，會後鄒守益有〈沖玄錄〉，將其寄給羅洪先，羅洪先閱後，對王畿現成良知的看法，提出辯駁，而成為〈夏遊記〉的一部分，並在嘉靖三十年（1554），與王畿面對面延續這場辯論。我們發現會語的流動，使未參與講會的學者，得以參與討論，擴大思想對話的範圍，形成更大的講學場域。

　　羅洪先是以遊記來記錄游學的流動。三篇遊記的內容大部分是記錄講學的，不過與會語不同的是，它詳細記錄旅行的行止，甚至夜宿的寺廟道觀，也有對山水名勝的感懷，但是他還是將大篇幅留給論學的記載，尤其是一來一往的論辯上，因此雖然三篇文本名為「遊記」，其內容與文學家所寫的文學意義上的遊記是有差異的。文學家的遊記是以山水名勝，以及所引發的感懷為描寫對象的，而羅洪先的遊記則不是。由他記錄的特點，我們可以說是會語與遊記的綜合體，而會語的成分多一些。這也是理學家遊記的最大特色。

　　至於遊記的流動，羅洪先的三篇遊記，曾經單獨刊刻，其流動所造成的影響可分兩分面，一是模仿創作，鄧以讚與張元忭同遊越中山水名勝，拜訪王畿，切磋論學。兩人各撰寫了〈秋遊記〉。兩人的游學，以及游學後的書寫，皆是模仿羅洪先的冬、夏二遊，以及他的三篇遊記。另外羅洪先三篇遊記的流動亦擴大思想對話的範圍。王畿與耿定向在宜興會晤，他們討論了羅洪先的三篇遊記，甚至北方王門的尤時熙與學生孟化鯉亦曾討論〈夏遊記〉，延續了王畿與羅洪先的對話論辯。可見游學書寫更能跨越地域的限制，而向更廣大的知識圈推進。

參考書目

一、古籍類

1. 《周易正義》（臺北：藝文印書館，1997 年，《十三經注疏》本）。
2. 《周易王韓注》（臺北：臺灣中華書局，1985 年，《四部備要》本）。
3. 《尚書正義》（臺北：藝文印書館，1997 年，《十三經注疏》本）。
4. 《毛詩正義》（臺北：藝文印書館，1997 年，《十三經注疏》本）。
5. 《禮記正義》（臺北：藝文印書館，1997 年，《十三經注疏》本）。
6. 《春秋左傳正義》（臺北：藝文印書館，1997 年，《十三經注疏》本）。
7. 《論語注疏》（臺北：藝文印書館，1997 年，《十三經注疏》本）。
8. 《孟子注疏》（臺北：藝文印書館，1997 年，《十三經注疏》本）。
9. 朱熹，《四書集注》（臺北：藝文印書館，1980 年）。
10. 司馬遷，《史記》（臺北：鼎文書局，1979〜1980 年，正史全文標校讀本）。
11. 范曄，《後漢書》（臺北：鼎文書局，1979〜1980 年，正史全文標校讀本）。
12. 脫脫，《宋史》（臺北：鼎文書局，1979〜1980 年，正史全文標校讀本）。
13. 宋濂，《元史》（臺北：鼎文書局，1979〜1980 年，正史全文標校讀本）。
14. 張廷玉，《明史》（北京：中華書局，1997 年）。
15. 《明世宗實錄》（臺北：中央研究院歷史語言研究所，1966 年）。
16. 《明穆宗實錄》（臺北：中央研究院歷史語言研究所，1966 年）。
17. 李德淦修洪亮吉著，《涇縣志》，清嘉慶十一年刊本（臺北：成文出版社，1983 年）。
18. 陳善等修，《杭州府志》，萬曆七年刊本（臺北：成文出版社，1983 年）。

19. 魯銓等修、洪亮吉等纂，《寧國府志》，清嘉慶二十年刊本（臺北：成文出版社，1970 年）。

20. 釋笑峰等撰、施閏章補輯，《青原志略》（臺南：莊嚴出版社，1996 年，《四庫全書存目叢書》）。

21. 黃宗羲著，沈善洪主編，《明儒學案》（臺北：里仁書局，1987 年，《黃宗羲全集》）。

22. 黃宗羲撰，全祖望補，《宋元學案》（臺北：世界書局，1991 年）。

23. 沈德符，《萬曆野獲編》（北京：中華書局，1997 年）。

24. 趙翼，《陔餘叢考》（臺北：世界書局，1970 年）。

25. 《老子》（臺北：臺灣中華書局，1992 年，《四部備要》本）。

26. 郭慶藩編，王孝魚整理，《莊子集釋》（臺北：木鐸出版社，1982 年）。

27. 朱熹，《朱熹集》（成都：四川教育出版社，1996 年）。

28. 朱熹著，黎靖德編，《朱子語類》（臺北：正中書局，1962 年）。

29. 周敦頤，《周子全書》（臺北：財團法人臺北市廣學社印書館，1975 年）。

30. 張載，《張載集》（北京：中華書局，1985 年）。

31. 陸九淵，《陸九淵集》（臺北：里仁書局，1981 年）。

32. 程顥、程頤，《二程集》（臺北：漢京文化事業有限公司，1983 年）。

33. 尤時熙，《尤西川先生擬學小記》（臺南：莊嚴出版社，1997 年，《四庫全書存目叢書》）。

34. 王艮，《王心齋全集》（臺北：廣文書局，1987 年）。

35. 王宗沐，《敬所王先生文集》（臺南：莊嚴出版社，1997 年，《四庫全書存目叢書》）。

36. 王時槐，《塘南王先生友慶堂合稿》（臺南：莊嚴出版社，1995 年，《四庫全書存目叢書》）。

37. 王守仁著，吳光等編校，《王陽明全集》（上海：上海古籍出版社，1995 年）。

38. 王畿，《王龍溪全集》（臺北：華文出版社，1970 年）。

39. 王褒，《重雋東崖王先生遺集》（臺南：莊嚴出版社，1997 年，《四庫全書存目叢書》）。

40. 朱元璋，《御製文集》（臺北：臺灣學生書局，1965 年）。

41. 何心隱著，容肇祖整理，《何心隱集》（北京：中華書局，1960 年）。

42. 宋儀望，《華陽館文集》（臺南：莊嚴出版社，1997 年，《四庫全書存目叢書》）。

43. 李贄，《李溫陵集》（臺北：文史哲出版社，1971 年）。

44. 周汝登，《東越證學錄》（臺北：文海出版社，1970 年）。

45. 孟化鯉，《孟雲浦先生集》（臺南：莊嚴出版社，1997 年，《四庫全書存目叢書》）。

46. 季本，《季彭山先生文集》（北京：書目文獻出版社，1988 年，《北京圖書館古籍珍本叢刊》）。

47. 胡直，《衡廬精舍藏稿》（臺北：臺灣商務印書館，1983 年，《景印文淵閣四庫全書》）。

48. 唐順之，《唐荊川先生集》（臺北：藝文印書館，1971 年，《叢書集成三編》）。

49. 徐階，《世經堂集》（臺南：莊嚴出版社，1997 年，《四庫全書存目叢書》）。

50. 耿定向，《耿天臺先生文集》（臺北：文海出版社，1970 年）。

51. 袁中道，《珂雪齋前集》（北京：北京出版社，2000 年，《四庫禁燬叢刊》）。

52. 高攀龍，《高子遺書》（臺北：臺灣商務印書館，1983 年，《景印文淵閣四庫全書》）。

53. 張元忭，《張陽和先生不二齋文選》（臺南：莊嚴出版社，1997 年，《四庫全書存目叢書》）。

54. 張後覺，《張弘山集》（臺南：莊嚴出版社，1997 年，《四庫全書存目叢書》）。

55. 陳九川，《明水陳先生文集》（臺南：莊嚴出版社，1997 年，《四庫全書存目叢書》）。

56. 陶望齡，《陶文簡公集》（北京：北京出版社，2000 年，《四庫禁燬叢刊》）。

57. 傅山，《霜紅龕集》（臺北：文史哲出版社，1986 年）。

58. 焦竑，《支談》（北京：中華書局，1991 年，《叢書集成初編》）。

59. 焦竑，《澹園集》（北京：中華書局，1999 年）。

60. 程文德，《程文恭遺稿》（臺南：莊嚴出版社，1997 年，《四庫全書存目叢書》）。

61. 馮從吾，《馮恭定全書》（臺北：新文豐出版公司，1996 年，《叢書集成三編》）。

62. 楊東明，《山居功課》，據東京高橋情報以日本內閣文庫藏明萬曆四十年序范炳校刊本影印，漢學研究中心藏。

63. 楊起元，《太史楊復所先生證學編》（臺南：莊嚴出版社，1995 年，《四庫全書存目叢書》）。

64. 楊起元，《續刻楊復所先生家藏文集》（臺南：莊嚴出版社，1997 年，《四庫全書存目叢書》）。

65. 鄒元標，《鄒南皋語義合編》（臺南：莊嚴出版社，1995 年，《四庫全書

存目叢書》)。

66. 鄒元標，《願學集》(臺北：臺灣商務印書館，1983 年，《景印文淵閣四庫全書》)。

67. 鄒守益，《東廓鄒先生文集》(臺南：莊嚴出版社，1997 年,《四庫全書存目叢書》)。

68. 鄒德涵，《鄒聚所先生文集》(臺南：莊嚴出版社，1997 年,《四庫全書存目叢書》)。

69. 管志道，《問辨牘》(臺南：莊嚴出版社，1995 年,《四庫全書存目叢書》)。

70. 管志道，《續問辨牘》(臺南：莊嚴出版社，1995 年,《四庫全書存目叢書》)。

71. 管志道，《從先維俗議》(臺南：莊嚴出版社，1995 年,《四庫全書存目叢書》)。

72. 管志道，《管子惕若齋集》，據東京高橋情報以日本內閣文庫藏明萬曆二十四年序刊本影印，漢學研究中心藏。

73. 趙貞吉，《趙文肅公文集》(臺南：莊嚴出版社，1997 年,《四庫全書存目叢書》)。

74. 劉元卿，《劉聘君全集》(臺南：莊嚴出版社，1997 年,《四庫全書存目叢書》)。

75. 劉宗周著，戴璉璋、吳光主編、丁曉強點校，《劉宗周全集》(臺北：中央研究院中國文哲研究所籌備處，1996 年)。

76. 歐陽德，《歐陽南野先生文集》(臺南：莊嚴出版社，1997 年,《四庫全書存目叢書》)。

77. 蔣信，《蔣道林先生文粹》(臺南：莊嚴出版社，1997 年,《四庫全書存目叢書》)。

78. 鄧元錫，《潛學編》(臺南：莊嚴出版社，1997 年,《四庫全書存目叢書》)。

79. 鄧以讚，《鄧定宇先生文集》(臺南：莊嚴出版社，1997 年,《四庫全書存目叢書》)。

80. 薛侃，《研幾錄》(臺南：莊嚴出版社，1997 年,《四庫全書存目叢書》)。

81. 薛應旂，《方山先生文錄》(臺南：莊嚴出版社，1997 年,《四庫全書存目叢書》)。

82. 聶豹，《雙江聶先生文集》(臺南：莊嚴出版社，1997 年,《四庫全書存目叢書》)。

83. 顏鈞著，黃宣民標點整理，《顏鈞集》(北京：中國社會科學出版社，1996 年)。

84. 魏良弼，《太常少卿魏水洲先生文集》(臺南：莊嚴出版社，1997 年,《四

庫全書存目叢書》)。

85. 羅汝芳,《旴江羅近溪先生全集》(臺北:國立中央圖書館據萬曆四十六年浙江劉一焜刊本攝製)。

86. 羅汝芳,《旴壇直詮》(臺北:廣文書局,1996 年)。

87. 羅汝芳,《耿中丞楊太史批點近溪羅子全集》(臺南:莊嚴出版社,1997 年,《四庫全書存目叢書》)。

88. 羅汝芳,《羅明德公文集》,據東京高橋情報以日本內閣文庫藏明崇禎五年序刊本影印,漢學研究中心藏。

89. 羅洪先,《石蓮洞羅先生文集》(臺北:國立中央圖書館據明萬曆丙辰陳于廷文江刊本攝製)。

90. 羅洪先,《念菴文集》(臺北:臺灣商務印書館,1983 年,《景印文淵閣四庫全書》)。

91. 羅洪先,《念菴羅先生集》(臺南:莊嚴出版社,1997 年,《四庫全書存目叢書》)。

92. 羅欽順,《羅整庵先生存稿》(臺北:廣學社印書館,1975 年)。

93. 顧炎武,《原抄本日知錄》(臺北:文史哲出版社,1979 年)。

94. 顧憲成,《小心齋箚記》(臺北:廣文書局,1975 年)。

95. 顧憲成,《涇皋藏稿》(臺北:臺灣商務印書館,1983 年,《景印文淵閣四庫全書》)。

96. 顧憲成,《顧端文公遺書》(臺南:莊嚴出版社,1995 年,《四庫全書存目叢書》)。

二、近人專著類

1. Edward T. Ch'ien(錢新祖), *Chiao Hung and the Restructuring of Neo-Confucianism in the Late Ming.* (New York: Columbia University Press, 1986).

2. Ping-ti Ho(何炳棣), *The Ladder of Success in Imperial China.* (New York: Columbia University Press, 1962).

3. Susan Mann, *Precious Records* (Stanford: Stanford University Press, 1997).

4. W. T. de Bary ed., *Self and Society in Ming Thought.* (New York: Columbia University Press, 1970).

5. 小野和子,《明季黨社考──東林與復社》(京都:同朋舍,1996 年)。

6. 中央研究院近代史研究所編,《近世家族與政治比較歷史論文集(一)》(臺北:中央研究院近代史研究所,1992 年)。

7. 中國明代研究學會主編,《明人文集與明代研究》(臺北:中國明代研究

　　學會，2001 年）。

8. 方祖猷，《王畿評傳》（南京：南京大學出版社，2001 年）。

9. 牛建強，《明代中後期社會變遷研究》（臺北：文津出版社，1997 年）。

10. 王子今，《中國古代行旅生活》（北京：商務印書館，1996 年）。

11. 王淑良，《中國旅游史》（北京：旅游教育出版社，1998 年）。

12. 包弼德著，劉寧譯，《斯文：唐宋思想的轉型》（南京：江蘇人民出版社，2001 年）。

13. 古清美，《明代理學論文集》（臺北：大安出版社，1990 年）。

14. 全漢昇，《明清經濟史研究》（臺北：聯經出版事業公司，1987 年）。

15. 朱漢民，《中國的書院》（臺北：臺灣商務印書館，1993 年）。

16. 牟宗三，《心體與性體》（臺北：正中書局，1996 年）。

17. 牟宗三，《從陸象山到劉蕺山》（臺北：臺灣學生書局，1993 年）。

18. 艾爾曼著，趙剛譯，《經學、政治和宗族──中華帝國晚期常州今文學派研究》（南京：江蘇人民出版社，1998 年）。

19. 余英時，《中國思想傳統的現代詮釋》（臺北：聯經出版事業公司，1987 年）。

20. 余英時，《現代儒學論》（River Edge，NJ：八方文化企業公司，1996 年）。

21. 吳萬居，《宋代書院與宋代學術之關係》（臺北：文史哲出版社，1991 年）。

22. 吳震，《明代知識界講學活動繫年》（上海：學林出版社，2003 年）。

23. 吳震，《陽明後學研究》（上海：上海人民出版社，2003 年）。

24. 吳震，《聶豹羅洪先評傳》（南京：南京大學出版社，2001 年）。

25. 呂妙芬，《陽明學士人社群──歷史、思想與實踐》（臺北：中央研究院近代史研究所，2003 年）。

26. 李材棟，《江西古代書院研究》（南昌：江西教育出版社，1993 年）。

27. 周志文，《晚明學術與知識分子論叢》（臺北：大安出版社，1999 年）。

28. 周明初，《晚明士人心態及文學個案》（北京：東方出版社，1997 年）。

29. 周德昌，《中國教育史研究》（明清分卷）（上海：華東師大出版社，1995 年）。

30. 岡田武彥著，吳光、錢明、屠承先譯，《王陽明與明末儒學》（上海：上海古籍出版社，2000 年）。

31. 侯外廬、邱漢生、張豈之編，《宋明理學史》（北京：人民出版社，1987 年）。

32. 唐君毅，《中國哲學原論——原教篇》（臺北：臺灣學生書局，1990 年）。

33. 島田虔次，《中國に於ける近代思惟の挫折》（東京：筑摩書房，1949 年）。

34. 秦家懿，《王陽明》（臺北：東大圖書公司，1987 年）。

35. 郝延平，魏秀梅編，《近世中國之傳統與蛻變：劉廣京院士七十五歲祝壽論文集》（臺北：中央研究院近代史研究所，1998 年）。

36. 酒井忠夫，《中國善書の研究》（東京：弘文堂，2000 年）。

37. 馬積高，《宋明理學與文學》（長沙：湖南師範大學出版社，1989 年）。

38. 張灝，《幽暗意識與民主傳統》（臺北：聯經出版事業公司，1989 年）。

39. 梁其姿，《施善與教化：明清的慈善組織》（臺北：聯經出版事業公司，1997 年）。

40. 盛朗西，《中國書院制度》（臺北：華世出版社，1977 年）。

41. 郭紹虞，《中國文學批評史》（臺北：五南圖書出版公司，1994 年）。

42. 陳必祥，《古代散文文體概論》（臺北：文史哲出版社，1987 年）。

43. 陳來，《有無之境——王陽明哲學的精神》（北京：人民出版社，1991 年）。

44. 陳思倫等著，《觀光學概論》（臺北：空中大學出版社，1995 年）。

45. 陳啓天著，《增訂韓非子校釋》（臺北：臺灣商務印書館，1994 年）。

46. 陳萬益，《晚明小品與明季文人生活》（臺北：大安出版社，1997 年）。

47. 陳榮捷，《王陽明傳習錄詳註集評》（臺北：臺灣學生書局，1992 年）。

48. 陳榮捷，《王陽明與禪》（臺北：臺灣學生書局，1984 年）。

49. 陳學文，《明清時期商業書及商人書之研究》（臺北：洪葉文化事業有限公司，1997 年）。

50. 陳寶良，《飄搖的傳統——明代城市生活長卷》（長沙：湖南出版社，1996 年）。

51. 勞思光，《新編中國哲學史》（臺北：三民書局，1993 年）。

52. 嵇文甫，《左派王學》（臺北：國文天地雜誌社，1990 年）。

53. 嵇文甫，《晚明思想史論》（北京：東方出版社，1996 年）。

54. 彭國翔，《良知學的展開——王龍溪與中晚明的陽明學》（臺北：臺灣學生書局，2003 年）。

55. 曾陽晴，《無善無惡的理想道德主義》（臺北：國立臺灣大學出版委員會，1992 年）。

56. 程玉瑛，《晚明被遺忘的思想家：羅汝芳（近溪）詩文事蹟編年》（臺北：廣文書局，1995 年）。

57. 陽明學大系編輯部,《陽明學入門》（東京：明德出版社,1991 年）。

58. 黃進興,《優入聖域──權力、信仰與正當性》（臺北：允晨出版社,2003 年）。

59. 楊布生、彭定國,《中國書院文化》（臺北：雲龍出版社,1997 年）。

60. 楊國楨、陳支平,《明史新編》（臺北：昭明出版社,1999 年）。

61. 楊國榮,《心學之思──王陽明哲學的闡釋》（北京：三聯書店,1997 年）。

62. 溝口雄三,《中國前近代思想の屈折と展開》（東京：東京大學,1980 年）。

63. 溝口雄三著,林右崇譯,《中國前近代思想的演變》（臺北：國立編譯館,1994 年）。

64. 溝口雄三著,索介然、龔穎譯,《中國前近代思想的演變》（北京：中華書局,1997 年）。

65. 溝口雄三著,陳耀文譯,《中國前近代思想之曲折与展開》（上海：上海人民出版社,1997 年）。

66. 溝口雄三著,趙士林譯,《中國的思想》（北京：中國社會科學出版社,1995 年）。

67. 葛兆光,《中國思想史──導論》（上海：復旦大學出版社,2002 年）。

68. 臧維熙等編,《中國旅遊文化大辭典》（上海：上海古籍出版社,2000 年）。

69. 劉述先主編,《儒家思想在現代東亞──中國大陸與臺灣篇》（臺北：中央研究院中國文哲研究所籌備處,2000 年）。

70. 樊克政,《中國書院史》（臺北：文津出版社,1995 年）。

71. 錢杭、承載,《十七世紀江南社會生活》（杭州：浙江人民出版社,1996 年）。

72. 錢穆,《國史大綱》（臺北：臺灣商務印書館,1995 年）。

73. 謝國楨,《明清之際黨社運動考》（臺北：臺灣商印務印書館,1978 年）。

74. 懷效鋒,《嘉靖專制政治與法制》（長沙：湖南教育出版社,1989 年）。

75. 羅久蓉編,《無聲之聲Ⅲ：近代中國的婦女與文化（1600～1950）》（臺北：中央研究院近代史研究所,2003 年）。

76. 關文發、顏廣文,《明代政治制度研究》（北京：中國社會科學出版社,1996 年）。

77. 龔鵬程,《游的精神文化史論》（石家庄：河北教育出版社,2001 年）。

三、期刊論文類

1. Chu, Hung-lam（朱鴻林）, "The Debate over Recognition of Wang Yang-ming", *Harvard Journal of Asiatic Studies* 48.1 (1988), pp. 47~70.

2. Joanna F. Handlin Smith, "Benevolent Societies: The Reshaping of Charity During the Late Ming and Early Ch'ing", *Journal of Asian Studies* 46.2 (1987), pp. 309~337.

3. Pei-yi Wu（吳百益）, "Self-examination and Confession of Sins in Traditional China", *Harvard Journal of Asiatic Studies*, 39:1 (1979), pp. 5~38.

4. Peter K. Bol, "The Examination System and the Shih", *Asia Major* 3, no. 2 (1990), pp. 149~171.

5. 夫馬進，〈同善會小史〉，《史林》六十五卷四期（1982），頁 37~76。

6. 毛文芳，〈晚明「狂禪」探論〉，《漢學研究》十九卷二期（2001），頁 171~200。

7. 毛文芳，〈閱讀與夢憶──晚明旅遊小品試論〉，《中正中文學報年刊》三期（2000），頁 1~44。

8. 王汎森，〈「心即理」說的動搖與明末清初學風之轉變〉，《中央研究院歷史語言研究所集刊》六十五本二分（1994），頁 333~373。

9. 王汎森，〈中國近代思想文化史研究的若干思考〉，《新史學》十四卷三期（2003），頁 177~194。

10. 王汎森，〈日譜與明末清初思想家──以顏李學派為主的討論〉《中央研究院歷史語言研究所集刊》六十九本二分（1998），頁 245~295。

11. 王汎森，〈明末清初的人譜與省過會〉，《中央研究院歷史語言研究所集刊》六十三本三分（1993），頁 679~712。

12. 包遵信，〈王學的崛起和晚明社會思潮〉，《中國文化研究集刊（二）》（上海：復旦大學出版社，1984 年），頁 18~44。

13. 左東嶺，〈耿、李之爭與李贄晚年的人格心態巨變〉，《北方論叢》1994 年五期（1994），頁 76~82。

14. 左東嶺，〈論張居正的心學淵源及其與萬曆士人心態之關係〉，《首都師範大學學報（社會科學版）》2001 年二期（2001），頁 66~78。

15. 成復旺，〈從「無善無惡」到「人必有私」──明代思想史上一段心的解放之路〉，《中國文化》十期（1994），頁 179~189。

16. 朱漢民，〈古代學校的會講論辯〉，《教育評論》1997 年二期（1997），頁 54~55。

17. 朱鴻林，〈明代中期地方社區治安重建理想之展現──山西河南地區所行鄉約之例〉，《中國學報》三十一期（1991），頁 87~100。

18. 朱鴻林，〈國家與禮儀：元明二代祀孔典禮的儀節變化〉，《中山大學學報（社會科學版）》三十九卷五期（1999）。

19. 朱鴻林，〈理論型的經世之學──眞德秀大學衍義之用意及其著作背景〉，《食貨月刊》三、四期（1985）。

20. 朱鴻林，〈陽明從祀典禮的爭議和挫折〉，《中國文化研究所學報》五期（1996），頁 167～181。

21. 何淑宜，〈以禮化俗──晚明士紳的喪俗改革思想及其實踐〉，《新史學》十一卷三期（2000），頁 49～100。

22. 吳智和，〈明人山水休閒生活〉，《漢學研究》二十卷一期（2002），頁 101～129。

23. 吳智和，〈明人習靜休閒生活〉，《華岡文科學報》二十五期（2002），頁 145～193。

24. 吳震，〈錢緒山の思想について──王龍溪・羅念菴を通じて──〉，日本京都大學《中國思想史研究》十九期（1996）。

25. 呂妙芬，〈儒釋交融的聖人觀：從晚明儒家聖人與菩薩形象相似處及對生死議題的關注談起〉，《中央研究院近代史研究所集刊》第三十二期（1999），頁 165～208。

26. 宋美璍，〈自我主體、階級認同與國族建構：論狄福、菲爾定和包士威爾的旅行書〉，《中外文學》二十六卷四期（1997），頁 4～28。

27. 岑溢成，〈王心齋安身論今詮〉，《鵝湖學誌》十四期（1995），頁 59～82。

28. 巫仁恕，〈明代平民服飾的流行風尚與士大夫的反應〉，《新史學》十卷三期（1999），頁 55～100。

29. 巫仁恕，〈晚明的旅遊活動與消費文化──以江南爲討論中心──〉，《中央研究院近代史研究所集刊》四十一期（2003），頁 87～143。

30. 李弘祺，〈朱熹、書院與私人講學的傳統〉，《國立編譯館館刊》十九卷（1985），頁 1～13。

31. 李伏明，〈論陽明心學的內在矛盾與王學講會活動──以江右王門學派爲例〉，《井岡山師範學院學報（哲學社會科學）》二十三卷四期（2002），頁 5～10。

32. 李材棟，〈關於鵝湖之會與鵝湖書院〉，《南昌航空工業學院學報（社會科學版）》二卷二期（2000），頁 54～57。

33. 李鴻瓊，〈空間、旅行、後現代：波西亞與海德格〉，《中外文學》二十六卷四期（1997），頁 83～117。

34. 步近智，〈明萬曆年間理學內部的一場論辯〉，《孔子研究》1987 年一期（1987），頁 74～82。

35. 周益忠，〈從子產不毀鄉校到尋孔顏樂處──兼談孔門對話精神對後世教改的啓示〉，《國文學誌》六期（2002），頁 29～52。

36. 林月惠，〈論聶雙江「忽見心體」與羅念菴「徹悟仁體」之體驗──一種

「現象學的描述」之理解〉,《鵝湖月刊》二十二卷八期（1997），頁 28
～36。

37. 林月惠,〈轟雙江「歸寂說」之衡定——以王陽明思想爲理論判準的說明〉,《嘉義師院學報》六期（1992），頁 275～316。

38. 林月惠,〈轟雙江「歸寂說」析論〉,《中國文學研究》第三輯（1989），頁 93～123。

39. 林素英,〈焦竑之三教觀〉,《花蓮師院學報》六期（1996），頁 147～176。

40. 林惠勝,〈試論王陽明的萬物一體〉,《中國學術年刊》十六期（1995），頁 53～77。

41. 林惠勝,〈試論王龍谿「三教合一」說——以〈調息說〉爲例〉,《中國學術年刊》十四期（1993），頁 161～179。

42. 林樂昌,〈王陽明的講學生涯和社會教化使命——兼論明代儒教民間講學的現代意義〉,《哲學與文化》二十三卷一期（1996）。

43. 林麗月,〈衣裳與風教——晚明的服飾風尚與「服妖」議論〉,《新史學》十卷三期（1999），頁 111～157。

44. 林麗月,〈晚明「崇奢」思想隅論〉,《國立臺灣師範大學歷史學報》十九期（1991），頁 215～234。

45. 柳光敏,〈試論明代書院官學化的歷程〉,《齊魯學刊》1994 年四期（1994），頁 90～93。

46. 胡錦媛,〈繞著地球跑——當代臺灣旅行文學〉,《幼獅文藝》八十三卷十一、十二期（1996），頁 24～28、51～59。

47. 徐林,〈明代中後期隱士與山人之文化透析〉,《西南師範大學學報（人文社會科學版）》三十卷四期,（2004），頁 137～141。

48. 徐泓,〈明代社會風氣的變遷：以江浙地區爲例〉,中央研究院第二屆國際漢學會議論文集編輯委員會編,《中央研究院第二屆國際漢學會議論文集》（臺北：中央研究院,1989 年），頁 137～159。

49. 高明士,〈書院祭祀空間的教育作用〉,《國際儒學研究》第三輯（北京：中國社會科學出版社,1997 年）。

50. 張立文,〈儒佛之辯與宋明理學〉,《中國哲學史》2000 年二期（2000），頁 14～25。

51. 張克偉,〈陽明學研究論著目錄〉,《書目季刊》二十二卷三期（1988），頁 91～139。

52. 張鶴泉,〈東漢時代的游學風氣及社會影響〉,《求是學刊》1995 年二期（1995），頁 104～109。

53. 曹國慶,〈王守仁的心學思想與他的鄉約模式〉,《社會科學戰線》1994 年六期（1994），頁 76～84。

54. 陳立勝，〈王陽明「四句教」的三次辯難及其詮釋學義蘊〉，《臺大歷史學報》二十九期（2002）。

55. 陳來，〈中國宋明儒學研究的方法、視點和趨向〉，《浙江學刊》2001 年三期（2001），頁 32～37。

56. 陳來，〈世紀末中國哲學研究的挑戰〉，《哲學雜誌》三十一期（2000），頁 8～23。

57. 陳來，〈明嘉靖時期王學知識人的會講活動〉，《中國學術》（北京：商務印書館，2000 年），頁 1～53。

58. 陳長房，〈建構東方與追尋主體：論當代英美旅行文學〉，《中外文學》二十六卷四期（1997），頁 29～69。

59. 陳時龍，〈十六、十七世紀徽州府的講會活動〉，《國立政治大學歷史學報》二十期（2003），頁 133～183。

60. 陳時龍，〈從首善書院之禁毀看晚明政治與講學的衝突〉，《史學月刊》2003 年八期（2003），頁 40～45。

61. 陳時龍，〈晚明書院結群現象研究——東林書院網絡的構成、宗旨與形成〉，《安徽史學》2003 年五期（2003），頁 5～11。

62. 陳寶良，〈明代生員層的仕進之途〉，《安徽史學》2002 年四期（2002），頁 2～10。

63. 陳寶良，〈明代生員層社會生活之真面相〉，《浙江學刊》2001 年三期（2001），頁 161～166。

64. 陳寶良，〈明末儒家倫理的困境及其新動向〉，《史學月刊》2000 年五期（2000），頁 43～49。

65. 勞思光，〈王門功夫論問題之爭議及儒學精神之特色〉，《新亞學術集刊》三期（1982），頁 1～20。

66. 彭國翔，〈周海門的學派歸屬與《明儒學案》相關問題之檢討〉，《清華學報》三十一卷三期（2002），頁 339～373。

67. 程玉瑛，〈王艮（1483～1541）與泰州學派：良知的普及化〉，《師大歷史學報》十七期（1989），頁 59～136。

68. 楊玉華，〈語錄體與中國古代白話學術〉，《四川大學學報（哲學社會科學版）》1999 年三期（1999），頁 108～112。

69. 楊芳燕，〈明清之際思想轉向的近化意涵——研究現狀與方法的省察〉，《漢學研究通訊》七十八期（2001），頁 44～53。

70. 路新生，〈對王學學風的再認識〉，《孔孟學報》六十五期（1993），頁 157～177。。

71. 福田殖，〈羅念菴の「冬遊記」について——王門における講學活動の一場面〉，《陽明學》六期（1994），頁 2～27。

72. 趙園，〈游走與播遷——關於明清之際一種文化現象的分析〉，《東南學術》2003 年二期（2003），頁 4～18。

73. 劉太祥，〈漢代游學之風〉，《中國史研究》1998 年四期（1998），頁 43～54。

74. 劉志琴，〈晚明城市風尚初探〉，《中國文化研究集刊》一期（上海：復旦大學出版社，1984 年），頁 190～208。

75. 劉振維，〈孔顏樂處辯〉，《哲學與文化》二十二卷五、六期（1995），頁 457～466、550～557。

76. 劉桂光，〈論江右王門羅念菴之思想〉，《鵝湖學誌》十四期（1995），頁 83～123。

77. 劉萬里，〈論晚明狂人——一種新型士人精神的確立〉，《北方論叢》1999 年五期（1999），頁 10～15。

78. 蔡淑閔，〈王陽明與書院〉，《孔孟月刊》四十卷二期（2001），頁 22～30。

79. 蔡淑閔，〈四庫全書子部儒家類圖書著錄原則析論〉，《孔孟月刊》四十二卷二期（2003），頁 40～47。

80. 鄭宗義，〈明儒陳白沙學思探微——兼釋心學言覺悟與自然之義〉，《中國文哲研究集刊》十五期（1999），頁 337～388。

81. 錢明，〈十年來陽明學研究的狀況和進展〉，《孔子研究》1989 年二期（1989），頁 114～120。

82. 錢明，〈陽明之教法與王學之裂變〉，《孔子研究》2003 年三期（2003），頁 89～99。

83. 鍾彩鈞，〈錢緒山及其整理陽明文獻的貢獻〉，《中國文哲研究通訊》八卷三期（1998），頁 69～89。

84. 龐萬里，〈王陽明「四句教法」及其後學之分化〉，《河北大學學報》1994 年四期（1994），頁 100～106。

四、學位論文類

1. Anne T. Gerritsen, *Gods and governors: Interpreting the religious realms in Ji'an (Jiangxi) during the Southern Song, Yuan, and Ming dynasties (China)*, (Ph. D., Harvard University, 2001).

2. Miaw-fen Lu（呂妙芬）, *Practice as Knowledge: Yang-ming Learning and Chiang-hui in Sixteenth-Century China.* (Ph. D., University of California, Los Angeles, 1997).

3. Peter B. Ditmanson, *Contesting authority: Intellectual lineages and the Chinese Imperial Court from the twelfth to the fifteenth centuries*, (Ph. D.,

Harvard University, 1999).

4. 王鴻泰，《流動與互動──由明清間城市生活的特性探測公眾場域的開展》，國立臺灣大學歷史學研究所博士論文，1998 年。

5. 安贊淳，《明代理學家文學理論研究》，國立臺灣大學中國文學研究所碩士論文，1999 年。

6. 朱鴻，《大禮議與明嘉靖初期的政治》，國立臺灣師範大學歷史研究所碩士論文，1978 年。

7. 林月惠，《良知學的轉折──聶雙江與羅念菴思想之研究》，國立臺灣大學中國文學研究所博士論文，1995 年。

8. 林佳蓉，《承擔與自在之間──從朱熹的詩歌論其生命態度的依違》，國立臺灣師範大學國文研究所博士論文，2000 年。

9. 張嘉昕，《明人的旅遊生活》，中國文化大學史學研究所碩士論文，2000 年。

10. 張藝曦，《講學與政治：明代中晚期講學性質的轉變及其意義》，國立臺灣大學歷史學研究所碩士論文，1998 年。

11. 蔡淑閔，《王陽明四句教之開展與衍化》，國立政治大學中國文學系碩士論文，1998 年。

附　錄

附錄一：陽明學派學者字號生卒年籍貫文集表

編號	姓名	字	號	生卒年	籍貫	文集
1	王守仁	伯安	陽明、文成	1472～1528	浙江餘姚	《王陽明全集》
2	徐愛	曰仁	橫山	1487～1517	浙江餘姚	
3	蔡宗兗	希淵	我齋	1517年進士	浙江山陰	
4	朱節	守中	白浦		浙江山陰	
5	錢德洪	德洪、洪甫	緒山	1496～1574	浙江餘姚	
6	王畿	汝中	龍溪	1498～1583	浙江山陰	《王龍溪全集》
7	季本	明德	彭山	1485～1563	浙江會稽	《季彭山先生文集》
8	黃綰	宗賢、叔賢	久菴、石龍	1480～1554	浙江黃巖	《明道編》、《石龍集》
9	董澐	子濤、復宗	蘿石 從吾道人	1458～1534	浙江海寧	
10	陸澄	原靜		1517年進士	湖廣歸安	
11	顧應祥	惟賢	箬溪	1483～1565	湖廣長興	《崇雅堂全集》
12	黃宗明	誠甫	致齋	？～1536	浙江鄞縣	
13	張元沖	叔謙	浮峰	1502～1563	浙江山陰	
14	程文德	舜敷	松溪、文恭	1497～1559	浙江永康	《程文恭遺稿》
15	徐用檢	克賢	魯源	1528～1611	浙江蘭谿	
16	萬表	民望	鹿園	？～1556	浙江寧波	《玩鹿亭稿》
17	王宗沐	新甫	敬所、攖寧	1523～1591	浙江臨海	《敬所王先生文集》

18	張元忭	子蓋	陽和	1538～1588	浙江山陰	《張陽和先生不二齋文選》
19	胡瀚	川甫	今山		浙江餘姚	
20	鄒守益	謙之	東廓、文莊	1491～1562	江西安福	《東廓鄒先生文集》
21	鄒德涵	汝海	聚所	1538～1581	江西安福	《鄒聚所先生文集》
22	歐陽德	崇一	南野、文莊	1496～1554	江西泰和	《歐陽南野先生文集》
23	聶豹	文蔚	雙江、貞襄	1487～1563	江西永豐	《雙江聶先生文集》
24	羅洪先	達夫	念庵、文恭	1504～1564	江西吉水	《石蓮洞羅先生文集》《念庵文集》《念菴羅先生集》
25	劉文敏	宜充	兩峰	1490～1572	江西安福	
26	劉邦采	君亮	師泉	1528年舉人	江西安福	
27	劉陽	一舒	三五	1525年進士	江西安福	
28	劉曉	伯光	梅源	1513年舉人	江西安福	
29	劉魁	煥吾	晴川	1488～1552	江西泰和	
30	黃弘綱	正之	洛村	1492～1561	江西雩都	
31	何廷仁	性之	善山	1486～1551	江西雩都	
32	陳九川	惟濬	竹亭、明水	1494～1562	江西臨川	《明水陳先生文集》
33	魏良弼	師說	水洲	1492～1575	江西新建	《太常少卿魏水洲先生文集》
34	魏良政	師伊			江西新建	
35	魏良器	師顏	藥湖		江西新建	
36	王時槐	子植	塘南	1522～1605	江西安福	《塘南王先生友慶堂合稿》
37	鄧以讚	汝德	定宇、文潔	1542～1599	江西新建	《鄧定宇先生文集》
38	陳嘉謨	世顯	蒙山	1521～1603	江西廬陵	
39	劉元卿	調父	旋宇、瀘瀟	1544～1609	江西安福	《劉聘君全集》
40	萬廷言	以忠	思默		江西東溪	
41	胡直	正甫、宜舉	廬山、補菴	1517～1585	江西泰和	《衡廬精舍藏稿》
42	鄒元標	爾瞻	南皋、忠介	1551～1624	江西吉水	《願學集》、《南皋鄒先生會語合編》
43	羅大紘	公廓	匡吾、匡湖	1586年進士	江西吉水	《紫原文集》
44	宋儀望	望之	陽山、華陽	1514～1578	江西永豐	《華陽館文集》
45	鄧元錫	汝極	潛谷	1528～1593	江西南城	《潛學編》

46	章　潢	本　清		1527～1608	江西南昌	《圖書編》
47	馮應京	大　可	慕　岡	1555～1606	江西盱眙	
48	黃省曾	勉　之	五　岳	1490～1540	南直隸蘇州	《五嶽山人集》
49	周　衝	道　通	靜　菴	1485～1532	南直隸宜興	
50	朱得之	本　思	近　齋		南直隸靖江	
51	周　怡	順　之	都峰、訥谿	1506～1569	南直隸太平	《周訥谿先生全集》
52	薛應旂		方　山	1535 年進士	南直隸武進	《方山先生文錄》
53	薛　甲	應　登	畏　齋	1565 年進士	南直隸江陰	《畏齋薛先生緒言》《畏齋薛先生藝文類稿》
54	唐順之	應　德	荊川、襄文	1507～1560	南直隸武進	《唐荊川先生文集》
55	唐鶴徵	元　卿	凝　菴	1538～1619	南直隸武進	《憲世前編》
56	徐　階	子　升	少湖、存齋	1503～1583	南直隸華亭	《世經堂集》《少湖先生文集》
57	楊豫孫	幼　殷		1547 年進士	南直隸華亭	
58	蔣　信	卿　實	道　林	1483～1559	湖廣常德	《蔣道林先生文粹》
59	冀元亨	惟　乾	闇　齋	1482～1521	湖廣武陵	
60	穆孔暉	伯　潛	玄　菴	1479～1539	山東堂邑	
61	張後覺	志　仁	弘　山	1503～1578	山東東平	《張弘山集》
62	孟　秋	子　成	我疆、尙寶	1525～1589	山東東平	《我疆集》
63	尤時熙	季　美	西　川	1503～1580	河南洛陽	《尤西山先生擬學小記》
64	孟化鯉	叔　龍	雲　浦	1545～1597	河南新安	《孟雲浦先生集》
65	楊東明	起　修	晉　菴	1548～1624	河南虞城	《山居功課》
66	南大吉	元　善	瑞　泉	1487～1541	陝西渭南	
67	薛　侃	尙　謙	中　離	？～1545	廣東揭陽	《研幾錄》
68	周　坦		謙　齋		廣東羅浮	
69	王　艮	汝　止	心　齋	1483～1540	南直隸泰州	《王心齋全集》
70	王　襞	宗　順	東　崖	1511～1587	南直隸泰州	《重鐫東崖王先生遺集》
71	徐　樾	子　直	波　石	1532 年進士	江西貴溪	
72	王　棟	隆　吉	一　菴	1503～1581	南直隸泰州	《一菴王先生遺集》
73	林　春	子　仁	東　城	1498～1541	南直隸泰州	
74	趙貞吉	孟　靜	大洲、文肅	1508～1576	四川內江	《趙文肅公文集》

75	羅汝芳	惟 德	近溪、明德	1515～1588	江西建昌	《盱壇直詮》、《耿中丞楊太史批點近溪羅子全集》、《羅明德公文集》
76	楊起元	貞 復	復 所	1547～1599	廣東歸善	《太史楊復所先生證學編》、《續刻楊復所先生家藏文集》
77	耿定向	在 倫	天臺、楚侗、恭簡	1524～1596	湖廣麻城	《耿天臺先生文集》
78	耿定理	子 庸	楚 倥	1534～？	湖廣麻城	
79	焦 竑	弱 侯	澹園、文端	1540～1620	江蘇江寧	《澹園集》
80	潘士藻	去 華	雪 松	1537～1600	南直隸婺源	
81	方學漸	達 卿	本 菴	1540～1615	南直隸桐城	《心學宗》、《東遊記》
82	何 祥		克 齋		四川內江	
83	祝世祿	延 之	無 功	1540～1611	江西鄱陽	《祝子小言》
84	周汝登	繼 元	海 門	1547～1629	浙江嵊縣	《東越證學錄》
85	陶望齡	周 望	石 簣	1562～1609	浙江會稽	《陶文簡公集》
86	劉 塙	靜 主	沖 倩		浙江會稽	
87	顏 鈞	子 和	山農、耕樵	1504～1596	江西永新	《顏鈞集》
88	梁汝元	柱 乾	夫 山	1517～1579	江西永豐	《何心隱集》
89	李 贄	卓 吾		1527～1602	福建晉江	《李溫陵集》
90	管志道	登 之	東 溟	1536～1608	南直隸吳縣	《問辨牘》、《從先維俗議》、《惕若齋集》

註：以本文研究範圍為主。

附錄二：嘉靖年間紀念陽明之書院講會祠堂表

時　間	名　稱	地　點	興建人	祠　記	附　註
嘉靖九年 （1530）	天眞精舍	浙江杭州府天眞山	薛　侃		祀陽明
十五年 （1536）			張景、 徐階重修	黃綰作〈碑記〉	
三十四年 （1555）	天眞仰止祠		歐陽德改建	鄒守益作〈天眞仰止祠記〉	
十一年 （1532）	慶壽山房講會	京師慶壽山房	方獻夫		
十二年 （1533）	南畿講會	南京國子雞鳴諸刹	歐陽德		
十三年 （1534）	復古書院 連山書院 復眞書院	江西吉安府安福	鄒守益		祀陽明
	衢麓講舍	浙江衢州府西安	李　遂		設陽明位
	王公祠	貴州貴陽	王　杏	王杏立石作〈碑記〉	祀陽明
十四年 （1535）	仰止祠	青陽縣九華山	曹　煜		刻陽明像
十六年 （1537）	新建伯祠	浙江紹興	周汝員		設陽明像
	文湖書院	浙江嘉興府秀水	沈　謐		設陽明位，後薛侃及沈謐從祀
十七年 （1538）	陽明祠	浙江餘姚龍山	傅鳳翔		祀陽明
十八年 （1539）	仰止祠	江西洪都	徐　階	魏良弼立石記事	祀陽明
四十三年 （1564）			成守節重修	李春芳作〈碑記〉	
十八年 （1539）	報功祠	江西吉安府廬陵	吉安士民		祀陽明
十九年 （1540）	壽岩書院	浙江金華府永康	周桐、應典		設陽明位
二十一年 （1542）	混元書院	浙江處州府青田	范引年	錢德洪作〈仰止祠碑記〉	設陽明像，後范引年從祀

二十一年 （1542）	心極書院	浙江處州府青田	阮鶚增建	王畿作心極書院〈碑記〉	設陽明像，後范引年從祀
二十三年 （1544）	虎溪精舍	湖廣辰州府	徐　珊	鄒守益作〈精舍記〉，羅洪先作〈性道堂記〉	祀陽明
二十七年 （1548）	雲興書院	江西吉安府萬安	萬安同志		祀陽明
	明經書院	廣東韶州府	陳大倫		設陽明位，陳獻章並祀
二十九年 （1550）	嘉義書院	南京應天府溧陽	史　際	錢德洪作〈天成篇〉	設陽明、湛若水位
	大同樓於新泉精舍	南京崇禮街	呂懷等		設湛若水、陽明像
三十年 （1551）	陽明祠	貴州龍場	趙　錦	羅洪先作〈祠碑記〉	設陽明位
三十一年 （1552）	陽明王公祠	江西贛州府鬱孤山	張　烜	張烜作記，立石紀事	設陽明像
	陽明王公祠	江西贛州府南安	沈　謐		祀陽明
三十二年 （1553）	陽明王公祠	江西贛州府信豐	沈　謐		祀陽明
	王公祠	江西贛州府南康	沈　謐		設陽明像
	王公報功祠	江西贛州府安遠	吳卜相	張烜作記，立石紀事	祀陽明
	王公報公祠	江西贛州府瑞金	張景星	張烜作記，立石紀事	祀陽明
	陽明王公祠	江西贛州府崇義	王廷耀	沈謐立石記事	祀陽明
	陽明祠	瑯琊山	呂懷、成守節		祀陽明
三十三年 （1554）	水西書院	南京寧國府涇縣	閭東、劉起宗		祀陽明
三十五年 （1556）	復初書院	南京廣德州廣德	趙鏜重修		設陽明位
	仰止祠	湖廣蘄州麒麟山	沈　寵	錢德洪〈仰止祠記〉	祀陽明
四十二年 （1563）	志學書院	南京寧國府宣城	耿定向 羅汝芳		祀陽明

註：以陽明《年譜》記載的資料為主。
　　《年譜附錄一》，《王陽明全集》卷三十六，頁 1328～1352。

附錄三：王畿游學經歷簡表

時　　間	地　點	名　　稱	舉辦地點	主會者或參與者	書　　寫
嘉靖十一年 （1532）	京　師	（科舉遊學）		羅洪先、王璣、 戚賢	
嘉靖十六年 （1537）	浙江杭州府	講　會	天眞精舍	薛　侃	
嘉靖十八年 （1539）	南　京	（與友論學）		羅洪先	
嘉靖二十五年 （1546）	南直隸	毗陵會		羅洪先、戚賢、 唐順之、萬表、 陳九川	
嘉靖二十七年 （1548）	江西豐城	（與友論學）		魏亮、胡可平	〈過豐城問答〉
	江　西 吉安府吉水	講　會	石蓮洞	錢德洪、貢安國 、羅洪先	
	江西吉安府	青原會	青原山		
嘉靖二十八年 （1549）	南直隸 寧國府涇縣	水西會	寶勝寺 崇勝寺 西方寺		〈水西會約題辭〉
	江　西 廣信府貴溪	冲玄會	龍虎山 冲玄觀	江　西 浙江陽明學者	〈冲玄會紀〉
嘉靖三十年 （1551）	南直隸 蘇州府	道山亭會	道山亭	周　怡	〈道山亭會語〉
嘉靖三十一年 （1552）	南直隸 滁州府	南譙之會	南譙書院	戚　賢	
嘉靖三十二年 （1553）	南直隸 滁州府	滁陽之會	紫薇泉之 陽明新祠	呂　懷	〈滁陽會語〉
	南直隸 寧國府涇縣	水西會			
	南直隸 寧國府	宛陵會	觀復樓	沈寵、汪尚寧	〈周潭汪子晤言〉
嘉靖三十三年 （1554）	江　西 吉安府吉水	玄潭會	玄潭 雪浪閣	羅洪先、劉邦釆	〈與獅泉劉子問 答〉
	江西廣信府	講　會	聞講書院	何　遷	〈聞講書院會語〉
	南直隸 徽州府	講　會	斗山書院		

嘉靖三十四年（1555）	南直隸寧國府涇縣	水西會	水西書院		
	南直隸寧國府太平	九龍會	杜氏祠	杜 質	〈九龍紀誨〉
嘉靖三十六年（1557）	南直隸寧國府涇縣	水西會		沈寵、梅守德、周怡、汪尚寧	〈水西精舍會語〉
	南直隸徽州府婺源	講 會	普濟山房	洪 垣	〈書婺源同志會約〉
	南直隸徽州府	進修會	葉氏雲莊	葉茂芝、葉獻芝	〈書進修會籍〉
	福建福州	（訪友論學）	石雲館第	王慎中	〈三山麗澤錄〉
嘉靖三十七年（1558）	南直隸揚州府維揚	（訪友論學）		唐順之	〈維揚晤語〉
嘉靖四十一年（1562）	南 京	講 會		呂光詢	
	江 西吉安府吉水	（訪友論學）		羅洪先	〈松原晤語〉
	江西撫州府	講 會	擬硯臺	曾元山、傅石井、陳偕所	〈撫州擬硯臺會語〉
	江 西吉安府安福	（訪友論學）	復古書院	鄒守益	
嘉靖四十二年（1563）	南直隸寧國府宣城	講 會	志學書院	羅汝芳	
嘉靖四十三年（1564）	南直隸常州府宜興	（與友論學）		耿定向	〈東遊會語〉
	南直隸寧國府	宛陵會	至善堂	羅汝芳	〈宛陵會語〉
	南直隸寧國府涇縣	水西會		貢安國、周怡、王維楨	〈東遊會語〉
嘉靖四十四年（1565）	南 京	講 會	新泉精舍為仁堂	李遂、耿定向、許孚遠、蔡汝楠	〈留都會紀〉
	南直隸徽州府	福田之會	福田山房	洪 垣	〈新安福田山房六邑會籍〉
	江西南昌	同心會	南昌雙林寺、豐城至德觀	李 材	〈洪都同心會約〉
	江西南康府	講 會	白鹿洞書院	陳汝簡	〈白鹿洞續講義〉

嘉靖四十五年 （1566）	浙江紹興府	講　會	天眞書院		
	浙　江 嘉興府平湖	講　會	天心精舍	陸光宅、丁賓、 周夢秀、王應吉	〈天心授受冊〉 〈盟心會約〉
隆慶二年 （1568）	南直隸 蘇州府	竹堂會	竹　堂	蔡國熙	〈竹堂會語〉
	浙江嘉興府	講　會	東溪山房		
隆慶三年 （1569）	浙江杭州府	（訪友論學）		曾同亨	〈別曾見臺漫語摘 略〉
	南直隸 蘇州府	講　會		蔡國熙	
隆慶五年 （1571）	浙江紹興府	講　會	白雲山房		〈白雲山房問答〉
萬曆元年 （1573）	南直隸 滁州府	南滁之會		李世達、陸光祖	〈南遊會紀〉
	南　京	講　會		耿定向	〈南遊會紀〉
萬曆二年 （1574）	浙江紹興府	（訪友論學）	雲門山	張元忭	〈書同心冊卷〉
	浙江紹興府	講　會	天柱山房	張元忭、周繼實 、裘子充	〈天柱山房會語〉
萬曆三年 （1575）	南　京	講　會	明倫堂	丁賓、宋儀望	〈華陽明倫堂會 語〉
	南直隸 徽州府	講　會	斗山書院	蕭全吾	〈新安斗山書院會 語〉
	浙江紹興府	講　會	興浦庵	張元忭 雲棲袾宏	〈興浦庵會語〉
萬曆五年 （1577）	南直隸 廣德州	桐川會	復初書院	吳同春	〈桐川會語〉
	南直隸 寧國府涇縣	水西會			
	南直隸 常州府	陽羨之會			
	浙　江 紹興府會稽	講　會	龍南山居	張元忭、鄧以讚 、羅萬化	〈龍南山居會語〉
萬曆八年 （1560）	浙江嘉興府	（訪友論學）		陸光祖	〈答五臺陸子問〉
	浙江松江府	雲間之會	城南精舍	徐　階	〈雲間樂聚冊後 語〉

資料來源：《王龍溪全集》。

附錄四：羅洪先游學經歷簡表

時　　間	地　點	名　　稱	舉辦地點	主會者或參與者	書　　寫
嘉靖十一年 （1532）	京　師	（仕宦游學）		徐階、歐陽德、 王畿、錢德洪	
嘉靖十二年 （1533）	江西吉水	玉虛會	玉虛觀	周欽之	
嘉靖十三年 （1534）	江西吉水	講　會	玉虛觀		
	江西安福	講　會	青原山	鄒守益	
嘉靖十六年 （1537）	江西永豐	（訪友論學）	翠微山	聶　豹	
嘉靖十八年 （1539）	南　京	（仕宦游學）		王　畿	〈冬遊記〉
	泰州安豐場	（仕宦游學）		王　艮	〈冬遊記〉
嘉靖二十一年 （1542）	江　西	九邑大會		鄒守益、聶豹	
	江西安福	（訪友論學）	復古書院	鄒守益	〈答復古問〉
	江西安福	青原大會	青原山	歐陽德、鄒守益	
嘉靖二十二年 （1543）	江西臨川	（訪友論學）	天王寺	萬　表	
嘉靖二十五年 （1546）	南直隸	毗陵會		唐順之、王畿、 陳九川、萬表	
	江西安福	青原大會	青原山	錢德洪、王畿	
嘉靖二十六年 （1547）	江西恩江	（訪友論學）		鄒守益	
嘉靖二十七年 （1548）	江西吉水		石蓮洞	錢德洪、王畿、 貢安國	
	江西安福	青原大會	青原山	鄒守益、王畿、 錢德洪	〈夏遊記〉
	江西吉水	龍華會		鄒守益	〈書龍華會語後〉
嘉靖三十年 （1554）	江西安福	青原大會	青原山	王　畿	〈甲寅夏遊記〉
嘉靖三十四年 （1555）	江　西	（習靜）	楚　山	王　畿	

資料來源：《石蓮洞羅先生文集》、《念菴文集》及《念菴羅先生集》。